高职高专旅游专业教改教材

餐饮服务与管理

刘秀珍　陈的非　主编

中国轻工业出版社

U0874283

图书在版编目（CIP）数据

餐饮服务与管理 / 刘秀珍，陈的非主编. —北京：
中国轻工业出版社，2020.6
高职高专旅游专业教改教材
ISBN 978-7-5019-8002-4

Ⅰ. ①餐… Ⅱ. ①刘… ②陈… Ⅲ. ①饮食业 - 商业
服务 - 高等学校：技术学校 - 教材 ②饮食业 - 商业
管理 - 高等学校：技术学校 - 教材 Ⅳ. ①F719.3

中国版本图书馆CIP数据核字（2010）第265332号

责任编辑：史祖福
策划编辑：史祖福　　责任终审：劳国强　　封面设计：锋尚设计
版式设计：锋尚设计　　责任校对：晋　洁　　责任监印：张　可

出版发行：中国轻工业出版社（北京东长安街6号，邮编：100740）
印　　刷：三河市万龙印装有限公司
经　　销：各地新华书店
版　　次：2020年6月第1版第4次印刷
开　　本：787×1092　1/16　　印张：20
字　　数：462千字
书　　号：ISBN 978-7-5019-8002-4　　定价：45.00元
邮购电话：010-65241695
发行电话：010-85119835　传真：85113293
网　　址：http：//www.chlip.com.cn
Email：club@chlip.com.cn
如发现图书残缺请与我社邮购联系调换
KG1088—090885

前　言

旅游与酒店业是当今世界发展最迅猛的行业之一。目前全球旅游业的接待规模每年约7亿人次，据预测，到2020年将增至15亿人次。行业的迅猛发展带来了大量的就业机会，在未来10年中，全球旅游与酒店业将每2.5秒创造一个新的工作机会。因此，这对旅游酒店从业人员的素质提出了更高的要求，培养应用型、复合型的高级旅游酒店人才也成为旅游酒店职业教育和职业培训的光荣使命。为此，我们组织专业一线教师和旅游酒店行业专家，对餐饮服务与管理工作过程进行分析，确定岗位能力素质要求，并以岗位能力素质要求为依据，编写《餐饮服务与管理》高职高专工学结合特色教材，以适应旅游酒店职业教育和职业培训发展的要求。

本教材采用项目导向、任务驱动的模块化结构进行编写，以满足现有职业教育普遍实行的模块化教学要求。全书分为三个模块十一个项目，通过相应的项目活动来进行内容安排。每个模块有多个项目，每个项目由多个任务来驱动，要求学生带着任务去学习，学完后又能完成具体的实践活动，真正达到现代职业教育提倡的“专业性、高技能、实用性”的要求，使教学标准与评价跟企业要求达到“无缝”接轨。

本教材内容具体安排如下：模块一餐饮服务职业素养篇，共有两个项目，项目一餐饮业基础知识介绍；项目二餐饮服务意识。模块二餐饮服务技能篇，共有五个项目，项目一餐厅服务基本技能；项目二中餐服务；项目三西餐服务；项目四宴会服务；项目五酒吧服务。模块三餐饮服务管理篇，共有四个项目，项目一餐饮原料采购和库存；项目二菜单的设计与策划；项目三餐饮销售管理；项目四餐厅管理。

本教材可供高职高专旅游酒店管理专业使用，也可作为行业职业培训教材使用。

本教材由广东轻工职业技术学院的刘秀珍老师和陈的非老师任主编，广东轻工职业技术学院的余娟老师和河南商业高等专科学校的张众老师任副主编，广州耐斯酒店管理有限公司总经理蔡盛佳先生也参与了本书的编写。本书在编写过程中，得到诸多酒店餐饮管理人士的支持和帮助，并参考和引用了许多国内外作者的研究成果，在此一并表示衷心的感谢。由于编者水平有限，本书内容如有缺点错误，敬请广大读者专家指正为谢!

编者

2010年12月

前言

目 录

模块一
餐饮服务职业素养篇

项目一　餐饮业基础知识介绍

知识目标

了解餐饮业、餐饮企业的基本概念及相关特点；

熟悉中西方餐饮发展历史及阶段特征；

了解餐饮部组织结构及岗位职责。

技能目标

对餐饮业有一定认识；

熟悉组织结构并明确岗位要求。

任务1　餐饮业概述

任务导入

一盘咸菜

某晚，餐厅包间内一席普通的家宴正在进行，在祥和的用餐气氛中。服务员小李看到老先生不停地用小勺翻搅着碗中的稀饭，对着鸡鸭鱼肉直摇头。这是怎么回事呢？是我们饭菜做得不合口味？不对呀，其他人不正吃得津津有味吗？小李灵机一动，到后厨为老先生端上了一碟小菜——榨菜丝。当小李将榨菜丝端上桌后，老先生眼前一亮，对着小李不停地称赞：“小姑娘，你可真细心，能够看出我对咸菜感兴趣，不简单。”老先生的老伴连忙说：“这里的服务跟其他地方就是不一样，我们没说到的小姑娘们都能想到、做到，以后有时间我们要经常到这里来。”

【点 评】

在对客服务中，小李为客人提供了满意的服务，给他们无微不至的关心，让他们在酒店比在家感到方便。因此我们需要时时注意客人的用餐情况，把事情做到客人开口之前，为客人提供“满意+惊喜”的服务，是我们持续改进服务质量的根本。

【任务概述】

餐饮业是具有悠久历史的传统行业，并随着社会的进步而不断发展。本任务紧跟餐饮行业的发展，介绍了餐饮行业、餐饮产品、餐饮服务与管理等基本概念和特点，使餐饮从业人员能够对餐饮企业类型进行准确分类并能掌握餐饮产品的最主要特点。

【任务实施】

一、餐饮业的含义

餐饮业是利用餐饮设备、场所和餐饮产品为社会生活服务的生产经营性服务行业。餐饮业是一个历史悠久的行业。随着社会生产力高度发展，人们生活水平不断提高，人们在政治、经济、商贸、旅游、科技、文化等方面的交流日益频繁，家务劳动社会化程度日益提高，现代餐饮业正朝着设备舒适、环境优美、产品风味突出、服务质量优良的方向发展。餐饮业的市场范围十分广泛。国际、国内各行各业的人们都能成为餐饮经营者的接待对象。与此相适应，餐饮业的经营类型十分复杂。饭店宾馆、社会餐馆、各级各类酒家、餐厅、酒楼、饭庄以及各种类型的招待所等，都从事餐饮经营。但不管其经营类型多复杂，餐饮管理都必须以目标市场为对象，以产品风味为中心，以生产经营活动为主体，以提高经济效益为目的，使企业的等级规格及餐厅场所、设备、用餐环境和接待对象相适应。餐饮业的营销活动是一个完整的供、产、销过程。食品原材料采购、厨房生产加工和餐厅销售服务融为一体。为此，餐饮管理必须研究其供、产、销过程及其客观规律，必须研究其营销活动中的价值运动，分析其价值消耗和价值补偿，才能适应市场变化，满足客人需求，获得优良经济效益。

日常生活中我们看到餐饮业包括社会酒楼型餐饮、旅游饭店的餐饮、各种类型的社会餐馆等。但无论形态如何，餐馆的英文统称为Restaurant。据说，1765年，巴黎布朗杰制作一种称之为“恢复之神”（Le Restaurant Divin）的汤给上门的客人享用，之后又增加了多种菜肴。从那时起开始出现的Restaurant招牌。牛津辞典关于Restaurant的解释是：食物可被卖掉且当场消费。

此外，我们还经常会说到餐饮企业的概念，如果一种餐饮的形态被称为餐饮企业的话，应具备以下三个条件：

（1）一定的场所和相应的设备设施　餐饮企业有具有一个固定的场所，餐饮企业要提供食品和服务，无论是当场消费或者外卖，都必须要有设备设施才可以进行生产。

（2）提供餐饮食品和服务　餐饮企业提供的商品包括餐饮食品和服务两个部分。越是高档次的酒店、高档次的餐厅，提供的产品中服务所占的比例越大。

（3）以产生利润为目的，是一种经济行为　餐饮企业之所以为企业是因为其行为是一种经济行为，其生产的目的是获得相应的生产利润。

由此可见，餐饮企业是拥有一定的场所和相应的设备设施，通过为客人提供食品和服务获得利润的经济实体。

二、餐饮业的类型

餐饮企业作为餐饮业的基本构成要素与表现形式，其业态类型较为繁多。不同类型的餐饮企业，其经营管理运作模式与管理追求目标，既有共同性也有差异性。一般包括三大类：

（1）宾馆、酒店、度假村、公寓、娱乐场所的餐饮部系统　指为满足餐饮市场需求和获取商业利润而销售餐饮产品的工商企业。其综合型主要表现为集住宿、餐饮、康乐、购物、休闲、演艺等经营项目和业务活动于一体，其中，餐饮经营是企业的主要功能之一。如：各类风味中西餐厅、酒吧、咖啡厅、泳池茶座、多功能厅、扒房等。

（2）各类独立经营的餐饮服务机构　指以经营餐饮为手段，以获取商业利润为目的的餐饮工商企业。一般为独立经营，规模可大可小，以提供某种风味食品为主，并可用连锁方式发展的社会餐饮企业。地理位置、经营定位、技术力量和服务水平也是影响该类企业经营的重要因素。如：餐馆、酒楼、快餐店、小吃店、酒吧、茶馆、咖啡屋等。

（3）企事业单位以后勤保障为目的的餐饮服务系统　是指在诸如公共性或民营的工商企业、医院、学校、幼儿园或监狱等机构内，为某一特定人群提供有限食品服务的营利性、非营利性或非完全营利性餐饮服务设施。如：食堂、学校餐厅、医院供餐部等。

三、现代餐饮业的特点

现代餐饮业已呈百花齐放之势，现代餐饮业的竞争如同百舸争流，但总结、归纳其中成功范例的经验，主要集中在以下几个方面。

1. 兼容并茂

纵观现代餐饮业，凡是有市场的菜系都有一个共同的特点：在完善、发展的过程中，注意学习他人，兼容并茂，取长补短。广东菜之所以能风靡全国，与它在香港地区的发展有着密切的关系，它借鉴了很多其他菜系在辅料使用和制作方法上特点，如对咖喱、椰奶的使用和对焗、烤等工艺的运用。上海（本帮）菜能够后来居上，更是由于它几乎吸取了各个菜系的优势。西餐也同样如此，也可以细分为更多的菜系，比如法式、意式、德式、葡式，等等。

2. 特点突出

餐饮市场消费从价格选择为主向价格、品位、氛围、服务和品牌文化等方向转变，选择性和理性化消费特点明显增强的特点突出。广东菜的卖点是“鲜活”，正是依靠这一鲜明的特色，它牢牢抓住了餐饮市场的高档消费者；同广东菜相比，川菜的特点主要不是体现在原材料上，而是在于注重口味的变化，依靠这一特色，川菜占据了中低档的餐饮消费市场，这种准确的定位使得川菜始终保持了旺盛的生命力；上海菜海纳百川，处理不好很容易造成平庸，但是一个“精”字就使得海派饮食形成了能与粤、川菜系并驾齐驱的态势。

3. 创新意识

饮食习惯的现代化使得一个餐馆或者某个餐饮品牌的生命周期大为缩短，更新周期明显加快，餐饮市场近几年的运转实践证明了这一基本判断。承认更新周期加快的事实，就是承认创新的重要性和必要性。在鼓吹“创新”的同时，需要强调的是：第一，我们所说的创新一定是那些有市场需求的创新，而不是几个或一群“圈子”里的人孤芳自赏的创新。第二，创新并不仅仅是厨师的责任，它是一项应该由经理人和厨师共同完成的任务。餐饮的创新动力来自三股力量——厨师、经营管理人员和营销人员。后者密切地掌握着大量的客人用餐信息反馈，他们的意见可以同经营管理者的意见结合起来，形成指导厨师技术创新的思路，只有这样的创新才具有旺盛的生命力。

四、餐饮产品的内涵

一般来说，餐饮产品包括有形的物质产品和无形的服务产品两大部分。有形产品包括：菜肴、酒水、餐具与用具、服务设施与设备、餐厅装潢与布局等；无形产品包括：菜肴和酒水的卫生、安全、营养，菜肴和酒水的气味和味道，菜肴和酒水的温度和湿度，菜肴的特色，餐厅的声誉和等级，餐饮服务等。

简单地说，组成餐饮核心产品的是以下五个方面。

1. 赏心悦目的环境

随着社会的发展，客人在饭店用餐，不仅是满足生理需要的一种手段，而且，越来越多的人把它当作一种享受和社交形式。所以，要满足客人的需要，既要有好的食物和服务，也需要有一种赏心悦目的就餐环境，要达到赏心悦目的要求，必须具备以下几个基本条件：一是餐厅的装潢要精致、舒适、典雅、富有特色；二是灯光要柔和协调；三是陈列布置要整齐美观；四是餐厅及各种用具要清洁卫生；五是服务人员站立位置要恰当，仪表要端庄，表情要自然，能创造一种和谐亲切的气氛。

2. 精致可口的菜点

精致可口的菜点，至少应具备五种特性和七个要素。五种特性：一是特色性，即饭店的菜点必须具有明显的地方特色和饭店风格，必须在发扬传统菜点的基础上，推陈出新；二是时间性，即菜点必须有时令性特点和时代气息，适应人们口味要求的变化；三是针对性，要根据不同的对象安排、制作不同的菜点；四是营养性，菜点要注意合理的营养成分；五是艺术性，即菜点的刀工、色泽、造型等要给人一种美的享受。七个要素为：色，色泽鲜艳、配色恰当；香，香气扑鼻、刺激食欲；味，口味纯正、味道鲜美；形，造型别致、装盘规范；质，选料讲究、刀工精细；器，器具配套、锦上添花；名，取名科学、耐人寻味。

3. 令人放心的卫生安全

餐饮卫生安全在餐饮管理中占据重要的位置，卫生安全工作的好坏，不仅直接关系到客人的身体健康，而且也关系到饭店的声誉和经济效益。如果被人们视为卫生安全信不过单位或发生食物中毒，那后果是不堪设想的。令人放心的卫生安全标准，必须达到两个标准：一是外观上的干净，无水迹、无异味，这是视觉和嗅觉的检测标准；二是内在的卫生安全，即必须符合卫生防疫部门的检测标准。要达到上述要求，就必须严格执行《食品安全法》，把好食物进货关、储存关、加工关、烹饪关、服务关，并抓好餐具消毒、个人卫生和环境卫生工作。

4. 舒适完美的服务

要达到舒适完美的服务，必须使餐饮服务具有美、情、活、快四个特点。所谓美，就是给客人以一种美的感受，主要表现为服务员的仪表美、心灵美、语言美、行为美。如仪表美，就要求服务人员应有匀称而健美的体形，健康而端庄的容貌，整洁而大方的服饰，自然而亲切的表情，稳重而文雅的举止。情，即服务必须富有一种人情味，这就要求服务员在对客人的服务中，态度热情、介绍生动、语言诚恳、行为主动。活，则主要是指服务要恰到好处。这就要求服务员不要把标准当作教条，则要根据不同的时机、场合、对策，灵活应变，在"宾客至上"这一最高准则的指导下，规范服务和超常服务有机结合起来。快，即在服务效率上满足客人的需要，出菜速度要迅速，各种服务要及时。一般说来，出菜速度应有具体的时间标准。除了制定合理的程序外，还应注意服务手段的现代化，比如某些饭店餐厅采用电子计算机系统实施餐厅管理，不仅使差错率大为降低，而且服务效率也大大提高。

5. 满意的经济效益

检验餐饮管理工作好坏的最终标准是效益。餐饮部的效益主要有两个方面：一是直接效益，是指餐饮部的经济效益，即盈利水平。二是间接效益，是指为客房及饭店其他设施的销售所创造的条件和对提高整个饭店的知名度和竞争力的影响，餐饮部应在谋求整体效益的基础上努力提高技术部门的经济效益。

五、餐饮产品的特点

1. 餐饮产品生产上的特点

一般产品生产过程是：原料→加工→储存→销售，而餐饮产品生产过程是：原料→加工→销售（服务）。餐饮企业既生产有形的实物产品，如各种精美的菜肴、食品；又生产无形的服务，如良好的进餐环境、热情周到的服务等。因此，它与一般的产品生产相比具有以下特点：

（1）产品规格多，批量小　餐饮业为宾客提供的食品、饮料的品种多达几十种甚至数百种，而客人在购买餐饮产品时所选择的品种较少，数量较小，而且大多数产品不能批量生产。这就要求餐饮企业一方面要有一定的储存量以防客人点菜后无法提供，同时又要求储存量合理以免过多造成浪费。

（2）产品的生产时间很短　宾客进入餐厅点菜，厨房才能为宾客准备产品进而生产，而从接受宾客点菜到烹饪、服务、消费、结账等一系列活动，整个过程所花费的时间很短促，一般来说，仅1～2小时，有时遇到客人有急事会要求更快。这就要求餐饮生产中的各个环节要通畅顺利、尽量的节省时间，在规定时间内为客人提供优质产品和服务。

（3）生产量难以预测　只有宾客进入餐厅落座点菜后，厨房才能开始生产餐饮产品，但宾客的人数及其消费的食品、饮料都难以预测。因此，餐饮部的生产量的随机性很强，宾客人数时多时少，消费量时大时小，因此，其生产量一般很难预测。

（4）产品原材料容易变质　生产餐饮产品的原料既有米、面、油、杂粮，又有盐、酱、醋、糖、香料、味精等调味品，更有鱼、肉、禽、蛋、蔬菜、豆制品等副食品，其中使用最多的大多是鲜货原料，具有时间性和季节性等特点，极容易腐烂变质，用这些原料生产的产品也同样不容易保存。这要求一方面要准确预测需求量、合理采购，另一方面也要有良好的储存环境，合理使用厨房货品。

（5）生产过程环节多，管理难度较大　餐饮部的生产从食品原料的采购到验收、储存保管、领用、粗加工、切配、烹饪、销售服务和收款，整个过程中的业务环节很多，任何一环出现差错部会影响产品质量，所以也就带来了管理上的困难。

2. 餐饮产品销售上的特点

（1）销售量受场所的限制　餐饮销售量受销售场所的限制明显。销售场所的大小决定了餐位的多少，餐位的多少决定了可以服务的客人人数，餐厅满座就很难再提高其销售量。当然可以通过提高座位周转率和客人的人均消费额来提高收入，这要求餐厅采取积极的措施如提高餐饮质量，树立良好的信誉，增加服务项目，提高服务效率和餐厅专业化服务水平，推出特殊风味的产品等才能吸引更多的宾客来餐厅就餐，从而提高座位周转率及每位宾客的人均消费，从而提高餐饮的销售量和经济效益。但人均消费额和座位周转率往往不能同时兼得。

（2）销售量受进餐时间的限制　一般客人一日三餐的进餐时间大致相同。进餐时间一到，餐厅宾客盈门，而时间一过宾客随即离去。所以，餐饮企业应提高正常用餐时间以外的销售，如外卖、客房送餐等，延长咖啡厅、酒吧等餐饮设施的营业时间，在三餐之外的时间开展一些吸引客人消费的活动等，只有这样才能提高餐饮的销售量，增加收入。

（3）餐饮销售季节性明显　由于旅游业本身的季节性、客人需求的季节性（冬季牛羊肉需求较高、夏季瓜果蔬菜需求较高）、原料的季节性，致使餐饮销售也体现了明显的季节性。餐饮业要针对客人需求的季节性、原料供应的季节性等适时适当地推出产品，吸引客人消费。

（4）毛利率较高，资金周转较快　饭店餐饮部的营业收入一般占饭店总收入的30%~40%，其毛利率为50%~80%，营业利润较高。而餐饮销售的产品都是现生产、现销售，相当一部分原料都是当天采购，当天生产并销售的，因此，资金周转也较快。经营管理较好的饭店餐饮部或者餐饮企业，其资金周转率每年可达到10次以上。

（5）固定成本高，开支比重较大　餐饮设施营业所必需的固定资金较高，如各种餐厨设施、设备、餐酒具、场地等，而且餐饮业务环节多，产品成本难以控制，所需劳动力成本及水、电、煤等燃料较多，所以各项费用支出也较多。只有尽量减少原材料消耗，降低各项费用指标，提高每位员工的工作效率，才能提高销售额，增加毛利，提高经济效益。

3. 餐饮服务上的特点

餐饮服务是餐饮服务员，为就餐客人提供食品、饮料一系列行为的总和。它包括与客人面对面的各式餐厅、包席、团体等处的前台服务，和客人视线所不能到达的厨房、洗涤、采购、储藏、财务等处的后台服务，两者的工作相辅相成。可以设想一下，菜肴做得很好，但服务不周，甚至冷言冷语，客人对餐厅的服务不会做出好的评价。相反，服务周到，热情，但菜肴质量差、价高，客人也不会做出好的评价，由此可见，后台服务是前台服务的物质基础。周到的服务相结合，才会受到客人的欢迎。概括起来，餐饭服务具有以下特点：

（1）无形性　餐饮服务是餐饮产品的重要组成部分之一，但却是特殊的部分，即它在服务效用上的无形性，它不同于水果、蔬菜等有形产品，光从色泽、大小、形状等就能判别其质量好坏。餐饮服务只能通过就餐客人购买、消费、享受服务之后所得到的亲身感受来评价其好坏。因此，餐饮服务效用上的无形性加大了餐饮产品的销售困难。餐饮部门要增加销售额，就要不断追求标准的服务质量，特别是提高厨师和餐厅服务人员的制作水平和服务水平，使就餐者都愿意购买有形产品和享受无形服务。

（2）一次性　餐饮服务只能一次使用，当场享受，这就是说只有当客人进入餐厅后服务才能进行，当客人离店时，服务也就自然终止。正如饭店的客房当天不能出售就会给饭店收入带来很大损失一样，餐厅没有客源同样也是经济损失。所以，餐饮服务的"一次性"特点要求餐饮部门要接待好每一位客人，当客人在精神和物质方面的需求得到满足后，他们就会去而复返，多次光临，并能起到宣传作用。

（3）直接性　一般的工农业产品生产出来后，大都要经过多个流通环节，才能达到消费者手中。如果产品在出厂前质量检验不合格，可以返工，在店里你认为不满意的商品可以不去问津，而餐饮产品则不同。它的生产、销售，消费几乎是同步进行的，因而生产者与消费者之间是当面服务、当面消费。服务的好坏，立即受到客人的当面检验。这种面对面的直接服务和消费特点，对餐饮部门的物质条件、设备、工艺技术、人员的素质及服务质量等提出了更高、更直接的要求。

（4）差异性　餐饮服务的差异性，一方面是指餐饮服务是由餐饮部门工作人员通过手工劳动来完成的，而每位工作人员由于年龄、性别、性格、素质和文化程度等方面的不同，他们为客人提供的餐饮服务也不尽相同；另一方面，同一服务员在不同的场合，不同的时间，或面对不同的客人，其服务态度和服务方式也会有一定的差异。为了缩小这种差异，餐饮部门一定要制定餐饮服务质量标准。经常对员工进行职业道德教育和业务培训，使他们基本上做到服务方式的规范化，服务质量的标准化，服务过程的程序化。

【任务考核】

一、考核设计

（1）老师提出几个不同餐饮类型的酒店或餐饮店，要求同学实地调查并收集资料。

（2）学生根据所学理论知识，对调查对象进行分析，判定其酒店类型并说明原因。

（3）考核标准。

考核项目	操作要求	配分	得分
资料收集	社会餐饮与酒店餐饮业经营状况调查材料	10	
方案制作	社会餐饮业发展状况和存在问题	10	
	酒店餐饮业的发展和存在问题	10	
	两者对比，各自的优劣性	15	
	酒店餐饮业的发展趋势	10	
方案汇报	表达清晰流畅	5	
	主题鲜明、观点正确	5	
	内容全面、思维缜密	10	
	有自己的创新和特色	10	
团队精神	通力合作、分工合理、团结互助	10	
	发言积极，乐于与同学分享成果	5	

二、案例分析

传说中的海底捞

火锅是中国民间最为流行的美食之一，在任何一座城市经营火锅店都非易事，在中国创造一个火锅品牌更是充满挑战。1994年在四川简阳起步的海底捞火锅不过是4张餐桌的小店。16年后，它已经在北京、上海、西安、郑州等地拥有近40家分店，成为全国知名火锅品牌之一。凡来过海底捞的人，恐怕都很难不对细致入微的服务留下强烈的印象，有人夸张地称之为“变态伺候”：顾客入座后，服务人员立刻会送上绑头发用的皮筋、围裙、手机套，就餐期间会有服务员不时递上热毛巾。更深的感触是服务员个个精神饱满，快乐感染了每位顾客。很多顾客对这种贴心服务感到“受宠若惊”，感慨“终于找到了做上帝的感觉”。到目前为止，海底捞无疑是一个成功的商业故事，吸引了许多管理学教授跟踪探访海底捞的商业智慧。

问题：请根据餐饮产品的内涵，分析“海底捞”的成功之处。

任务2 餐饮业的发展沿革

任务导入

小肥羊餐饮“羊背”上的餐饮帝国

留着平头、神情憨厚的张钢的脸上并没有那种生意人特有的精明，他身上仍然带着邻家小二子的味道。当过工人、倒过服装、卖过手机的张钢在不经意间发现了小肥羊火锅的潜在市场，从1999年到2002年的3年时间，小肥羊火锅成了国内中餐业的老大，与麦当劳、肯德基齐名。2005年，小肥羊的营业额突破50亿元大关，而小肥羊火锅在海外市场也迅速火起来。来自内蒙的“羊”是如何打造出自己的中式餐饮帝国的呢?

1. 做服装生意起家

“我从小就喜欢做生意。”张钢对记者说，“我父母都是包钢工人。”显然，这不是一个与商人有着必然联系的家庭，但17岁的张钢便尝到赚钱的滋味。

1981年，张钢进入包钢技校，此间便断断续续做起了服装生意。3年读书期间，他用借来的200元钱做本钱，竟然赚了300多元钱。要知道那时候他父母一个月的平均工资才47元。

不过，张钢真正与钱打交道是在小学四年级，那时候张钢就已经是家里的“小管家”了，父母的工资就交给他来管理。张钢从小细心，做事有条不紊，这也是他得到父母“重用”的一个原因。

有一次下雨，把他藏钱的地方打湿了，他只好一张一张地摊开来晒，满院子都是钱。晒钱的场面非常有趣，而赚钱的感觉却更有意思。

1984年，张钢毕业后就进了包钢，分在烧结车间，当上了一名看火工。铁矿粉经过燃烧这个环节来提高铁的含量，这个过程火候的把握非常重要，张钢干的就是这个活。这在当时是一份体面的工作，而且是铁饭碗。但烧结车间的环境让张钢的心凉了半截。一是超乎想象的脏，一个班下来，浑身上下、里里外外都是矿粉，一天到晚洗不完的澡，再加上看火是个细活，过了火候就意味着事故，神经高度紧张。

1988年，当了两年的全职看火工后，张钢还是“忍无可忍”地离开了包钢。他怕自己这一辈子就被“毁”了。不过，他采用了一个折中的办法：停薪留职。每年给包钢交一笔不菲的保证金。1992年小平“南巡”讲话后，张钢看清了形势后，就不再交了。

服装生意给了张钢一个有盼头的起点，不过，很快他还是选择收手。1991年，张钢眼睁睁看着一个好朋友，生意已经做到10几万了，一两笔货没有进好，全砸了，弄得身无分文。1993年，张钢也有10多万元的资产，但他还是下定决心不做服装了，天天担心天天愁的日子，他受够了。

2. 送上门的手机生意

“我天生就是一个与人交朋友的人，而且我看准的朋友会交一生，如果朋友有缺点，我会不留情面地让他改掉，这样，我们会成为更好的朋友；如果他实在改不掉，我就自己改变自己。”张钢的性格给他自己带来了他意想不到的机遇。

从1993年到1995年，张钢就没有做过固定的生意，他一直在寻找商机。1995年，做服装时认识的张宁平（现在是小肥羊股东之一）向张钢借钱。张钢问他借钱做什么？他说做手机生意。张钢听了，就加了一句话：干脆咱俩合起来做，我出5万元，你出1万元，股份一人一半。实际上，那时候，张宁平已经身无分文。第二天去广州进货时，他也只借来了3000元钱。张钢没有问得太多，就这样从广州进了10台手机，一台成本才5000元，上号3600元，卖一台能赚3000元，那时候电信局一部手机卖到12500元。1995年的手机才刚刚兴起，很好卖。

从1995年8月份第一次进货，到11月28日，张钢与张宁平就合开了一家50平米的门面。很快张钢原来的朋友也加入进来，这样三个人就成立了一个手机经销部——惠达丰。1996年，惠达丰手机生意最好的时候一天可以赚10000元，成为包头市实力最大的个体手机经销商。生意红火，跟风的人也多，很快包头遍地都是手机店。1997年的时候，一部手机的利润已经降到30～50元了，稍微有点售后服务就不赚钱了。这种感觉与让张钢想起做服装生意时的窘境。考虑再三，他决定放弃手机业务。

1998年年初，有朋友给张钢介绍说信息台赚钱，设备投资大概100万元左右。张钢二话没说，说服几个原来的股东马上投了100多万元。开业当天，他们甚至连电信局的正式批文都没来得及拿到。“这事有风险，但事在人为。”张钢是那种做事情不喜欢犹豫的人。

包头第一家信息台开业后，很快在巴盟、通辽、锡盟又开了三家，成本很快就收回。信息台的盈利模式多多少少有些简单，等到大家都搞明白后，信息台的钱也不好赚了。不过，张钢又碰到了一次机遇。

因为在辽宁通辽有信息台，所以张钢经常去看看。张钢与几个朋友经常吃羊肉火锅，觉得味道不错，也是不粘小料。而张钢印象最深的是，当时在呼和浩特市有一家四川老板的火锅店生意非常好，开了三家分店。这一对照让张钢意识到羊肉火锅将是一个大市场。很快张钢的妹夫、舅爷都加入了火锅汤料的研究中去。张钢说：“我们家有一个大桌子，专门用来涮火锅。那段时间，我身边的四五十个朋友几乎都来吃过小肥羊的火锅。”

汤料经过改进的小肥羊火锅，在1999年8月8日正式开业。张钢与昔日的老朋友陈洪凯成为小肥羊最初的创始人。

3. 踩了刹车还要快跑

1999年10月，小肥羊在包头的第二家分店开业了。这时候，小肥羊的羊肉也经历了一次变革。在小肥羊正式开业之前，内蒙古工商联组织了一次去通辽的商务考察。张钢就决定把通辽作为羊肉源。张钢与当地一个叫韩云的交通局退休干部签订了供货合同。有一次，韩云给张钢送来了一车童子羊（羔羊），味道非常好。这给张钢一个启示，以后小肥羊的羊肉全部改用羔羊。羔羊肉加上改进后的不粘小料，小肥羊从面市第一天起生意就一直处于火爆状态，再加上张钢惯有的扩张风格，在特许加盟的连锁链条上，小肥羊在全国一路攻城略地。2002年，小肥羊的营业额就达到25亿元，一跃成为中国本土餐饮业的老大。

速度快了，免不了要踩刹车。小肥羊的规模扩大与加盟店的增加相关。加盟店要的是利益，而张钢要的是规模效应。在小肥羊总部与加盟商之间产生了一条鸿沟。一边是发展的要求，一边是利益的要求。一些加盟店出现卫生质量问题，甚至被当地卫生主管部门亮出了红灯。

要速度还是要健康呢？3岁的小肥羊要思考“减肥”的问题。这一年，张钢做了一个惊人决定，让出股份引进人才。在内蒙古营销界极有声誉的蒙牛副总孙先红成为小肥羊的股东，在蒙牛负责资本运作的卢文斌成为小肥羊内蒙古公司的总经理，而原来衡水驻京办事处的张占海被提升为小肥羊北京公司的总经理。到2005年，小肥羊集团公司的股东已经达到47人。小肥羊两位创始人张钢与陈洪凯的股份也从100%降到40%。而小肥羊各地分公司的股东已经超过500人。

张钢清楚小肥羊的壮大，正是这些让出去的股份带来的增值效应。在经历了2002年振荡之后，小肥羊很快又进入快车道。到2005年的时候，小肥羊门店数已经达到720家。其中，直营店80家，加盟店640家。营业规模达到50亿元人民币。张钢说：“这600多家加盟店，最终能保留的也就300家左右。”

2005年，小肥羊在海外的扩张速度开始加快。2005年10月份，小肥羊在香港开了第四家店，为小肥羊创造了1. 4亿元的营业额。2005年11月8日，加拿大多伦多小肥羊店试营业的当天流水就有5万元。2006年，小肥羊在海外已经关闭了加盟的大门，只做直营店，合伙伙伴可以参股。目前，小肥羊在中国台湾、新加坡、中国澳门、韩国、日本的分店将陆续开张，而在欧洲的布点也在紧锣密鼓地准备着。2008年6月小肥羊在香港上市，截至2010年5月，公司拥有445家连锁店，其中包括166间自营餐厅及279间特许经营餐厅，并在美国、加拿大、日本、中国港澳等地拥有20多间餐厅。

【点评】

当今餐饮市场的竞争，归根结底是品牌之争。谁的品牌受消费者欢迎，谁就拥有市场。餐饮企业品牌的树立，包括经营的特色、经营的理念、服务个性、企业文化建设等诸多方面。许多餐饮企业正是通过企业品牌的树立去实现有形资产到无形资产再到有形资产的资金积累和企业扩张。

问题1：餐饮业如何顺应创立品牌“趋势”，发展自己的品牌？

问题2：现在餐饮业发展趋势有哪些？

【任务概述】

餐饮有着悠久的历史和文化，中、西餐各国的餐饮发展史是各国宝贵的旅游资源。了解世界主要餐饮流派的发展史是饭店管理、餐饮管理人员必须具备的基本知识。通过本任务的学习可了解中、外主要餐饮国家餐饮的发展史和发展特点。

【任务实施】

饮食经历了由单一到多元的逐步发展进步的过程，逐步形成了今天的餐饮。当代餐饮的火热场面又向人类社会展示了未来餐饮业更为广阔的发展趋势。

一、中国餐饮业发展概况

1. 火的使用

考古工作者经过考古发掘，揭示了在史前时代，中国古人类过着茹毛饮血的生食生活，经过漫长的岁月，原始人渐渐发现被火烧熟的肉类和坚果焦香扑鼻，而且容易咀嚼，这就成为人类结束生食时代的信号，用火烹饪成为人类区别于其他动物的重要标志之一。距今40万年前的北京人开始懂得使用火，有了最初的餐饮烹饪活动。公元前6000年至公元前2000年左右的新石器时代，出现了陶器，使人们有了炊具、餐具和盛器。大约在六七千年之前，生活在河姆渡地区（今浙江省余姚市）的先人，已经大面积地种植水稻并饲养牲畜。同时，人工酿酒开始出现，使得人们能以酒助兴，以肴佐酒。火的使用及原始种植业和畜牧业的发展改善了人们的物质生活，并为餐饮业的形成奠定了物质基础。

2. 筵席的出现

何为筵席？唐朝以前的古人席地而坐，“筵”和“席”都是铺在地上的坐具。《周礼·春官·司几筵》说：“铺陈日筵，藉之日席。”这两句话的意思是说：铺在地上的叫做“筵”，铺在“筵”上供人坐的叫“席”。所以“筵席”两字是坐具的总称，酒食菜肴置于筵席之前。记述战国、秦汉之间礼制的《礼记》有这样的记载：“铺筵席，陈尊俎，列笾豆。”其中的“尊”、“俎”、“笾”、“豆”都是古代用于祭祀和宴会的礼器，分别用来盛放酒、牛羊或果脯、腌菜、酱菜的。这样，筵席又含有进行隆重、正规的宴饮的意思。“筵席”这个名词正是在这个意义上沿用下来的，后来专指酒席。

3. 饮食业的出现

商、周以及春秋战国时期，青铜器的出现，又进一步促进了烹饪技术的发展和提高。由于生产力的提高，食物进一步丰富，在王室及诸侯国，筵席发展到国家政事的各个方面，且对宴会的仪式和内容都有详细的规定，这从就餐垫座的筵席数量和动用的鼎数多少就能反映出来：就垫座的筵席而言，规定天子之席五重，诸侯之席三重，大夫之席二重；就盛装菜肴的鼎而言，天子九鼎，诸侯七鼎，大夫五鼎，士三鼎。后来，鼎不仅是盛装食物的用具，也成了王权的象征，故有“问鼎”一说。该时期，宫廷菜肴的丰盛与精致程度足以使现代人叹服。从周代起，中国出现了烹调食谱，《周礼·天官》中记录了我国最早的名菜——八珍。从《楚辞》中，我们可以看到所举的酒类和食品已相当丰富，如《楚辞·招魂》篇中所列的一份菜单记有：红烧甲鱼、挂炉羊羔、炸烹天鹅、红焖野鸭、铁扒肥雁、卤汁油鸡、清炖大鱼等。

商周时期，音乐助餐已经出现。《周礼·天官》云：“以乐侑食，膳夫受祭，品尝食，王乃食，卒食，以乐彻于造。”可见，餐后将剩余的食品撤入厨房这一过程，也是在音乐伴奏下完成的。应该说饮食业人员最早是出现在宫廷中，宫廷宴会由尚食、尚酒等内侍人员担任服务，为防止下毒，他们先尝食而后献食。据专家统计，周朝王室管理饮食的机构就有22个，管理人员有2332人。

4. 餐饮业的发展

汉代餐饮业有了很大的发展。一方面，汉朝与西域的通商贸易使原产西域的各种原料传入中原，各种新原料的开发和引进丰富了食物的品种，促进了中原与西域饮食文化的交流。另一方面，铁器大量出现并用于烹饪之中，同时，瓷器已经产生，被广泛用于餐饮活动，使餐饮业在炊、餐具方面也大为讲究。

唐宋时期尤其是南宋时期餐饮业已具相当规模。唐朝以后的餐饮宴席，已从席地而坐发展成为坐椅就餐。北宋名画家张择端的《清明上河图》以不朽的画卷向后人展示了当时汴梁人的市井生活，酒楼、茶馆成为画面的重要组成部分。当时的酒店可将三五百人的酒席立即办妥，可见规模之大、分工之细、组织之健全。南宋时期，杭州的各类餐饮店从服务内容分为：直卖店（只卖酒）、分茶酒店、包子酒店，散酒店（普通酒）、巷酒店（有娼妓服务的酒店）、面食店、荤素从食店、茶坊、北食店、南食店、川饭店、罗酒店（山东、河南风味）等；从等级上讲有高级酒店、花园酒店、普通酒店、低档酒店和走街串巷的饮食挑子。当时在西湖上已出现了提供餐食的游船，其中最大的游船可同时提供百十人的宴会。

5. 餐饮业的鼎盛时期

元代、清代的民族大融合更加丰富了餐饮业的发展。元、明、清时期，国内民族大融合，中国宴席已经成熟，并走向鼎盛。清代，创造了“满汉全席”，标志着近代中国餐饮的最高水平。此外，民族的大交融使饮食市场不仅有汉族饮食，还有回族饮食、维吾尔茶饭、满族饮食，形成能满足各地区、各民族、各种消费水平及习惯的多层次、多方位、较完善的市场格局。在具有各地特色的饮食风格基础上，清代形成了较稳定的地方风味流派，成为各大菜系发展形成的基础。

6. 西餐在中国的传播

晚清时期在通商口岸及沿海城市出现了西菜馆。西方列强用坚船利炮打开了中国的国门之后，西方的经济、文化、生活习惯如潮而来，西餐在中国的沿海城市，如广州、福州、厦门、宁波、上海以及大都市北京、天津等地纷纷登场。

二、外国餐饮业发展概况

国外的餐饮发展同我国有很大不同，餐饮业的重心是在不断转移，从古代的埃及、古罗马到文艺复兴后期的意大利、法国都随着经济文化重心转移而转移，所以国外餐饮业的发展大多在欧洲进行。

1. 中世纪前（公元500年前）

公元前2500年，尼罗河流域土地肥沃，盛产粮食，高度文明的社会创造了灿烂的艺术和文化，其中也包括西餐的出现。据记载古埃及法老们的餐厅如同宫殿一般，用的食物要经过精心制作。菜单上已经出现了烤羊肉、烤牛肉和水果等菜肴。

公元后，希腊受埃及文化的影响成为欧洲文化的中心。经济的发展带来了丰富的农产品、纺织品、陶器、酒和油。当时希腊的贵族很讲究饮食，日常食物已经有羊肉、牛肉、鱼类、奶酪、面包和经过填食后足够肥硕的鹅肉等；餐厅服务用具也制作得更加精细，还出现了冷盘手推车，这些都对今天的餐饮业产生了巨大的影响。

大约在公元200年，古罗马的文化和社会高度发达，烹调方式汲取了希腊烹调的精华。古罗马人尤其擅长制作面食（至今意大利的比萨饼和面条仍享誉世界），就餐时人们使用餐巾也是古罗马人引入餐馆的。除此之外，在餐馆的餐桌上放置玫瑰花，重大宴会时叫报每道菜菜名的做法等，均由古罗马人最早在餐厅使用。

2. 中世纪（公元500—1500年）

中世纪法国的诺曼底人侵占了大英帝国，使当时说英语的人们在生活习惯、语言和烹调方法等各方面都受到法国人的影响。1183年，伦敦出现了第一家出售以鱼类、牛肉、鹿肉、家禽为原料制作菜肴的小餐馆。至16世纪末为止，意大利几乎已具备了现在意大利菜肴所使用的原料，其中包括引自世界各国与新大陆的材料在内，其烹饪技术以及饮食习惯也已基本定型。

3. 中世纪后（公元1500年之后）

16世纪至17世纪，意大利的烹调方法传到法国后，由于历史上路易王朝中几位国王对西餐烹饪、服务的重视和讲究，使得法式餐具有宫廷华贵、高雅的气度与风格。1650年英国牛津出现第一家咖啡厅，此后咖啡厅雨后春笋般地接连出现，到1700年仅伦敦就有200余家。1765年法国巴黎出现了第一家法式餐厅，当时这家餐厅都已具备了现在经营西餐厅的很多条件。18世纪以来，法国涌现了许多著名的西餐烹饪大师，这些大师们设计并制作了许多著名的菜肴，至今都在扒房菜单上受到顾客的青睐。由于法国有好的材料、好的厨师、好的烹饪环境和好的美味欣赏者，使得西餐的发展达到了极高程度。当今法式西餐的选料、烹饪，甚至法式西餐的服务在全世界都无人可及。1920年，美国开始了汽车窗口饮食服务。1950年以后，西式快餐首先在美国发展起来，而后遍及世界。直到当今的西餐更讲究营养、卫生与实用性。

一个国家的餐饮业发展，除了受传统影响外，也受到社会的科学技术、经济发展的影响。20世纪以来，随着交通工具的发展，人们越来越多地走向世界，各种不同的餐饮习惯相互交融。目前中餐的烹饪、调味、服务中许多行之有效的方法和规程就是从西方社会引进的，极大地促进了中餐烹饪及服务的发展。因此，了解并熟悉各国的餐饮历史和习惯，对餐饮从业人员无疑是十分有益的。

三、餐饮发展趋势

伴随着新科学时代的到来，餐饮业也出现了许多崭新的发展态势，有理性和有远见的餐饮经营者应敏锐地把握这些新动向，在提高餐饮管理水平的前提下，一方面可以提高餐饮竞争力，另一方面可以赢得经营主动权，为企业创造更多的社会效益与经济效益。

1. 产品、经营创新化

创新是时代的主流，餐饮业也不例外，为了盈利，经营者只有不断地创新。有些是因时代的更新，有些是因客户需求而创新，有些是在产品的原料上、制作方法上创新，有些是在营养保健上、在原料搭配上创新，有些是在经营开发思路上创新。创新的目的在于适应发展的潮流，争取更大的客源市场。创新的需求主要存在以下几个方面。

① 国际市场开放，导致各国人来华经商　而他们的膳食，需要适应他们的口味，这就势必在目前西欧餐、日本菜、韩国菜的基础上引进泰国菜、越南菜、俄罗斯菜等。加上原料的不断开发，使得菜肴新品种不断出现。

② 高层次人群的产生，必然产生家庭宴请　因家庭宴请是至亲宴请，酒店与它是无法比拟的，但这些家庭不可能家家配备厨师，这就需要酒店提供厨师携带配好菜肴为他们服务。现在已经出现了餐饮加工生产基地，只备厨师、不设餐厅，为企业的庆贺及家庭聚会提供服务。

③ 健康是人们的首选　所以营养保健食品也是人们一直所向往的。经营绿色食品、无污染食品、低卡高纤食品的健康餐饮，将受到人们的特别青睐。加上新一代厨师的合理配伍，餐饮企业以健康为口号的宣传，必将更受人们的欢迎。

2. 服务两极化

当物价指数不断上涨，餐厅的经营成本也相对增高，加之劳动力成本的提高，餐饮的成本费用更要大幅提高。但为了适应社会的需求，餐饮的经营势必会走向两极化的发展，这种两极化的餐饮趋势是以服务方式的复杂性来区分。一种是注重气氛与突出服务规格的高档次餐厅。在必须保留传统精华的基础上，引进先进的设备，在软硬件的配套和管理上下真工夫，营造高雅文化气氛，自然展现整体和谐的饮食文化品位，进而在当地形成精品口碑，引导高档消费，迎合社会中的一批高层次人群。预计未来高档餐饮发展的趋势会有如下优势。

① 形成极具影响的极品餐饮，往往在当地能接待最高档次的消费群体，吸引商务客人。

② 在高档化餐厅消费或享受其他服务会增添消费者的自豪感，成为他们应酬、聚餐的不二选择。

③ 高档餐饮易为当地政府官方认可，被选中作为接待嘉宾、展现本地经济实力的窗口，从而带来丰厚回报。

另一种是强调制作迅速、服务简单的餐厅，它包括大众餐厅、快餐厅。在传统餐厅的基础上，降低运行成本，如降低设备和餐具的档次、降低服务的要求，来适应工薪阶层和大众消费。迎合大众消费的微利经营市场广阔，它有以下几个优势。

① 从市场细分的角度讲，真正有实力的高档消费和高规格接待活动毕竟不多，而一般性的中低档交往应酬和填饱肚子仍是社会的主流。

② 快节奏的工作方式、快节奏的生活方式，导致一大批白领、蓝领选择快餐。

③ 人民生活水平的提高，节奏的加快，一般家庭都会选择在餐厅用餐，把耗在做家务的时间用于旅游、娱乐和学习，开始启动真正的家庭消费，使大众消费越来越受人青睐。

3. 企业连锁化

美国快餐店麦当劳、肯德基依靠国际连锁的威力，横扫中国餐饮市场，对业内人士造成极大的震撼。在国内好多企业也纷纷开出了连锁店，目前虽还不成规模，但走的是一条品牌经营的路子。连锁经营更能建立自己的管理系统、自己的品牌目标，随着知名度的普及、各地资源的充分交流以及管理经验的相互传承，使餐饮企业能轻易地扩散各地，得到发展。饭店餐饮也可引进连锁品牌，或打出自己的品牌连锁经营。资金不足的小餐厅则可考虑加入连锁集团成为加盟店。连锁经营有如下几个优势。

① 餐饮业的连锁经营，可以实行集中采购、集中开发，充分利用集团优势，降低采购费用，同时也可节省推广及研发等大笔开销，使各分店不会因策略的推行而捉襟见肘。

② 连锁经营能单独设立加工厂集中配送，向分店供应统一标准、统一口味的半成品。这样既可以扩大店面房的利用率，降低房租费用，又可以节省成本，保证特色配方不外泄。

③ 社会口碑好、知名度高的名牌餐饮，一旦连锁经营，很快就会在更大的范围建立影响，得到社会认可，从而缩短回收成本周期。

4. 设备自动化

随着当今科技的迅猛发展，未来餐饮业中电脑的广泛应用也将成为必然。在目前电脑设备和自动化设备的运用基础上，涵盖订货、库存管理、销售分析、客户分析、营业数据、财务结算及员工考核等多个方面的功能。设备自动化大大降低人工费用，提高产品的标准化程度，杜绝假冒伪劣产品进入餐饮业。

① 各餐饮业可建立客户资料库，有利于了解客户的口味、习惯和爱好，编排菜单时，电脑会自动列出上次用过的菜肴以及食用的频率，更有利于人性化管理。

② 在所进食品原料上，都贴上一张跟踪卡，通过电脑即可知道原产地和经销商，杜绝假货的进入。

③ 为了减少污染、改善工作环境、提高标准化生产力、降低劳动力费用的支出，电磁灶、电扇炉、保温箱等自动化设备和环保设备会更加普及。

【任务考核】

一、考核设计

根据所学知识，绘制出中、西餐饮业发展线路图。

二、考核标准

考核项目	操作要求	配分	得分
资料收集	中国餐饮业和西餐餐饮业发展历史材料调查	10	
方案制作	中国餐饮业的发展历程和特点	10	
	西方餐饮业的发展历程和特点	10	
	分析影响餐饮业发展的因素	15	
	绘制出中、西餐饮业发展线路图	10	
方案汇报	表达清晰流畅	5	
	主题鲜明、观点正确	5	
	内容全面、思维缜密	10	
	有自己的创新和特色	10	
团队精神	通力合作、分工合理、团结互助	10	
	发言积极，乐于与同学分享成果	5	

任务3 餐饮业的组织机构和岗位职责

任务导入

餐饮业怎样让部门或员工设置更为合理

一个餐厅的组织机构是否合理，怎样让组织机构中的部门设置和人员配置做到合理并有利于餐厅的良性发展，这对餐厅的发展与生存起着至关重要的作用。甚至可以说餐厅组织机构的重要性仅次于餐厅最高领导人的挑选。对于各层管理人员来说，在一个机构设计良好的餐厅中工作，才能保持较高的工作效率，并且能充分显示其才能；而在一个机构紊乱，职责不明的餐厅工作，其工作绩效就很难保持在一个较高的状态。

建立适当的组织机构，可以使餐厅的各项业务活动顺利进行，可以减少矛盾与摩擦，避免不必要的无休止的协调，这才能提高餐厅效率。怎样利用组织机构和部门人员设置，加强餐厅管理，理顺工作流程，明确各岗位职责，重在减少管理层次、降低机构指数、精简管理干部、提高管理效率，实施精益、高效的扁平化管理，最终实现生产经营的平稳有序和餐厅的健康发展。

【任务概述】

任何饭店的餐饮组织机构都是为了实现特定的经营目标，在分工合作的基础上构成的职工组合。餐饮组织机构以专业化分工为基础，由下属各组织部门及专业技术和服务人员组成，各管理人员和技术人员有不同的权利和责任。通过本任务的学习可掌握饭店餐饮组织、餐厅组织和厨房组织的设计，明确饭店餐饮组织经营管理人员的职责。

【任务实施】

一、餐饮业组织机构

（一）组织机构建立的原则

1. 效率原则

组织机构的设置会影响企业的工作效率。往往机构越复杂，人员越多，人浮于事，推诿扯皮的现象就越多，也就越容易造成效率低下。所以在设置组织机构时，要坚持效率原则，做到因事设岗，而非因人设岗。每个岗位配备的人员数量要与所承担的任务相适应，既保证工作人员有足够的工作量，同时又不会有过重的负担，通过合理配备人员和合理分工提高工作效率来降低成本。

2. 统一指挥原则

餐饮业组织机构设置时应避免政令多出，保证每个员工只接受一个上级的领导和指挥。在设置岗位时，明确划分各部门、各管理人员的职权范围，各管理人员只能按管理层次向自己管辖的直属下级人员发号施令，不允许擅自跨级管理。同时，每个下属人员也只对自己的直接上级负责，接受直接上级的领导和指挥。通过统一指挥保证组织运作的畅通无阻。

3. 分工协作原则

现代餐饮企业经营管理专业性越来越强，通过细致的分工，才能使纷繁复杂的工作得以具体化，才能保证服务质量，提高工作效率。一些大型饭店的餐饮部，下设宴会部、中餐厅、西餐厅、送餐部、采购部等多个部门，几乎每个部门都有自己具体的专业工作，若不进行具体的分工，则会导致工作人员手忙脚乱，同时会因无法保证服务质量而导致顾客满意度下降。当然，分工也不是越细越好，分工过细会造成机构、人员臃肿，也会给组织内部的协调和沟通造成障碍。因此，在设置组织机构时应考虑分工与协作的关系，达到既利于工作的专业化，同时又利于协作和管理。

4. 管理幅度、管理层次合理原则

管理幅度也称管理跨度，是指一名上级管理人员直接领导的下级人员的数量。餐饮部门的最高管理人员受主客观条件的限制，不可能管理所有的人。根据内部分工，可以委托他人来分担相应的管理工作，例如餐饮部经理可将部分管理工作委托给他下一级的管理人员。管理幅度的大小受多种因素的影响，如管理者的管理水平、工作的难易程度、企业职工的素质等，在确定管理幅度时必须将这些因素考虑进去。

管理层次是指在既定的组织机构中，有多少层次的管理机构。管理层次受组织规模和管理幅度的影响，组织规模越大，管理层次越多，组织规模越小，管理层次越少；在组织规模一定的条件下，管理幅度越大，管理层次越少，管理幅度越小，管理层次越多。

在设置组织机构时，应充分考虑管理幅度和管理层次，争取使两者达到最优组合，以利于实现组织的目标。

5. 集权与分权结合原则

餐饮企业的经营管理权应集中，这样有利于统一指挥，有利于合理配置和充分利用企业的人力、物力、财力资源。但是过分的集权也会造成弊端，如决策质量低，高层管理人员往往陷入琐事中，难以集中精力处理人事，同时影响员工的积极性，所以企业需要适当的分权。通过给予各级管理人员及普通员工一定的权限，来调动他们的积极性，激发他们的创造性，主动解决工作过程中出现的问题。比如利兹·卡尔顿酒店非常重视适当授权，酒店允许每一个一线员工在2 000美元范围内尽可能去满足顾客。通过授权激发员工解决顾客投诉的积极性和主动性，尽快让顾客满意，从而提高服务质量。这一条被视为利兹·卡尔顿酒店成功的原因之一。餐饮企业或餐饮部门在设置组织机构时，应处理好集权和分权的关系，至于集权和分权的程度则应视企业或部门的经营规模、专业性、员工的素质和业务能力而定。

6. 责权对等原则

在组织管理中责任和权力两者并存。责任是授予权力的基础，而权力是落实责任的保证。在组织机构设置时，必须明确各层次、各岗位的责任，同时赋予相应的权力，以保证承担的任务顺利完成。权大于责，会造成滥用职权；责大于权，会导致缺乏动力，员工手脚被束缚，无法有效地完成工作。因此，责权对等是组织机构在设置时需充分考虑的因素。

(二)餐饮企业组织机构

饭店或餐厅的内部组织机构，因饭店规模的大小和各餐饮部门本身职能的不同而形式各异。从组织结构设计上看，也没有绝对统一的标准模式。各餐饮企业都是根据自身的特殊情况和经营任务，根据规模来设计建立逐级管理的组织机构，目的是保证该组织目标的实现。餐饮管理组织机构的具体形式主要受企业规模、接待能力、餐厅类型等因素的影响，其一般模式主要有四种。

1. 独立经营的餐饮企业组织机构

独立经营的餐厅在组织机构上与饭店餐饮部系统有很大区别。它具有较健全的机构和功能，其组织机构也因企业规模、档次高低、接待能力等方面的差异而呈现不同形式。如图1-1所示是典型的独立餐厅组织模式。

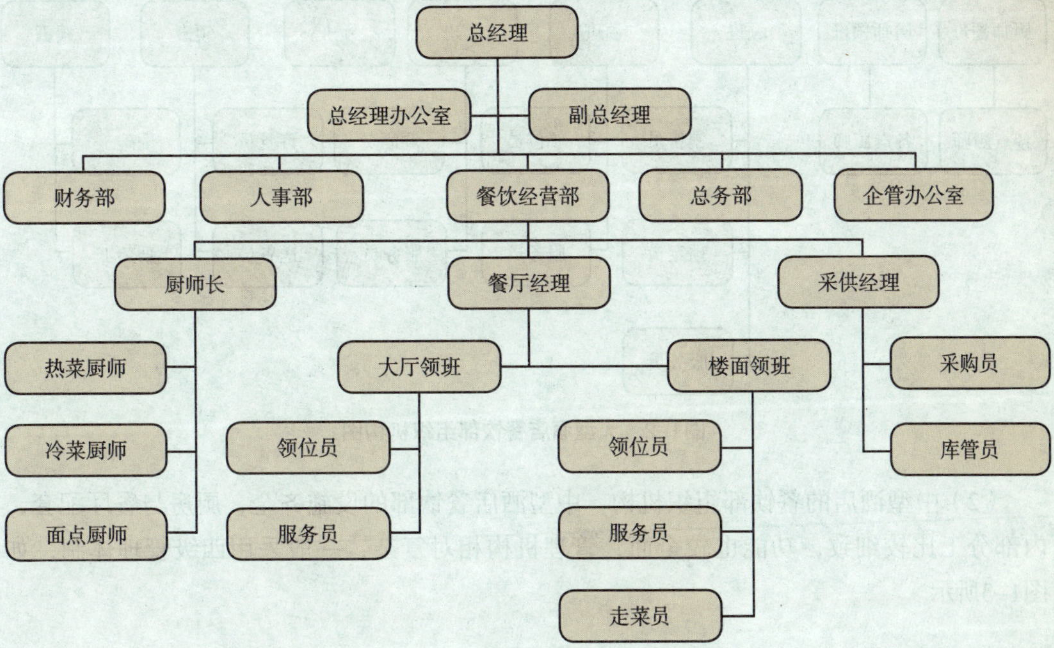

图1-1 独立餐厅的组织机构图

2. 综合性酒店餐饮服务系统组织机构

餐饮部是酒店组织机构的重要组成部分，餐饮部管辖范围广，员工人数较多，营业点比较分散。要搞好餐饮部的管理工作，必须建立科学、合理、有效的组织网络，并进行科学分工，使所属各部门、各岗位各司其职，保证餐饮经营正常运转。

餐饮部的组织机构因酒店的规模、接待能力、餐厅类型的不同而形式各异。从组织机构的设计上看，也没有绝对统一的标准。

(1)大型酒店的餐饮部组织机构　大型饭店餐厅数量较多，一般在五个以上，中西餐、宴会、酒吧、客房送餐等各类餐厅齐全，内部分工十分细致，组织机构专业化程度高。大型饭店的餐饮管理在组织结构设计上有两种模式：一种是每个餐厅都设有与之配套的厨房，各个厨房分别负责自己对应餐厅的菜品制作；另一种是实行专业化管理，设立中心厨房，各个餐厅设立“卫星”厨房（即小型的专业化厨房，分工负责生产一种或几种餐饮食品）。如图1-2所示。

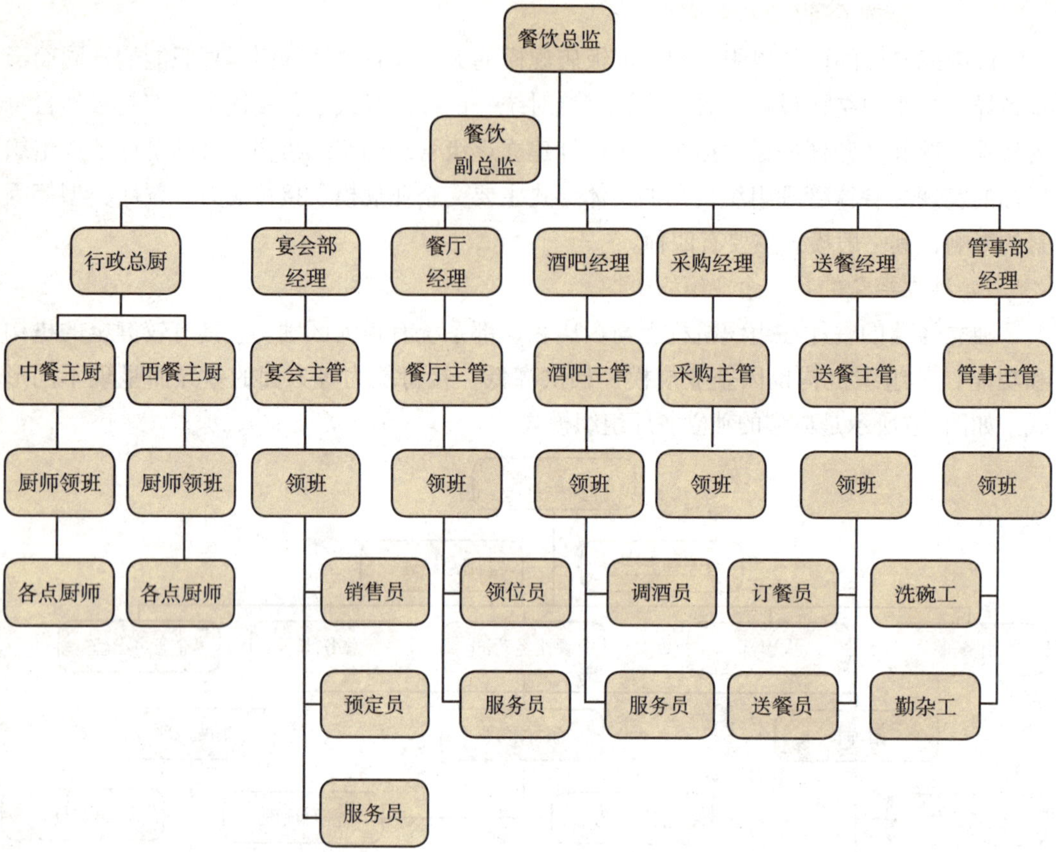

图1-2　大型酒店餐饮部组织机构图

（2）中型酒店的餐饮部组织机构　中型酒店餐饮部的设施齐全，厨房与餐厅配套，内部分工比较细致，功能也较全面，管理机构相对复杂，一般采用四级管理体制，如图1-3所示。

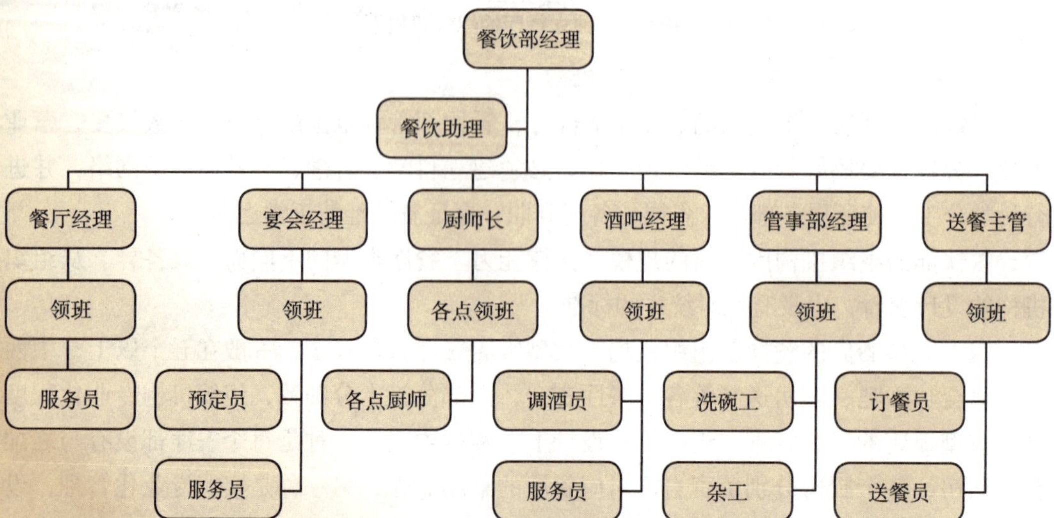

图1-3　中型酒店餐饮部组织机构图

（3）小型酒店餐饮部组织机构　小型酒店由于餐厅数量少，类型单一，其餐饮组织模式比较简单，大多只经营中餐，分工也不是很细。如图1–4所示。

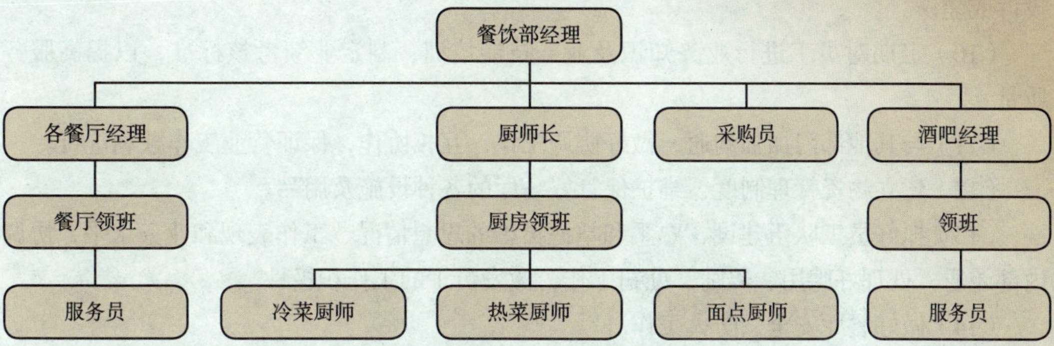

图1–4　小型酒店餐饮部组织机构图

餐饮部门的组织机构图是一种管理的工具，可以用来呈现责任与权限的关联。对餐厅的组织管理有重要的作用。它能够反映出餐厅的结构，可以简单清楚地说明每个部门和每个人的职责，避免重复工作和责任不清；它能够界定指挥权，可以直观地表明每一员工对谁负责，向谁汇报工作。避免越级指挥和横向指挥，更好地贯彻统一指挥和指挥链的原则；它能够使员工能够明白自己在部门中的位置和发展方向，能激励员工通过努力工作晋升到更高的岗位。因此，无论餐饮企业的哪一级员工，都应对本企业的组织机构设置有清楚的认识。

二、餐厅主要岗位职责

岗位职责也称谓工作描述，是在工作分析的基础上制定的、针对某一岗位的责任书。餐饮部工种繁多，各岗位工作人员应熟悉本部门的工作职责，了解本岗位的主要工作内容、组织关系及工作目的。餐饮总监和餐饮部经理是各餐厅的上级主管人员，其中餐饮总监的职责是全面负责制定并实施餐饮部工作计划和经营预算，督导餐饮部日常运转管理，确保为顾客提供优质高效的餐饮服务并进行成本控制。下面具体介绍一下餐厅几个主要的岗位职责。

（一）餐饮部经理

全面负责餐饮部的接待服务组织工作，指导和监督餐厅每天的业务活动，对整个餐厅的服务人员、服务质量进行管理，确保高效工作。其主要工作职责如下：

（1）负责整个餐饮部的日常行政管理和服务工作。

（2）负责餐饮产品的推销工作，根据市场情况制订销售计划，做好餐饮宣传促销活动。

（3）进行成本分析与控制工作，审阅营业报表，做出经营决策。

（4）制定餐饮部各岗位操作规程、服务规则、服务标准等，提高服务质量。

（5）制定并完成餐饮部月度、年度营业计划，领导部门全体员工完成各项经营指标和接待任务。

（6）定期与行政总厨协调菜式及品种，保证食品质量。

（7）负责餐厅食品卫生安全、环境卫生工作，保证客人的饮食安全。

（8）负责做好团体包餐、重要宴会的安排。

（9）与客人保持良好的关系，征询客人的意见和要求并做出相应调整，处理好客人投诉或建议。

（10）定期对员工进行业务知识及业务技能培训，制定业绩考核标准，以提高服务质量。

（11）与其他部门加强沟通，做好协调工作，互相协作，保证营业工作顺利进行。

（12）建立物资管理制度，维护保管好餐厅的各种设施及用品。

（13）抓好员工队伍建设，熟悉和掌握员工的思想情况、工作表现和业务水平，协调内部矛盾，处理好聘用、奖励、处罚工作，激发员工的工作积极性。

（14）做好餐厅安全、防火工作。

（二）餐厅领班职责

餐厅领班对餐饮部经理负责，负责一个区域的现场服务并带领和组织一班服务人员去做好服务工作，在工作中要做好经理的助手，并成为服务员的表率。其主要工作职责如下：

（1）协助餐厅经理做好日常管理工作，全权负责本区域的服务工作。

（2）协助餐厅经理拟订各项计划、服务标准、工作程序等，并组织具体实施。

（3）掌握订餐情况，根据客情合理安排工作班次，并及时进行人员调整。

（4）核查本班组人员出勤情况，对当天的工作、纪律等进行考核登记并及时向上级反映。

（5）监督对客服务工作，了解并通知当班服务员当天最新的菜点信息；协助服务员向客人介绍推销产品，及时向餐厅经理和厨师长反馈客人对菜式及服务方面的建议。

（6）布置工作任务并检查完成情况，指导和监督服务员按服务标准和操作规范工作。

（7）带领服务员做好餐前准备和餐后收尾工作。负责检查服务员的仪表，督促服务员做好餐厅安全和清洁卫生工作。

（8）进行现场指挥，随时关注餐厅营业和服务动态，保持良好的餐厅服务环境，及时妥善处理客人投诉及突发事件，及时向餐厅经理汇报。

（9）注意餐厅设施设备的使用、损坏情况，确保及时修理或更换，使餐厅处于最佳运行状态。

（10）保证菜单、食品服务准时、无误。

（11）核查账单，保证准确无误。

（12）负责重要客人的服务，服务员人手不够时要亲自服务。

（13）了解员工思想情绪，与下属保持良好关系；检查各种规章制度执行情况，抓好员工纪律。

（14）协助餐厅经理对下属员工进行考核评估及业务培训工作，不断提高员工的专业知识和服务技能。

（15）完成上级临时下达的各项任务。

(三)餐厅服务员岗位职责

餐厅服务员在餐厅经理及领班的领导下负责对客服务工作，其主要工作职责如下：

(1)按时到岗，不擅自离岗，服从领班安排。

(2)保持餐厅的卫生，做好所辖区域环境、物品设备、餐具用具的卫生清洁工作。

(3)按照工作程序和规格标准，布置餐厅和餐桌，检查餐厅设备、餐具是否完好，补充各种物品，做好开餐前的一切准备工作。

(4)检查个人仪容仪表，做到文明礼貌，热情待客，站立端正，面带微笑。

(5)熟悉本餐厅供应的所有菜点、酒水，并做好推销工作，协助客人点菜。

(6)严格执行服务规范和操作程序，细心周到地做好各个环节(如迎客、点菜、巡台、起菜、买单、送客等)的对客服务工作，为客人提供尽善尽美的服务。

(7)尽量帮助客人解决就餐过程中的各类问题，接受和处理客人对菜肴和服务的意见或投诉并及时向餐厅领班汇报。

(8)做好结账收款工作，避免错收或“跑单”。

(9)做好餐后收尾工作，客人离开后及时清理餐具物品。发现客人遗留物品应交给领班或服务台。

(10)积极参加各项培训活动，提高自己的服务水平和服务技能，不断改进服务工作。

(11)完成上级布置的其他各项任务。

(四)迎宾员岗位职责

迎宾员在餐饮部经理或迎宾领班的领导下，负责迎接客人，为客人引座，订餐登记等工作，其主要职责如下：

(1)服从领班的安排指挥，积极配合楼面服务员的接待工作。认真执行餐厅的服务制度和标准，严格按照服务程序服务。

(2)及时了解当天餐厅的客情预订情况，掌握团体、包桌的人数、时间等，保持餐厅入口地段的清洁卫生，做好开餐前一切准备工作。

(3)负责来餐厅用餐客人的带位和迎送接待工作。在规定的时间内，站立在本餐厅入口准备处恭迎客人，必要时可主动出迎，但要做到热情得体，切忌纠缠客人。

(4)仪容整洁，待客热情礼貌，不擅离岗位。将引领客人到适当的餐桌，协助拉椅让座，递上菜单，并通知值台服务员接手后，迅速回到自己的工作岗位。

(5)熟悉本餐厅内所有餐桌的位置及容量，根据不同对象的客人，合理安排他们喜欢的餐位，确保引领工作适当、准确。

(6)将客人平均分配到不同的服务区域，从而平衡值台服务员的工作量，保证服务质量。

(7)在营业高峰餐厅满座时妥善安排候餐客人。在餐厅客满时，礼貌地向客人解释清楚。并视客人选择请其稍等或联系其他餐厅就餐。

(8)接受或拒绝客人的预订。婉言谢绝非用餐客人或衣着不整的客人进入餐厅。

(9)解答客人提出的有关饮食、餐饮设施方面的问题，收集有关意见及投诉，并及时向餐厅经理反映。

(10)积极参加各项培训，不断提高自己的综合素质和业务能力。不断加强业务知识学习，提高服务水准和工作质量。

（五）传菜员的岗位职责

传菜员在传菜领班的直接指挥下，负责将厨房制作好的菜品传送给餐厅服务员，以及客人离开后的撤台等服务工作。其职责主要是：

（1）负责开餐前的传菜准备工作，做好传菜用具物品及传菜廊的清洁卫生工作。并协助值台服务员布置餐厅和餐桌、摆台及补充各种物品。

（2）准备好开餐前各种菜式的调料、佐料及传菜工具，主动配合厨房做好出菜前准备。

（3）积极配合服务员，做到传递订菜单迅速，走菜快捷。

（4）严格执行传送菜点服务规范，熟记餐厅房间号、台号，按照上菜顺序对号上菜。传菜过程轻、快、稳，将厨房烹制好的菜肴食品准确及时地传送给餐厅值台服务员。

（5）负责将值台服务员开出的并经账台收款员盖章的饭菜订单传送到厨房。妥善保管订菜单的记录，以备复核。

（6）协助服务员撤换餐具，负责规定范围内的卫生工作。

（7）熟知餐饮企业菜品的特色及制作原理和原料搭配，严把菜品质量关，不符合质量标准的菜点有权拒绝传送。

（8）负责餐中前后台协调，搞好前台（餐厅）与后台（厨房）的联系、沟通及传递工作，及时通知前台服务人员菜品变更情况，保证传菜准确无误。

（9）协助值台服务员做好客人就餐后的清洁整理工作。及时协助前台人员撤掉脏餐具，剩余食品，做到分类摆放，轻拿轻放。

（10）积极参加各种业务培训，不断提高自己的服务水平和服务技能。

（11）完成上级交办的其他任务。

（六）酒吧员的岗位职责

餐饮部酒吧员的岗位职责是负责酒吧的酒水申领、保管、调配工作，为客人提供高质量的酒水饮料服务。

（1）服从领班安排，按照工作程序与操作规范，做好酒吧的日常工作。

（2）在规定时间内做好酒吧周围的清洁卫生；检查吧台所有设备运行是否正常；负责酒吧日用品及设备的清洁、保养。

（3）每日开班前及时补充货源，备足各项用具及时鲜果品、酒水等并存放妥当；整理好酒水车、酒水展示台。

（4）熟悉各类酒水名称、价格、产地、特点、饮用方式、货源及一般储藏保管方式等；熟悉果盘的制作方法、鸡尾酒的调制方法及酒吧用具的使用方法。

（5）主动招呼客人，向客人详细展示和介绍酒水；为客人订酒，并提供准确快捷、高质量的酒水服务。

（6）严把酒水质量关，按正确的配方和程序方法为客人调制酒水，不卖过期变质的食品。

（7）严格执行凭单出品的制度，杜绝差错；注意成本控制，严禁浪费。

（8）收市后做好盘点工作，认真细致地填写每日销售报表；将所有的酒车和展示酒送回酒吧，妥善保管，并做好吧台内外的清洁工作。

（9）完成上级布置的其他任务。

【任务考核】

1. 画图题

某城市正在筹建四星级商务饭店，该饭店有餐饮设施包括1个扒房、1个咖啡厅、1个广东风味中餐厅、1个浙江风味中餐厅、1个能容纳300人同时用餐的多功能厅、1个大堂吧和鸡尾酒酒吧。同时该饭店还提供客房送餐服务。请设计该饭店的餐饮组织机构图，并画出组织机构图。

2. 案例题

餐厅服务流程优化

如一坊餐饮有限公司现有六家直营店，生意一直较好，是一家发展中的中型餐饮连锁企业。太原如一坊分店是2005年12月开业的，经营至今，生意持续火爆，较短时间内就在太原餐饮界有了极高的知名度。但太原如一坊餐厅前堂管理同时存在前堂的服务流程不流畅、员工工作效率低、顾客满意度差、成本增高、利润下降等问题，主要体现在以下几方面：

（1）服务流程混乱，设计不合理，带来岗位人数配置增多，各岗位衔接度很差，导致人力成本增高，利润下降。

餐厅没有统一的服务流程，服务千差万别，都想当然地来做事，员工不能在规定时间内完成相应的工作，岗位衔接度很差。比如咨客接待到客人，询问客人需求及位数后直接带位到座位后就离开了，不对值台服务员交代，也不提醒。客人要么被冷落很久，要么等值台服务员发现后过来又再次询问客人重复的话题，搞得客人很不满意。再如择菜与洗菜岗位，洗菜工一定要等到择菜工把菜择出之后再工作，而不会主动协助择菜。餐厅未很好的考虑岗位间的融合度，生意忙不过来的时候就一味增加岗位人员配置，这就因为流程的死板和不畅造成人力资源浪费，同时也就无形的增大了人力成本。

（2）无操作规范标准手册，员工不清晰怎样操作以及何种操作方式是正确的，导致前堂服务质量下降，顾客满意度差。

（3）服务期间工作安排不合理，导致员工工作时间增加，员工的满意度下降。

调研发现，餐厅服务员80人，上班分两个班次：A班9：30—14：30、17：00—22：00、B班：9：30—收市，两个班次隔天轮换。早晨上班，要求所有的服务员都一起搞卫生，但根据工作量分析，卫生最多15分钟就能完成，可现状是每天的卫生时间都会拖到11：30才搞完。另外，餐厅中午14：00—17：00时间段及晚上21：00之后都不再接待客人，服务员只做收捡的工作。这样的安排使员工的工作时间很长，但人浮于事，员工无所事事，工作缺乏激情，效率低下，且满意度很低。

（4）各岗位无工作说明书，岗位分工、岗位职责不明确，导致员工不清楚自己应该具体干什么，工作不主动，相互推诿，团队协调配合差，工作效率低下。

【问 题】

请用所学的知识为该餐厅策划一份餐厅岗位职责书。

项目二 餐饮服务意识

知识目标

了解餐饮服务的内容和特点；

了解餐饮服务人员应具备的职业素养要求。

技能目标

掌握餐饮服务员必须具备的职业素养要求，并能够把这些要求运用于餐饮服务过程中。

任务1 餐饮服务的内容和特点

任务导入

“投降”的客人

某天晚上，老汪正在宴请远道而来的老朋友小李一行。在点菜时，服务员小陈热心地向老汪推荐应时的大闸蟹，老汪欣然接受。当大闸蟹上桌时，小陈又热情地向小李等人介绍本地大闸蟹的特色，在座的客人们非常满意小陈的服务。

在客人们津津有味地品尝大闸蟹时，小陈走近小李说：“对不起，先生，给您换一下餐碟好吗？”此时的小李右手拿着半只螃蟹，见状后忙侧身让开，为避免碰到小陈，小李还把右手举过了肩膀，小陈发现餐碟中还有半只螃蟹时，便提醒小李：“先生，还有半只螃蟹呢。”小李又连忙用左手拿起另半只螃蟹。双手各拿半只螃蟹的小李为不影响小陈更换餐碟而成举手投降状，一旁的老汪看到后便打趣地说：“小李，是不是喝不下酒而向我投降了？”小李一听，忙自嘲地说：“我是向漂亮的服务员小姐投降。要说到喝酒，我哪会怕你。等小姐换好餐碟，我好好与你喝几杯。”等小陈换好餐碟，小李果真要与老汪喝酒，老汪也不甘示弱。当两人干完第一杯后正凑在一起说着话时，小陈过来说：“对不起，先生，给您倒酒。”小李和老汪不约而同地向两边闪，小陈麻利地为两人斟满酒，两人又干了一杯，然后又凑在一起说话，小陈又不失时机地上前说："对不起，先生，给您倒酒。"此时的小李忽然对着小陈大声怒吼道："没看到我们正说着话吗？"小陈一脸茫然，不知该怎么办才好。

【点 评】

大多数饭店的餐厅服务规程明确规定：当客人餐碟中的骨刺杂物超过三分之一时必须及时撤换；当宾客杯中酒水不足三分之一时应及时添至八分满，等等。这些规定对保证饭店的服务质量有一定的作用，但关键是饭店的服务应以不打扰客人为原则，否则，服务规程就显得毫无意义。

小陈严格按饭店的服务规程为客人提供服务，最终却招致小李的怒吼，应该引起所有饭店从业人员的深思。小陈的错误在于其服务非但没有给客人带来舒适感和享受感，反而令客人感到麻烦，实际上变成一种打扰，难免使小李生气。其实小陈在第一次换餐碟而听到老汪的玩笑话时，即应意识到自己服务中的不足，在此后的斟酒服务时，应待客人谈话告一段落后再倒酒，即会使客人满意。

本例充分说明饭店在提供规范化服务的同时，更应注意顾及到客人的个性需求而要求服务人员灵活应变——服务需要灵活性。

【任务概述】

餐饮服务是餐饮企业的员工为就餐客人提供餐饮产品的一系列活动。餐饮服务可分为直接对客的前台服务和间接对客的后台服务。前台服务是指餐厅、酒吧等餐饮营业点面对面为客人提供的服务，而后台服务则是指仓库、厨房等客人视线不能触及的部门为餐饮产品的生产、服务所做的一系列工作。前台服务与后台服务相辅相成，后台服务是前台服务的基础，前台服务是后台服务的继续与完善。

【任务实施】

一、餐饮服务的内容

餐饮服务是餐饮产品的销售并实现其市场价值的过程，所以优质的餐饮服务主要包括以下几个方面。

首先是为客人提供一个舒适的就餐环境。良好舒适的就餐环境是现代餐厅所必须具备的。这包括餐桌和餐椅的摆设、空气调节、装饰物的点缀、灯光配置、色调协调等方面。这些因素的组合与服务员所提供的就餐服务相辅相成，是提供优质就餐服务的基础和前提。

其次是就餐服务。具体包括订餐服务、引领入座、点菜服务、上菜服务、酒水服务、结账服务、投诉服务、备餐服务、公共服务等。优质的就餐服务就是在上述服务程序的操作过程中体现流畅、效率和质量，能够给顾客带来满意和惊喜。

再次就是要满足顾客各种需求。顾客的需求既有物质方面的也有精神方面的。餐饮服务的优劣通常以顾客的满意度为评价标准。要做到顾客的满意程度最大化，就要树立

“以客人为中心”的服务理念。要以顾客需求为原则设计菜单品种和服务程序；要懂得在统一标准的基础上灵活变通，因为顾客需求千差万别，不懂变通就难以满足客人的不同需求。

二、餐饮服务的特点

餐饮服务的特点主要表现在以下几个方面。

1. 无形性

无形性是服务产品的共性。尽管餐饮产品是具有实物形态的产品，它仍具有服务的无形性特点，即看不见、摸不着，且不可能数量化。餐饮服务的无形性是指就餐客人只有在购买并享用餐饮产品后，才能凭借其生理与心理满足程度来评估其优劣。

事实上，大多数餐饮消费者选择一家餐厅时，往往只凭他们所得到的有关这家餐厅的信息，如从广告、亲朋好友的“鲜美可口、清洁卫生、价廉物美、环境优美”的宣传介绍中作出购买的决定。至于他们的选择正确与否，只能在他们亲临餐厅、享用之后，凭生理、心理的满足度来评估、判断。

正因为服务的这一特性决定了餐饮产品无专利性的命运，因此，餐饮企业必须明确餐饮产品的革新、创新之重要；也令餐饮管理者充分认识到餐饮产品的生命周期是极其短暂的。

2. 一次性

餐饮服务的一次性是指餐饮服务只能当次享用，过时则不能再使用。这与航班的座位、饭店的客房、电影院的座位一样，当飞机空着一半位子起飞、饭店一天的客房出租率是30% 、午场电影准时放映，偌大的电影院却来了十几位观众。那么，那架飞机的空位、饭店的空房、电影院的空位便成了无法挽回的损失。因为它们永远失去了这一天的销售机会，即使第二天客满也无济于事，因为前一天失去的收入永远无法弥补回来。这就要求餐饮企业应接待好每一位客人，提高每一位就餐客人的满意程度，才能使他们一再光临。

3. 直接性

餐饮服务的直接性是指餐饮产品的生产、销售、消费几乎是同步进行的，即企业的生产过程就是客人的消费过程。这意味着餐厅既是餐饮产品的生产场所，也是餐饮产品的销售场所，这就要求餐饮企业既要注重服务过程，还要重视就餐环境。

4. 差异性

餐饮服务的差异性主要表现为两个方面：一方面，不同的餐饮服务员由于年龄、性别、性格、受教育程度及工作经历的差异，他们为客人提供的服务肯定不尽相同；另一方面，同一服务员在不同的场合、不同的时间，其服务态度、服务效果等也会有一定的差异。这就要求餐饮企业应制定服务标准，并加强服务过程的控制。

【任务考核】

1. 怎样看待顾客的对与错？怎样理解“顾客总是对的”？
2. 案例题

一位实习生去日资饭店前台实习。那天正值旅游旺季，大厅里宾客进进出出、络绎不绝。一位手提皮箱地客人走进大厅，行李员立即微笑地迎上前去，鞠躬问候，并跟在客人身后问客人是否需要帮助提皮箱。这位客人也许有急事，嘴里说了声："不用，谢谢。"头也没回径直朝电梯走去，那位行李员朝着那匆匆离去地背影深深地鞠了一躬，嘴里还不断地说："欢迎。欢迎。"这位实习生看到这情景，困惑不解，便问身旁值班经理："当面给客人鞠躬是为了礼貌服务，可那位行李员朝客人的后背深鞠躬又是为什么呢？""既为了这位客人，也为了其他客人。"经理说："如果此时那位客人突然回头，他会对我们热情欢迎留下印象，同时也是给大堂里的其他客人看的，他们会想，当我转过身去，饭店的员工肯定对我一样礼貌。"

【问 题】

根据上面的案例阐述你对服务的理解。

任务2　餐饮服务人员的素质要求

任务导入

希尔顿连锁酒店成功的秘诀：微笑

希尔顿酒店集团是一家国际化、全球性连锁的五星级酒店，该酒店的创始人——康拉德·希尔顿，希尔顿经营旅馆业的座右铭是："你今天对客人微笑了吗？"这也是他所著的《宾至如归》一书的核心内容。希尔顿到每一家酒店召集全体员工开会时都要问："现在我们的旅馆已新添了第一流设备，你觉得还必须配合一些什么第一流的东西使客人更喜欢呢？"员工回答之后，希尔顿笑着摇头说："请你们想一想，如果旅馆里只有第一流的设备而没有第一流服务员的微笑，那些旅客会认为我们供应了他们全部最喜欢的东西吗？如果缺少服务员的美好微笑，正好比花园里失去了春天的太阳和春风。假如我是旅客，我宁愿住进虽然只有残旧地毯，却处处见到微笑的旅馆，也不愿走进只有一流设备而不见微笑的地方……"。

【点 评】

微笑，已成了各国宾客都理解的世界性"语言"。世界著名的酒店管理集团如喜来登、希尔顿、假日等都有一条共同的经验，即服务的金钥匙中最重要的一把就是"微笑"。美国著名的麦当劳快餐店老板也认为："笑容是最有价值的商品之一。我们的酒店不仅提供高质量的商品、饮料和高水准的优质服务，还免费提供微笑。"客人离开酒店时的总印象是由在酒店逗留期间各个细小印象构成的。与体育运动中的接力赛不一样，一个人稍差些，其他的人可以设法弥补。在酒店业和其他餐饮业里的每个人必须牢牢把好自身的质量关。微笑服务是酒店业和其他餐饮业服务中永恒的主题，是一刻不可放松的必修课，它有着丰富的精神内涵和微妙的情感艺术。

【任务概述】

随着竞争的日趋激烈和消费者自我保护意识的增强，宾客对餐饮服务质量的要求越来越高。质量的提高有赖于高素质的员工。因此，餐饮从业人员应树立正确的观念与意识，提高管理与服务能力，从而提高餐饮服务质量。

【任务实施】

餐饮服务人员的素质要求主要包括以下几个方面。

一、基本素质

1. 职业道德

道德是人们行为的准则和规范，是人生观和价值观的具体体现。餐饮服务人员的职业道德是社会主义道德基本原则在餐饮服务中的具体体现，是思想素质的基础和评价其职业行为的准则。主要有：热情友好，客人至上；真诚公道，信誉第一；文明礼貌，优质服务；不卑不亢，一视同仁；团结协作，顾全大局；遵守纪律，廉洁奉公。

2. 服务意识

餐饮服务人员要牢固树立“客人至上”的服务意识。树立服务意识主要要做好以下几个方面：

（1）热爱服务工作，以服务客人为荣。

（2）眼观六路，耳听八方，随时准备应接客人可能传来的需求信息。

（3）尽量记住客人的姓名和职务，便于准确的称呼客人。

（4）认真倾听，热情回答客人所提出的问题。

（5）坚持站立服务。工作中与客人发生不愉快或遇其他事情，不应与之争辩，应婉言解释或报上级处理。上下班走员工通道。

（6）熟悉并尊重客人的风俗习惯，使之有宾至如归和他乡遇故知的感觉。

3. 微笑服务

微笑服务不是表现在某一个环节里，而是体现在餐饮服务的全过程中。客人光临，微笑是欢迎曲；初次见面微笑是问候语；客人进餐，微笑是助兴歌；出了错误，微笑是道歉语；客人离去，微笑是告别词。

4. 组织纪律

餐饮服务人员的组织纪律是使整个餐厅服务的流程畅通，做到优质、高效服务的重要保证。主要体现在：

（1）严格遵守餐厅各项规章制度。

（2）服从领导，听从指挥。

（3）工作时间佩戴好工号牌。

（4）工作场所禁止吸烟，上岗时严禁吃有异味的食物，上岗时不做一切不文明的小动作。

（5）工作时间不得擅自离岗办私事。

（6）切忌对客人评头品足，更不得在客人背后挤眉弄眼。不得探听客人谈话，尊重客人的隐私权。不得以工作之便与客人拉拢私人关系而谋取私利。

（7）不乱拿公物，不浪费公物。

（8）未经客人同意，不能随意移动其物品，或逗抱其小孩，以免引起客人误会或不悦。

（9）交班时应将未完成的工作和特别事项交代清楚。下班后，不得在餐厅内逗留。

二、业务素质

1. 不断提高自身的文化素质

文化素养的提高，不仅是做好服务工作的需要，而且能潜移默化地培养服务人员高雅的气质、广泛的兴趣、准确的判断能力及坚定的意志。餐饮服务人员应侧重掌握的知识有：烹饪知识，营养卫生与安全知识，心理学知识，酒店设备的使用、保养、维修知识，酒水知识，各主要客源国风土人情，宗教习俗等。

2. 熟练掌握专业操作技能

餐饮服务的每一项工作、每一个环节都有自己特定的操作标准和要求，因此，餐饮服务人员要努力学习、刻苦训练、熟练掌握餐厅服务的基本技能，明确各项服务规格、程序和要求，做到服务规格化、标准化、程序化。

3. 讲究各种服务礼仪

自古以来，餐饮服务总是与礼仪密不可分。虽然服务形式不同，但问候、称呼、迎送、操作等过程中，均应做到礼貌待人，以体现饭店的服务水准和个人的良好素养。

4. 具有良好的人际交往能力

餐饮服务是一种特殊的人际交往活动。服务人员应主动加强与客人的交往，加深对客人的了解，采取客人乐于接受的方式进行服务。服务人员可以通过与客人的交往，创造出亲切、随意的就餐环境，加强与客人的情感交流，提高客人对饭店的忠诚度。所有这些，均要求餐饮服务人员具备一定的人际交往能力。

5. 具备应变能力

在餐厅，有时会发生一些特殊情况，这就要求服务人员有敏锐的观察能力、判断能力，并在遵守饭店各项制度的前提下灵活处理，本着尽快、妥善的原则，尽量满足客人的要求，积极热情地帮助客人解决问题。餐饮服务人员如果视角狭窄、按部就班地工作就难以适应工作的需要，因而必须具有能迅速发现问题、辩证分析问题和果断解决问题的能力。

6. 语言表达能力

言为心声，语言是人类表达思想、交流感情的主要工具。在语言上应注意文明礼貌，有较强的表达能力，具有一定的表达艺术。同时，要有一定的外语水平。

三、身体素质

餐饮服务人员的身体素质是做好餐饮服务工作的基础。在满足客人物质需求的同时，还要满足客人的精神需求。餐饮服务人员优美的体态、健康的体魄和良好的个人卫生习惯都应是美的体现。

1. 健康的体格

餐饮服务人员在工作中要求站立服务、托盘、上菜等技能都需要一定的力量，所以只有健康的身体才能胜任工作。同时，餐饮服务人员直接接触食品，要求服务人员要定期体检，确保没有传染疾病。

2. 端庄的仪表

端庄的仪表能给客人留下美好的第一印象，它直接影响客人与服务人员的交往是否顺畅，所以仪表修饰不仅是工作的要求，还体现出对客人的尊重，进而为服务工作奠定良好的基础。餐饮服务人员的仪表主要包括服饰、仪容、仪态和举止等。

四、职业心理素质

职业心理素质，是指服务人员从事服务工作所必需的各种心理素养品质的总和。要做一个优秀的餐饮服务人员，必须努力提高自己的心理素质。

1. 良好的性格

（1）乐观自信　一个良好的性格基础就是乐观自信。要做一个优秀的服务人员，首先就要做一个生活中的强者，追求更多、更好、更高层次的满足。只有乐观自信的人才会永远向前，那种乐观的精神，能使他们永远都做出好的成绩，无论是身处顺境还是身处逆境，都能给自己带来阳光，这一点是每一个人事业成功、干好工作的保证，要做好餐饮服务工作也不例外。

（2）礼貌热情　餐饮服务人员给客人提供服务的过程本身就是人际交往的过程，热情的人更容易获得好感，作为餐饮服务人员，宗旨就是让客人满意，获得了客人的好感就是成功的服务工作。

（3）真诚友善　真诚友善就是以诚相待、表里如一、与人为善、从善如流。在餐饮服务工作中，以善良的愿望同对方诚恳相处，会赢得客人的信任，很快就被客人所接纳，消除人际关系之间的陌生感，在短时间内融洽主客关系，促使客人接受服务。

（4）豁达宽容　豁达宽容主要是指一种处世的态度，生活本身总是充满矛盾的，必须容得下矛盾，努力去改变那些可以改变的事情，同时坦然接受那些在一定条件下无法改变的事。在这种豁达的处世态度下，待人的态度一定要求宽容，尤其是在做服务工作，宽容更为重要，因为“顾客总是对的”。

2. 积极的情感

（1）崇高向上　餐饮服务人员对待工作、客人的热情，应当是建立在维护客人利益、维护企业利益、维护国家利益的基础之上的；而不应该是只想自己获利，坑害客人和集体的利益。

（2）深厚持久　对待工作的热情不能靠一时冲动，它是一种在相当长的时间不变化的情感，只有这样餐饮服务人员才会把积极的情绪稳定而持久地控制在对工作的热情上，控制在为客人服务上。

（3）注重实效　情感的效能是指情感在人的实践活动中所发挥作用的程度。情感效能高的餐饮服务人员能将其转化为积极学习、努力工作的动力；而情感效能低的餐饮服务人员则空有愿望，是“语言上的巨人，行动上的矮子”。

3. 坚强的意志

（1）自觉性　意志的自觉性是指人对其行动的目的及其社会意思有正确而深刻的认识，并能自觉地支配自己的行动，使之服从活动目的的品质。有自觉性的人首先会确定自己工作的目的、目标，并经常对照目标检查自身的行为，正确地对待自己所取得的成绩与进步，对自己往往高标准、严要求。在餐厅服务工作中要坚持自觉性，是指要加强主动服务。

所谓主动服务是指服务人员要掌握服务工作的一般规律。善于观察分析客人的心理和特点，懂得从客人的神情和举止上了解其需要，服务于客人开口之前，至少在客人开口之后要马上服务以满足客人的要求。

（2）果断性　果断性是指一个人能迅速有效地、不失时机地采取决断的品质。服务人员必须具备驾驭复杂事态的能力，迅速权衡，准确判断。

（3）坚韧性　坚韧性是指在执行决定的过程中，以坚持不懈的精神克服困难，不达目标不罢休的品质。服务人员就应当具备这样的品质，做事认真执著，锲而不舍。坚韧性应贯穿在服务工作的全过程中。

（4）自制力　自制力是指一个人善于管理自己的能力。自制力强的人在对待客人上善于克己忍耐，无论与何种类型的客人接触，无论发生什么问题都能做到镇定自如，善于把握自己的分寸，不失礼于人；在对待工作上，遇到困难繁重的任务不回避，不感情用事。

【任务考核】

一、实训题

（一）考核设计

让一组学生围站成一圈，每人分别独自进入圈内，以服务员或服务经理身份为顾客解答疑问，其他人以顾客身份刁难发问，态度凶悍，蛮不讲理。这项训练无明确胜负，扮演服务员的一方要做到仔细倾听、亲切微笑、耐心解答、适时赞美，不得争辩即为合格。

（二）考核标准

考核项目	操作要求	配分	得分
参与热情	要求学生要积极参与此训练	10	
过程表现	仔细倾听、亲切微笑	15	
	耐心解答、适时赞美	20	
	不得争辩	15	
	举止得体	20	
团队精神（小组成员互评）	通力合作、分工合理、团结互助	10	
	发言积极，乐于与同学分享成果	10	

二、案例分析

吴先生下榻于某饭店。期间来到餐厅就餐，接待他的是一位五官清秀的女服务员。她的服务工作做得很好。灯光下，这位服务员面色是很纯粹的白；唇色绯红；眼影是浅咖啡色的；眼线是一个闭合的黑圈，形状恰好勾勒出眼睛的轮廓；眉毛比较细，两头过渡均匀；发髻盘得整洁而华丽。当这位服务员距离吴先生两三米远的时候，吴先生闻到她身上散发出浓郁的香水气味。

根据上面的描写，你认为该服务员的化妆有没有需要改进的地方？如果有，请指出应怎样改进？

模块二
餐饮服务技能篇

项目一　餐厅服务基本技能

知识目标

了解托盘、餐巾花、摆台、斟酒、点菜、上菜与分菜等在餐饮服务中的地位与意义；

熟悉托盘种类、餐巾的种类与花色、摆台的类型等；

掌握托盘、餐巾花、摆台、斟酒、点菜、上菜与分菜的程序、基本要领和注意事项，以及在中西餐中的差别。

技能目标

熟练掌握托盘、餐巾折花、摆台、斟酒、上菜与分菜、结账等基本技能。

任务1　托盘服务

任务导入

托盘惹的祸

某酒店宴会大厅正在举行欢迎记者午宴，百余名客人在互相交谈，舒缓的背景音乐响起。这时，一位男服务生手托着饮料向客人走来，一不小心，托盘上的饮料翻倒，全部洒在邻近的一位女记者身上，响声惊动了百余名客人，大家目光一齐投向这位女记者……最终，引起顾客投诉。

【点　评】

托盘服务在餐饮服务当中是最基本的服务技能，西餐服务当中甚至将其当作一门艺术来欣赏。因此，熟练托盘，避免和减少发生服务事故，是餐饮服务过程中最基本的要求，而艺术化地运用托盘是酒店个性化服务的具体体现。

【任务概述】

托盘是餐厅服务员在餐前摆台准备、餐间提供菜点酒水、餐后收台整理时运送各种物品的一种基本用具。正确有效地使用托盘，是每一位餐厅服务人员在工作中必须掌握的一项基本技能。对客服务中使用托盘能够减轻劳动强度，提高工作效率；同时能够体现出餐厅的规范和文明、礼貌的职业服务风范。

【任务实施】

一、托盘的种类及用途

托盘的种类很多。按质地，托盘有木质、金属及胶木质防滑托盘，其中金属质又有银质、镀银和不锈钢等之分。按规格，托盘又可分为大、中、小三种规格，其形状有方形、长方形和圆形等。而长方形托盘又有大、中号之分；圆形托盘按直径不同分为大、小两种。

长方形托盘一般用于托运菜点、酒水和盘碟等较重之物；大圆形托盘一般用于斟酒、展示饮品、送菜、分菜、送咖啡冷饮等；小圆形托盘则主要用于递送账单、信件和收款等。

二、托盘的操作方法

托盘的操作方法按照承载的重量不同分为轻托和重托两种。

1. 轻托服务及要领

轻托（胸前托）是托送较轻的物品并在客人面前进行上菜、斟酒等操作。轻托所托重量一般在5千克以下。轻托是在客人面前进行操作的，因此要特别注意姿势动作的卫生、优美、规范。

操作要领：左手臂自然弯曲成90°，肘与腰部距离15厘米，大臂垂直，掌心向上，五指分开稍弯曲，使掌心微呈凹形。用五指指端和手掌根部“六个力点”托住盘底，使之平托于胸前，掌心不与盘底接触，利用五指的弹性控制盘面的平稳。托起前左脚朝前，左手与左肘呈同一平面，用右手紧紧把盘拉到左手上，再用右手调整好盘内的物件。托盘平托于胸前，略低于胸部。行走时保持头正肩平，脚步轻捷，轻松灵活，右手臂有节奏地自然摆动，目视前方。

2. 重托服务及要领

重托是托载较重的菜点、酒水和盘碟的方法，所托重量一般在5千克以上。重托以托送菜肴为多，易沾油汁，使用前要仔细检查和擦洗。

操作要领：装好盘后，用双手将托盘的边移至工作台外，使托盘1/3悬空，用右手拿住托盘的一边，左手伸开五指托住盘底，掌握好重心后，用右手协助左手向上托起，左手向内弯曲臂肘，向左后方旋转180°，擎托于肩外上方，做到盘底不搁肩，盘前不靠嘴，盘后不靠发；右手或自然摆动，或扶住托盘的前内角，并随时准备排阻他人的碰撞。

重托要求上身挺直，两肩齐平，行走时步履轻快，肩不倾斜，身不摇晃，遇障碍物让而不停。起托、左右转、行走、卸盘时要掌握重心，保持托盘平稳，动作表情要轻松自然。重托时，装载要力所能及，不要在托起后随意地增加或减少盘内物品。放托盘时，要屈膝而不能弯腰。

目前，饭店一般不用重托，多用小型手推车递送重物，这样既安全又省力。但有些客人仍青睐于服务员展示重托的技艺，因而重托仍应作为服务员的基本技能加以练习，以备使用。

三、托盘服务的标准程序

1. 理盘

根据所托物品选择托盘后，洗净擦干。如果不是防滑托盘，需在盘内垫上洁净的托盘垫布。垫布要用清水打湿拧干，铺平拉齐，这样既美观又可避免盘内物品的滑动。

2. 装盘

根据物品的形状、体积和使用先后合理安排物品摆放顺序，以安全稳妥、便于运送和取用为宜。盘内的物品宜摆放整齐，横竖成行。当几种物品同装时，一般是重物、高物放在托盘的里档，轻物、低物放在外档；先上桌的物品在上、在前，后上桌的物品在下、在后。盘内物品重量应分布均衡，但重心应在托盘中心略靠里，以使托盘安全稳妥，便于运送物品和服务客人。

3. 起托

起托时，左脚朝前，屈膝微弯腰，把左手和左肘放到托盘同一平面上，用右手慢慢地沿桌面拉托盘边缘，左手手掌放在托盘底部适当位置后慢慢起身，将托盘托于胸前，待托盘平稳后，再放开右手。

4. 托盘站立

托盘站立时，左手臂自然弯曲成90°，掌心向上，五指分开，以大拇指指端到手掌的掌根部位和其余四指托住盘底，手掌自然形成凹形，掌心不与盘底接触，平托于胸前，略低于胸部。托盘平稳后，右手自然背在后腰部位。

5. 托盘行走

行走时要头正肩平，上身挺直，目视前方，脚步轻快，精力集中，步伐稳健，随着步伐移动，托盘在胸前自然摆，但以酒水、菜汁不外溢为限。

托盘行走的步伐有常步、快步、碎步和垫步四种。

6. 托盘拾物

托盘行走过程中发现前方地上有物品需立即拾起，应按常步走到目标物品的左侧，右脚前左脚后，身体缓缓下蹲，重心在后，双目平视前方，用眼角余光掌握物品的具体位置，微微弯腰，用右手拾起物品，注意始终保持托盘平稳。

7. 卸盘

托盘行走到目的地后，用右手扶住托盘边缘，左脚前右脚后，身体下蹲到托盘与台面呈水平线时，用右手将托盘轻轻推到台面上，并适时放开左手。切忌在放好托盘之前就急于取出上面的东西，那会造成托盘打翻、物品掉地的后果。

四、托盘注意事项

托盘时，要讲究卫生，保持安全平稳，汤汁不洒，菜形不变。

运送物品时，应选择大小与所载的物品相称的托盘。

除防滑托盘外，使用托盘时须用专用垫巾垫在其内，以防运送过程中物品在托盘内滑动。

托盘时要严格遵循操作规范，即使是轻、小的托盘，也要慎重对待，切忌用大拇指按住盘边、以另外四指托盘底的做法，这是对工作轻率和对客人不礼貌的举动。

托盘不可从客人头上越过，以免发生意外，而且这也是一种不礼貌的行为。

用轻托的方式给客人斟酒时，要随时调节托盘的重心，以防托盘翻掉而将酒水泼洒在客人身上。

从托盘内取出物品时，要从两边交替取拿，以保持托盘的平衡。

卸下的盘碟要按要求进行合理摆放。

托盘时要量力而行，切忌贪多，要确保操作安全。

在娴熟掌握托盘操作技能的基础上，餐饮服务人员在使用托盘时必须养成良好的习惯，不得将托盘随意放置在客人的餐桌和座椅上；托盘不使用时，按照餐厅的标准和要求将其放在指定的位置上，不可随处搁置；要时刻保持托盘的清洁卫生；营业结束后，统一收齐交管事部清洗、消毒和保管。

【任务实训】

一、实训目的

通过对托盘端托服务基础知识的讲解和操作技能的训练，使学生了解托盘的种类和用途，掌握托盘的操作程序与操作要领，达到熟练端托，运用自如的训练要求。

二、实训时间

4学时。

三、实训方法

老师先讲解、示范，然后由学生操作，老师再进行指导。按托盘操作中各种行走步伐和餐厅服务中可能出现的场景设计训练内容。

轻托——托5千克以下物品，训练站立、行走、避让、下蹲等。

重托——托5千克以上物品，训练站立、行走、避让、下蹲等。

四、测试与考核

托盘（轻托）服务技能测试与考核

考核项目	操作要求	配分	得分
理盘	洗净，擦干，垫好盘巾	10	

续表

考核项目	操作要求	配分	得分
装盘	物品摆放合理，符合要求，重心均衡	10	
起托	左脚向前迈一步，右手将托盘拉出台面1/3	5	
	托盘重心位于掌心处，保持盘面平衡	5	
	左手掌呈凹形，不与盘底接触	10	
	托稳、右手放回体侧成站立姿势	10	
行走	头正肩平，上身挺直	10	
	步伐轻盈，稳健自如	10	
	目视前方，表情自然，精力集中，姿态优美	10	
	托盘随着步伐在胸前自然摆动	10	
卸盘	左脚向前迈一步，用右手协助左手把托盘小心推至工作台面	5	
	放稳托盘，卸下所托物品	5	

任务2　餐巾折花

任务导入

触动“忌讳”的餐巾花

时值隆冬，室外寒风凛冽，几位日本客人来到广州某星级饭店西餐厅，领位员将他们带到一张餐桌前，请客人入座。谁知他们却不肯坐下，一位客人边说边用手指了指桌子上的餐巾花，并示意同伴离开。领位员忙请一位懂日语的服务员来帮忙，经询问才知道，原来客人忌讳餐桌上的餐巾花花形“出水芙蓉”（为荷花形状）。清楚客人的忌讳后，领位员连忙向他们道歉，并以最快的速度撤下“出水芙蓉”，换上象征高贵典雅的“皇冠”，避免了一场纠纷。

【点 评】

在替客服务过程中，如何避免由于“忌讳”而引发的敏感问题？这就要求酒店人员不仅精通各类餐巾花的折法，还应懂得各国或各地的文化习俗，以及由此衍生的生活习惯。

【任务概述】

餐巾又称口布，是一种正方形布巾，边长从40～65厘米不等，是供客人用餐过程中使用的保洁用品。餐巾折花是餐厅服务员通过艺术创造将餐巾折成各种动、植物形状，插摆在酒具、盘碟中供人们欣赏，是既具观赏价值又具实用价值的摆设。

【任务实施】

一、餐巾及餐巾花的作用

餐巾是一种卫生保洁服务用品。客人把餐巾衬在胸前或放在腹部、腿上，一则可用来擦嘴，二则可防止汤汁油滴弄脏衣服，起到清洁卫生的作用。

餐巾花能美化席面。用餐巾精心折叠成的形形色色的花卉植物和惟妙惟肖的实物造型，摆在餐桌上既能点缀美化席面，又能增添宴会热烈欢快的气氛，给客人以美感。

餐巾花的不同造型及摆设可以突出宴会的主题，并作为一种独特的无声语言，表达和交流宾主之间的感情。

餐巾花能标志宾主的席位，还能体会宴会的规格和档次。

二、餐巾的类型

1. 按质地分

餐巾可分为棉织品和化纤织品。棉织品餐巾吸水性较好，去污力强，浆后挺括，造型效果好，但只折叠一次，效果才最佳。化纤织品色泽艳丽，透明感强，富有弹性，如一次造型不成，可以二次造型，但吸水性差，去污力不如棉织品。

2. 按颜色分

餐巾颜色有白色与彩色两种。白色餐巾给人以清洁卫生、恬静优雅之感。它可以调节人的视觉平衡，可以安定人的情绪。彩色餐巾可以渲染就餐气氛，如艳红、大红餐巾给人以庄重热烈的感觉；橘黄、鹅黄色餐巾给人以高贵典雅的感觉；湖蓝色在夏天能给人以凉爽、舒适之感。

3. 按规格分

餐巾的规格大小不尽相同，一般选择40～65厘米见方的餐巾为宜。餐巾不论什么规格，其形状都是正方形，但边缘有平直、波浪形或曲线形，巾角呈直角或尖圆形。巾角上可有简朴素雅、色彩协调的绣花图案，在折花时应将图案置于适当位置，以产生画龙点睛的效果。

三、餐巾花的种类和作用

1. 餐巾花按折叠方法和摆放工具的不同可分为杯花、盘花和环花三类

（1）杯花　杯花属中式花型，多用于中餐宴会。杯花需插入杯中才能完成造型，一旦拿出杯子花形即散。由于折叠成杯花后，在使用时其平整性较差，也容易造成污染，所以目前杯花的使用呈减少趋势，但作为一种技能，仍在餐厅服务中存在。

（2）盘花　盘花属西式花型，多用于西餐或中餐零点服务。盘花造型完整，成型后不会自行散开，可放于盘中或其他盛器及桌面上。因盘花简洁大方，美观实用，所以盘花呈发展趋势。

（3）环花　环花是将餐巾平整卷好或折叠形成一个尾端，套在餐巾环内。这种餐巾环有银制的、象牙制的、骨制的等，有的环上还有纹饰和徽记。餐巾环也可用色彩鲜明

对比感较强的丝带或丝穗代替，在餐巾卷的中央系成蝴蝶结状并配以小枝鲜花。餐巾环（卷）花通常放置于装饰碟或面包盘上，它的特点是传统、雅致、简洁、明快。

此外，目前中餐宴会中还流行一种双色餐巾折花，即将两种不同颜色（通常是浅暖色调和浅冷色调搭配）的餐巾折成一高一低的组合花型，一起插入杯中，更能体现宾主身份和宴会的接待规格。客人进餐时，一条放置在餐具旁边，用于清洁嘴角和双手；另一条铺于腹部和腿上。

日常餐饮中，餐巾折花以盘花和杯花居多。当前，餐巾折花正朝着美观大方、造型简单、折法快捷、清洁卫生的方面发展。

2. 餐巾花按造型的不同可分为植物造型、动物造型和实物造型三类

（1）植物造型　又可细分为根据四季植物花型折制的，有荷花、桃花、月季、梅花、牡丹、水仙、菊花和扁豆花等；根据植物的叶、茎和果实造型折制的，有茶叶、芭蕉叶、竹笋、马蹄莲和玉米等品种。植物造型的餐巾花富于变化，造型逼真，是餐巾折花的一个大类。

（2）动物造型　包括虫、鱼、鸟、兽造型，其中以飞禽造型为主，如孔雀、仙鹤、鸽子、海鸥造型等。动物造型的餐巾花有的取其整体形态，有的取其局部特征，形态逼真，生动活泼。动物造型是餐巾折花的又一大类。

（3）实物造型　指模仿日常生活中各种实物形态折叠而成的餐巾花，如花篮、扇花、三角形、帽子、靴子、蜡烛、小船、信封等。目前此类餐巾花品种还不多，仍有潜力可挖。

3. 餐巾花的应用

（1）餐巾花型的选择　在选择应用餐巾花时，一般应根据宴会的性质、主题、规模、规格、季节时令以及来宾的宗教信仰、风俗习惯，宾主的座位安排，台面的摆设需要等因素综合考虑，以达到整体协调、美化环境、烘托气氛的效果。总的原则是：

① 根据宴会的规模选择花型：大型宴会可选择简洁、挺括的花型。可以每桌选两种花型，使每个台面花型不同，台面显得多姿多彩。如果是1～2桌的小型宴会，可以在一桌上使用各种不同的花型，也可以2～3种花型相间搭配，形成既多样又协调的布局。

② 根据宴会的主题选择花型：主题宴会因主题各异，形式不同，所选择的花型也不同。

③ 根据季节选择花型：选择富有时令的花型以突出季节的特色，也可以有意地选择象征一个美好季节的一套花型。如春季可选用迎春、月季等花卉花型；冬季可选用菊花、枫叶、秋荷等花型。

④ 根据宗教信仰选择花型：如果是信仰佛教的，勿叠动物造型，宜叠植物、实物造型。信仰伊斯兰教的，勿用猪的造型等。

⑤ 根据宾客所在地的风俗习惯选择花型：如日本人喜樱花，忌用荷花；美国人喜山茶花，法国人喜百合花，英国人喜蔷薇花，委内瑞拉人喜兰花等。

⑥ 根据宾主席位选择花型：宴会主宾、主人席位上的花称为主花。主花一般选用品种名贵、折叠细致美观醒目的花，达到突出主人、尊敬主宾的目的。如在接待国际友好人士宴会上，叠和平鸽表示和平，叠花篮表示欢迎，为女宾叠孔雀表示美丽，为儿童宾

客叠小鸟表示活泼可爱，使宾主均感到亲切。

总之，要根据宴会主题，设计折叠不同的餐巾花。要灵活掌握，力求简便、快捷、整齐、美观大方。

（2）餐巾花的摆放注意事项

① 主位花要摆在位上。

② 餐巾花的观赏面应朝向客人座位。适合正面观赏的餐巾花型如孔雀开屏、和平鸽和圣诞火鸡等，要将头部朝向客人；适合侧面观赏的花型要选择一个最佳观赏角度摆放。要注意主位花的观赏面应朝向餐桌中心。

③ 插入杯中的餐巾花要掌握好深浅度，一般以不超过杯深度的1/2为宜，同时还要注意杯内餐巾的整齐。摆放盘花时要摆正摆稳。

④ 同桌摆放不同种类的餐巾花型时要错落协调，形态相似的花型要错开并对称摆放。

⑤ 各餐巾花之间的距离要均匀。餐巾花不能遮挡台上物品，不能影响服务操作。

⑥ 餐巾花要挺括美观，保持折痕清晰。

四、餐巾折花的手法

手法	说明	要领
叠	叠是最基本的餐巾折花手法，几乎所有的造型都要使用。叠有折叠、分叠两种	叠就是将餐巾一折为二，二折为四，或折成三角形、长方形、菱形、梯形、锯齿形等形状。叠时要熟悉造型，看准角度一次叠成，如有反复，就会在餐巾上留下痕迹，影响挺括。叠的基本要领是找好角度一次叠成
卷	分直卷和螺旋卷两种，直卷餐巾两头要卷平。螺旋卷可折成三角形，餐巾边要参差不齐	卷是用大拇指、食指、中指三个手指相互配合，将餐巾卷成圆筒状。直卷有单头卷、双头卷、平头卷，直卷要求餐巾两头一定要卷平，只卷一头，或一头多卷，另一头少卷，会使卷筒一头大，一头小。不管是直卷还是螺旋卷，餐巾都要卷得紧凑、挺括，否则会因松软无力、弯曲变形而影响造型。卷的要领是卷紧、卷挺
翻	餐巾折制过程中，上下、左右、前后、内外改变部位的翻折	操作时，一手拿餐巾，一手将下垂的餐巾翻起一只角，翻成花卉或鸟的头颈、翅膀、尾等形状。翻花叶时，要注意叶子对称，大小一致，距离相等。翻鸟的翅膀、尾巴或头颈时，一定要翻挺，不要软折。翻的要领是注意大小适宜，自然美丽
拉	在翻的基础上使餐巾造型挺直而采取的手法	一般在餐巾花半成形时进行，把半成形的餐巾花攥在左手中，用右手拉出一只角或几只角来。拉的要领是大小比例适当、距离相等、用力均匀，造型挺括
捏	主要用于做鸟与其他动物的头	捏住鸟颈的顶端，食指向下，将餐巾一角的顶端的尖角向里压下。捏主要用于折鸟的头部造型。操作时先将餐巾的一角拉挺做颈部，然后用一只手的大拇指、食指、中指三个指头捏住鸟颈的顶端，食指向下，将巾角尖端向里压下，用中指与拇指将压下的巾角捏出尖嘴状，作为鸟头。捏的要领是棱角分明，头顶自然、嘴尖角到位
穿	一般用筷子等工具从餐巾夹层折缝中穿过，形成皱褶，使之饱满、富有弹性、逼真的一种方法	将餐巾先折好后攥在左手掌心内，右手拿筷子，用筷子小头穿进餐巾的褶缝里，另一头顶在自己身上，然后用右手的大拇指和食指将筷子上的餐巾一点一点向后拨，直至把筷子穿出餐巾为止。穿的要领是穿好的褶裥要平、直、细小、均匀。穿好后先把餐巾花插入杯子内，然后再把筷子抽掉，否则容易松散。根据需要，一般只穿1~2根筷子

续表

手法	说明	要领
折	折是打褶时运用的一种手法。折就是将餐巾叠面折成褶裥的形状，使花型层次丰富、紧凑、美观	打褶时，用双手的拇指和食指分别捏住餐巾两头的第一个褶裥，两个大拇指相对成一线，指面向外。再用两手中指接住餐巾，并控制好一个褶裥的距离。拇指、食指的指面握紧餐巾向前推折至中指外，用食指将推折的褶裥挡住，中指腾出去控制下一个褶裥的距离，三个手指如此互相配合。可分为直线折和斜线折两种方法。两头一样大小的用直线折，一头大一头小或折半圆形或圆弧形的用斜线折。折的要领是折出的褶皱均匀整齐
掰	一般用于花，如月季花的制作等	1．按餐巾叠好的层序，用右手按顺序一层一层掰出作花瓣 2．掰时不要用力过大，掰出的层次或褶的大小距离要均匀
攥	使叠出的餐巾花半成品不易脱落走样而采用的方法	1．用左手攥住餐巾的中部或下部 2．然后用力操作其他部位，攥在手中的部分不能松散

【任务实训】

一、实训目的

通过对餐巾折花基础知识的讲解和操作技能的训练，使学生了解餐巾折花的种类，花型的选择与摆放要求，掌握折花的手技要领与部分折花的操作方法，达到操作规范、熟练折叠的训练要求。

二、实训时间

4学时。

三、实训方法

老师先讲解、示范，然后由学生操作，老师再进行指导。按折花的各种手法要领、植物类花型、动物类花型、实物类花型的顺序依次进行训练。同学之间可以分组比质量、比速度，相互点评。具体如下：

实训任务	餐巾折花
实训要求	1．掌握餐巾折花的9种手法 2．掌握5种杯花的折叠方法 3．了解餐巾花的选择和应用 4．培养良好的审美意识
实训材料	餐巾10张、水杯、骨碟、托盘、折花垫盘等
实训内容与步骤	1．杯花的折叠 （1）每人取餐巾10张 （2）折叠10种不同的杯花，并按中餐正式宴会摆放餐巾花 （3）从主人位开始逐一报花名，并介绍每一种花的应用范围和含义

续表

实训任务	餐巾折花
实训内容与步骤	2．盘花的折叠 （1）每人取餐巾5张 （2）折叠5种不同的盘花，并按宾主顺序依次摆放 3．餐巾花识别及应用训练 由一名同学折叠10种不同的餐巾花，盘花、杯花均可，由另一位同学分别报出花名，及每一种花代表的象征意义和用途 4．餐巾花折叠速度测试 按要求分别在指定时间内折出指定的10种餐巾花，测试学员折叠速度，要求花型逼真、造型优美、摆放达标
备注	1．课堂教学完，应观看餐巾花折叠教学光盘，跟着光盘复习餐巾花的折法 2．为提高学习兴趣，可自由组合分组进行餐巾折花比赛，评出折花能手 3．指定尽可能包括所有折叠技法的花型，以便学员更好掌握9种折叠技法

四、测试与考核

餐巾折花技能测试与考核

<table>
<tr><th>考核内容</th><th>应得分</th><th>扣分</th><th>各花评分</th><th>应得分</th><th>扣分</th></tr>
<tr><td>操作卫生</td><td>5分</td><td></td><td>主花1</td><td>5分</td><td></td></tr>
<tr><td>花型种类</td><td>5分</td><td></td><td>2</td><td>5分</td><td></td></tr>
<tr><td>花型难度</td><td>10分</td><td></td><td>3</td><td>5分</td><td></td></tr>
<tr><td>花型名称</td><td>10分</td><td></td><td>4</td><td>5分</td><td></td></tr>
<tr><td>基本技法</td><td>10分</td><td></td><td>5</td><td>5分</td><td></td></tr>
<tr><td>总体效果</td><td>10分</td><td></td><td>6</td><td>5分</td><td></td></tr>
<tr><td rowspan="4">时间（8分钟）
每提前30秒加1分
每超时15秒减1分</td><td rowspan="2">加</td><td rowspan="2"></td><td>7</td><td>5分</td><td></td></tr>
<tr><td>8</td><td>5分</td><td></td></tr>
<tr><td rowspan="2">减</td><td rowspan="2"></td><td>9</td><td>5分</td><td></td></tr>
<tr><td>10</td><td>5分</td><td></td></tr>
<tr><td>总成绩</td><td colspan="5"></td></tr>
</table>

任务3 铺台布服务

任务导入

铺台布服务

王××是某职业学校酒店专业刚毕业的一名学生，因其在全市的餐饮技能大赛中荣获一等奖的好成绩，被该市一家四星级的宾馆录用。小王以其扎实的专业知识和良好的专业技能很快得到了领导的重视。在一次餐厅值台服务中，大厅已坐满了客人，小王送走了一批客人又来了一批，为了使客人尽快入座，小王赶紧用撒网式的方法将台布铺上，动作利落洒脱。这时只看见旁桌就餐的客人用诧异和不满的眼神看着小王，可是他还蒙在鼓里。

【点 评】

餐厅铺台布的方法有多种，但要注意不同的场合用不同的方法。一般情况下，零点餐厅如有客人就座于餐台周围，或在地方窄小的情况下应用推拉式方法铺设台布；如是较宽敞的餐厅或在周围没有客人就座的情况下，可以用抖铺式方法铺设台布；如是宽大场地或技术比赛场合可以用撒网式方法铺设台布。案例中餐桌周围有客人就餐，小王用撒网式的方法铺设台布影响了周围客人就餐环境，因此客人会不满。

【任务概述】

铺台布服务与托盘服务一样，是餐厅服务中最基本的操作技能。台布定位准确，铺设恰当，是规范摆台前提。铺台布的要点一是美观，二是适用。铺台布为宾客提供一个舒适的就餐场所，也是餐厅服务工作中的基本要求。铺台布的方法主要有推拉式、抖铺式、撒网式等。

【任务实施】

一、认识台布

1. 台布的种类

（1）按台布的质地分　有纯棉台布、化纤台布、塑料台布、绒质台布等，其中纯棉台布吸湿性能较好，大多数餐厅较常使用。

（2）按台布花型图案分　有团花、提花、散花、工艺绣花等，其中提花图案的台布使用较多。

（3）按台布的颜色分　有白色、黄色、红色、绿色、粉色等，其中多数餐厅为了整洁卫生，常使用白色台布。

（4）按台布的形状分　有圆形台布、正方形台布、长方形台布、异形台布等。

其中圆形餐桌多使用圆形台布，长方形餐桌多使用长方形台布。

2. 台布的规格

（1）140厘米×140厘米的台布，适用于90厘米×90厘米的餐台。

（2）160厘米×160厘米的台布，适用于100厘米×100厘米的餐台。

（3）180厘米×180厘米的台布，适用于150厘米×150厘米的餐台。

（4）200厘米×200厘米的台布，适用于170厘米×170厘米的餐台。

（5）220厘米×220厘米的台布，适用于200厘米×200厘米的餐台。

（6）240厘米×240厘米的台布，适用于220厘米×220厘米的餐台。

（7）260厘米×260厘米的台布，适用于240厘米×240厘米的餐台。

（8）160厘米×200厘米和180厘米×300厘米等长方形台布多用于西餐长台。

二、铺台布的方法

1. 推拉式

服务员站在副主人位置上，右脚向前迈一步，上身前倾，将台布正面朝上打开，用两手的大拇指与食指分别夹住台布的一边，其余三指抓住台布，用两手臂的臂力将台布沿着桌面向胸前合拢，然后沿着桌面用力向前推出、拉回，铺好的台布十字取中，四角下垂均匀。这种方法适用于零餐餐厅或较小的餐厅，或因有客人就座于餐台周围等候用餐时，或在地方窄小的情况下进行铺台。

2. 抖铺式

服务员站在副主人位置上，右脚向前迈一步，上身前倾，将台布正面朝上打开，用两手的大拇指与食指分别夹住台布的一边，其余三指将多余台布提拿于胸前，身体呈正位站立式，利用双腕的力量，将台布向前一次性向前抖开，然后拉回平铺于餐台。这种方法适用于较宽敞的餐厅或在周围没有客人就座的情况下进行。

3. 撒网式

服务员站在副主人位置上，右脚向前迈一步，上身前倾，将台布正面朝上打开，用两手的大拇指与食指分别夹住台布的一边，其余三指抓住多余台布提拿起至左肩后方，上身向左转体，下肢不动并在右臂与身体回转时，台布斜着向前撒出去，将台布抛至前方时，上身同时转体回位，台布平铺于台面。这种方法适用于宽大场地或技术比赛场合。

三、中式铺台布操作技能与标准

1. 推拉式铺台布操作程序与标准

（1）准备　服务员将台布准备好，站在副主人位置上，准备操作。

（2）打开　服务员将折好的台布正面朝上打开，捏住台布一边。

（3）合拢　服务员抓住多余台布，用两手臂的臂力将台布沿着桌面向胸前合拢。

（4）推出　服务员拽住台布一边，将其余部分台布顺着桌面向对面推出。

（5）定位　服务员用食指和大拇指将台布拉回定位，十字取中，四角下垂均匀。

2. 抖铺式铺台布操作程序与标准

（1）准备　服务员将台布准备好，站在副主人位置上，准备操作。

（2）打开　服务员将折好的台布正面朝上打开，捏住台布一边。

（3）提起　服务员将多余台布提拿到胸前，抓紧台布。

（4）铺出　服务员拽住胸前台布一边，将其余部分台布向对面抛出。

（5）定位　服务员用食指和大拇指将台布拉回定位，十字取中，四角下垂均匀。

3. 撒网式铺台布操作程序与标准

（1）准备　服务员将台布准备好，站在副主人位置上，准备操作。

（2）打开　服务员将折好的台布正面朝上打开，捏住台布一边。

（3）提起、上肩　服务员抓起多余台布提拿至左肩后方，上身同时向左后侧转体。

（4）铺出　服务员回转身体，将台布向左前方撒出，一次到位。

（5）定位　服务员用食指和大拇指将台布拉回定位，十字取中，四角下垂均匀。

4. 围台裙操作程序与标准

（1）准备　服务员站在副主人位置上将台布铺好，准备好相应规格的台裙。

（2）操作　服务员依桌沿按顺时针方向将台裙布打成折裥，同时用尼龙搭扣或按钉固定在餐桌上。要求每个折裥相隔5厘米左右，距离均等，折裥下垂部分均匀。

四、铺台布注意事项

（1）铺好的台布，正面向上，凸缝朝上对准餐桌正、副主人中心位置，十字中心线位于餐桌中心。

（2）台布铺好后，四角对准餐桌四脚，呈直线下垂状，下垂部分距地面距离相等。

（3）铺好的台布应平整无皱纹、无污渍。

（4）铺设台布过程中，注意台布不能接触地面。

（5）台布铺好后，应将副主人位餐椅送回原位。

【任务实训】

一、实训目的

通过对铺台布服务基础知识的讲解和操作技能的训练，使学生了解铺台布的种类、规格和方法，掌握铺台布的操作程序与标准，达到操作规范、一次到位的训练要求。

二、实训时间

2学时。

三、实训方法

老师先讲解、示范，然后由学生操作，老师再进行指导。同学之间可以分组比质量、比速度，相互点评。

四、测试与考核

1. 推拉式铺台布操作要领

实训程序	动作要领	常见问题
抖台布	铺设时应选取与桌面大小相适合的台布，正身站于主人位，左脚向前迈一步，靠近桌边，上身前倾，将台布正面朝上打开，双手将台布向餐位两侧拉开	不在主人位
拢台布	用两手的大拇指与食指分别夹住台布的一边，其余三指抓住台布，台布沿着桌面向胸前合拢，身体朝前微弯	手法不规范
推台布	双手把台布沿桌面迅速用力推出。捏住台布边角不要松开	力量不够
台布定位	台布下落时，缓慢把台布拉至桌子边沿靠近身体处。调整台布落定的位置。用两手臂的臂力将铺好的台布十字取中，四角下垂均匀，台布鼓缝面朝上，中缝正对正、副主人席位	定位不准
放转盘	把转盘放在转轴上，转轴处在桌子正中心，用手测试一下转盘是否旋转正常	转盘检查不到位

2. 撒网式铺台布操作要领

实训程序	动作要领	常见问题
抖台布	选好合适台布后，正身站于主人位，右脚向前迈一步，上身前倾，将台布正面朝上打开，双手将台布向餐位两侧拉开	拉台布力量不足
拢台布	将台布横折，折时双手拇指与食指分别夹住两端，然后食指与中指、中指与无名指、无名指与小指，遂从横折处夹起收拢身前，右臂微抬，呈左低右高式	右手过于平
撒台布	抓住多余台布提拿起至左或右肩后方，上身向左或右转体，下肢不动并在右臂与身体回转时，手臂随腰部转动并向侧前方挥动，台布斜着向前撒出去，双手除捏握台布边角的拇指和食指，其他手指松开，将台布抛至前方时，上身同时转体回位	用力过大或不足；动作不协调
台布定位	台布下落时，拇指和食指捏住台布边角。当盖在台面上时，尚有空气未排出，台布会保持一会儿拱起，将台布平铺于台面，调整台布落定的位置。台布鼓缝面朝上，中线缝直对正、副主人席位，台布四角要与桌腿成直线下垂，四角垂直部分与地面等距，不许搭地，铺好的台布图案、花纹置于餐桌正中	定位不准
放转盘	把转盘放在转轴上，转轴处在桌子正中心，用手测试一下转盘是否旋转正常	转盘检查不到位

铺台布服务技能测试与考核

项目考核	配分	得分	项目考核	配分	得分
操作位置	10		操作一次到位	12	
姿势规范	12		凸缝朝上，对准主人	6	

续表

项目考核	配分	得分	项目考核	配分	得分
方法得当	12		转盘检查	8	
台布四角对齐	10		操作时间	9	
台布正面向上	11		整体印象	10	
总成绩					

任务4　摆台服务

任务导入

有破损的餐饮器皿

一位翻译带领四位德国客人走进了陕西省西安市某三星级饭店的中餐厅。入座后，服务员开始让他们点菜。客人要了一些菜，还要了啤酒、矿泉水等饮料。突然，一位客人发出诧异的声音。原来他们的啤酒杯有一道裂缝，啤酒顺着裂缝流到了桌子上。翻译急忙让服务员过来换杯。另一位客人用手指着眼前的小碟子让服务员看，原来小碟子上有一个缺口。翻译赶忙检查了一遍桌上的餐具，发现碗、碟、瓷勺、啤酒杯等物均有不同程度的损坏，上面都有裂痕、缺口和瑕疵等。翻译起身把服务员叫到一旁说："这里的餐具怎么都有毛病？这可会影响客人的情绪啊！"

"这批餐具早就该换了，最近太忙还没来得及换。您看其他餐桌上的餐具都有毛病。"服务员红着脸解释着。

"这可不是理由啊！难道这么大的饭店连几套像样的餐具都找不出来吗？"翻译有点火了。

"您别着急，我马上给您换新的餐具。"服务员急忙道。

翻译和外宾交谈后说："请你最好给我们换个地方，我的客人对这里的环境不太满意。"

经与餐厅经理商量，最后将这几位客人安排在小宴会厅用餐，餐具也换上了无瑕疵的，并根据客人的要求摆上了刀、叉。

望着桌上精美的餐具，来宾终于露出了笑容。

【点 评】

餐饮设备用品的正常与完善是体现餐前准备工作良好的必要环节。在各类设备用品的准备过程中，餐具的质量与清洁是应该特别重视的问题。餐具的好坏直接关系到餐厅的服务水平。星级饭店是涉外单位，对餐具的要求应该更高，不应出现案例中发生的情景。而检查餐具的完整主要在摆台过程中完成，因此，摆台不只是按规定完成各餐具的摆放，还应耐心细致地检查餐具是否完好无破损。

【任务概述】

摆台是将餐具、酒具以及辅助用品按照一定的规格整齐美观地铺设在餐桌上的操作过程。摆台是餐厅服务操作的术语，它包括餐桌的排列、铺台布、席位安排、餐具摆放和席面美化等环节。摆台分为中餐摆台和西餐摆台两种，又都可以细分为零点散餐摆台和宴会摆台。

【任务实施】

由于摆台质量的好坏直接关系到服务质量和餐厅的面貌，因此，摆台要求做到清洁卫生、整齐有序、放置适当、完好舒适、方便就餐、配套齐全且具有艺术性。具体而言，摆台的基本要求有：

① 摆设的台面要清洁卫生，摆台所用的台布、餐巾、餐具、小件物品、调味品及餐椅和其他各种装饰物品都要符合清洁卫生的要求。

② 餐台的布局要做到台形设计考究合理、井然有序，既方便客人就餐，又能确保服务工作的顺利进行。

③ 台面的设计要尊重客人的民族习惯和餐饮习惯，符合待客的礼仪要求。

④ 根据就餐规格和形式设计台面，所配餐具和用具要配套、齐全。

⑤ 餐具摆放要有条理，各席位的餐具相对集中，整齐一致，席位之间有明显空隙。

⑥ 花盆的设计要能体现宴会的主题，力求造型逼真、美观、得体、实用。

一、中餐零点摆台

由于零点餐厅餐桌布局相对固定，无需餐餐变化，且就餐者无主客之分，所以只需根据餐别准备物品，进行桌面摆放即可。

（一）中餐早餐摆台

1. 摆台程序

中餐早餐摆台操作程序按“铺台布→放转盘（大圆桌）→骨碟定位→摆翅碗、瓷更→摆筷子架、筷子及牙签→摆茶杯及杯碟→摆餐巾花→摆烟盅、台号牌→摆花瓶”的顺序进行。

2. 摆台要求

骨碟摆在座位正中，距离桌边1.5厘米；翅碗放于骨碟的正上方，距离骨碟1厘米；瓷更放在翅碗里，更柄朝左；筷子架和筷子放在翅碗右侧，筷子套底部距离桌边1.5厘米，并与骨碟纵向直径线平行；杯碟摆在筷子右侧距桌边1.5厘米处，茶杯反扣在杯碟里，杯耳朝右下侧并与水平线呈45° 角；牙签摆在骨碟与筷子中间适当位置；餐巾花折好后放在骨碟内或插入水杯里；若是圆桌，则将花瓶、烟灰缸放在中间；若是靠墙的桌子，则将花瓶放在靠墙的那一边的中间，烟灰缸放在左边。

中餐早餐摆台如图2-1所示。

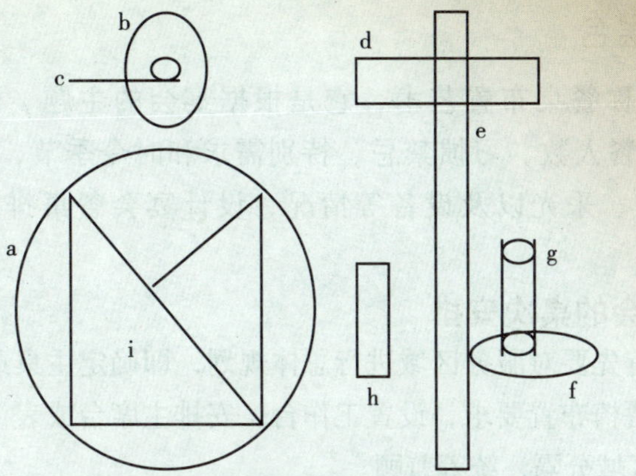

图2-1 中餐早餐摆台示意图

a. 骨碟 b. 翅碗 c. 瓷更 d. 筷子架 e. 筷子 f. 杯碟 g. 茶杯 h. 牙签 i. 餐巾花

（二）中餐午、晚餐摆台

1. 摆台程序

中餐午、晚餐摆台操作程序按“铺台布→放转盘（大圆桌）→骨碟定位→摆翅碗、瓷更和味碟→摆筷子架、筷子及牙签→摆水杯→摆餐巾花→摆烟盅、桌号牌→摆花瓶”的顺序进行。

2. 摆台要求

骨碟摆在座位正中，距离桌边1.5厘米；翅碗放骨碟的左上方，距离骨碟1厘米；瓷更放在翅碗里，更柄朝左；味碟摆在骨碟右上方与翅碗并排；筷子架、筷子放在翅碗右侧，筷子套底部距离桌边1.5厘米，并与骨碟纵向直径线平行；杯碟摆在筷子右侧距桌边1.5厘米处，茶杯反扣在杯碟里，杯耳朝右下侧并与水平线呈45°角；牙签摆在骨碟与筷子中间适当位置；玻璃水杯摆在翅碗与味碟的上方中线上，距翅碗1厘米；餐巾花摆放在骨碟上，若是杯花则插在水杯里；若是圆桌，则将花瓶和烟灰缸放在中间；若是靠墙的桌子，则将花瓶放在靠墙的那一边的中间，烟灰缸放在左边。

中餐午、晚餐摆台如图2-2所示。

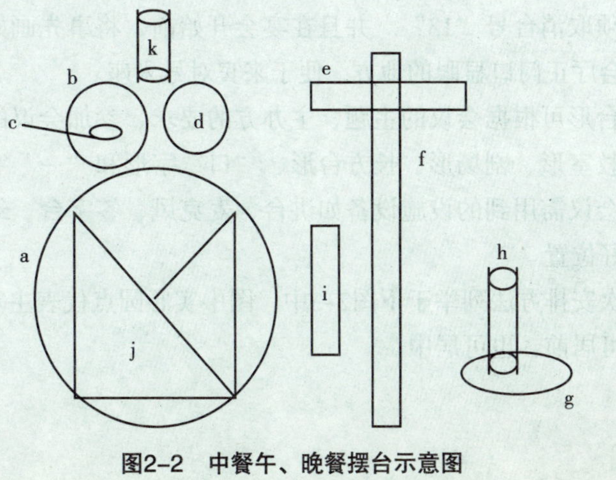

图2-2 中餐午、晚餐摆台示意图

a. 骨碟 b. 翅碗 c. 瓷更 d. 味碟 e. 筷子架 f. 筷子 g. 杯碟 h. 茶杯 i. 牙签 j. 餐巾花 k. 玻璃水杯

二、中餐宴会摆台

宴会摆台，又称餐桌布置艺术，它是根据宴会的主题、形式、主办单位的要求、接待规格、用餐人数、习惯禁忌、特别需求和时令季节，结合宴会厅的形状、结构、面积、空间、采光以及设备等情况，设计宴会餐桌排列组合的总体形状和布局。

（一）中餐宴会的桌次安排

设计台形时，首先要对服务区域进行总体规划，即确定主桌或主宾席区及来宾席区位置，确定餐桌与餐椅布置要求，设置工作台，安排主席台或表演台，必要时考虑会议台形与宴会台形的区域分隔，统筹兼顾。

（1）按照“中心第一、先右后左、高近低远”的原则布置台形。“中心第一”是布局时要突出主桌。主桌一般安排在面向餐厅的正门，能够纵观全厅的位置，主宾入席和退席的通道要比其他通道宽敞些。主桌的装饰可从台布、桌裙、餐椅、餐具、餐巾花及花盆等与其他桌相区别。“先右后左”是按照国际惯例，主桌的右席身份高于左席的身份。“高近低远”即按被邀请客人的身份安排座位，身份高的离主桌近，身份低的离主桌远。

（2）选择合适的台面。中餐宴会一般使用直径为180厘米的圆桌和配套的玻璃转盘，并配以与宴会厅色调相谐调的餐椅，通常1桌10把。如主桌人数较多，可安放较大圆桌，每桌坐20人左右。

（3）餐桌的排列应根据餐厅的形状、大小及参加宴会人数的多少来安排，桌与桌之间的距离以方便穿行、上菜、斟酒和撤盘为宜。整个宴会的餐桌要整齐划一，做到桌布一条线、桌腿一条线、花瓶一条线。

（4）中餐宴会常见的台形有“吕”字形（两桌宴会）、“品”字形（三桌宴会）、“◇”菱形（四桌宴会）、“立”字形（五桌宴会）、金字塔形或梅花形（六桌宴会），大型宴会多用“主”字形排列。

（5）大型宴会除主桌外，所有桌子都应编号。台号卡放在餐桌上，要让客人一进餐厅就能看到。台号位置必须符合客人的风俗习惯，不能触犯客人生活禁忌，如有欧美客人参加的宴会必须取消台号“13”。并且在宴会开始前，将事先画好的宴会厅场景布置示意图张贴于宴会厅正门口显眼的地方，便于来宾对号入座。

（6）会议的台形可根据会议的主题、主办方的要求、参加会议的人数和会议厅的大小、形状设计为教室形、剧场形、长方台形、“口”字形和“一”字形等。会议的主席台位置要显著，会议需用到的设施设备如讲台、麦克风、签字台、幻灯机、投影仪以及写字板等须设计好位置。

现将常见桌次安排方法列举于下图2–3中，图中实心圆点代表主宾席，空心圆点代表其他客席。主桌可居前，也可居中。

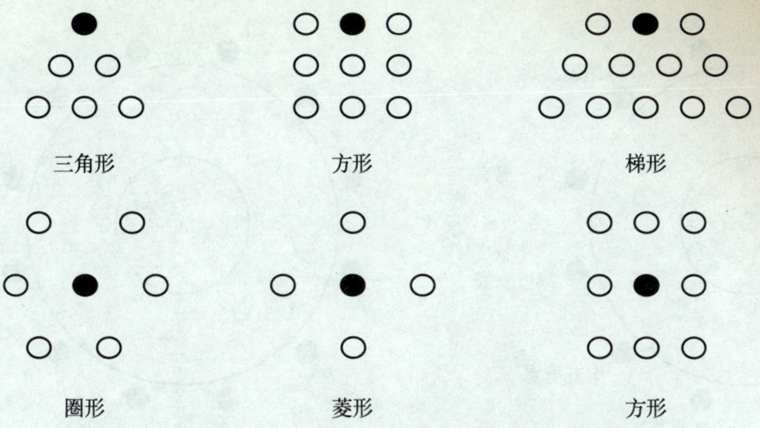

图2-3 中餐宴会摆台桌次安排示意图

（二）中餐宴会的座次安排

宴会的座次设计就是根据宴会的性质、主办单位或人的特殊要求，根据参宴宾客的身份，确定其相应的座位。座次安排须符合礼仪规范，尊重风俗习惯，便于席间服务。

以10人一桌的正式宴会为例：餐桌一般置于厅堂正面，主人的座位通常设于圆桌正面的中心位置，面向宴会厅正门，副主人与主人相对而坐；主人的右左两侧分别为主宾和第二宾的座次；副主人的右左两侧分别为第三、第四宾的座次；主宾、第三宾的右侧分别为主、客两方翻译的座次。如图2–4（1）所示。有时，主人的左侧是第三宾，副主人的左侧为第四宾的座次，其他座位为陪同席。如图2–4（2）所示。

但在举行一些民间传统宴会（如婚宴、寿宴）时，中餐宴会座次安排必须遵循中国传统的礼仪和风俗习惯，其一般原则为“高位自上而下，自右而左，男左女右”。如图2–5所示。

多桌宴会座次安排的重点是确定各桌的主人位。以主桌主人位为基准点，各桌主人位的安排有“顺向”和“相向”两种方法。座次的具体安排通常由座次卡体现。座次卡

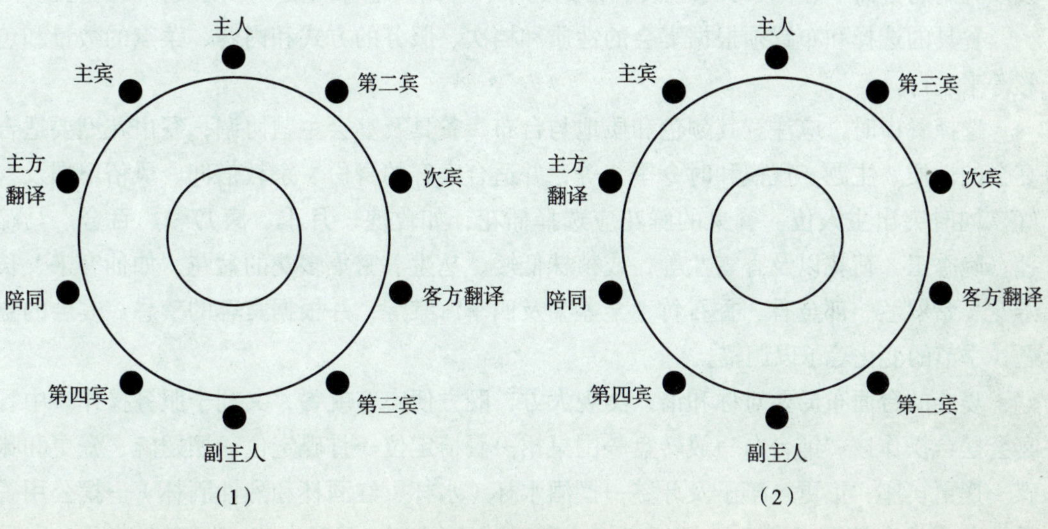

图2–4 中餐宴会座次安排

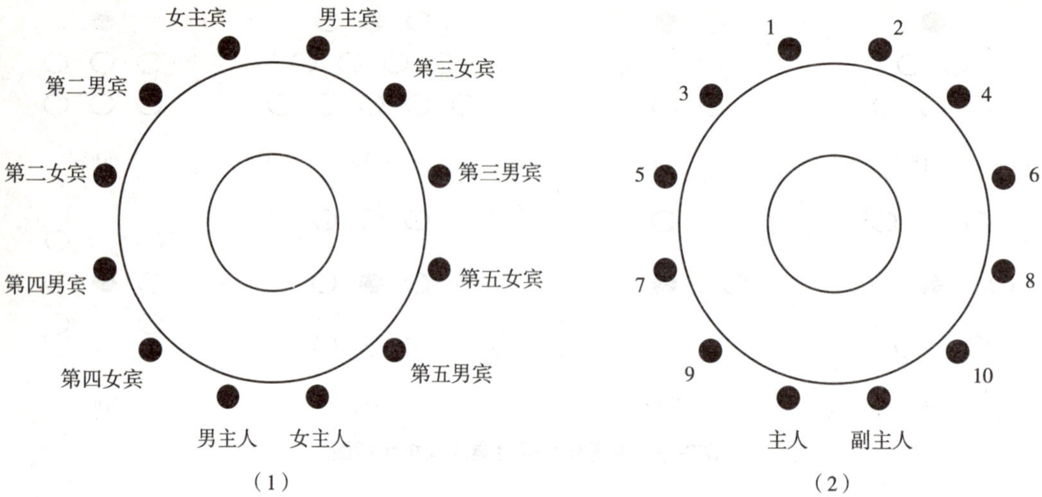

注：男女主人并肩坐末座，男女成双成对，自右而左，男左女右

注：主人、副主人并肩坐末座，高位自上而下，自右而左

图2-5　中餐传统宴会座次安排

是指根据饭店总体形象而设计出的，写有宾客姓名的长方形台卡。一般由主办单位负责人或主人在宴会开始前根据座次安排放置在相应的座位上。大型宴会一般预先将宾客座次打印在请柬上，以便宾客抵达时能迅速找到自己的座位。

（三）中餐宴会台面摆设

宴会台面设计的效果不仅决定宴会的气氛，而且体现宴会设计者的水平及整个宴会的服务质量。宴会台面设计主要包括台布的选用、餐具的选择与布置、餐巾的选择和餐巾花造型、餐桌上的鲜花造型艺术及其他饰物布置（如椅套）等内容。若是冷餐会则还包括自助餐台设计。

饭店一般选用印花、刺绣和编织的各种颜色的台布，以与餐厅整体设计和宴会主题相谐调为宜；还可通过台布、转台和台裙等不同的颜色、形状和组合来衬托台面效果，或以特制的台面中心（如岁寒三友、松鹤延年、春回大地等图案）来反映台面的主题。

餐具的选择和布置须根据宴会的性质和档次、服务的方式和内容、菜点的数量和色彩等来进行。

选择餐巾时，应注意其颜色和质地与台布、餐具及宴会主题协调；餐巾花型要适合宴会的性质、主题、规模和时令季节等，并适合宾客的身份、宗教信仰、风俗习惯及喜好，同时突出主人位。餐桌的鲜花应选择插花，如玫瑰、月季、康乃馨、百合、马蹄莲、晚香玉、荷花以及香雪兰等，或植株低矮、丛生、密集多花的盆花，如仙客来、长寿花、紫罗兰、郁金香、香石竹、金盏菊及四季海棠等，并根据宾客的禁忌、宴会的主题、季节的变化等予以调整。

宴会的台面布局要对称和谐、美观大方，既方便宾客就餐，又利于服务操作。中餐宴会摆台操作按“铺台布→放转盘→围桌裙→餐椅定位→骨碟定位→摆翅碗、瓷更和味碟→摆更筷座、银更、筷子及牙签→摆酒水杯（水杯、红酒杯和烈性酒杯）→摆公用餐具（分更、分筷和汤勺）→摆烟盅、火柴（或不摆）→摆餐巾花→摆宴会菜单、台号卡→摆花瓶或插花”的顺序进行。

1. 摆台前的准备

① 洗净双手。② 领取各类餐具、台布和桌裙等。③ 用干净的布将餐具和各种玻璃器皿擦亮，并无任何破损、污渍等。④ 检查台布、桌裙是否干净，是否有皱纹、破洞等，不符合要求的应进行调换。⑤ 洗净所有调味品壶并重新装好。⑥ 折餐巾花。

2. 摆台

（1）铺台布、放转盘、围桌裙、配餐椅

① 铺台布时，服务员站在主位的左侧或右侧将折叠好的台布放在餐桌中央，打开台布，找出台布正面朝向自己一侧的边缘，用手指捏住，抖开台布，用推拉式、抛撒式或撒网式将台布平铺在餐桌上，要求动作熟练、干净利落、一次到位。铺好的台布要求台布正面朝上，图案花饰端正；凸缝两端分别对准正副主人位；台布折线的十字中心点在桌面圆心；四角下垂部分均匀并对准桌腿。

② 将转盘架放在餐桌中央，玻璃转盘摆在转盘架的圆形滑轨上，检查转盘是否转动灵活。

③ 将桌裙按顺时针方向沿着桌沿用摁钉或尼龙搭扣（每个相隔4厘米）固定在桌沿上。

④ 根据参宴人数配齐餐椅，以10人一桌为例，一般将餐椅放置为三、三、两、两，即正副主人位侧各放三张餐椅，另两侧则各放两张餐椅，各侧椅背在一条直线上。

（2）拿餐具

拿取餐具时，一律使用托盘运送。拿酒杯、水杯时，应握住杯脚；拿刀、叉、匙和勺时，应拿柄部；拿瓷器等餐具时，应尽量避免手指与边口接触。注意勿将手印留在餐具表面。

（3）摆餐具

① 碟定位：从主人位开始按顺时针方向依次用右手摆放骨碟，要求碟边距离桌边1.5厘米，骨碟与骨碟之间的距离均匀相等，碟中店徽等图案对正。

② 摆翅碗、瓷更和味碟：在骨碟左上方1厘米处摆放翅碗；在骨碟右上方1厘米处摆放味碟；瓷更放在翅碗里，更柄朝左；翅碗、味碟的横向直径和瓷更柄呈一条直线；翅碗和味碟之间距离1厘米。

③ 摆更筷座、银更、筷子及牙签：在味碟右侧依次摆放更筷座、银更、牙签和筷子；更筷座距离味碟1厘米；银更、筷子及牙签与骨碟纵向直径平行；筷子套离桌边1.5厘米；牙签摆在银更和筷子中间。

④ 摆三杯：水杯、红酒杯和烈性酒杯。在翅碗和味碟之间的中线上方适当位置摆放红酒杯，红酒杯左侧摆水杯，右侧摆烈性酒杯，三杯杯肚之间的距离为1厘米，杯心呈一条直线，与翅碗、味碟和瓷更所成的直线平行。或在翅碗和味碟之间的中线上方适当位置摆放红酒杯，红酒杯左上侧摆水杯，右下侧摆烈性酒杯，三杯杯肚之间的距离为1.5厘米，杯心呈一条直线，且与水平线呈30° 角。

⑤ 摆公用餐具（分更、分筷和汤勺）：一般在副主人位右边第一位客人的（即第三客人）右侧摆放公用餐具。放好公用座后，依次摆放汤勺、分更（一般2个）和筷子。汤勺柄端距离桌边1.5厘米。或在正、副主人位杯具的前方各横向摆放一副公用筷和汤勺，

汤勺在外侧，筷子在内侧，汤勺柄和筷子的尾端向右。

⑥ 摆烟盅、火柴（或不摆）：在正、副主人位餐具的右侧各摆放一只烟灰缸；或在正、副主人位呈90° 角处各摆放一只烟灰缸；烟灰缸的边缘摆放火柴，正面朝上。

⑦ 摆餐巾花：按规定要求沿顺时针方向依次摆放已叠好的餐巾花。

⑧ 摆宴会菜单、台号卡：一般10人餐台放两张菜单，10人以上餐台放四张菜单。放两张菜单时，将菜单放在正、副主人位的左侧，与骨碟纵向直径平行，菜单下端距离桌边1.5厘米；放四张菜单时，除正、副主人位左侧放菜单外，还应在与正、副主人位呈90° 角的两侧客人的骨碟左侧各放1张菜单。菜单也可竖立摆放在水杯或翅碗的左侧。高档宴会的菜单可以每人1张。台号卡放在花瓶左边或右边，并朝向餐厅正门进口处。

⑨ 摆花瓶或插花：在转盘正中摆放花瓶或插花，以示摆台结束。

3. 摆台后的检查工作

摆台完毕，要检查：台面摆设有无遗漏；台面摆放是否规范、符合要求；餐具是否清洁光亮，无污渍、水迹、缺口；台布、餐巾是否无霉迹、油迹和破洞；桌椅是否配齐、完好、整齐。

中餐宴会摆台如图2-6所示。

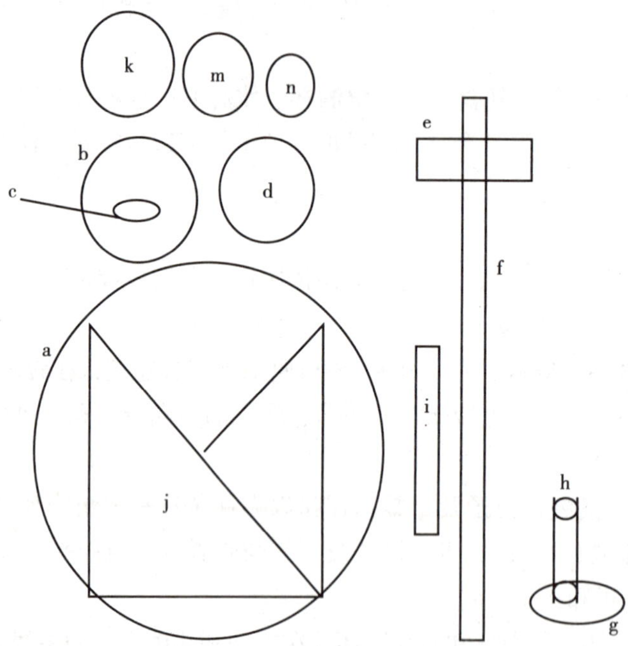

图2-6 中餐宴会摆台示意图

a. 骨碟 b. 翅碗 c. 瓷更 d. 味碟 e. 筷子架 f. 筷子 g. 杯碟 h. 茶杯 i. 牙签 j. 餐巾花 k. 玻璃水杯 m. 红酒杯 n. 白酒杯

三、西餐零点摆台

（一）西餐早餐摆台

（1）西餐早餐餐台可不铺台布。座位正前方距桌边1厘米处摆放早餐垫，早餐垫上正中摆放折好的餐巾花，店徽朝向客人。

（2）餐巾花的左侧摆放主餐叉，叉尖朝上。餐巾花右侧摆放主餐刀，刀刃朝向餐巾花方向。

（3）主餐刀的右侧0.5厘米处摆放汤匙。

（4）主餐叉的左侧摆放面包盘，距主餐叉4厘米，面包刀摆放在面包盘上右侧1/3处。

（5）汤匙右侧摆放咖啡杯、咖啡碟及咖啡勺，杯把、勺把均朝右平行摆放，与桌边呈45°角。

（6）烟灰缸摆放在餐位正前方，烟灰缸右侧摆放奶缸，调味品依左椒右盐的要求平行摆放在烟灰缸的前方。

（二）西餐便餐摆台

1. 摆台程序

西餐午、晚餐摆台操作程序按“铺台布→餐盘定位→摆正餐刀、汤匙和正餐叉→摆面包盘、黄油刀和黄油碟→摆水杯→摆餐巾花→摆椒盐瓶、糖盅、烟盅、花瓶、蜡烛台（晚餐）、台号牌及其他物品（如广告牌）”的顺序进行。

2. 摆台要点

（1）西餐午、晚餐要铺台布。

（2）装饰盘摆在餐位正中，距离桌边1厘米；盘中放餐巾花，也可不放装饰盘而直接放餐巾花。

（3）在装饰盘右侧1.5厘米处放餐刀和汤匙，刀口朝左，匙面向上，餐刀和汤匙间距1厘米，刀、匙尾端距离桌边1厘米。

（4）在装饰盘左侧1.5厘米处放餐叉，餐叉左侧1厘米处放色拉叉，叉尖向上，叉子尾端距离桌边1厘米。

（5）色拉叉左侧1厘米处摆面包盘，面包盘内右侧1/3处放黄油刀，刀口朝左；面包盘距离桌边1厘米，黄油碟摆在黄油刀刀尖正上方1厘米处。

（6）在餐刀刀尖正上方1厘米处放水杯。

（7）花瓶、烟灰缸、胡椒瓶、盐瓶及糖盅等物品摆放在餐台中心位置上。餐桌正中除放花瓶外，还可放烛台。

四、西餐宴会摆台

（一）西餐宴会的台形设计

西餐宴会一般使用可以拼接的长台、半圆台和扇面台。餐台的大小和台形拼法，根据宴会的性质、参宴人数、宴会厅的形状和大小、服务的组织和主办方的要求来进行，并做到尺寸对称、出入方便、图案新颖、布局和谐。西餐宴会常见的餐桌排列有“一”字形、“口”字形、“回”字形、马蹄形、“T”字形、“E”字形及分散形等。

（二）西餐宴会的座次安排

西餐宴会座次一般根据宴会性质、人数、男女宾客、职务高低以及英式还是法式来确定。

家庭式宴会无职务之分，只有主客之分，安排座次时，只需考虑男女穿插入座、夫妇穿插入座，以便于交谈，扩大交际。如图2-7所示。

图2-7 西餐家庭式宴会座次安排

若属于外交、贸易或工作性质的宴会，则气氛较正规、严肃，安排座次时需考虑参宴双方首要人物人数、双方首要人物是否带夫人、双方是否各自带有翻译、主客穿插入座等。大型宴会需要分桌时，餐桌主次按“高近低远，右高左低”的原则而定；每桌都有若干主人，且每桌主人位置要与主桌的主人位置方向相同。

（三）西餐宴会的台面摆设

西餐宴会摆台按“铺台布→摆蜡烛→餐椅定位→摆装饰盘（垫盘、装饰盘）→摆主菜刀、鱼刀、汤匙和头盘刀→摆主菜叉、鱼叉和头盘叉→摆水果刀、叉和甜品匙→摆面包盘、黄油刀和黄油碟→摆酒杯（水杯、红葡萄酒杯和白葡萄酒杯）→摆餐巾花→摆椒盐瓶、糖盅、烟盅、花瓶、菜单和座次卡等”的顺序进行。

1. 摆台前的准备

西餐餐具用品较多，不同菜式要选用不同餐具，还要根据上菜的道数和人数准备相应数量的餐具。

此外，还要准备公用餐具、盐瓶、胡椒瓶、牙签筒、蜡烛台、花瓶、火柴和烟灰缸等。

西餐宴会的餐具准备很重要。要按宾客对酒水的要求严格挑选酒杯，不得有丝毫破损，要擦拭得不见一丝污痕；餐刀、叉勺、瓷器等要严格消毒，并擦拭得清洁光亮。

2. 铺台布、摆蜡烛台、餐椅定位

（1）铺台布　西餐宴会一般是使用方台拼成各种形状，台布由外向里铺。铺台布时，先用拇指和食指夹在台布的中叠骨，食指和中指则夹住台布下层骨边，抖开台布，身体稍向前倾，使台布的上层骨边垂落于餐台的对边，再改用拇指和食指捏住台布的下层骨边，慢慢向内抖、提、拉，直至靠身的台布边缘时才放手，然后整理台布，让中叠骨居中对称，用手将台面及垂下部分扫平。所有的台布都要求做到正面朝上，中心线对正，台布压贴方法和距离一致，台布两侧下垂部分均匀、美观、整齐。

（2）按规定摆放蜡烛台，将餐椅定位（每个餐位至少相距60厘米），餐椅的边沿正好接触到台布下沿。

3. 摆装饰盘（垫盘、装饰盘）

摆餐盘时，用左手垫上餐巾托住盘底，从主人位置开始按顺时针方向用右手在每个餐位正中摆放餐盘，盘的图案店徽摆端正，盘与盘之间的距离要相等，盘边距离桌边1厘米。

4. 摆刀叉

从餐盘的右侧1厘米处从左到右依次摆放主菜刀、鱼刀、汤匙和开胃品刀，刀口向左，匙面向上，刀把和匙把距离桌边1厘米；从餐盘的左侧1厘米处始从右到左依次摆放主菜叉、鱼叉和开胃品叉，叉面向上，叉把与刀平行，距离桌边1厘米；各刀、各叉间距0.5厘米。

5. 摆水果刀、叉和甜品匙

在餐盘的正前方依次摆放水果刀、水果叉（或甜品叉）和甜品匙，刀把向右，刀口向餐盘；水果叉叉齿向右，叉把向左，与水果刀平行摆放；甜品匙与水果刀平行横放于餐盘正上方，匙把向右。

6. 摆面包盘、黄油刀和黄油碟

在开胃品叉的左侧摆面包盘，面包盘中心与餐盘中心对齐，盘边距餐叉1厘米；黄油刀放于面包盘内右侧1/3处，刀口朝左，与其他刀叉平行；黄油碟摆在黄油刀刀尖正上方1厘米处。

7. 摆酒杯

酒杯摆放在水果刀、水果叉和甜品匙的右侧，一般有“一”字形和“品”字形两种摆法。

“一”字形：红酒杯摆放于主菜刀刀尖正上方适当位置；水杯摆在红酒杯左上方适当位置；白酒杯摆于红酒杯右下方适当位置；三杯成一条直线，并与台边成45°角。

“品”字形：将水杯摆放在主菜刀刀尖正上方1厘米处；白酒杯摆于水杯右上方适当位置；红酒杯摆在水杯和白酒杯下方适当位置；三杯杯肚间距1厘米。

8. 摆餐巾花

将叠好的餐巾花摆在餐盘正中，注意把不同式样和高度的餐巾花搭配摆放。

9. 摆放其他用品

胡椒瓶、盐瓶和牙签筒按照4人一套的标准摆放在餐台中线位置；烟灰缸从主人右侧摆起，每两人之间一个；花瓶放在餐台中线位置，若只放一个花瓶，则要放在台中心位置；菜单最好每人一份，但不得少于每桌两份，并设座次卡等。摆台时，按照“一底盘、二餐具、三酒杯、四调料用具、五艺术摆设”的程序进行，边摆边检查餐、酒具，发现不清洁或有破损的要马上更换。摆放在台上的各种餐具要横竖交叉成线，有图案的餐具要使图案方向一致。

西餐宴会摆台如图2-8所示。

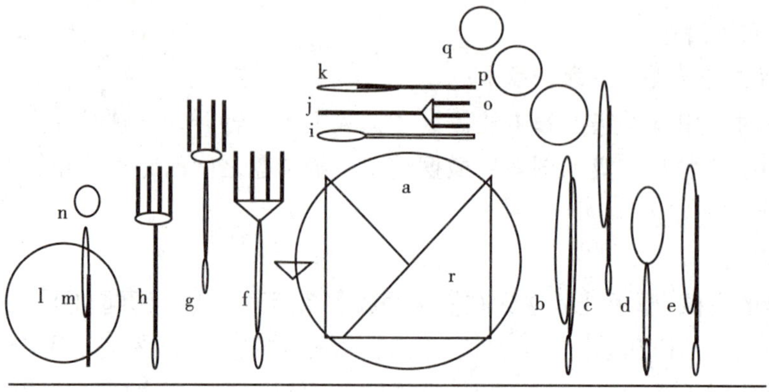

图2-8 西餐宴会摆台

a. 装饰盘 b. 正餐刀 c. 鱼刀 d. 汤匙 e. 头盘刀 f. 正餐叉 g. 鱼叉 h. 头盘叉 i. 甜品匙 j. 甜品叉 k. 水果刀 l. 面包盘 m. 黄油刀 n. 黄油碟 o. 水杯 p. 红葡萄酒杯 q. 白葡萄酒杯 r. 餐巾

【任务实训】

一、实训目的

通过对中西餐摆吧基础知识的讲解和操作技能的训练，使学生了解摆台的种类和要求，掌握各种摆台的操作程序与标准，达到操作规范、技能娴熟的训练要求。

二、实训时间

8学时。

三、实训要求

摆台实训要注意从一开始就应该按照标准和规范进行，所有的过程和步骤都是环环相扣的。

（1）应先从铺台布开始练习，只有台布铺设符合要求，才可以保证后续步骤的准确到位。

（2）骨碟定位是整个摆台的难点之一，对此需要多下工夫，多动脑筋（例如可以利用台布折痕、利用餐椅位置帮助定位）。

（3）实训时可让学生从每位客人面前的餐具摆设入手，对餐具之间相互位置完全熟悉会有助于摆台整体效果的体现。

（4）不要片面追求速度，一定要养成规范的动作习惯，每件餐具的相对位置一定要准确。在保证质量的同时，通过多次练习达到熟能生巧，不断提高速度。

四、测试与考核

中餐宴会摆台测试与考核

项目	细节要求		满分	扣分	得分
台布	台布中心居中		2		
	转盘位置正确		1		
	四周下垂基本均等（一个角0.5分）		2		
骨盘	骨盘相对位置	间隔基本相等	2.5（每组0.5）		
		相对骨盘与台面中心三点一线	2.5（每组0.5）		
	骨盘标记上下方向一致，店标在上		2（每组0.2）		
	操作时桌边缘部分		2（每组0.2）		
筷子	距桌边约1厘米		2（每组0.2）		
	筷架与调味碟中心线成一条直线		1（每件0.1）		
牙签	位置		1（每件0.1）		
汤匙	操作时手拿匙柄		1（每把0.1）		
	匙柄一律向左		1（每把0.1）		
	调味碟位置正确		1（每个0.1）		
汤碗	拿边		1（每件0.1）		
	位置（0.5分一位）		5		
三杯	拿法	水杯：拿下半部，不碰杯口 烈酒杯，葡萄酒杯：拿柄	2（每件0.2） 2（每件0.2）		
	位置		4（每组0.2）		
	口布 折花 8分 种类：10种各不相同（动、植物各5种）难度：手折4次以上 美观挺括 比例合适，对称 能准确说出花名		2 2 1 2 1		
	花瓶1台号分 在台面中心（0.5分一件）		1		
公筷	2副	位置（1分1副）	1		
		方向：顺时针	1		
烟缸	（5只烟缸）		1（每件0.2）		
菜单	分别置于主人和副主人左侧		1（每件0.2）		

续表

项目	细节要求	满分	扣分	得分
座椅位置	椅子间距基本相等	1（每个0.1）		
	与台布之间相切	1（每个0.1）		
斟酒	每斟一位酒，瓶要回托盘 酒瓶之间不碰撞 主次分明，顺序正确	1 1 1		
	酒瓶商标面向客人 葡萄酒要求斟三分之二（0.2分每杯）	1 2		
	托盘悬位在椅子外 杯子不倒，瓶口不碰杯	2 2		
	不滴酒，酒一滴扣0.2分 不溢出，溢出扣2分	3 4		
餐具放置整体要求	不倒下	2（每件0.5）		
	不落地	4（每件2）		
商标	面向客人	1（每件0.1）		
总成绩				

西餐宴会摆台测试与考核

考核项目	评分细则	标准分	扣分	得分
铺台布	中凸线对开（中线吻合）	2分		
	四次整理成形	2分		
	两块台布中间重叠5厘米（整块台布也可）	2分		
	四周下垂匀称	3分		
拉椅定位	椅子之间距离基本相等	2分		
	椅子与下垂台布距离1厘米	2分		
展示盘	盘边距桌边1厘米	3分		
	店徽一致（在上方）	3分		
刀、叉、勺	摆放顺序由里往外	8分		
	摆放位置	8分		
面包盘、刀、黄油碟	摆放顺序（盘、刀、碟）	6分		
	摆放位置	4分		
摆酒杯、水杯	摆放顺序（白、红、水）	8分		
	位置准确	8分		
	手拿杯位置（下部、颈部）	8分		

续表

考核项目	评分细则	标准分	扣分	得分
口布花（盘花）	造型美观、大小一致	12分		
	在盘中位置一致、左右一条线	10分		
花瓶	位置准确压中线	3分		
整体印象		7分		
总成绩		100分		

任务5 点菜服务

任务导入

粗心的点菜员

许先生带着客户到南京某星级饭店的餐厅去吃烤鸭，7个人点了3只烤鸭，十几个菜，其中有一道“清蒸鲩鱼”。由于忙，小姐忘记问客人要多大的鱼，就通知厨师去加工。客人们喝着酒水，品尝着鲜美的菜肴和烤鸭，当鱼上来时，大家都吃了一惊，足有3斤重。

“你们在点菜时应该问清客人要多重的鱼，加工前还应让我们看一看。这条鱼太大了，我们不要了，请退掉。”许先生毫不退让。

“先生，实在对不起。如果这鱼您不要的话，餐厅要扣我的钱，请您务必包涵。”服务小姐口气温和地恳求着。

“这个菜的钱我们不能付，不行就去找你们经理来。”小康插话道。最后无奈的服务员只好将鱼撤掉，并汇报领班，将鱼款划掉。

【问 题】

服务人员究竟该如何进行点菜服务？

【任务概述】

点菜是客人购买酒店餐饮产品的初始阶段，它关系到整个服务过程的成败。如果点菜的服务不周到，客人很可能会拂袖而去，甚至可能对餐厅的整个服务不满。因此，服务人员需要掌握点菜的基本程序、基本要求和服务方法。

【任务实施】

一、基本程序

客人对菜食的喜好程度不同，饮食习惯、方法不同，对餐厅供应产品的熟悉程度不同，对产品风味和产品价格的要求不同，这些都需要在点菜的过程中予以注意，并得到妥善解决。

点菜的基本程序从形式看比较简单，包括：递送菜单→等候点菜→点菜→记录菜名→确认。然而，要将这些程序有机地结合起来，达到客人满意的效果，却不是一件简单的事情。

二、基本要求

从客人的要求和酒店餐饮服务的特点来看，点菜服务需要注意如下几点：

（1）时机与节奏　在客人就坐后几分钟内就要及时点菜。

（2）客人的表情与心理　特别开始点菜时，做到细心观察“一看二听三问”。

①“看”，判断消费者特征，如看客人的年龄，举止情绪，是外地还是本地，是吃便饭还是洽谈生意，或者宴请朋友聚餐。调剂口味是炫耀型还是茫然型，还要观察到底谁是主人，谁是客人。

②“听”，听口音，判断地区或从顾客的交谈中了解其与同行之间的关系。

③“问”，征询顾客饮食需要，作适当的菜点介绍。

（3）认真与耐心　详细介绍，推荐，耐心听取客人的意见。

（4）语言与表情　具有良好的语言表达能力，所谓良好的语言表达能力就是灵活、巧妙地运用能使顾客满意的语言。

（5）知识与技能

①了解中菜常见的制作方法

蒸：使用蒸汽进行加热的方法，如清蒸鲈鱼、清蒸大闸蟹等。

炒：将加工成的丁、丝、条、片等小型原料投入小油锅并在旺火上急速翻拌的一种烹调方法，如清炒虾仁、炒时蔬等。

熘：先将原料用炸、煮、蒸、过油的方法加热成熟后调制卤汁浇淋或将原料投入卤汁中搅拌的一种烹制方法，如醋熘鱼片、虾仁锅巴等。

炸：用旺火、热油较长时间加热的一种烹调方法，如炸八块、口酥蘑菇等。

烹：先将小型原料用旺火、热油炸成金黄色，再烹入不勾芡调料的一种烹调方法，如炸烹带鱼等。

炖：原料放入不易传热的器皿（陶器）中用小火长时间加热使原料成熟的一种烹调方法，如清炖狮子头等。

焖：在经过炸、蒸、煸、炖或水煮的原料中加入酱油、糖等调味品和汤汁并用旺火烧开后再用小火长时间加热成熟的一种烹调方法，如黄焖子鸡、花雕酒焖甲鱼等。

煨：煨是将炸、煎、煸炒或水煮的原料放入陶制器皿内，加葱、姜、绍酒等调味品及较多的水，用旺火烧沸后用微火长时间加热的一种烹调方法，如煨牛肉等。

烧：在经过炸、煎、煸炒或某些水煮的原料中加适量汤和调味品用旺火烧开、用中小火烧透入味，再用旺火稠浓卤汁的一种烹调方法，如红烧划水、蟹黄鱼肚等。

煮：原料经过煎、煸炒后放入水中不断加热、使之成熟后，汁浓白不勾芡的半汤半菜的一种烹调方法，如醋椒鳜鱼等。

烩：将经过初步熟处理的原料加工成片、条、丁、粒等小型原料，再用旺火烹制并勾芡的半汤半菜的一种烹调方法，如烩八脸、湘莲鸭丁等。

汆：用旺火沸水下料、一滚即成的一种烹调方法，如白灼基围虾、莼菜鱼片汤等。

② 了解菜式单位：所谓菜式单位即1份菜的规格、分量等，通常以盘（例盘、中盘、大盘）、斤、两、只、打、碗等来表示。如1斤基围虾、两只大闸蟹、半打小馒头、一碗小刀面等。中餐用餐方式是共餐制，一桌宾客共同分享所点的菜肴，用餐宾客的点菜分量与人数的变化有关。一般情况下，宾客点菜量可参考如下标准。

1人：1碗汤，1份菜（例盘），面饭。

2～3人：1汤（例），2菜（例盘），面饭。

4～5人：1汤（例），3～4菜（例盘），面饭。

6～9人：1汤（中），5菜（中盘），面饭、点心。

10～12人：1汤（大），7菜（中盘或大盘），面饭、点心。

宾客在不同的地点、时间及不同的情绪下点菜的量不尽相同，这就要求服务员帮助宾客点菜时，注意不要硬推销，而应掌握宾客需求和心理，使分量恰到好处，避免浪费，按人数提供的菜点应点清人数。

③ 了解宾客口味及饮食需求：帮助宾客点菜首先要了解宾客的饮食习惯和口味要求，掌握主要客源国的饮食概况等知识，同时从宾客言谈举止、国籍、口音、年龄等方面了解宾客的饮食需求。例如，中国香港特别行政区的人喜食清淡菜肴；美国人偏好清淡、鲜嫩、爽口、微辣、咸中带甜的菜肴；日本人喜清淡，喜食生鱼片、麻辣豆腐、水鱼、榨菜汤面等；国内宾客口味特点是南甜、北咸、东辣、西酸。

在接受宾客点菜时，还必须注意宾客的饮食禁忌，如伊斯兰教徒戒猪肉；佛教徒只吃素食；印度人忌食牛肉；欧美人不喜欢动物内脏、狗肉、鸽子肉；节食宾客喜食低热量、低脂肪、少油的食品。

在接受点菜时服务员要能用流利的中、英文介绍菜肴口味、特点、烹饪方法，懂得上菜顺序、上菜时机和佐料搭配，做好宾客的参谋。

三、服务方法

在客人点菜时，服务人员除了按基本程序和基本要求为客人服务之外，还应具备灵活处理特殊问题的能力。这种能力是素质和修养的体现，是经验、技能和技巧的反映，是灵感和智慧的结晶。一般来讲，我们可以把点菜服务的方法归纳为：

（1）程序点菜法　即按照冷菜、热菜、酒水、主食的程序进行点菜。这就要求点菜员熟记菜名，快、准报出各种菜的名称及特点。

（2）推荐点菜法　一般用于推销酒店特色菜、急推菜。即对于应时应季的菜肴，或是店内的招牌菜、创新菜可以给顾客定向或指引性的推荐。

（3）推销点菜法　按顾客的消费动机来推销。

① 便饭：来餐厅吃便饭的顾客有各种情况，有的是外地顾客，出差、旅游、学习、居住在本酒店，就近解决吃饭问题，有的居住在附近的因某种情况而来餐厅用餐等。

这些消费者的要求，特点是经济实惠快吃早走，品种不要太多，但要求快，应主动介绍价廉物美的菜点，要有汤有菜，制作时间要短。

② 调剂口味：来餐厅调剂口味的顾客，大部分是慕名而来想品尝酒店的风味特色、名菜、名点或者专门是为某一道菜肴而来。在服务过程中要注意多介绍一些反映特色的菜肴，数量上要少而精。

③ 宴请：除结婚、庆寿等宴请以外，还有各种原因的宴请如商务宴请等。这类宾客都要求讲究一些排场，菜肴品种要求丰盛，有的注意菜肴的精美、充足且在一定的价格范围之内。

④ 聚餐：如同事、朋友等聚在一起。他们要求热闹，边吃边谈，菜肴一般，品种丰富而不多，精细而不贵，有时每人点一个自己喜欢吃的菜，有的也喜欢配菜等，要注意上菜速度不宜太快，应主动帮助加热。

在推销点菜法里又可应用以下细节：

① 形象解剖法：服务员在客人点菜时，把优质菜肴的形象、特点，用描述性的语言加以具体化，使客人产生好感，从而引起食欲，达到推销的目的。

② 利用第三者意见法：即借助社会上有地位的知名人士对某菜点的评价，来证明其高质量、合理的价格，值得购买。

③ 代客下决心法：当客人想点菜，但或多或少还有点犹豫，下不了决心，服务员可说："先生，这道菜我会关照师傅做得更好一点，保您满意。"等等。

④ 提供选择法：针对有些客人求名贵或价廉的心理，为他们提供两种不同价格的菜点，供客人挑选，由此满足不同的需求。

（4）心理点菜法　按顾客的特性来推销。

① 炫耀型：他的情感丰富，一般易感情用事，重友情，好面子，以炫耀富有和慷慨邀请朋友，如"打肿脸充胖子"，有时一餐就用掉三个月工资，即便一个人也要点两三道菜，这类客人，不求快只求好。

② 茫然型：这种顾客多数是初次出门，还不习惯在外就餐，不知去哪个餐厅好，不知吃什么好，对就餐知识和经验比较缺乏，随便找个地方就吃一顿。

③ 习惯型：这些顾客吃惯了食物并不一定有独特的风格，但由于长期食用，在决定就餐时就形成一种心理惯性，习惯型的顾客行为表现偏好一种小吃，喜好于某一饭菜的风味，或信奉某一餐厅，某一厨师的声誉。

在为这类顾客服务时，应注意与客人打招呼（最好是加姓）并可试问，"某某先生还是和上次一样吗？还是另外点或介绍我们今天推出了什么是您以前没有用过的。"

点菜注意事项：

① 根据客人的心理需求尽力向客人介绍时令菜、特色菜、招牌菜、畅销菜。

② 客人点菜过多或在原料、口味上重复、相似的菜肴时，记得及时提醒客人。点完菜以后应向客人复述一遍。

③ 台号、桌数写清楚，名字也一并写上，海鲜写明做法、斤两，并且问询是否需要确认？

④ 客人未到齐时，菜单上应注明（走菜），赶时间的客人应注明（加快），有特殊要求的客人，也应注明如：不吃大蒜、不吃糖、不吃辣、不吃花生油、不吃猪肉等。

【任务实训】

一、实训目的

通过对点菜基础知识的讲解和操作技能的训练，使学生了解点菜的种类和要求，掌握点菜的操作程序与标准，达到操作规范、技能娴熟的训练要求。

二、实训时间

2学时。

三、测试与考核

点菜测试与考核

考核项目	应得分	扣分	考核项目	应得分	扣分
递送茶水	8		服务时机与节奏	6	
递送毛巾	8		服务方法得当	8	
递送菜单点菜	10		菜单记录准确	10	
细心观察（看、听、问）	10		特色菜点推荐	8	
服务态度	9		重复确认	8	
菜品熟悉程度	7		整体印象	8	
总成绩					

任务6 斟酒服务

任务导入

自古以来，酒与人类的生活息息相关，现代人把酒水当作相互沟通交流的媒介、社交礼仪的工具，当然酒水就自然成为酒店服务形象的重要组成部分。酒店及餐饮企业服务人员有必要掌握斟酒服务技能。

【任务概述】

斟酒是餐厅服务工作的重要内容之一。斟酒操作技术动作的正确、迅速、优美、规范，往往会给顾客留下美好印象。服务员娴熟的斟酒技术及热忱周到的服务，会使参加饮宴的顾客得到精神上的享受与满足，还可强化热烈友好的饮宴气氛。因此，服务员要熟练掌握斟酒的正确方法和技巧，了解相关的酒水知识，并积极进行酒水的推销。

【任务实施】

一、斟酒前的准备工作

（一）准备酒水

（1）开餐前根据需要尽量备足各种酒水，并摆放整齐，注意将矮瓶和高瓶分放前后以便取用。

（2）将酒水瓶擦拭干净，尤其要将瓶口部位擦净，同时检查酒水质量，如商标是否完整、是否有不应有的沉淀物等，发现瓶子破裂或酒水有变质现象要及时调换。

（3）服务员要了解各种酒水的最佳饮用温度，并采取升温或降温的方法使酒品的温度适合客人饮用。

① 部分酒品的最佳饮用温度

品名	饮用温度范围	最佳饮用温度
啤酒、软饮料	4～8℃	6℃
干白葡萄酒	8～12℃	9℃
甜白葡萄酒	4～7℃	4.5℃
香槟酒	4～8℃	4.4℃
红葡萄酒、中国白酒、白兰地、利口酒（大部分）	15～24℃	18℃
黄酒、清酒	20～60℃	60℃
威士忌、伏特加、金酒、朗姆酒	据客人需要，加冰、净饮或混合其他饮料饮用	

② 冰镇（降温）：冰镇的方法通常有用冰块冰镇和冰箱冷藏两种。

冰块冰镇的方法是：准备好需要冰镇的酒品和冰桶，并用冰桶架放在餐桌的一侧，桶中放冰块，冰块不宜过大或过碎，将酒瓶商标朝上斜插入冰块中，一般10分钟后就可达到冰镇效果。注意勿将瓶口没入冰块中，以免冰水进入瓶内。整瓶出售的白葡萄酒、玫瑰露酒和香槟酒需用冰桶冰镇。

冰箱冷藏冰镇的方法需要提前将酒品放入冷藏柜内，使其缓缓降温至饮用温度。啤酒、软饮料可提前放在冰箱内冰镇。

除对酒品进行降温处理外，还可对盛酒用的杯子进行降温处理，其方法是：服务员手持酒杯的下部，往杯中放一块冰后轻轻旋转杯子，使冰块在杯内滑动来降低杯子的温度。

③ 温酒（升温）：温酒的方法有水烫、烧煮、燃烧以及将热饮料冲入酒液或将酒液注入热饮料中升温四种，其中水烫和燃烧是在客人面前操作。黄酒或清酒一般用水烫，先将需加热的黄酒或清酒倒入烫酒壶中，再在烫酒槽中倒入开水，通过金属或瓷质的壶身迅速温热酒品。

（二）准备酒杯

餐桌上晶莹剔透、干净美观的酒杯不仅能增添用餐气氛，还具有含蓄地建议客人饮酒的作用，因此餐厅服务员要提前做好斟酒前酒杯的准备工作。

（1）根据客人所点的酒水配以相应的酒杯。

（2）酒水杯摆上桌前要仔细检查，发现有裂痕、缺口时应及时更换。

（3）擦拭酒杯时，先把杯子放在开水的蒸汽里蒸一下，然后用干净餐巾裹住杯子里外擦拭，直至杯子光亮无痕迹为止。

（三）示酒

贵重酒品斟酒前需示酒，以表示对客人的尊敬和避免差错。示酒时，服务员站在点酒客人（一般是主人）的右侧，左手托瓶底，右手扶瓶颈，酒品商标朝向客人，让客人验看认可。示酒是斟酒服务的第一个程序，它标志着服务操作的开始。

（四）开酒瓶

（1）酒瓶的封口常见的有瓶盖和瓶塞两种。开启瓶盖一般用启盖扳手（起子），开瓶塞用专门的酒钻。酒钻的螺旋部分要长，头部要尖，切不可带刃以免割破瓶塞。

（2）开酒瓶时动作要轻，尽量减少瓶体的晃动。一般将瓶放在桌上开启，动作要准确、敏捷、果断。开启软木塞时，万一软木塞断裂，可将酒瓶倒置，用瓶内酒液的压力顶住木塞，然后再旋转酒钻。

（3）开启瓶塞后，要用干净的餐巾仔细擦拭瓶口，检查瓶中酒是否有质量问题；检查时可以嗅闻瓶塞插入瓶内的那部分的气味是否正常。开瓶后的封皮、木塞和盖子等杂物不要直接放在餐桌上，可以放在骨碟里，待操作完毕一起带走，不要留在客人的餐桌上。

（4）白葡萄酒经冰镇、示酒后，放在冰桶里当场打开。红葡萄酒则放在酒篮里示酒后，征询客人意见是即开还是事先开，先开一般提前半小时，以便让酒液里的微生物与空气接触，产生第二次化合反应，使酒的味道更醇厚。服务员可将酒从酒篮中取出，也可在酒篮中直接开瓶。

（5）展示瓶塞。贵重酒水还需要向客人展示瓶塞。服务员将瓶塞倒放在一干净骨碟里，用托盘送到点酒客人（一般是主人）的右侧，把骨碟置于该客人餐位右侧，请客人检视瓶塞。

（五）品酒

当客人检视瓶塞并认可后，取客人的酒杯为客人斟（捧杯斟酒）少许酒液，请客人品尝。白酒用餐巾把酒瓶包好，露出商标，斟约1/6杯，请点酒客人品酒。若为红酒，则将餐巾放于左手腕上，提起酒篮斟约1/6杯，将酒轻摇后，请点酒客人品酒。待客人认可后，再按次序为所有客人斟酒。

二、斟酒的要领

（一）姿势与位置

斟酒时，服务员应站在客人右后侧，身体微微前倾，右脚伸入两把餐椅之间，侧身站立，右手握酒瓶中上部，商标朝向客人，将右臂伸出进行斟酒。在一杯即将斟完时停一下，瓶口稍微上提，同时旋转瓶身45°，抬起瓶口，使最后一滴酒随着瓶身的转动均匀分布在瓶口边沿上。

（二）斟酒量

一般中餐各种酒水一律八分满，以示对客人的尊重；西餐酒水则根据酒品的不同而各异：红葡萄酒斟至杯的1/2，白葡萄酒2/3，香槟酒2/3，白兰地1/5。斟香槟酒时，应将瓶身用服务巾包好，先向杯中斟倒1/3的酒液，待泡沫退去后，再往杯中续斟至杯的2/3处。

（三）斟酒顺序

中餐宴会和零点散餐一般是从主宾位置开始，按照顺时针方向依次进行斟酒服务，有时也从年长者或女士位置开始斟倒。大型宴会在开宴前5～10分钟将红酒和白酒按“先宾后主”的原则，顺时针方向进行斟倒；啤酒及其他饮料则在客人入座后，按照主宾、副主宾、主人、其他客人的顺序，顺时针方向逐位询问客人选用何种饮料并进行斟倒。普通宴会则在宾客入席后，及时按菜单斟好啤酒及饮料，上菜前，再斟倒甜酒或烈性酒。若是两位服务员同时进行斟酒服务，则一位从主宾开始，另一位从副主宾开始。

西餐用酒较多，高级宴会一般要用7种左右的酒品，其菜肴和酒水的搭配必须遵循一定的传统习惯，并在每一道菜上菜前斟好与之匹配的酒水。西餐宴会一般遵循“女士优先”的原则，按照女主宾、女宾、女主人、男主宾、男宾、男主人的顺序，站在每位客人的身后右侧顺时针方向进行斟倒。

（四）斟酒时机

斟酒时机是指宴会斟酒的两个不同阶段：宴会前和宴会中。如果顾客点用白酒、红葡萄酒、啤酒时，在宴会开始前五分钟之内将红葡萄酒和白酒斟入每位宾客杯中，斟好以上两种酒后就可请客人入座，待客人入座后，再依次斟啤酒。如用冰镇的酒或加温的酒，则应在宴会开始后上第一道热菜前斟倒。宴会进行中的斟酒，应在客人干杯前后及时为宾客添斟，每上一道新菜后要添斟，客人杯中酒液不足一半时也要添酒，客人互相敬酒时要给敬酒宾客及时添酒。

三、斟酒方式

（一）桌斟

桌斟指客人的酒杯放在餐桌上，服务员持瓶向杯中斟酒。

（1）站在客人右侧，右手五指张开，握住酒瓶中上部，食指伸直按住瓶壁，指尖指向瓶口，将右手臂伸出，右手腕下压，侧身向杯中倾倒酒水。

（2）瓶口与杯沿需保持一定距离。斟一般酒时，瓶口应离杯口2厘米左右为宜，切勿将瓶口搁在杯沿上或采取高注酒等错误方法。斟汽酒或冰镇酒时，二者则应相距2厘米左右为宜。总之，无论斟哪种酒品，瓶口都不可沾贴杯口，以免发出声响或有碍卫生。

（3）斟酒完毕，将瓶口稍稍抬高，顺时针45°旋转，提瓶，再用左手的餐巾将残留在瓶口的酒液拭去。以防酒滴留在瓶口落在桌上、餐具上或客人身上。

（二）捧斟

捧斟指斟酒服务时，服务员站立于顾客右侧身后，右手握瓶，左手将酒杯捧在手中，向杯中斟满酒后，绕向顾客的左侧将装有酒液的酒杯放回原来的位置。捧斟方式一般适用于非冰镇酒品。取送酒杯时动作要轻、稳、准，优雅大方。斟倒前，左手拿一条干净的餐巾将瓶口擦干净，右手握住酒瓶中上部，将酒瓶上的商标朝外显示给客人确认。

四、斟酒注意事项

（1）动作要大方优雅，注意卫生。

（2）忌瓶底朝天，忌左右开弓。

（3）托盘斟酒水时，要保持托盘平稳，注意不要越过客人的肩和头顶，手臂不能横越客人。

（4）徒手斟酒水时，左手持一块干净餐巾背在身后，斟完每一杯酒后可擦去瓶口的酒液。

（5）若碰翻酒杯，应用毛巾将酒吸干，同时更换酒杯；如污染面较大，可用干净餐巾盖在弄脏的台布上。

（6）大型宴会宾主离席致辞祝酒时，负责主桌的服务员应准备好相应酒水，待致辞结束及时送上以供其祝酒。宾主向各桌宾客敬酒时，服务员要端托着酒瓶跟随，随时准备为宾主续斟。

（7）宾主讲话祝酒时，所有服务员应停止一切活动，保持肃立，待祝酒结束再开始工作。

五、几种常见酒水的服务

（一）红葡萄酒服务程序与标准

程序	标准
1．准备工作	（1）客人订完酒后，立即去酒吧取酒，不得超过5分钟 （2）准备好红酒篮，将一块干净的餐巾铺在红酒篮中 （3）将取回的葡萄酒放在酒篮中，商标向上 （4）在每位客人的水杯右侧摆放红酒杯，若客人同时订白葡萄酒，则按水杯、红酒杯、白酒杯的顺序摆放，间距为1厘米
2．红葡萄酒的展示	（1）服务员右手拿起装有红酒的酒篮，走到主人座位的右侧，另拿一小餐碟放在主人餐具的右侧 （2）服务员右手持酒篮，左手轻托住酒篮的底部，呈45°倾斜，商标向上，请主人看清酒的商标，并询问主人：“Excuse me，Sir/Madam．May I serve your red wine now？”（打扰一下，先生/夫人/太太/小姐，请问我现在可以为您进行红酒服务吗？）
3．红葡萄酒的开启	（1）将红酒斜立于酒篮中，左手扶住酒瓶，右手用开瓶刀割开封皮，并用一块干净的餐巾将瓶口擦净 （2）将酒钻垂直钻入木塞，注意不要旋转酒瓶；待酒钻完全钻入木塞后，轻轻拔出木塞，木塞出瓶时不应有声音 （3）将木塞放入小餐碟中，并摆在主人红葡萄酒杯的右侧，距杯1～2厘米

续表

程序	标准
4. 红葡萄酒的服务	（1）服务员将打开的红葡萄酒瓶放回酒篮，商标向上，用右手拿起酒篮，从主人右侧倒入1/5杯酒液，请主人品尝 （2）主人认可后，按照“先宾后主、女士优先”的原则，依次为客人斟酒，斟酒时站在客人身后右侧，酒液斟至杯的1/3即可 （3）每斟完一杯酒要轻轻转动一下酒篮，避免滴在台布上
5. 红葡萄酒的添加	（1）随时为客人添加红葡萄酒 （2）当整瓶酒即将倒完时，要询问主人是否再加一瓶，如主人不再加酒，即观察客人，待其喝完酒后，立即将空杯撤走 （3）若主人同意再加一瓶，服务程序和标准同上

（二）白葡萄酒服务程序与标准

程序	标准
1. 准备工作	（1）客人订完酒后，立即去酒吧取酒，不得超过5分钟 （2）在冰桶中放入1/3桶冰块，再放入1/2冰桶的水后，放在冰桶架上，并配一条叠成8厘米宽的条状餐巾 （3）白葡萄酒取回后，斜放入冰桶中，商标向上 （4）在每位客人的水杯右侧摆放白葡萄酒杯，间距为1厘米
2. 白葡萄酒的展示	（1）将准备好的冰桶架、冰桶、酒、条状餐巾、一个小餐碟一次拿到主人座位的右侧，将小餐碟放在主人餐具的右侧 （2）左手持餐巾，右手持葡萄酒，将瓶底放在条状餐巾的中间部位，再将条状餐巾两端拉起至酒瓶商标以上部位，并使商标全部露出 （3）右手持用餐巾包好的酒瓶，用左手四个指头轻托住酒瓶底部，送至主人面前，请主人看清酒的商标，并询问主人：“Excuse me. sir / madam. May I serve your white wine now?”（打扰一下，先生/夫人/太太/小姐，请问我现在可以为您进行白葡萄酒服务吗？）
3. 白葡萄酒的开启	（1）得到主人允许后，将酒瓶放于冰桶中，左手扶住酒瓶，右手用开瓶刀割开封皮，并用一块干净的餐巾将瓶口擦干净 （2）将酒钻垂直钻入木塞，注意不要旋转酒瓶；待酒钻完全钻入木塞后，轻轻拔出木塞，木塞出瓶时不应有声音 （3）将木塞放入小餐碟中，并摆在主人白葡萄酒杯的右侧，距杯1～2厘米
4. 白葡萄酒的服务	（1）服务员右手持用条状餐巾包好的酒瓶，商标朝向主人，从主人右侧倒入1/5杯酒液，请主人品尝 （2）主人认可后，按照先宾后主、女士优先的原则，依次为每位客人斟酒，斟酒时站在客人身后右侧，酒液斟至杯的2/3即可 （3）每斟完一杯酒要轻轻转动一下酒瓶，避免滴在台布上 （4）斟完酒后，把白葡萄酒放回冰桶，商标向上
5. 白葡萄酒的添加	（1）随时为客人添加白葡萄酒 （2）当整瓶酒即将倒完时，要询问主人是否再加一瓶，如主人不再加酒，即观察客人，待其喝完酒后，立即将空杯撤走 （3）若主人同意再加一瓶，服务程序和标准同上

（三）香槟酒服务程序与标准

程序	标准
1. 准备工作	（1）准备好冰桶 （2）将酒从酒吧取出，擦拭干净，斜放于冰桶内冰冻，商标向上 （3）将酒连同冰桶和冰桶架一起放到客人桌旁不影响正常服务的位置
2. 酒的开启	（1）将香槟酒从冰桶内取出向主人展示，主人确认后放回冰桶内 （2）用开瓶刀将瓶口处的锡纸割开去除；左手握住瓶颈，同时用拇指压住瓶塞，右手将捆扎瓶塞的铁丝拧开、取下 （3）用干净餐巾包住瓶塞顶部，左手依旧握住瓶颈，右手握住瓶塞，双手同时反方向转动并缓慢地上提瓶塞，直至瓶内气体将瓶塞完全顶出 （4）开瓶时动作不宜过猛，以免发出过大的声音而影响客人
3. 品酒服务	（1）用餐巾将瓶口和瓶身上的水迹擦掉，将酒瓶用餐巾包住 （2）用右手拇指扣住瓶底，其余四指分开，托住瓶身 （3）向主人杯中注入1/5的酒，送呈主人品尝 （4）主人品完认可后，服务员须询问是否可以立即斟酒
4. 斟酒服务	（1）斟酒时服务员右手持瓶，从客人右侧按顺时针方向进行，女士优先、先宾后主 （2）斟酒量为酒杯的2/3 （3）每斟完一杯酒，须将瓶身顺时针轻转一下，防止瓶口的酒滴落到台面上 （4）酒的商标须始终朝向客人 （5）为所有的客人斟完酒后，将酒瓶放回冰桶内冰冻 （6）酒瓶中只剩下一杯酒的量时，须及时征求主人意见是否另外准备一瓶酒

（四）啤酒服务

在斟倒容量为3杯左右的啤酒时，第一杯可沿内侧杯壁，第二杯沿左（右）侧杯壁，第三杯沿杯的对面杯壁徐徐斟倒，一要速度慢，二要酒瓶倾斜瓶口留有空隙，三要尽可能减少晃动，以免泡沫太多溢出杯外。斟倒小瓶装啤酒，则沿对面的杯壁倒入杯中。啤酒一般倒满为止，以八分酒液、二分泡沫最好。

【任务实训】

一、实训目的

通过对斟酒服务基础知识的讲解和操作技能的训练，使学生了解斟酒服务的方式、方法，斟酒的顺序和时机，斟酒前酒质的检查与冰镇和温热，掌握斟酒的操作要领与操作标准，达到熟练操作，不滴不洒，不少不溢的训练要求。

二、实训时间

4学时。

三、实训方法

老师先讲解、示范，然后由学生操作，老师再进行指导。可以按照训练斟酒姿势、斟酒方法、斟酒量的顺序依次进行。另外还要训练学生开启和斟倒红酒、啤酒与香槟酒。

四、测试与考核

实训任务	操作规范	质量标准或要求
自我介绍	开餐前，站立于副陪右后侧向客人做自我介绍，说“对不起，打扰一下，很荣幸为大家服务，我是×××厅×××号的服务员，我叫×××，请多提宝贵意见”	语气亲切，面带微笑，音量适中
点酒水、香烟	根据客人不同情况，主动介绍推销餐厅的酒水、香烟等商品，待客人选定后，重复所点烟酒	熟悉酒水知识，讲究推销艺术，说普通话
酒水展示	到吧台用托盘将烟酒拿至备餐台上，开启酒水前应将酒水展示给客人看，“先生/小姐，这是你们的酒水，现在可以开吗？”待客人同意后，方可开启	站于主人与主宾之间，商标朝向客人，展示酒水
斟酒水	1. 将酒水按里高外低、里重外轻的顺序放于托盘内 2. 左手托盘站立于客人右侧，上身略微前倾，左脚在后，右脚在前，问清客人所需酒水，右手持瓶底部1/3处，商标朝向客人，给客人斟酒水，在斟至一定程度时，微提酒瓶，同时旋转45° 3. 倒酒的顺序一般为葡萄酒、白酒、啤酒、饮料	1. 斟酒姿势正确，身体不碰餐具和客人，瓶口不碰酒杯，动作娴熟，酒液不洒、不外溅 2. 白酒斟8分满、啤酒泡沫不外溢、葡萄酒斟2/3、饮料8分满为宜 3. 使用礼貌用语，注意为客人点烟

斟酒服务测试与考核

考核项目	配分	扣分	考核项目	配分	扣分
点烟、酒	8		服务时机与节奏	7	
酒水展示	8		服务方法得当	8	
开瓶	10		斟酒标准	12	
斟酒顺序	10		斟酒站位	8	
服务态度	9		整体印象	8	
斟酒姿势	12				
总成绩					

任务7　上菜、分菜服务

任务导入

细节出质量

某大餐厅的正中间是一张特大的圆桌，从桌上的大红寿字和老老小小的宾客可知，这是一次庆祝寿辰的家庭宴会。朝南坐的是位白发苍苍的八旬老翁，众人不断站起对他说些祝贺之类的吉利话，可见他就是今晚的寿星。

一道又一道缤纷夺目的菜肴送上桌面，客人们对今天的菜显然感到心满意足。寿星的阵阵笑言为宴席增添了欢乐，融洽和睦的气氛又感染了整个餐厅。

又是一道别具一格的点心送到了大桌子的正中央，客人们异口同声喊出“好”

来。整个大盆连同点心拼装成象征长寿的鲜桃状，引起邻桌食客伸颈远眺。不一会儿，盆子见底了。客人还是团团坐着，笑声、祝酒声、贺词声，汇成了一首天伦之曲。可是不知怎的，上了这道点心之后，再也不见端菜上来。闹声过后便是一阵沉寂，客人开始面面相觑，热火朝天的生日宴会慢慢冷了下来。众人怕老人不悦，便开始东拉西扯，分散他的注意力。

一刻钟过去，仍不见服务员上菜。一位看上去是老翁儿子的中年人终于按捺不住，站起来朝服务台走去。接待他的是餐厅的领班。他听完客人的询问之后很惊讶："你们的菜不是已经上完了吗？"

中年人把这一消息告诉大家，人人都感到扫兴。在一片沉闷中，客人快快离席而去。

【点评】

客人逢有寿辰、结婚之类的喜庆，酒店应尽量在环境布置、气氛烘托上大做文章。本例中八旬老翁的生日宴请从一开始便很成功，但是由于酒店最后一步棋没下好而功亏一篑。这顿宴席给客人留下的印象无疑是不妙的。

本例的症结在于上最后一道菜时服务员少说了一句话，致使这个宴席归于失败。服务员通常在上菜时要报菜名，如是最后一道菜，则还应向客人说明："你们点的菜都上了，不知还要添些什么？"这样做，既可以避免发生客人等菜的尴尬局面，又是一次促销的行为。

酒店服务工作中，有许多细枝末节的琐碎事情，然而正是这些琐碎事构成了酒店的服务质量。因此，酒店里的每个员工必须牢牢把好自身的服务质量关。本例中，由于一名服务员缺了一句不应少讲的话，致使酒店许多员工的服务归于无效，又一次证明了酒店业的100－1=0这一公式的正确性。

【任务概述】

上菜、分菜服务是指餐厅服务员将厨师烹制好的菜点传至餐厅，按上菜位置、台面图案、快慢节奏等将菜点送上餐桌，并进行分菜等一系列工作的总称。上菜和分菜服务是餐厅服务员为客人进行进餐服务的重要环节，它不是一种简单的服务操作过程，而是牵涉到传统习惯、礼貌礼节等方面的知识和技能，所以服务员要努力掌握上菜、分菜服务技巧。

【任务实施】

一、中餐上菜、分菜

（一）中餐上菜

1. 上菜的位置

零点餐上菜服务比较灵活，服务人员应注意选择比较宽敞的位置上菜，以不打扰客人为宜。最好不要从老年人和小孩的身边上菜。

中餐宴会一般选择在副主人右侧的第一位客人右侧（即第三客人右侧）上菜，或在翻译和陪同人员座位之间，也有在副主人右侧进行，严禁在主人和主宾之间上菜。

2. 上菜时机

零点餐服务的冷盘应在客人点菜10分钟之内上桌，冷盘吃到一半时上热菜，一般30分钟左右上完所有菜品，也可根据宾客要求灵活上菜。

宴会上菜要掌握好时机，冷盘可在宴会开席前5分钟上好，宾客入座开席后，传菜员即可通知厨房准备出菜。当冷盘吃去1/2左右时，开始上第一道热菜。上热菜要注意观察宾客进餐情况，并控制上菜、出菜的节奏。宾主正式讲话、致词、敬酒时，不能上菜，以免影响宴会气氛。

3. 上菜顺序与原则

中餐上菜的顺序一般按“凉菜→热菜→大菜→汤菜→甜菜→点心→水果”。上菜的原则一般是先冷后热，先菜后点，先咸后甜，先炒后烧，先清淡后肥厚，先优质后一般。中式粤菜上菜顺序不同于其他菜系，其顺序为拼盘（冷拼、象生拼）→虾类→热荤→汤羹→禽肉类→鱼类→蔬菜类→饭面类→甜品/点心类→水果类。

4. 上菜要求

（1）上菜时，若桌面上菜盘较多而使下一道菜无法放下时，服务员应征求客人意见，将剩菜量较少的菜肴换成小盘或分派给客人，然后再上新的菜肴，切忌将新上的菜压在其他菜盘上。

（2）如遇羹汤、面条时，服务员应主动为客人分让。上带壳的菜肴要跟上小毛巾或洗手盅，盅内温水约七成满，加花瓣或柠檬片以解油腥。

（3）如某道菜迟迟未上，应及时向厨房查询，并向客人表示歉意：“对不起，让您久等了。”或“真抱歉，耽误您很长时间。”

（4）如发现宾客餐桌上的菜肴快吃完时，服务员应主动询问宾客是否需要添加。

（5）如果宴会客人全部停筷后，应迅速撤去盘、碗、碟、筷，接着送上水果。同时送上香巾，供客人净手拭汗。

（6）如果有小孩同桌就餐，一定要将热菜、汤羹远离孩子并提醒成年人注意。

（7）所有菜点上齐后应礼貌地告诉主人：“您的菜上齐了，请慢用。”

5. 摆菜要求

上菜过程中要注意菜品摆放的位置，各种菜品应对称协调摆放，以尊重主宾，注重礼貌，方便食用，讲究造型为原则。

（1）摆放冷菜　冷菜分为主冷菜和一般冷菜。主冷菜如拼盘、工艺冷菜等应摆在餐桌的中央，并根据菜品的造型选择最佳观赏面对准主位。一般冷菜对称摆放在主冷菜的四周，注意菜品荤素、颜色、口味的搭配摆放，盘与盘之间距离相等。

（2）摆放热菜　热菜分为主菜和一般热菜。主菜摆在餐桌的中央，供所有客人欣赏和食用。高档菜品或有特殊风味的菜品要先摆在主宾的位置上。其他一般热菜也应按口味、荤素、盛器、造型等对称摆放。每上一道菜前，都须将餐桌上的菜品做位置上的调整或撤换，让台面始终保持整齐美观。

（3）上整形的特殊菜肴，如整鸡、整鸭、整鱼时，中国传统习惯是“鸡不献头，鸭不献掌，鱼不献脊”，应把鱼腹朝向主宾，也可按地方习俗摆放菜肴。

（4）如果有的热菜使用长盘，菜肴最佳观赏面要横向主宾和主人。

（二）中餐分菜

1. 分菜方法

分菜是宴会服务中技术性很强的工作，高规格的宴会上，每道菜均需分派给客人。零点餐厅上菜时，对一些整形、带骨、汤、炒饭类菜肴，应帮助宾客分派或剔骨。中餐分菜一般有四种方法：餐位分菜法、转台分菜法、旁桌分菜法和厨房分菜法；使用的分菜工具有服务叉、服务匙、公用勺、公用筷、长柄汤勺等。

（1）餐位分菜法　餐位分菜法是指服务员在每位客人的就餐位置旁用叉勺将菜肴分派到客人的餐盘内的一种分菜方法。分菜前，先核对菜肴，双手将菜肴上到转盘上，展示菜肴并报菜名；然后左手垫上餐巾，托起托盘，右手持分菜叉、勺，右脚前、左脚后，从主宾开始沿顺时针方向逐位为客人进行分菜；分菜时，上身微微前倾，使菜盘与客人餐盘的边缘上下重叠，并做到一勺准、数量均匀，不得把一勺菜分给两位客人；每道菜肴可留下1/10～1/5，以示菜肴丰盛，也可全部分完。此方法适用于分热炒菜和点心。

（2）转台分菜法　即在转盘上为客人分菜。服务员先将干净餐具有序地摆放在转台上，菜肴上桌并介绍菜名后，左手持长柄汤勺，右手持公筷将菜肴均匀地分到各餐碟中，然后从主宾右侧开始，按顺时针方向绕台，从转盘上取下已盛好菜肴的餐碟为每位客人递送上。此方法适用于分让冷菜。

（3）旁桌分菜法　分菜前，在客人的餐桌旁放置一辆服务车或服务桌，备好干净的餐碟和分菜工具。上菜时，服务员先把菜肴放在餐桌上展示、报菜名并介绍后，将菜肴取下放置在服务车或服务桌上，然后均匀、快速地分到事先准备好的餐碟里；分好后，从主宾右侧开始按顺时针方向绕台用托盘逐位送上餐碟。旁桌分菜应面对客人进行，以便客人观赏。此方法适用于分整形菜品。

（4）厨房分菜法　厨房分菜法又称“各客分菜法”，指厨房工作人员根据客人的人数在厨房分好菜，由传菜员用托盘将菜肴托送至餐桌旁，由餐桌服务员从主宾右侧开始按顺时针方向绕台逐位送上菜肴。这种方法通常用来分上较高档的炖品汤煲等菜肴，以显示宴席的规格和菜肴的名贵。

2. 分菜要求

（1）分菜应从主宾开始按顺时针方向依次进行。

（2）分菜工具通常使用服务叉、匙，分汤、羹时使用长柄汤匙，分鱼、面条等时还需要用刀、筷子等。

（3）分菜应主动、迅速，不能等客人开始食用后再分菜。

（4）分菜时不要将手伸入客人的盘碟中或将汤汁带出盘碟外面，滴在客人身上或餐桌上。

（5）分菜时尽量做到一勺准、一叉准，菜量分让做到均匀一致，不要让客人有厚此薄彼的感觉。切忌出现一碟分两勺或多分后收回的现象。

（6）分菜完毕后，根据不同菜品的数量应有一定余量，以示菜品丰盛，也可让喜欢该菜的人添加。如是高档菜肴，应一次分均、分光。

（7）分菜时应均匀，包括荤素搭配均匀、汁菜搭配均匀等。头、尾、骨、刺等不能分给客人。

（三）特殊菜肴的上菜方式

1. 有包装的菜肴

如灯笼虾仁、荷叶粉蒸鸡、纸包猪排、叫化鸡等菜是经包装后再烹调的，应将菜肴送上餐台，让宾客观赏后，再拿到工作台上，或直接当着宾客的面在台面上去掉包装，以方便宾客食用。

2. 炖类菜品

应将炖品上桌后再启盖，以保持炖品的原汁原味，并使菜品的香气在餐桌上散发。启盖后将盖子翻转过来再移开，以免汤水滴落在客人或自己身上。

3. 铁板类菜肴

铁板类菜肴在餐厅中种类多，较常见。在上菜服务中，铁板类菜肴的响声可以烘托宴席的气氛，又可以保温，但服务时要注意安全，以免烫伤。

4. 外加佐料的菜肴

（1）烤鸭　上烤鸭前需先上佐料（大葱、海鲜酱、面饼、青瓜等），然后上烤鸭皮和鸭肉各一盘，以便客人将鸭片和葱、酱夹在面饼里一起食用。

（2）油炸菜　吃油炸的菜需配番茄酱和花椒盐；上菜时要迅速，以免菜变软。

（3）清蒸大闸蟹　吃大闸蟹时需上姜醋并略加绵白糖，以利祛寒去腥，同时上蟹钳；吃完大闸蟹后要为每位客人上一杯糖姜茶暖胃，并准备洗手盅和小毛巾，供客人洗手。

（4）清蒸鱼　服务时应先剔鱼骨，再进行分菜；上菜、分菜速度要快，否则冷却后有腥味。

5. 拔丝类菜肴

拔丝苹果、拔丝香蕉等都是易烫口的菜。此类菜肴上桌时，温度很高，外表不易看出，要迅速跟上凉开水，防止烫伤客人口腔。

6. 火锅类

当传菜员把火锅送出来时，服务员应将荤素生料相互搭配放在台上（或放在专用菜架上），并备好一双筷子、一只大汤勺、一块干净的小毛巾和打火机。待汤煮沸后，按先荤后素的顺序将料逐一下锅，盖上锅盖。将每位客人的翅碗准备好，排列在火锅周围。待食物熟透后，按顺序分派食物在翅碗内，尽量做到荤素搭配，汤、料适中，每碗分量均匀。若火锅里的汤不够时，应随时添加。火锅有炭火锅、酒精火锅、煤气火锅和卡式火锅等，服务时要注意安全。

二、西餐上菜、分菜

（一）上菜方式

西餐上菜服务方式有法式、俄式、英式、美式、意式等，各种服务方式既有相同的地方，也可根据各国不同的礼仪习俗有所不同。通常一些饭店将几种服务方式混合使用，具体每种方式的服务方法在“西餐服务”项目中再详细介绍。

（二）上菜顺序

西餐宴会的菜点，由于标准和要求不同，菜点道数有多有少，花色品种也不一样。一般上菜顺序为：

（1）上面包、黄油（在开餐前5分钟左右送上）。

（2）上开胃品，如沙拉、什锦冷盘等。

（3）上汤，西式汤分为清汤和浓汤。

（4）上副菜，常以鱼虾海味菜品为主。

（5）上主菜，多为肉禽类菜肴，如有配菜要紧跟送上。

（6）上甜食，如点心、奶酪和水果等。

（7）上咖啡、茶或餐后酒。

（三）上菜要求

（1）按序上菜　根据客人点菜安排好上菜顺序，即面包、黄油、头盆、汤、主菜、甜品、咖啡、茶，不可颠倒次序。

（2）先斟酒后上菜　任何一道需配饮酒类的菜品，在上桌前均应先斟酒后上菜。

（3）上菜顺序　所有菜品上桌时均需遵循先女后男、先宾后主的顺序依次进行。上菜一般用右手从客人右侧进行。

（4）先撤后上　每道菜用毕均需撤走用过的餐具（餐盘、刀、叉等）后再上菜。但撤盘前需征得客人许可，还应注意客人刀、叉的摆放，如客人将刀、叉呈人字形搭放在餐盘两侧，表示客人还要食用，不可撤盘；如客人将刀、叉交叉或平行放在餐盘中，则表示不再食用，可以撤盘。

（5）上甜品前将主菜的餐具及盐、胡椒瓶、玻璃杯等撤去。甜点用毕，从客人的右侧送上咖啡、茶，咖啡杯、茶杯放在垫碟上，碟内放一把咖啡匙，并上糖、奶。

【任务实训】

一、实训目的

通过对上菜、分菜服务基础知识的讲解和操作技能的训练，使学生了解上菜、分菜服务要求，掌握上菜和分菜的操作程序和服务技巧，达到操作规范、熟练上菜及分菜的训练要求。

二、实训时间

2学时。

三、实训方法

老师先讲解、示范，然后由学生操作，老师再进行指导。可以几人一组分别模拟传菜员、上菜服务员和客人角色进行操作训练。学生之间相互点评，老师点评并总结。

四、测试与考核

实训任务	操作规范	质量标准或要求
上菜前准备工作	1. 核对菜品、菜量、客人特殊要求与菜单是否相符 2. 配备相应的服务用具 3. 先上冷菜，再上热菜，后上汤，最后上鱼	认真核对，准确无误
上冷菜	1. 在客人到达房间后，及时通知传菜员将冷菜传来 2. 站立于主陪右后侧，左手托盘，右手将菜盘轻放于转盘或桌面上，按顺时针方向轻轻转动转盘 3. 先上调料，后上冷菜，视情况报菜名	1. 冷菜盘均匀分布于转盘上，距转盘边缘2厘米 2. 荤盘、素盘以及颜色合理搭配
上热菜	1. 在上前四道菜时，要将菜盘均等放于转盘上 2. 若上手抓排骨类菜肴，提供一次性手套；上刺身菜品，将辣根挤出1.5厘米放于调味碟内，倒入适量酱油或醋；上海鲜时，提供洗手盅。上高档原料菜品，要听取客人意见并及时反馈 3. 若分餐，右脚在前，站于陪客人右后侧，将菜品放于转盘上，转于主宾处，伸手示意，报菜名，介绍完毕，拿到备餐台，为客人分餐 4. 根据客人用餐情况及时与厨房协调，合理控制上菜速度 5. 菜上齐时，告诉客人“菜已上齐”。如发现菜肴不够或客人特别喜欢的菜，征得客人同意予以加菜	1. 报菜名，说普通话，声音适中，菜品观赏面朝向主宾。保证菜品温度，上菜不出现摞盘现象 2. 上菜动作迅速，保持菜型美观 3. 每道菜肴吃了3/4时，可为客人更换小菜盘 4. 对于特色菜，主动介绍菜品知识和营养价值
上特殊热菜（炖盅）	1. 站立于主陪右后侧，调整桌面，然后双手将盘放于转盘或桌面上，菜品观赏面转向主人与主宾之间位置，后退半步报菜名，并伸手示意“请用” 2. 上蟹时，同时配备调料、蟹钳和洗手盅，并介绍洗手盅的用途 3. 上炖盅时，从主宾开始，将炖盅放于客人的右侧，揭开盖子，放入汤匙，并报菜名	1. 服务用具和调料配备齐全，注意客人动作，避免汤汁洒到客人身上 2. 报菜名时口齿清晰、音量适中、用语准确
上汤	1. 站立于主陪右后侧，调整桌面，然后双手将汤放于转盘上，后退半步报菜名，伸手示意征询客人，“先生/小姐，是否需要分汤？” 2. 若需要，将汤放于旁边的桌子上，分好后将汤碗放到托盘上，站于每位客人的右侧，再将汤碗放到桌面上，伸手示意“请用” 3. 若不需要，伸手示意“先生/小姐，请用”	盛汤均匀，不洒、不外溅，盛汤不宜太满
上鱼	1. 站立于副陪右后侧，调整桌面，然后双手将鱼匙放于转盘上，将观赏面轻轻转到主人与主宾之间位置，后退半步报鱼名，然后征询客人意见是否需要剔鱼骨 2. 若需要，将鱼匙拿到备餐台，左手拿叉，右手拿分餐刀，将鱼身上配料用刀叉移到一边，用分餐刀分别将鱼头、鱼鳍、鱼尾切开，再顺鱼背将上片鱼一分为二，将鱼肉向两侧轻轻移动，剔除鱼骨，用刀叉将鱼肉复位，并将鱼的整体形状进行整理，端到餐桌上，伸手示意，“先生/小姐，请慢用”	不要将鱼肉弄碎，保持鱼肉的形状完好
上主食	1. 上最后一道菜时，告知客人菜已上齐。若客人已点主食，征询客人“先生/小姐，现在是否可以上饭？” 2. 若客人未点主食，征询客人“先生/小姐，请问用点什么主食？”下单后，根据客人的要求，尽快将主食上到餐桌上	认真核对主食是否与菜单上相符；适时进行二次推销，保证主食适宜的温度

续表

实训任务	操作规范	质量标准或要求
上水果	1. 在客人主食上齐之后，征询客人“先生/小姐，现在是否可以上水果？” 2. 在征得客人同意后，先整理桌面，更换骨碟，然后将果盘放于离转盘边缘2厘米处，转到主人和主宾之间，或放于餐桌中间	保持果盘完整、美观
上菜特殊情况处理	1. 菜品中若吃出异物，或菜品未按标准做，先向客人道歉，根据客人要求，做退菜处理，或立即撤下菜肴，通知厨房重做 2. 换菜。当客人对菜肴口味提出异议时，先向客人道歉，并征询客人“先生/小姐，此菜是否要换？”征得客人同意后，立即撤下，并通知厨房重做 3. 缺菜。应向客人道歉，并委婉说明情况，同时向客人推荐类似菜肴 4. 上错菜。若客人未用，需征询客人意见是否需要，如不用，向客人表示歉意，撤下菜肴；如客人已动筷，向客人说明情况，致歉，并征求客人是否可作加单处理	语气委婉，态度诚恳，耐心向客人解释，不与客人争吵

上菜测试与考核评分表

考核项目	应得分	扣分	考核项目	应得分	扣分
上菜前准备	8		上菜时机与节奏	7	
上菜程序	8		服务方法得当	8	
上菜原则	10		操作规范	12	
上菜位置	10		特殊情况处理	8	
服务态度	9		整体印象	8	
报菜名	12				
总成绩					

任务8 结账服务

任务导入

结账风波

某日中午，一批客人来某酒店餐厅用餐。餐后客人提出该单位在酒店约有两万元预付款，要求签单。经信用结算组查阅，发现客人所报金额及签单人姓名均与原始记录不符。为维护签单人权益，信用结算组便通知餐务中心该单位并无预付款，而客人则坚持称确实有，一定要签单。餐务中心与客人协调，提出先将本次餐费结清，由账台出具收条，待有确切证明能够签单，再退还此款。客人当时表示同意。

过两天，该单位当事人与酒店联系，说明上次餐费可以签单，酒店立刻退还了钱款。而此时客人以酒店工作有疏漏为由提出投诉，并要求餐费折扣。餐务中心与信用结算组共同向客人解释了缘由，再三说明这也是为维护该单位预付款的安全以及保密性而执行的一项工作制度，对于此事给宾客造成的不便表示歉意，餐务中心给予该单位用餐8.8折优惠，信用结算组也提出将尽快改进工作方法，避免类似的误会发生。事后，他们提出了一项改进方法，向有预付款的单位签单人发放临时卡片，其他客人消费时只需出示此卡同样签单有效，能够使工作做得更圆满一些。

【点 评】

这是一起较好的服务案例。

第一，在事件发生过程中，信用结算组严格执行专人签章有效制度，是正确的。餐务中心则积极配合，向宾客做好解释工作，并采取了宾客能够接受的灵活措施缓解了矛盾。

第二，当发生宾客投诉时，各部门并没有互相推诿，而是主动开展工作，不但协力处理好宾客善后事宜，使宾客满意而归，还从中积累经验，提出了可行的改进措施。

结账工作直接关系到餐饮经营的经济效益。服务员应熟练掌握本饭店餐厅结账方式和程序。

【任务概述】

结账工作直接关系到餐饮经营的经济效益。服务员应熟练掌握本饭店餐厅结账方式和程序。一般餐厅常见的结账方式有现金结账、签单结账、支票结账、信用卡结账和储蓄卡结账等。

【任务实施】

一、现金结账

（1）当客人示意结账时，服务员应迅速到收银台取来客人的账单，核对无误后，将账单反面向上地放在收银盘内递送给客人。

（2）递送账单时，服务员应身体略向前倾，礼貌地对客人说：“先生／小姐，这是您的账单，请过目。”如果客人要求报出消费总额时，服务员才轻声报出数额。

（3）如果客人对账单有疑问，服务员要耐心解释。

（4）客人付现金后，服务员要唱收并礼貌致谢，然后将其及时送至收银台，由收银员收账找零，并在账单上加盖“付讫”章和开具发票。

（5）服务员将找零和客人的发票回呈给客人，礼貌致谢并提醒客人当面清点。

二、签单结账

为了方便住店客人，饭店一般允许住店客人在餐厅以签单方式结账。住店客人每次在餐厅用完餐后，出示房卡就可以签账单，待离店时一次性结算。此外，与饭店有长期业务往来的当地一些单位、公司，若信誉良好，可以与饭店签订签单结账协议，饭店根据协议定期向协议单位结账。

（1）当客人示意结账时，服务员应迅速到收银台取来客人的账单，核对无误后，将账单反面向上地放在收银盘内递送给客人。

（2）客人出示房卡或协议签单证明时，服务员应迅速用右手递上笔，并核对房卡或协议签单证明。

（3）请客人在账单上填清房号和正楷签名，或填清协议单位和正楷签名。

（4）客人签完单后，服务员要礼貌致谢，并迅速将签过字的账单递交给收银台。

（5）签单时餐厅一般不开发票，客人离店时由前台收银结清该客人住店期间所有账目后，一次性开具发票。

三、支票结账

（1）当客人示意结账时，服务员应迅速到收银台取来客人的账单，核对无误后，将账单反面向上地放在收银盘内递送给客人。

（2）核对支票的有效期限，请客人出示有效证件，检查支票的有关印章、电脑密码等，并礼貌地向客人致谢。

（3）将支票、账单及持票客人的有效证件交收银员办理结账手续，如填写支票，抄下客人的证件号码，并写在支票背后。

（4）服务员将支票的副联、发票及客人的有效证件归还给客人，并礼貌致谢。

四、信用卡结账

（1）当客人示意结账时，服务员应迅速到收银台取来客人的账单，核对无误后，将账单反面向上地放在收银盘内递送给客人。

（2）确认客人的信用卡是否是饭店受理的种类，查验信用卡的有效期、持卡人的姓名和性别、持卡人本人的身份证，并向客人致谢。

（3）将信用卡、身份证和账单送交收银台。收银员再次核对信用卡的有效期、持卡人的姓名和性别、持卡人本人的身份证，并核对信用卡公司的注销名册等；确认无误后，刷卡办理结账手续。

（4）请客人确认账单金额，并在信用卡签购单上签名。

（5）服务员核对客人的签字与信用卡背面的签字无误后，才把信用卡、身份证和信用卡签购单“客户存根”交还客人并礼貌致谢，然后将正本表格交收银员保管。

（6）如发现客人的签名有疑问，可与信用卡公司联系，并进一步查验身份证的相片与持卡人相貌是否相符，之后将信用卡交还持卡人。

（7）如客人的账单总额超过规定金额，则需要信用卡公司授权。

五、储蓄卡结账

（1）当客人示意结账时，服务员应迅速到收银台取来客人的账单，核对无误后，将账单反面向上地放在收银盘内递送给客人。

（2）请客人到收款处输入密码。

（3）请客人核对账单与签购单金额，并在签购单上签名。

（4）结账后，将账单、发票与储蓄卡及签购单“客户存根”一起交给客人并致谢。

六、结账服务注意事项

（1）服务员应在客人结账前预先准备好账单，检查账单确保准确，放在干净、完好的账单夹里，并附上饭店专用笔。

（2）在客人提出结账后3分钟内在客人右边呈上账单。

（3）熟悉每种结账方式的程序和要点。

（4）客人结账时提出要发票的，结账时一并为客人提供发票。

（5）注意中西方结账习惯的细节差异，如西方客人不习惯唱收唱付，有时会分开付账等。若分开付账，则应按女士优先的原则准确为每位客人结账。

【任务实训】

一、实训目的

通过对结账服务基础知识的讲解和操作技能的训练，使学生了解结账服务的各项要求，掌握各种结账方式的操作程序与标准，灵活运用服务技巧，达到操作规范、熟练结账的训练要求。

二、实训时间

2学时。

三、实训方法

老师先讲解、示范，然后由学生操作，老师再进行指导。可以几人一组分别模拟客人和收银服务员角色进行操作训练。学生之间相互点评，老师点评并总结。

四、测试与考核

实训任务	操作规范	质量标准或要求
为客人拿账单	1. 客人要求结账时，征询客人“先生/小姐，请问您用何种方式结账，是现金还是信用卡？” 2. 在得到客人答复后，请客人稍等，立即去收银台为客人取账单，并告诉收银员所结账的台号，核对账单与客人实际消费是否相符 3. 将取回的账单放入收银夹内，用托盘将收银夹送至客人面前“这是您的账单，请过目”	认真核对，准确无误，注意礼貌，动作规范，不要让其他客人看到账单
现金结账	1. 客人用现金结账时，应在客人面前点好钱数，请客人稍候，将现金送收银员 2. 将找零放于收银夹内，返回站立于客人右侧，打开收银夹，将找零和发票递给客人，说“这是找您的零钱和发票，请点清”，并向客人表示感谢	注意礼貌，认真核对，准确无误，动作规范

续表

实训任务	操作规范	质量标准或要求
签单结账	1. 若是住店客人，礼貌地请客人出示房卡，请客人稍等，然后带客人的房卡到收银台 2. 待收银员确认后，取回账单，请客人签字确认 3. 若是协议单位，请客人稍等，到收银台确认后取回账单，请客人签字确认	注意礼貌，认真核对，准确无误，动作规范，不要让其他客人看到账单
信用卡结账	1. 若客人用信用卡结账，征询客人意见，如客人要求服务员代处理，则将客人的信用卡送到收银台，待收银员确认后，将卡单送到客人面前，请客人签字确认，然后将持卡人回单和发票交给客人，其余卡单交给收银台 2. 如客人要求到收银台结账，礼貌地引领客人到收银台	注意礼貌，认真核对，准确无误，动作规范
储蓄卡结账	1. 若客人使用储蓄卡结账，征询客人意见，如客人要求服务员代处理，则将客人的储蓄卡送到收银台，在收银员操作后，将储蓄卡和发票送到客人面前，并且也可轻声告之客人卡内剩余金额 2. 如客人要求到收银台结账，服务员礼貌地引领客人到收银台	认真核对，准确无误，注意礼貌，动作规范
支票结账	1. 若客人用支票结账，征询客人意见，如客人要求服务员代处理，则礼貌地请客人出示身份证和支票，并在支票背面写上客人的姓名、单位、地址、联系电话，然后将支票和身份证送到收银台，待收银员确认后，将身份证还给客人 2. 如客人要求到收银台结账，礼貌地引领客人到收银台	注意礼貌，认真核对，准确无误，动作规范
结账特殊情况处理	1. 客人损坏物品赔偿。当客人损坏酒店物品时，应礼貌地说些安慰话，迅速收拾损坏的物品，补上相应的物品，并到收银台记账，然后向领班或经理汇报，经领班或经理确认后，决定是否赔偿。若需要赔偿，则在客人结账时，委婉地向客人说明酒店物品损坏赔偿制度；若不需要赔偿，则在客人结账时，礼貌地说明免赔理由 2. 客人要求打折处理。客人在结账时要求打折，服务员应认真听取客人陈述的理由，及时向领班或经理汇报，并给客人以满意的答复 3. 客人反映账物不符的处理。如客人反映账物不符，服务员立即向客人道歉，“先生/小姐，对不起，请您稍等，我去查一下”，并询问客人账单哪一项不对。如账单无问题，需向客人委婉地说明情况；如出现问题，立即向领班汇报，由领班酌情处理	礼貌、灵活、委婉，给客人留面子

结账测试与考核成绩表

考核项目	应得分	扣分	考核项目	应得分	扣分
为客人拿账单	8		结账时机	7	
现金结账	8		服务方法得当	8	
签单结账	10		操作规范	12	
支票结账	10		特殊情况处理	8	
信用卡结账	9		整体印象	8	
储蓄卡结账	12				
总成绩					

项目二 中餐服务

知识目标

了解中餐厅的特点和中餐服务方式；

掌握中餐菜点的特点、分类和中国酒及茶的特点，了解相关的典故知识。

技能目标

熟悉餐前服务、餐前准备的工作程序，掌握相应的服务技能；

熟练掌握就餐服务过程中领座、点菜、上菜、巡台等服务要领和服务技巧；

熟悉餐后服务的一般程序，掌握结账、送客、撤台等环节的服务方法和要领。

任务1 中餐介绍

任务导入

星期日中午，雷先生一家三口来到北京某饭店的中餐厅吃午饭。点菜时，服务员微笑着询问雷先生想吃什么菜。雷先生考虑了一下，告诉服务小姐，想要一些口味清淡、不太辣的菜。于是小姐向他们推荐了几样中高档的广东菜，并介绍广东菜的特点："广东菜由广州菜、潮州菜和东江菜组成，讲究原料和加工方法，口味清淡鲜美，突出菜的质量和原味。比较有名的菜是'红烧大裙翅'、'片皮乳猪'、'蛇羹'、'清汤鱼肚'、'一品天香'、'盐焗鸡'、'冬瓜燕窝'、'油爆虾仁'等。我们餐厅有从广州白天鹅宾馆请来的特级厨师，加工的菜都保持了广东菜的正宗风味。如果您感兴趣，可以在我给您推荐的菜中挑选几样尝尝。"

听了小姐的介绍，客人很放心，并按服务小姐的推荐点了菜。每上一道菜，服务小姐都热心地为他们介绍，使他们的进餐过程充满了情趣。经过品尝，客人确实感到这家饭店的菜品鲜美，味道不同寻常。

用餐结束时，雷先生又告诉小姐，希望能带走一份味道鲜美、质量上乘、适合老年人享用的菜，带回家给行动不便的老母品尝。服务小姐热情地为他推荐了“燕窝黄翅煲”，告诉他此菜营养丰富，质量上乘，属于粤菜中的精品，非常适合老年人食用。在征得雷先生的同意后，小姐便替他们安排了加工。加工后，连同餐桌上剩余的食品，小姐都进行了精心的包装。雷先生临走前感激地对服务小姐说：“这顿饭我虽然花了不少钱，但非常高兴，对你的服务非常满意。有机会我还要来这里吃广东菜。希望下次能为我们推荐一些味道更好的菜。”

【点评】

优质的餐饮服务在舒适、优雅的用餐环境中得以体现，当然更多的是要求餐厅人员有娴熟的服务技能及相关的餐饮知识，以解决顾客的疑难问题，使服务体现出个性化、特色化及延长性等特点。

【任务概述】

中国是一个餐饮文化大国，长期以来由于地理环境、气候物产、文化传统以及民族习俗等因素的影响，形成了东亚大陆特色餐饮类别及其餐饮文化。中餐即指中国风味的餐食菜肴，另外还包括与它的传播与发展紧密相关的中餐经营和中餐服务。本任务即对中餐的方方面面做了介绍。

【任务实施】

一、中餐厅基本情况

（一）中餐厅基本类型

中餐厅主要有地方风味餐厅、少数民族风味餐厅、主题中餐馆和特色菜肴餐厅等几种类型。

① 地方风味餐厅：主要以经营八大菜系：川、鲁、苏、粤、浙、徽、闽、湘等菜系为主，大多数以家常系列菜肴为主，是众多消费者的首选。

② 少数民族风味餐厅：以某一民族较为有名的菜肴为经营特色。

③ 主题中餐馆：以某一时期或某一背景、历史故事、文化名人、某一主题等为餐厅主线，吸引喜爱这一风格或主题的顾客群体。

④ 特色菜肴餐厅：选择一些较大众的代表菜或一两道招牌菜，吸引喜爱该类菜肴的顾客群体作为餐厅的消费者。

（二）中餐厅的环境氛围

（1）中餐厅的装饰与布置　优美的用餐环境不仅能增进客人的食欲，促进餐饮销售，而且也能表现餐饮文化、突出餐厅特色。

中餐厅的装饰布置要依据中国传统的进餐心理，突出宴饮时的愉悦心境，如富有民族风格的灯饰和中式家具，盆景、盆栽的陈设，结合室外中国式的庭园景色，让客人感受到浓郁的中国风情。中餐厅还可以依据传统手法，在餐厅门上悬挂匾额，书以厅名，厅内主墙面悬挂大型国画，但其主题内容、艺术风格必须与餐厅的格调相协调。

（2）服务人员的着装及服务方式　中餐厅服务人员的服装要根据中餐厅的特点选用中国传统民族服装，如女服务员穿的中式大襟上衣或丝绒旗袍，充满着古色古香的风韵，其服务方式也要依据中国地域的差异而富有地方特色。

（3）佐餐的音乐和表演　音乐佐餐在我国古代就已有之，古代的帝王将相、权臣贵族们盛宴飨客时，无不奏管弦丝竹、伴轻歌曼舞以助雅兴。随着社会的进步和人民生活水平的提高，音乐佐餐成为提高饭店知名度、显示饭店文化品位的强有力的竞争手段。音乐佐餐的形式主要有三种：

① 背景音乐：中餐厅应播放适合于中餐厅氛围的中国民乐，以满足客人在特殊就餐环境下的心理需求。

② 民乐演奏：中餐厅以演奏中国民族乐器为主，多采用现场演奏佐餐的方式，以增添餐厅内的欢乐与祥和气氛，且能陶冶人们的情操。

③ 歌舞伴餐：在餐厅的舞台上演唱中国民歌，表演民族舞蹈、杂技、魔术等，也可与美食相得益彰。

（三）中餐厅运行环节

中餐厅在运作过程中，要靠服务人员永远持有消费者至上的态度，充分重视消费者的需求，真心实意地为消费者服务的愿望。餐厅运作的核心内容有两部分，一是销售，二是服务。而这两部分内容均由服务人员完成，他们肩负着餐饮服务和餐饮推销两方面的任务，既是餐厅服务的生产者，同时又是餐饮产品的推销者。

餐厅运行的环节由三大部分组成：一是接待，二是销售、服务，三是控制。

① 接待：接受预订，迎宾，衣帽服务，领座，递送菜单等。

② 销售、服务：招呼宾客点菜，协助或指导选菜，回答各种有关问题，提供各种席间服务。

③ 控制：餐饮质量和数量，控制开票、结账、收款等环节的正常运作。为了顺利完成上述三个方面运行环节，餐厅工作人员必须进行合理的分工，必须明确规定每个人员的职责和权力，按照链形指挥原则，发布命令，接受命令，完成餐厅服务的一系列任务。尽管有些餐厅的组织结构不尽相同，但组织的目的是一致的，以提供最佳服务获取最大营业利润。

（四）中餐厅的经营特色

① 营业时间长，客流量大且不稳定，经营管理要求比较高：因为来中餐厅就餐的客人多为散客，除少数客人预订外，大部分客人都是来餐厅直接点菜用餐消费的，且由于受各种因素的影响，到餐厅用餐的客人人数不稳定，难以正确估计，给厨房的生产及餐厅服务带来一定的困难。尽管如此，厨房还是要根据客人所点菜肴按时、按质、按量烹制好，而餐厅服务员在整个营业时间内，则要始终精神饱满，微笑、热情、耐心地接待每一位客人，使客人既享受到美味佳肴，又得到精神上的享受。

② 菜单设计要体现中餐厅的经营水准和风格：中餐厅的菜单上要有自己的特色菜，菜肴丰富可给客人一定的选择性，但也不可因品种太多而让客人感到无所适从。中餐厅菜单制作应以点菜菜单为依据，要有不同的价格档次，以满足不同层次的客人需求。

③ 服务员需具备较全面的知识和娴熟的服务技能，特别是要具备推销意识和处理

突发事件的应变能力：由于客人来自四面八方，其消费心理呈现出不同层次的需求。因此，在接待客人的过程中，服务员对所服务的各种层次、类型的客人要根据情况区别对待，通过观察、综合分析来掌握客人的心理，从客人的举手投足获取客人的需求，提供有针对性的心理服务和个性化服务，以激起客人的消费欲望。

二、中餐服务方式

（一）零点服务

我们通常把客人来到餐厅后才临时点菜的服务方式，称为零点服务。零点服务强调服务员有过硬的服务基本功，反应灵敏，了解当天厨房供应的情况，厨房菜式烹调的基本方法和客人的心理需求，能介绍符合客人心意的菜式，给客人以最佳服务。

（二）宴会服务

宴会服务是中餐服务方式中规格最高，礼仪要求最全的服务方式，也是最能体现饭店服务水准的服务。

（三）团体包餐服务

团体包餐服务是指为各类旅游和会议团队客人提供用餐服务的服务方式。

（1）团队用餐的特点

① 用餐标准统一，消费水平一般低于宴会和零点。

② 菜式品种统一，但要注意每天不重复。

③ 用餐时间统一，人数集中，准备工作要充分。

④ 服务方式统一，经常会出现特殊情况。

团队用餐服务虽然不像宴会那样菜肴精致、礼节繁多、服务讲究，也不像零点餐厅服务那样注重推销、灵活应变、相互配合，但要保证服务质量也并非易事。

（2）团队用餐服务注意事项

① 注意饭菜的保温，应等宾客到齐后再上菜，不能提前上菜、上饭。

② 宾客如果要标准外的酒水，应满足要求，但差价现付，这点应向宾客解释清楚。

③ 个别宾客用餐时有特殊要求，如想吃面食、不吃猪肉等，应尽量满足。

④ 对在饭店逗留时间较长的旅行团队宾客或会议代表，应根据宾客情况提供不同菜单，切忌每天都是重复的菜肴。

⑤ 注意巡台，随时给宾客换餐碟、添加饮料、换烟灰缸。外宾中有的不会使用筷子，应及时递上刀、叉。

三、中式菜肴、酒水知识

（一）中式菜的分类

我国地域辽阔，饮食习惯因地而异，各地菜肴各有特色，中国菜由地方菜、宫廷菜、官府菜、少数民族菜、素菜等构成。

（1）地方菜　根据地域划分，人们通常把中国菜划分为四大菜系，或细分为八大菜系。四大菜系指：四川菜系（川菜）、山东菜系（鲁菜）、江苏菜系（苏菜）、广东菜系（粤菜）。八大菜系指四大菜系加上浙江菜系（浙菜）、福建菜系（闽菜）、安徽菜系（徽菜）、湖南菜系（湘菜）。

（2）宫廷菜　宫廷菜，是指我国历代封建帝王用膳的菜肴，它以几大古都为风味代表，尤其是清代的宫廷菜是今天宫廷菜的主体。

（3）素菜　素菜，有的又称寺院菜，以烹调技艺精湛，花式品种繁多，色、香、味、形俱佳著称，主要由三大风味组成，即寺院素菜、市肆素菜、民间素菜。其口味特点是清淡雅致、食之不腻。素菜还有营养独特、减肥降脂、制作精细等优点。

（4）官府菜　我国封建社会的历史较长，除最高统治者——皇帝以外，众多的将相、士大夫也是享乐阶级。他们流传下来的家庭菜肴形成了一个独特的风格——官府菜，其较有名的有以下几家。

① 孔府菜：孔府菜是我国历史悠久、风味独特的官府菜之一。其主要名菜有闹罗汉、白松鸡、一品锅、合家平安和烤花篮鳜鱼等。

② 谭家菜：谭家菜出自清末官僚谭宗浚家中，流传至今，已有百余年历史了。谭家菜不拘一格，博采众长，自成体系，有与众不同的四大特点：第一是甜咸合适，南北均宜；第二是选料精，加工细；第三是火候足，下料狠；第四是讲究原汁本味。其主要名菜有黄焖鱼翅、清汤燕菜、红烧鲍鱼、扒大乌参和柴把鸭子等。

③ 随园菜：是清代的文学家、美食家袁枚记录的菜品。袁枚著有《随园食单》一书，书中记载300余种官府名菜。其主要特点是选料精细，讲究色、香、味、形。主要名菜有白玉虾圆、白汁鸡、八宝豆腐、芥末菜心、酒煨水鱼等。

（5）少数民族菜　我国是个多民族国家，各民族各自生活在一定的地域内，虽然各民族间相互交融，吸纳了许多外来饮食文化，少数民族主要食品来源仍然依赖着自然环境与自然资源，人们一年辛勤劳动的成果，就是该民族的衣食之源。具有代表性的菜肴有涮羊肉、烤肉、全羊席等。

（二）中式菜的特点

① 具有色彩鲜明的民族性、地区性、家庭性。

② 选料广泛，菜点花色品种繁多。

③ 刀法、刀口多样，商品菜大多刀工精细，家庭菜则较为随意。

④ 配餐方式丰富多彩，手法巧妙。

⑤ 调味品种类广博繁多，调味方法多样。

⑥ 精于运用火候，烹调技法细腻多样，操作规程严格。

⑦ 讲究菜品的食疗与养生作用，具有医食同源的特点。

⑧ 讲究盛装器皿。

⑨ 讲究兼收并蓄和推陈出新，熔各民族饮食精华于一炉，善于学习借鉴外来文化并融为中餐特色，不断地发展创新。

总之，品尝中餐可以感受到强烈的东方文化色彩和浓郁的民族气息以及华夏子孙们的创造精神。

（三）中式地方菜的风格

（1）四川菜系（川菜）　川菜是以成都、重庆两地的菜肴为代表的，它是以麻辣、味厚著称。烹调方法注重调味，加工细致。以辣、酸、麻脍炙人口。调味一般离不开三椒，即辣椒、胡椒、花椒。四川菜以独特的风格，“一菜一格，百菜百味”而享盛誉。四川菜另一个特色是小煎、小炒、干烧、干煸。川菜中的汤也独具一格，奶汤白浓爽口，清汤清澈如镜。

（2）山东菜系（鲁菜）　鲁菜在北方享有很高的声誉。华北、东北、北京、天津等地的菜肴，都受它的影响较深。鲁菜是由济南和胶东两地的地方菜发展而成的。济南菜清香、鲜嫩、味纯，烹调讲究火候，爆、炒、烧、炸、焖、扒尤为擅长，并十分讲究清汤和奶汤的调制，清汤色清而鲜，奶汤色白而醇。胶东菜具有地方特色，擅长烹制海鲜，是以清鲜、脆嫩、原汁原味见长。烹调以炸、炒、蒸、煎、扒为主。

（3）江苏菜系（苏菜）　苏菜是由扬州、苏州、南京三个地方菜发展而成的。其中扬州菜亦称淮扬菜，是指扬州、镇江、淮安一带的菜肴；苏州菜是指苏州与无锡一带的菜肴，南京菜又称京苏菜，但主要是指南京一带菜肴。江苏菜的特点是：选料严格，制作精细，注意配色，讲究造型，菜谱四季有别。烹调方法以炖、焖、煨、煎、烧、炒著名。扬州菜的烹调，注重原汁原汤，浓而不腻，烂而不糊，清淡适口，甜咸适中。苏州菜特点是：细切粗斩，花色精细，用料考究，形态生动，口味浓中带甜，酥烂尤鲜。南京菜的特点是：口味平和，咸淡合适，原汁醇浓，以鲜、香、酥、嫩著称。以焖、炖、烤擅长。特别是南京板鸭，被誉为著名的风味菜。

（4）广东菜系（粤菜）　广东菜是由广州、潮州、东江等地方菜发展而成的。特点：制作精巧，花色繁多，美观新颖。在烹调技术上，吸收了许多西式菜的特长。擅长煎、烘、烤、烩、酥、蒸、炸、熏、煲等；以清淡生脆、爽口、偏甜为主。咸、酸、苦、辣、鲜、香俱佳。

（5）浙江菜系（浙菜）　浙江菜主要由杭州、宁波、绍兴等地方菜发展而成的，其中杭州菜最负盛名。浙江菜特点是：注意刀工，讲究鲜、脆、软、滑，保持原味。宁波菜特点：以海鲜居多，如“水鲜羹”、“牡蛎羹”、“拌蚌”、“仑鲜”、“海爪子”等。绍兴菜的特点是：擅长烹制河鲜、家禽，入口香酥绵糯，汤浓味重，简朴实惠，富有乡土风味。

（6）福建菜系（闽菜）　闽菜起源于闽侯县，由福州、泉州、厦门等地的地方菜发展起来的，并以福州菜为代表。福建菜的特点是：造型美观，滋味清鲜，长于炒、煎、煨，注重甜、酸、咸、香等。

（7）安徽菜系（徽菜）　徽菜是由沿江、沿淮、徽州三个地区的地方菜构成。特点是，选料朴实，讲究火工。三重，即“重油”、“重色”、“重火工”。徽州菜擅长烧、煨，讲究火工，芡大油重，朴素实惠。沿江菜以芜湖、安庆地区为代表，以后又传到合肥地区，以烹制河鲜、家禽见长，讲究刀工，注意形、色，善于调味，用烟熏制。沿淮菜主要由蚌埠、宿县、阜阳等地菜肴组成。这一带菜肴，咸中带辣，汤汁味重色浓，并惯用香菜佐味配色。

（8）湖南菜系（湘菜）　湖南菜是以湘江流域、洞庭湖区和湘西山区三种地方菜所组成的。尤以长沙菜为代表。湖南菜的特点是，常用熏醋原料，讲究原料入味，口味重酸辣、香鲜、软嫩。烹调方法：熏、煨、蒸、煎、炒。

（四）酒水知识

1. 宴会常用的白酒

（1）茅台酒　茅台酒为中国第一名酒，国际上常以茅台酒来代表我国酒类的水平。茅台酒产于贵州省仁怀县茅台镇茅台酒厂，酒度为55°。具有清亮透明，醇香馥郁，入口醇厚，余香悠长的特色，酒香属酱香型。

（2）五粮液　五粮液产于四川省宜宾市宜宾五粮液酒厂，酒度为60°左右。其酒香属浓香型，具有清澈透明，香气浓郁悠久，味醇甘甜、净爽的特点。

（3）汾酒　汾酒产于山西省汾阳县杏花村汾酒厂，酒度为60°，为我国清香型白酒的代表。汾酒具有酒液清澈透明，气味芳香，入口纯绵，落口甘甜的特点，素有色、香、味“三绝”之美称，连续三次被评为中国名酒。

（4）古井贡酒　古井贡酒产于安徽省亳州市古井酒厂，酒度为60°、55°、38°。古井贡酒因取古井之水酿制，明清两代均列为贡品，故得此名。古井贡酒属浓香型白酒，具有酒液清澈透明，香醇幽净，甘美醇和，余香悠久的特点。

（5）剑南春　剑南春产于四川省绵竹酒厂，酒度为52°、60°两种。剑南春属浓香型白酒，具有芳香浓郁，醇和回甜，清洌净爽，余香悠长的特点。

（6）董酒　董酒产于贵州省遵义市董酒厂，酒度为58°、38°、60°。因厂址坐落于北郊的董公寺而得名。其特点是酒液晶莹透明，醇香浓郁，甘甜清爽。

（7）洋河大曲　洋河大曲产于江苏省泗阳县洋河酒厂，酒度分别为55°、62°、64°三种。洋河大曲酒质醇香浓郁，柔绵甘洌，回香悠久，余味净爽，属浓香型白酒。

（8）竹叶青　竹叶青产于山西省汾阳县杏花村汾酒厂，酒度为45°，含糖度为10%。该酒酒液色泽金黄带绿，晶亮透明，芳香浓郁，口感香甜，既有汾酒原有的风味，又有各种药材的香气，且有良好的滋补功效。

2. 宴会常用的黄酒

（1）绍兴酒　绍兴酒是我国黄酒中历史悠久的名酒，由于产在浙江绍兴而得名，简称“绍酒”。酒液黄亮有光，香气浓郁芬芳、鲜美醇厚。用糯米作主要原料，引“鉴湖”之水，加酒药、麦曲、浆水，用摊饭法和发酵及连续压榨煎酒法等工艺酿成，因原料配比量的不同和酿造操作的稍有变异，绍兴酒有多种不同品种和各自特殊的品质与风味，其主要品种包括：

① 状元红：因酒坛外表涂成朱红色，故叫状元红，在绍兴酒中产量最大，酒液呈橙红色而透明，有绍兴酒特有的醇香，酒精度为15°以上，须贮藏一至三年才上市。

② 加饭酒：是加料的摊饭酒，就是在酿造时增加了“饭量”而得名，又因增加“饭量”的不同而分为“双加饭”和“特加饭”酒质优美，风味醇厚，酒度16.5°，宜于久藏，为绍兴酒中之上品。

③ 女儿红：浙江地区风俗，生子之年，选酒数坛、泥封窖藏。等到子长大成人婚嫁之日，方能开坛取酒宴请宾客。生女时相应叫做“女儿酒”或“女儿红”，生男叫做“状元红”，由于经过二十余年的封藏，酒的风味更臻香醇。

④ 花雕酒：将储存的绍兴酒坛外雕绘五色彩图。这些彩图多为花鸟鱼虫，民间故事及戏剧人物，具有民族风格，习惯上叫做“花雕酒”或“远年花雕”。

⑤ 善酿酒：用已储陈一至三年的状元红酒代替水重酿而成，新酒需陈酿一至三年才供应市场。这种酒呈深黄色、糖分较多，口味甜美、酒质特厚、芳馥异常。酒度13°～14°，为绍兴酒中之名特品种。

⑥ 香雪酒：以淋饭酒拌入少量麦曲，再用绍兴酒糟蒸馏而成的50°白酒代替水落缸酿成。特点是酒度20°左右，糖度也在20°上下，浓度较大，味醇甜美，香气浓郁，为绍兴酒之特殊品种。因风味鲜美，受到广泛欢迎，并远销东南亚国家。

（2）龙岩沉缸酒　福建龙岩沉缸酒，产于福建省龙岩酒厂，已有近200年历史。它用上等糯米为原料，以右田红曲和特制小药曲为糖化发酵剂。在冬酿时加入米烧酒冲缸，酒醅三沉三浮，最后使醅渣沉于缸底，陈酿三年而成。沉缸酒呈鲜艳透明的红褐色，有琥珀光泽，香气浓郁，是由红曲香、酒药香、米酒香在酿造中形成的，纯净自然不带邪气，酒味醇厚，糖度虽高达27度，但无黏稠感，诸味和谐，同时呈现。酒度14.5°，自1959年后，多次被评为福建省名酒。

（3）福建老酒　产于福建福州酒厂，用精白糯米为原料，以红曲为糖化发酵剂酿制而成的，色赤如丹，清亮透明，酒度15°，含糖6%，具有红曲老酒特有的浓郁醇香。此外，福建老酒被认为是烹调菜肴的好调料，也可直接加入鱼、蛤类的汤中，可增加特殊鲜美的风味。中外闻名的闽菜“佛跳墙”，就是用福建老酒当汁的。

（4）山东即墨老酒　山东即墨老酒产于山东即墨酒厂，它是久负盛名的黏米黄酒，色泽黑褐中带紫红，晶明透亮，浓厚挂碗，具有焦糜的特殊香气，饮时香馥醇和、香甜爽口、微苦而有余香，酒度为12°，是一种甜型黄酒。且医疗功效显著，能祛风散寒、活血化淤。

3. 宴会用啤酒

（1）青岛啤酒　青岛啤酒产于山东省青岛啤酒厂。酒度为3.5°，麦芽汁浓度为12°。该酒选用优质大麦做原料，使用著名的崂山矿泉水，添加优质酒花，经煮沸、冷却、发酵、储藏而成。青岛啤酒酒色略呈米黄，淡而透亮，泡沫洁白细腻，具有显著的酒花和麦芽的清香及特有的苦味。口感柔和、清爽、纯净。

（2）雪花牌啤酒　沈阳雪花牌啤酒，酒液淡黄、明亮有光，有酒花香气和麦芽清香、香气纯正。注入杯内，由于二氧化碳气足，细腻洁白如雪花的泡沫立即浮起，或持久而不消失长达5分钟之久，好像一层积雪覆盖，苦味柔和清爽，夏日冰饮，更沁人肺腑。

（3）燕京啤酒　是由燕京啤酒厂生产，采用高级麦芽和优质酒花为原料，工艺细致，品质长期稳定，酒液呈淡黄色，清亮透明有光泽，泡沫丰富，细致持久，有舒适的酒花香气和微苦味。

4. 宴会用葡萄酒

（1）烟台红葡萄酒（甜型）　烟台葡萄酿酒公司，酒度为16°，含糖度12%。近些年来，该酒厂改善了工艺和配方，使酒品在色、香、味三方面都有所提高。此酒采用玫瑰香葡萄为主要原料，以玛瑙红、赤霞珠等20多种葡萄为辅，发酵酿制成。酒液色似红宝石，透明如晶体，具有香气浓郁，滋味醇厚，酸甜适口，芳香扑鼻的特点。

（2）中国红葡萄酒（甜型）　中国红葡萄酒产于北京市葡萄酒厂，酒度为16°，含糖度12%。此酒用玫瑰香葡萄、龙眼葡萄等各种优质良种葡萄为原料分别发酵，然后进行勾调色，储存两年以上。成酒色泽美观，质地纯净，果香浓郁，味感爽口，甜酸适度。

（3）沙城白葡萄酒（干型） 沙城白葡萄酒产于河北省怀来县沙城酒厂，酒度为16°，是不含糖的干型葡萄酒。它以当地优质龙眼葡萄为原料酿制而成。酒品颜色呈淡黄，酒质优良，果香浓厚、醇美，口感柔和细润。

（4）民权白葡萄酒（甜型） 民权白葡萄酒产于河南省民权县黄河故道民权葡萄酒厂，酒度为12°，含糖度为10%。它以良种葡萄精制而成，酒色成麦黄色，清澈透亮，果味鲜美，口感柔和。

5. 配制酒

（1）药酒 药酒的主要特点是：以优质的白酒为基酒，以名贵的药材配制，酒液清亮透明，无杂质，药香、酒香和谐醇厚，回味无穷，对治疗疾病有辅助功效。我国著名的药酒有人参酒、灵芝酒、三蛇酒等。

（2）露酒 露酒是以白酒、曲酒等烈性酒为基酒，采用芳香性植物的花、根、皮、茎等物质以及具有一定疗效的中草药，通过串香浸泡、再蒸馏等工艺配制而成的。我国著名的露酒有竹叶青、五加皮、莲花白、桂花露酒等。

6. 中国名茶

茶是世界公认的三大饮品之一。茶叶内有丰富的维生素和矿物质，有益于人们的身体健康。

（1）中国茶叶种类 我国是最早将茶作为饮料的国家，基本茶类包括绿茶、红茶、乌龙茶、花茶、白茶、黄茶、黑茶。再加工茶类包括紧压茶、萃取茶、果味茶、保健茶。

① 绿茶是我国产量最多的茶叶，属于不发酵茶。茶青经过高温杀青、揉捻、干燥后制成。汤色为黄绿色。绿茶有所谓“明前茶”和“雨前茶”，是在每年清明和谷雨前采摘嫩芽幼叶制成，特别珍贵。已越来越多地受到人民的喜爱，由于其制作保持了鲜叶的天然绿色，因此，绿茶更具清香鲜醇的特点。著名的绿茶品种有西湖龙井、洞庭碧螺春、黄山毛峰等。

② 红茶在国际市场销量很大，属于全发酵茶。红茶的加工工艺是鲜叶采摘后不用高温杀青，而是经过萎凋、揉捻、发酵，叶子变红后再进行干燥。干茶为暗红色，乌润、棕红带金毫，汤色为红色，既可单独饮用，又可加牛奶和糖饮用。红茶分为小种红茶、功夫红茶和红碎茶。著名的红茶品种有祁红、滇红、宜红等。

③ 花茶是将花和茶叶拼和窨制。内地多为绿茶窨花，台湾多为青茶窨花。这类茶富有花香，以窨的花种命名。北方人饮用较多。花茶以茉莉花茶为上品，冲泡后，茶水清亮，香味浓郁，且具有生津止渴、促进消化、提神解乏等功效。常见的花茶品种有茉莉大方、桂花龙井、桂花乌龙等。

④ 乌龙茶也称青茶，属于半发酵茶（发酵度10%～70%）。其加工工艺是鲜叶采摘后经晒期青萎凋、反复数次摇青，叶子部分发酵变红，然后经高温锅炒、揉捻、干燥而成。汤色是蜜绿或蜜黄色。其特点是耐冲泡，香气浓郁，回味悠长，具有助消化解脂肪之功效，被誉为健美饮料。著名的乌龙茶品种有福建的武夷岩茶（如大红袍、肉桂）、

安溪铁观音、台湾的冻顶乌龙等。

⑤ 白茶：白茶属于轻微发酵茶（发酵度10%），基本工艺是萎凋、晒青或烘干。汤色为象牙色。著名的白茶品种有银针白毫、白牡丹等。

⑥ 黄茶：黄茶属轻微发酵茶（发酵度10%），生产工艺是鲜叶杀青、揉捻后经过堆积闷黄、再炒、再堆积闷黄，然后烘焙干燥。因为产量少，所以十分珍贵。著名的黄茶品种有君山银针、霍山黄芽、蒙顶黄芽等。

⑦ 黑茶：黑茶属于后发酵茶。原料较粗老，制作过程中堆积发酵时间较长，可以直接饮用，多制成紧压茶销往边疆地区供少数民族饮用。存放时间长，耐泡耐煮。著名的黑茶品种有普洱茶、湖南黑茶等。

⑧ 紧压茶：紧压茶以红茶、绿茶、青茶、黑茶的毛茶为原料，经蒸压成型而成。干茶颜色多为暗色，茶汤颜色较深，香气沉稳、厚重。普洱方茶、沱茶、饼茶、砖茶都属于紧压茶。普洱茶是一种加工复杂的紧压茶，便于运输和储藏，具有味浓、耐泡、爽口、提神等特点。

（2）中国主要名茶

① 西湖龙井茶：西湖龙井茶产于杭州西湖狮峰山、翁家山、云栖、虎跑、灵隐等地，以狮峰龙井品质最佳。其特点是色绿、汤郁、味醇、形美，人称“四绝”。

② 洞庭碧螺春：洞庭碧螺春产于江苏苏州太湖洞庭山，以形美、色艳、香浓、味醇而闻名。

③ 黄山毛峰：黄山毛峰产于安徽省，因近黄山而得名，属绿茶类。其形似雀舌，匀齐壮实，峰显毫露，色如象牙。冲泡之后，雾气结顶，清香四溢。茶凉之后，仍有余香。

④ 信阳毛尖：信阳毛尖产于河南信阳市。外形细直、圆紧、光滑多毫，内质清香持久，滋味醇厚。

⑤ 君山银针：君山银针产于湖南洞庭湖畔的君山。其芽头肥壮，紧实挺直，芽身金黄，满披银毫。冲泡后竖立于杯底，忽升忽降，最多可达三次。

⑥ 六安瓜片：六安瓜片产于安徽六安、金寨、霍山等地。其外形如瓜子，冲泡后香气清高，滋味鲜醇，回味干爽，汤色清澈，叶底肥厚。

⑦ 庐山云雾：庐山云雾产于江西九江市附近的庐山，素以香馨、味厚、色翠、汤清著称于世。

⑧ 顾渚紫笋茶：顾渚紫笋茶产于浙江长兴县顾渚山区，因其色紫，形如笋而得名。冲泡后，汤色如茵，其味甘鲜，有兰花之香。

⑨ 蒙顶甘露：产于四川蒙山之顶。其外形扁直，色泽微黄，芽毫毕露。汤色黄亮，甜香浓郁，滋味鲜醇。

⑩ 大红袍。

（3）茶的沏泡　沏泡一杯好茶，不但要求茶本身的品质，还要考虑泡茶所需要的水质、茶具的选用、茶的用量、冲泡水温及冲泡的时间等要素。

① 泡茶用水以泉水上佳，这样冲泡出来的茶才会汤色清澈透亮，香气高爽馥郁，滋味纯正甘洌。

② 瓷器茶具传热不快、保温适中，与茶不会发生化学反应，沏泡后茶能获得较好的色、香、味，而且造型美观、装饰精巧，具有一定的艺术欣赏价值。玻璃茶具质地透明、晶莹光泽，特别适用于冲泡各类名茶。

③ 泡茶用水量以每克茶叶冲水50～60毫升为宜。第一次冲水半杯或仍为好。一般沏泡一杯绿茶、红茶时茶与水的比例为1：50或1：60；乌龙茶的茶叶用量为壶容积的1/2左右。

④ 泡茶水温主要依茶而定。高级绿茶，特别是细嫩的名茶，茶叶越嫩、越绿，沏泡水温越低，一般以80℃左右为宜；泡饮各种花茶，红茶和中低档绿茶，则要用95℃的沸水，如水温低，则渗透性差，茶味淡薄；泡饮乌龙茶，每次用茶量较多，而且茶叶粗老，必须用100℃的沸水冲泡。

⑤ 冲泡时间与次数。红茶、绿茶将茶叶放入杯中后，先倒入少量开水，以浸没茶叶为度，加盖3分钟左右，再加开水到七八成满，便趁热饮用。当喝到杯中尚余1/3左右茶汤时，再加开水，这样可使前后茶汤浓度比较均匀：乌龙茶宜用小型紫砂壶，在用茶量较多的情况下，第一泡1分钟就要倒出。第二泡1分15秒，第三泡1分40秒，第四泡2分15秒，这样前后茶汤的浓度才会比较均匀。

7. 其他软饮料

（1）果蔬饮料　果蔬饮料可分为果肉果汁、浓缩果汁、纯果汁、稀释果汁和蔬菜汁五大类。果肉果汁是指饮料中含有少量的细碎果粒，如粒粒橙等；浓缩果汁指需要加水进行稀释的果汁，其中的原汁占50%以上，如常见的西柚汁、柠檬汁、橙汁等；纯果汁是用新鲜成熟的水果直接榨出的100%鲜果汁；稀释果汁是指加水稀释过的鲜果汁，这类果汁加入了适量的糖、柠檬酸、香精、色素、维生素等，含有6%～30%的天然果汁或果酱；蔬菜汁指加了水果汁和香精的各种蔬菜饮料，如番茄汁等。

（2）汽水　通常汽水可分为普通型、果汁型、果味型和可乐型四类。普通型是指不含香料的二氧化碳饮品，如苏打水等。果汁型是在原料中添加了一定量的新鲜果汁制成的汽水，它除了具有相应水果所特有的色、香、味之外，还含有一定的营养素，有利于身体健康，一般果汁含量大于2.5%。果味型是指依靠食用香精和着色剂，具有一定水果香型和色泽的汽水。这类汽水色泽鲜艳、价格低廉，不含营养素，一般只起清凉解渴作用，如柠檬汽水、汤力水、干姜水等。可乐型汽水是将多种香料与天然果汁、焦糖色素混合后充气而成的汽水。

（3）矿泉水　矿泉水是没有遭受污染、无色、无味、清澈甘甜的卫生饮用水。它含有一定量对人体发育和保健有益的矿物质和微量元素（如锌、铜、碘、铁等），并且本身不含任何热量。长期饮用可以平衡人体生理机能，起到保健作用。

【任务考核】

一、问答与分析

1. 中国菜肴的主要特点有哪些？
2. 中国的八大菜系的主要特点各是什么？菜系划分的依据是什么？

二、分组辩论

正方：支持改变　　　反方：反对改变

中国传统菜系博大精深，细微之处都有其深刻的文化含义。然而现代餐饮业在市场经济运行的大环境下，在竞争激烈的发展过程中，对传统的中国菜系进行着南北交流、中西合璧式的改变。例如“俏江南”对川菜的改良。请问这些改变对保持中国传统菜系文化有影响吗？我们应该支持还是反对这些变化？

任务2　中式零点餐服务

任务导入

一天晚上，厦门某饭店的门前驶来一辆出租车，四位台湾客人先后下车走进饭店，直奔二楼的风味餐厅。

“欢迎各位到我们餐厅用餐，请问先生贵姓，有没有预订？”接待小姐很有礼貌地问道。

“我姓黎，三天前电话预订了‘佛跳墙’，请你查看一下。”黎先生迫切地说。

接待小姐查了预订记录，发现有两个姓李的客人都预订了4 人餐，一个叫李甲（海鲜宴），另一个叫李乙（外订“佛跳墙”）。“先生，请看这是不是您的预订？”接待小姐请先生确认预订记录。“哦，不，我叫黎一，这外订‘佛跳墙’是什么意思呢？”黎先生用笔更正了姓名后，不解地问道。

“‘佛跳墙’这道菜需要18 种原料，其中鱼唇、金线鲍鱼等原料我们这里今天刚进货，加工需要很长时间，在接到您预订时制作时间已经不够，但考虑到您对饭店的信任，我们已经为您在其他地方预订了这道菜，希望您不介意。”小姐耐心地向黎先生解释了外订的原因。

“那不行，你们这么大的饭店连‘佛跳墙’都做不出来，还开什么餐厅！同意了我的预订就要兑现，我就要吃你们做的‘佛跳墙’，其他地方做的不要。”黎先生突然生起气来。

“十分抱歉，我们没有向您解释清楚，让您误会了。这几天预订‘佛跳墙’的顾客只有您一位，原料和时间都紧张，我们就派厨师到关系单位亲自为您加工，现在已经准备好了，口味绝对正宗。请您先到里面入座，先品尝其他菜，‘佛跳墙’马上就上桌。”餐厅经理急忙走过来回答。

“谢谢你们想得周到，但以后预订时，不要把人家的名字搞错。”黎先生和家人跟随领位小姐走进了餐厅。当黎先生一行吃到那满堂芳香的“佛跳墙”时，不禁食欲大增，对服务员伸起大拇指连声说好。

【点 评】

事实上，各种类型的餐饮服务从顾客预订那一刻就正式开始了。因此预订时，一定要注意程序的规范化，以确保预订者的权益。同时还要考虑到饭店的信誉，不要只为利润而预订那些不能落实的菜肴，否则容易在实际服务中造成被动。

【任务概述】

零点餐服务是针对散客用餐而设定的服务方式，其主要流程如图2-9所示。

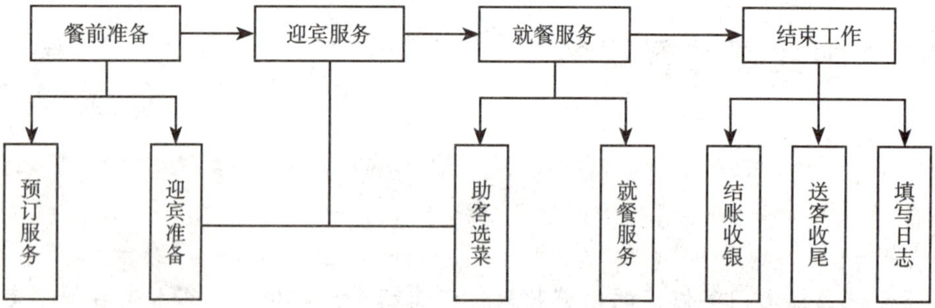

图2-9 零点餐服务流程图

【任务实施】

一、中餐早餐服务

（一）中餐厅早餐的种类

中式早餐主要由茶水类、面食点心类、谷物类、蔬菜类、肉类等组成，它大致可分为北方早餐、南方早餐和粤港早茶等。

北方早餐内容主要包括：热豆浆、热粥、各式热汤包、热包子、馒头、大饼、油煎饼和油条等。

南方早餐主要包括：鲜牛奶或豆浆、热粥、热包子、馒头、饺子、小笼包、油条和大饼、各类热汤面、各类咸菜、咸鸭蛋、腌制或卤制的肉食小菜等。

粤港早茶：指粤港两地特有的中式早餐，一般用餐时间长，内容丰盛，并已成为人们社交聚会的重要方式。其内容包括：咖啡、牛奶或热茶、各式带馅的面点和特色点心、热汤面、各类热粥、各种卤制肉食小菜（如猪肚、牛肉、排骨等）及开胃菜（如蒜头、花生米、酱芒果等）。

（二）早餐服务程序

接受预订（或无）→问候→拉椅让座→问茶→上香巾→脱筷子套→揭茶杯→沏茶、斟茶→问点心、上点心→收空笼空碟→换骨碟、烟灰缸→续上点心→帮客人斟茶→结账收钱→送客人→翻台。

（三）具体的服务规范

1. 餐前准备

（1）按餐厅要求着装，做到仪表整洁，按时到岗，接受任务。

（2）按规定进行餐前清洁工作，如检查地面卫生，保持餐具、棉织品、家具等清洁卫生。

（3）按照早茶摆台规范摆台。

（4）检查台面的调味品，确保各种调味品瓶口无污迹，调味品分量符合规定要求，盐、胡椒粉不结团。

（5）烧好开水，备好茶叶和各种饮料、开餐用具、服务用具，补充工作台用品。

（6）召集班前会，进行人员分工，检查员工的仪表仪容，做到仪表整洁，按要求佩戴工号牌，随时准备为客人服务，强调营业注意事项。

2. 迎宾服务

迎宾员应熟悉本餐厅的餐桌布局，事先掌握当餐预订情况，准备好点心卡，在开餐前5分钟站在指定的位置，恭候宾客的到来，并始终保持良好的精神面貌和姿态。一见到宾客，迎宾员要微笑鞠躬，并主动问候："先生/小姐，早上好，请问几位？"然后在客前1.5米的右侧引领客人到合适的餐桌，询问客人满意后，安排就座。值台服务员主动上前问好，客人走到餐桌前，主动拉开座椅，引请客人入座，然后揭开茶杯，脱掉筷套，送上香巾。

3. 沏茶斟茶

（1）准备用具　沏茶工具主要有茶壶、茶杯、茶盘、茶杯碟、热水容器。

（2）准备原料　准备纯净开水和各式茶叶。

（3）沏茶　茶叶放入量以客人喜好为主，一般一壶茶放1～2勺茶叶，普洱茶浓可少放些茶叶，龙井茶则可多放些。

（4）斟茶　从客人右侧为客人服务，女士优先。茶壶应垫茶盘，茶盘最好放垫布，以防茶壶嘴漏水，斟茶将停时可略旋壶身，让最后一滴茶水沿壶嘴流下而不滴落。斟茶量以2/3为宜。当茶壶中剩1/3茶水时，应为客人添加开水。

4. 餐间服务

（1）服务员为客人提供茶水服务后，点心推销员应将点心车推至客人桌旁。

（2）点心推销员向客人介绍当天供应的各式点心品种，在客人选定后，服务员应协助点心推销员为客人将点心送上餐桌。

（3）服务员根据客人所点在点心卡上做好记录，及时填好日期、时间、桌号、人数等内容。

（4）服务员要勤巡台、勤续茶水、勤换烟灰缸、勤清理台面，主动征询客人的意见，尽量满足客人的要求。

5. 结账服务

（1）客人示意结账时，服务员应迅速将点心卡送至收银台，收银员将点汇总成账后送交服务员。

（2）如果是套餐服务或自助餐服务，服务员可直接去收银台取账单。

（3）服务员将账单收入账单夹内，站在客人的右侧打开账单，请客人付款后服务员要将所收金额及时送交收银台，将余额当面点清连同回单交还给客人，并礼貌地向客人道谢。

6. 送客服务

（1）当客人起身离座时，服务员应及时帮助客人拉座椅，同时提醒客人带上自己的物品，并再次向客人道谢。

（2）当客人走到餐厅门口时。迎宾员应将客人送出餐厅门口并感谢其光临，同时欢迎客人下次光临。

7. 清理台面

（1）客人离开餐厅后，服务员应立即清理台面，清理台面的顺序是先整理餐椅，然后收茶壶、香巾、茶杯，最后收其他餐具。

（2）台面清洁后，应迅速换上净的台布重新摆台，为迎接下批客人或为午餐服务做准备。

二、中餐午、晚餐服务

中餐午、晚餐服务三大步骤：餐前准备，就餐服务和餐后服务。具体步骤有：接受预订（或无）→餐前准备→敬语迎宾→引宾入座→递巾问茶→脱筷子套、松餐巾、揭茶杯→呈递菜单、酒水单→沏茶、斟茶→上餐前小吃→斟调味油→点菜、点酒水→服务酒水→收茶杯、茶碟、茶壶、小毛巾→上菜→巡台→上甜品、水果→上小毛巾→上茶→结账→送客→清台。

（一）餐前服务

1. 餐前检查

餐前检查是对餐厅准备工作的全面检查，主要包括：

（1）台面及桌椅安排、各项卫生、工作台、设施设备状况的检查。

（2）宾客预订的落实情况。

（3）服务员仪容仪表、精神面貌的检查，确保餐厅的人、财、物以最佳状态投入到宾客接待工作中。

2. 召开餐前例会

餐前例会由餐厅经理或主管主持召开，一般在开餐前30分钟召开，时间15～20分钟。餐前例会的内容包括：

（1）检查服务员个人卫生、仪容仪表和精神面貌。

（2）进行任务分工。

（3）通报当日客情、VIP接待注意事项。

（4）介绍当日特别菜肴及其服务方式、告知缺菜品种。

（5）总结昨日营业及服务经验和存在问题，及时表扬服务好的服务员。

（6）查新员工对菜单的掌握情况等。

餐前例会结束，餐厅工作人员迅速进入自己的工作岗位，按餐前例会的具体分工准备开餐。

（二）就餐服务

就餐服务是指客人从进入餐厅开始贯穿于整个就餐过程中餐厅服务员所提供给客人的各项服务和帮助，是传统概念中餐厅服务的主体，是餐厅服务的核心内容，是客人对餐厅服务印象形成的最关键因素。整个过程包含很多环节，同时也存在不少服务技巧。

1. 迎宾、引领入座服务

（1）迎宾员准备好菜单，在开餐前5分钟站在指定的位置，恭候宾客到来。站立要端正，保持良好的精神面貌和姿态。

（2）宾客进入餐厅时，迎宾员要面带微笑主动问候，了解其是否有预订：如果有预订，问清以什么姓名订的；反之，则询问一共有几位，并引领至合适的餐位。

（3）值台服务员上前微笑问候，表示欢迎，帮助迎宾员拉椅让座，拉椅时将椅子正对餐位，并招呼宾客入座，如有小孩应迅速送上儿童椅。

2. 入座、就餐准备服务

（1）递菜单、上毛巾　客人入座后为客人递上菜单并及时递上毛巾，并用敬语“请用毛巾”。

（2）问饮料　征询宾客喝什么茶或喝什么酒水，并主动介绍茶叶和酒水品种。

（3）松餐巾、去筷套　在问喝什么饮料时按规范给宾客松开餐巾花，使用敬语；去筷套时应将筷子拿起取下筷套，再将筷子放在筷架上。这些动作一般在宾客右边进行。

（4）饮料服务　在宾客右边进行茶水或酒水服务，使用敬语。

（5）调味服务　从主宾开始问调味用酱油还是醋，在宾客右边倒入调味品，以1/3为宜。

上述工作就绪后，准备好笔和点菜单，站在适当的位置，随时准备帮助宾客点菜。

3. 点菜服务

宾客看完菜单，服务员应按规范接受点菜。为了提供优质服务、进行良好的推销，服务员应了解宾客的需求，熟悉菜单，主动提供信息和帮助，并按规范安排菜单。

（1）接受点菜　在宾客将菜单浏览完毕准备点菜时，服务员立即走上前询问：“我可以为您点菜了吗？”（May I take your order now，Sir/Madam？）

（2）提供建议　介绍当天的特选菜，注意观察、了解宾客需求，多用描述性语言介绍菜点，语气要出于对宾客的关心，而不能强行推销，帮助宾客选择，注意荤素搭配、分量适中。

（3）记录内容　接受宾客点菜时应保持站立姿势，身体微向前倾，认真清楚地记下宾客所点的菜品名。

（4）复述确认　为了确保点菜正确，点菜完毕后，应重复宾客所点的菜品，让宾客确认。

（5）礼貌致谢　复述完毕，服务人员应收回菜单，并向宾客表示感谢：“非常感谢，请稍等。”（Thank you very much，wait for a moment，please.）

（6）填写点菜单（或订单）　一般点菜单一式三联或四联：一联交收银员，二、三联由收银员盖章交传菜部，四联服务员自留或放在宾客桌上以备核查。

点菜单英文为“captain’s order”。很多餐厅是由领班或高级服务员替宾客点菜，填单时应填写台号、人数、服务员姓名、日期、时间、所点菜品的数量名称等。宾客有特殊要求应在菜单上注明，填写点菜单要迅速、准确；尽量缩短宾客等候时间。

4. 划单

划单是中餐厅传菜部的主要职责。传菜部是中餐厅前台和后台协作的枢纽，其主要任务是将餐厅服务员所点的菜肴通知厨房，并将厨房做好的菜准确无误地送至餐厅（由餐厅服务人员送上桌），同时控制出菜的节奏、顺序和质量。

传菜部必备的用具物品有：

台号夹。一般用木制夹，写上餐厅桌号。大餐桌每桌可备台号夹15只左右，小餐桌每桌可备台号夹8只左右。注意保持木制夹的清洁卫生。

台号夹隔架。即存放台号夹的架子。将不同台号夹分类放入台号夹架的各分隔栏内备用。

白板。将不同台的点菜单依次贴在白板上供划单员控制出菜并划单。

另还需准备其他各种服务用品，如托盘、划单用的油笔、透明胶带、洗手盅、保温盖、各种调味品等。

所谓划单即传菜员在厨房做好菜肴准备送至餐厅时，划单员将贴在白板上的同一台号的点菜单上相应的菜肴用笔划去，以示此号台的某道菜已送至餐桌。具体步骤是：

（1）服务员点菜后，立即将第一联点菜单交收银台，第二、三联由收银台盖章后送传菜部。

（2）传菜部将第二联点菜单夹上与菜肴道数相同的台号夹（台号夹的餐桌号与点菜单的桌号应相同），并递交冷菜间、热菜切配或点心间做准备；将第三联贴在白板上以备划单和控制出菜用。

（3）厨房根据饮食习惯先准备冷菜、再出热菜。传菜部负责掌握出菜节奏，根据出菜夹的号码，在白板上相应台号的点菜单上将已出的菜在点菜单上准确划掉，同时检查菜肴数量和质量等。

（4）传菜员迅速将菜传交餐厅服务员，由餐厅服务员服务上桌。

（5）第三联点菜单划单结束后妥善保存，以备财务部审核。

5. 上菜与巡台服务

（1）上菜

① 掌握上菜节奏，冷菜吃了1/2 时上热菜；大桌菜肴道数较多，要求热菜在30分钟左右上完，小桌20分钟上完，烹制时间较长的菜肴应告知宾客；另外，如果宾客有特殊要求，应尽量满足。

② 当传菜员将菜肴送至餐台旁后，服务员应快步上前上菜。

③ 上菜时双手将菜奉上餐桌并报菜名，有调配料或洗手盅时，应先上调配料或洗手盅，并告知宾客后上菜。

④ 严格按照上菜顺序上菜。

⑤ 随时撤走空盘，忌盘子叠盘子。

⑥ 每盘菜跟配勺以方便宾客取菜，同时保持卫生。

⑦ 菜上齐后，告知宾客，征求宾客有无其他要求并主动向宾客介绍甜品、水果。

（2）巡台　注意宾客进餐情况，勤巡视每桌宾客台面，良好的服务体现在：服务员的工作做在宾客开口之前。

① 烟缸里有烟蒂或杂物时应马上撤换。

② 随时添加酒水、推销饮料。

③ 撤去空盘、空饮料瓶，及时整理台面，保持台面清洁美观。

④ 替宾客点香烟。

⑤ 宾客餐间离座，上前帮助拉椅、撤餐巾，回座时再帮助宾客拉椅、递餐巾。

⑥ 宾客停筷后，主动询问是否需要水果、甜品，并询问宾客是否需要将多余的菜肴打包带走（如需要，则迅速替宾客打包）。

（3）甜品、水果服务

① 撤走菜盘和吃咸味菜的餐具，只留下牙签和有酒水的杯子。

② 摆上吃甜品或水果的用具后，上甜品和水果。

③ 水果用完后，问茶。

（三）餐后服务

餐后服务包含两部分内容：一是客人用餐完毕之后为客人提供的服务，如结账、送客等服务；二是客人走后的餐后整理工作，这是保证餐厅持续经营的必备工作。良好的餐后服务可以使客人感受到餐厅自始至终的服务态度、服务意识，是树立餐厅良好服务形象的重要环节。

1. 结账服务

（1）顾客食用餐后点心水果时，服务人员可一边整理工作台，一边注意顾客的进度，并为顾客清点酒水饮料空瓶，待其确认。

（2）主人示意结账时，服务人员应主动询问顾客对剩余饮料及餐点的处理方式，并配合处理。

（3）主动将多余未用的酒水退掉，结算所有消费项目。

（4）靠近主人询问用餐是否满意，是否现在要结账。

（5）为主人解说当天的消费项目。

（6）从出纳处取得完整的账单，并先行确认项目、金额是否正确。

（7）将账单送交顾客过目，并解答相关疑问。

（8）询问顾客的结账方式，要学习现金、刷卡、房客记账或外客签账的处理方法。同时询问顾客是否需要停车盖章服务（视餐厅情况而定）。

（9）送上发票、找零现金或信用卡签单，或请顾客签认挂账单据。

2. 送客服务

（1）完成结账程序后准备送客。

（2）当顾客起身时，上前拉椅子，使顾客可顺利离席。

（3）检查餐桌附近是否有顾客遗忘物，以方便提醒顾客。若顾客有寄放物品，记得提醒顾客取回。

（4）提供服务意见书供顾客填写，并感谢顾客光临，希望下次再度光临。

（5）送顾客至门口餐厅，其他人员也一并配合送客。

（四）中餐午、晚餐服务注意事项

（1）客用品呈递一律用托盘。

（2）点菜服务员需熟悉菜单，掌握本餐厅提供的菜式品种、每一道菜的风味特色、加工烹制方法、口味、营养成分等，做好宾客的参谋，并有相当的餐饮文化知识供客询问。

（3）点菜时注意宾客对菜肴的特殊要求，如点清真菜需在点菜单上作标记。

（4）点菜后需向宾客复述，并告知第一道菜的出菜时间。点菜后30分钟应检查宾客的菜是否上齐，并及时跟催。

（5）每上一道菜，都需报清楚菜名。进餐过程中不忘征询宾客对菜肴的意见，尤其是名贵菜肴。

（6）服务要一视同仁、诚恳、恰到好处，尽可能针对不同宾客的具体情况提供无“NO”服务、超值服务，通过优质服务让宾客成为饭店的老顾客。

（7）服务过程中要会察言观色，并始终留意宾客的举动，尤其宾客的失常动作，有理、有利、有节及时地控制事态的发展，能机智地处理特殊情况。

【任务实训】

就餐服务

一、实训目的

通过对就餐服务基础知识的讲解和就餐服务操作技能的训练，使学生了解席间服务的基本内容，掌握就餐服务的程序与标准，达到能够为客人提供满意、熟练而准确的就餐服务的能力。

二、实训时间

6课时。

三、实训方法

按中式零点餐客人就餐的方式、内容等设计模拟场景。老师先讲解、示范，然后学生模拟操作，老师再进行指导。可以按角色扮演法进行就餐服务模拟训练，学生分组进行，相互点评，老师最后总结。

四、测试与考核

中餐零点服务实训测试与考核评分表

考核任务	操作要求	配分	得分
角色扮演	各种角色扮演到位，生动形象	10	
服务技能	就餐服务各环节安排井然有序	20	
	迎宾、引座、开茶、点菜、下单、斟酒、上菜、撤换客用餐具、烟缸、菜盘、斟茶及特殊服务到位	20	
	服务礼仪、用语规范到位	20	
	综合运用就餐服务中涉及的各种表单，能够正确填写和传递	10	
团队精神	通力合作、分工合理、团结协作	10	
	发言积极，乐于与同学分享成果	10	

任务3　团体餐服务

任务导入

联系不上的旅游团队

刘小姐是北京某四星级饭店粤菜餐厅的预订员，星期一她接到某旅行社的电话预订，要求安排 120 位美国客人的晚餐，每人餐费标准 40 元，酒水5 元；其中有 5 人吃素。时间定在星期五晚6：00 ，付账方式是由导游员签账单（某些饭店与一些旅行社有合同，可收取旅行社的餐饮结算单，定期结账）。刘小姐将预订人姓名、联系电话、客人人数、旅游团代号、导游员姓名、宾客的特殊要求等一一记录在预订簿上。星期五晚6：00，该旅游团没有到达。此前刘小姐曾与旅行社联系进行过确认，但都没有更改预订的迹象。因此，刘小姐便谢绝了其他预订。6 ：30 ，该团仍无踪影，导游人员的手机也打不通。刚巧，这天餐厅的上座率非常高，望着那一桌桌布齐凉菜的餐桌，大家都着急起来。餐厅经理果断做出决定，一方面让刘小姐继续与旅行社联系，另一方面允许已经上门没有预订的散客使用该团预订的部分餐桌，并与其他餐厅联系，准备万一旅游团来了，仍可使用其他已撤台的餐桌。经联系，旅行社值班人员讲，预订没有改变，可能是由于交通堵塞问题造成团队不能准时到达。7：30 ，旅游团风风火火地来到饭店。导游员告诉餐厅，有 30人因其他事由不能来用餐，需要用餐的还有90人，其中有3人吃素。经理急忙让服务员安排，并回复导游员，按规定要扣除这30人的预订超时和餐食备餐成本费用，比例是餐费的50%。

由于到达时间晚，有些预订餐桌没有动，餐厅内散客的撤台率较快，加上旅游团少来了30人，所以90个美国客人到达后马上得到安排。望着这些饥餐渴饮的旅游者，大家终于松了一口气。

【问　题】

1. 对于一些大型团队的预订应注意哪些事项?
2. 在预订团队迟到的情况下，饭店一般应采取何措施?
3. 你怎样看待本案例中餐饮经理对迟到团队的处理方法?
4. 团体餐服务具体过程是怎样的?

【任务概述】

团体餐，是指为旅游团队、会议团队、婚宴等以团体形式就餐的客人提供的服务方式。本任务主要对团体餐的特点、服务程序及早、中、晚餐的团体餐服务做了详细介绍。

【任务实施】

一、团体餐的形式和特点

（一）团体餐的形式

（1）常见的团体包餐有 会议包餐，如交易会、展览会、运动会、鉴定会、政府机关会议等；旅游包餐，如旅游团、考察团、参观团等；学生包餐，指大中小学生夏令营、午餐、春游等。

（2）按团体订餐的就餐形式，还分为合食和分食两种。

① 合食是10人共用，每桌4菜1汤或5菜1汤、6菜1汤不等。

② 分食则每人1菜1汤、2菜1汤、3菜1汤。汤也可以不分开，用大碗汤供10人共用，具体标准可根据客人要求另行制定。

（二）团体餐的特点

（1）用餐人数多，集中用餐，且用餐时间统一，用餐标准统一，消费水平通常低于宴会和零点，因而服务较简单。

（2）人数集中，且在统一时间用餐，因此准备工作要求充分。

（3）菜式品种统一，但须注意每天要有新品种，同一团队尽量不重复。

（4）服务方式统一，因按日程活动，要求服务迅速、快捷，但经常会出现特殊情况。

（5）客人口味差异大，但同一团体往往有特点可循。在满足大部分客人的情况下，再做好特殊要求，力求让所有客人满意。虽然团队餐不以品尝美味佳肴为主，也不像宴会那样菜肴精致、服务讲究、礼节繁琐，但餐厅在制作菜单时要考虑到花色品种的翻新，确保餐饮质量，最大限度地满足大多数客人的需要。

二、团体餐的预订

（1）团体订餐都需要预订，在接受预订时，必须问清预定人的身份（包括单位、姓名、联系电话或单位地址）、预定的时间、餐次、价格标准、付款方法、就餐对象的身份、就餐的目的（会议包餐还是旅游包餐）、有什么特殊要求等，以利于安排餐厅和制定食谱（菜单）。

（2）制定团体订餐食谱，先要根据就餐的标准，尽量照顾到多数客人的饮食习惯和货源情况，做到合乎口味、营养丰富、数量适中、荤素搭配，每一餐的菜式也要力求不同。

三、团体餐早餐服务程序

（一）餐前准备

开餐前，服务员要先了解自己所负责接待的团体名称、国籍、身份、职业、生活习惯、人数、开餐时间、用餐标准及特殊要求，按标准和人数摆好餐位及桌上用品饮料，做好接待前的准备工作。

（二）迎接客人

客人到达时，问清其团队或会议的名称，礼貌地将客人引领到准备好的餐桌，为客人拉椅让座。待客人就座后，值台员马上递上香巾，为客人斟茶。

（三）用餐服务

客人基本到齐后，即可按规定标准送上菜点食品。要根据客人人数和就餐标准，通知点心推销员按预订单（通知单）为客人取点心。送上点心时，应向客人介绍点心的名称和风味特点，上中式粥品时要为客人分到小碗。

客人进餐期间，要勤巡视、勤斟饮料、勤收拾空盘碟、勤换烟灰缸，客人用完点心后，送上香巾。

（四）结账送客

如需餐后马上结账的，应根据客人人数、标准累计总数，到收款处填写账单，向经办人现收。如客人需统一结账（通过银行转账），应将日期、人数、标准、费用总额填写清楚，签上接待人姓名并报请经办人签名，以便结账查对。客人离座时，应主动为其拉椅，并提醒客人携带好随身物品。

（五）清理工作

客人离开后，马上清理桌面，按标准重新布置餐桌，为下一餐做好准备或继续接待其他客人。

四、团体餐午、晚餐服务程序

（一）餐前准备

（1）了解客情　包括团体的名称、国籍、身份、生活习惯和忌讳、人数、开餐时间、用餐标准及特殊要求等，以便有针对性地服务。

（2）拟定菜单　由餐厅管理人员根据客人的用餐标准、口味特点、生活习惯和具体要求与经办人协商拟定。要求菜点品种搭配合理，具有本地特点，数量适中，口味多样。客人在本店用餐次数较多时。每餐的菜点花色品种都应有其独特的风味，使客人在旅游或会议期间，在酒店住得舒适，吃得满意。

（3）整理餐厅　首先要清洁餐厅，排列餐桌。如果同一餐厅同时容纳两个不同标准的团体就餐时，要划分就餐区域，最好用屏风作为隔挡，将其分开。清理好餐厅后，准备餐具、用具。进行摆台。团体包餐一般不喝酒，餐具以餐碟、汤碗、汤勺、筷子为主，备酒的包餐再增加酒杯。合食制的包餐每桌还要配备公用餐具、调味品、牙签筒等用品。

（4）安排桌位　根据团体的人数、身份和用餐标准。设置专用餐厅或餐桌。在一个餐门里有几批团体客人同时用餐时，服务员应按团体的不同标准，恰当合理地安排桌位，并引导入座。每餐进餐时，要引导客人入座。如发现坐错座位时，要有礼貌地说明情况，将其引导到安排好的桌位就座。

（二）就餐服务

（1）餐前服务　迅速递上香巾，尤其是对游览回来，未及进房的团队客人更显得重要；然后准备茶水，迅速给客人斟茶，根据需要，最好备有冰茶；根据订餐标准，给客人服务酒水，同时准备出菜。

（2）上菜服务　客人到齐或基本到齐后，通知厨房准备出菜，并将茶杯撤走（客人要求保留的可不撤）。将菜肴按桌端上，主动向客人介绍当地的特色菜肴，增添愉悦的气氛，消除疲劳；凡接待外宾团体或重要团体，应按宴席操作规程为客人服务，每上一道菜都要为客人分菜；对不会使用筷子的客人要派给刀叉，但筷子不要撤走。

（3）席间服务　在客人进餐过程中，餐饮服务员要勤巡视、勤为客人斟倒饮料。团体包餐费用中有的已包括饮料费及水果费，故饮料和水果均应按标准备足，不要先紧后松造成客人得不到应有的享用或浪费。现在大多数餐厅在开团队餐时，除自助餐外，其标准中不含酒水费。应保证米饭、馒头等主食的及时、充足供应。如发现客人餐碟中有骨头、烟灰、牙签等脏物，应主动进行撤换。菜上齐时，须向客人道“菜齐”，并征询客人有什么需要帮助的事情。餐毕，要为客人送上热茶、香巾。

（三）结账服务

（1）旅游团队结账　旅游团队用餐完毕后，服务员应从收银台取出结账单，交给旅游团的领队或导游签单，再由收银台将结账单金额转入旅游团在饭店的总账中，最后由饭店向旅行社统一结账，结账前服务员一定要与旅游团领队或导游一起清点人数，按人数结算。

（2）会议团队结账　各自会议的团体餐结账工作，一般由大会会议秘书处发给集体用餐券，客人凭餐券用餐。餐饮服务员在客人入座后按桌次收取餐券，然后根据餐券通知传菜服务员走菜。餐券的形式一般分为早餐券和正餐券。餐饮服务员清点餐券后，交账台收款员，然后由收款员上交餐厅总财务室计入会议费用总账。

（四）结束工作

团体用餐后，服务员应马上按照规定收台、清洗餐具，按餐别标准布置餐桌，整理清扫餐厅，搞好餐桌卫生，按标准摆好下餐的餐位，搞好餐厅环境卫生，做到“三清两不留”（台面清、地面清、工作台清，餐厅中不留食物、不留垃圾），做好下一餐的接待准备工作。

五、团体包餐服务注意事项

（1）在团体餐服务之前应掌握有关客人的情况，如客人的国籍、民族、风俗习惯和宗教信仰等。以便有针对性地做好服务工作。

（2）了解客人的特殊用餐要求。掌握是否有用素食、软食的客人，对老弱病残及儿童。在进餐时给予必要的照顾。对团体餐中的清真客人，服务时要尊重其宗教信仰，设立清真席，餐具、用具应和其他桌次分开清洗、分开存放。

（3）针对不同的团体餐进行不同的用餐环境布置，如会议包餐的环境要布置朴素大方。旅游团体餐的环境要布置得热烈、欢快。团队用餐的餐桌事先应根据人数布置好，桌上摆上团队名称。

（4）团队用餐计划性比较强，一般都是事先确定标准、人数、用餐时间等。

（5）会议团体是按事先安排好的日程进行集体活动的，所以一到就餐时间，客人会集中进入餐厅，因此，服务员要提前15分钟上冷菜，并注意荤素、色彩搭配得当。

（6）旅游团抵、离和外出活动时间较难掌握，经常不能准时在规定的时间内进餐，因此，要加强与包餐单位、陪同的联系，做到客人进入餐厅就能迅速就餐，并要保持饭菜的温度。

（7）团体餐一般要等客人到齐后再上菜，不能提前上菜、上饭；如客人是凭餐券就餐，应按桌点齐人数并收取餐券，然后上菜、上饭，要注意做好对先入座客人的解释工作。注意饭菜保温，冬天应等客人坐满一桌再上热菜。

【任务实训】

一、实训目的

通过对团体包餐服务基础知识的讲解和操作技能的训练，使学生了解团体包餐的种类和特点，掌握团体包餐的服务程序与操作要领，达到服务规范，技能娴熟的训练要求。

二、实训时间

6学时。

三、实训方法

老师先讲解、示范，然后由学生操作，老师再进行指导。最好到实习基地亲自体验一次团体包餐服务过程。

四、测试与考核

团体包餐实训测试与考核评分表

考核任务	操作要求	配分	得分
预订	预订	10	
	引宾入座	10	
团体包餐餐厅布置	各项准备工作准确到位	20	
餐间服务	递送香巾	10	
	问候斟茶	10	
收尾工作	送客、清桌	10	
团队精神	通力合作、分工合理、团结协作	20	
	发言积极，乐于与同学分享成果	10	

项目三 西餐服务

知识目标

了解西餐进餐礼仪；

掌握西餐特点、上菜顺序、传统名菜、西菜与酒水的搭配；

掌握法式、美式、英式和俄式等西餐服务方式的特点和内容。

技能目标

掌握扒房、咖啡厅服务程序及规范标准；

熟悉酒会服务、自助餐服务的内容及程序标准。

任务1 认识西餐

任务导入

如何吃西餐?

某年 9 月 10 日，柳先生夫妇来到北京某高级宾馆的西餐厅用餐。入座后，服务员为他们送上冰水，接着问他们点什么小吃和鸡尾酒。柳先生不知所措地说：“小姐，我们是教师，从来没有在高级宾馆吃过西餐。今天是教师节。我们想趁此机会体验一下吃西餐的感受，请帮我们多介绍一些情况。”

服务员小姐听后欣然同意，并微笑向他们介绍：“吃西餐一般要先喝一些清汤或清水，目的是减少接下来在用餐过程中喝酒对胃的刺激，然后可按顺序要鸡尾酒和餐前小吃、开胃品、汤、色拉、主菜、水果和奶酪、甜点、餐后饮料。实际上，不必每个程序都点菜，可根据自己的喜好和口味任意挑选。”

柳先生听罢忙用笔记录下来，并请服务员小姐告诉他们怎样用餐具，怎样点菜。服务员小姐先将一份菜单递给柳夫人，又将另一份菜单递给柳先生，简要地介绍了菜单的内容，然后又送上酒单，告诉他们点菜后可以点酒，并耐心地介绍了相应的酒菜搭配知识。柳先生夫妇听得津津有味，还不时打断她，奋笔疾书。

“还是请你为我们点菜吧。”柳先生停笔后恳切地要求。

根据客人的要求和意愿，结合餐厅的特色酒、菜，服务员为他们按全部程序点了血玛丽鸡尾酒、冷肉、法式小面包配黄油、汤、海鲜色拉、虾排、鹿肉、牛排、红葡萄酒、甜点、冰淇淋、咖啡等饮食。

餐后，柳先生夫妇非常高兴地对服务员小姐说："今天我们不但得到了良好的服务，而且还体会到了吃西餐的乐趣，以后一定再来讨教。"

【点 评】

餐饮点菜服务过程，实际上是一个饮食文化的传播过程。一名优秀的餐饮服务员对此过程的程序、内容和相关文化知识有较深的了解和掌握，才能在点菜服务中为宾客推荐高品位、高情趣、高质量的餐饮产品，使宾客在享受中学习。

本例中，服务员能为不懂西餐文化的柳先生夫妇热心介绍西餐用餐的程序、内容和方法，使其真正体会到西餐文化的乐趣，体现了她良好的服务意识和娴熟的服务技能。有的服务员虽也按程序为客人点酒点菜，但常常缺少耐心的介绍和及时的帮助，一些需要了解进餐内容、程序和方法的客人，往往还会被视为无知而受到冷落、讥讽和嘲笑，归根结底，这是服务员缺乏服务意识及餐饮相关知识之故。

【任务概述】

"西"一般指欧洲各国，"餐"就是饮食菜肴。我们通常所说的西餐主要包括西欧国家的饮食菜肴，同时还包括东欧各国，地中海沿岸等国和一些拉丁美洲如墨西哥等国的菜肴。西餐一般以刀叉为餐具，以面包为主食，多以长形桌台为台形。西餐的主要特点是主料突出，形色美观，口味鲜美，营养丰富，供应方便等。西餐大致可分为法式、英式、意式、俄式、美式、地中海式等多种不同风格的菜肴。本任务对上述内容做详细介绍。

【任务实施】

一、西餐特点

西餐（Western Foods）是我们对欧美各国菜肴的总称。西餐传入我国可追溯到13世纪，据说意大利旅行家马可·波罗到中国旅行，曾将西餐传入过中国。改革开放后，我国对外交往扩大，合资酒店相继在各大城市建立，外国著名的饭店管理集团管理着国内许多酒店，他们进入中国后，带来了新的西餐技术和先进服务管理，使中国在西餐行业迅速与国际接轨。在西餐中可以分出几大典型的烹饪方法及相应的服务方式，如法国、英国、美国、俄国等国的菜式及相应的服务方式，都显示出各自的风味特色，其共同特点如下。

（一）西餐菜肴特点

（1）搭配丰富，营养全面　烹饪注意营养价值。西餐以满足最低营养要求的膳食为最优先的考虑，注重膳食中营养素的含量及营养价值。

（2）取材丰富，用料讲究　西餐在取材方面有肉类、水产类、野味类、家禽类、蔬菜类、水果类、乳品类和谷类等多种类型。其用料十分讲究，肉类划分出特级、一级、优良标准级、普通级及经济级。

（3）调料、香料品种繁多　西餐的调料、香料品种繁多，除常用的盐、胡椒、酱油、番茄酱、芥末、咖喱等调味品外，还有桂皮、丁香、茴香、薄荷叶等香料；另外，烹制菜肴所用的酒类也是丰富多样的，如香槟酒、红白葡萄酒、雪利酒、朗姆酒、白兰地酒等，且不同的菜肴使用不同的调料用酒。

（4）烹调方法独特　常用的西餐烹调方法有煎、炸、炒、烤、烩、烘、蒸、熏、煮、炖、扒、铁板煎、铁扒等，其中铁扒、烤最具有特色。

（5）豪华享受，高档消费　西餐服务，注重礼节和体现对客人的个别照顾，有的菜肴直接在客人餐桌边烹制，以烘托气氛、体现服务。餐具用品的配置豪华高档、品质精细、款式传统，让客人在豪华、典雅的环境中，享受周到体贴的服务。

（二）西餐经营特点

（1）西餐厅的经营时间长短不一，其中咖啡厅的营业时间最长，一般每天营业时间为18～24个小时。

（2）西餐厅的装饰与布置体现西方用餐特点，讲究气氛，富有情调，突出背景音乐，照明以烛光为主。

（3）西餐菜单要体现西餐厅的经营水平与风格，其菜单内容图文并茂，封面设计精致。

（4）西餐厅一般以经营法、英、俄、意式菜系为主，同时兼容并蓄、博采众长，是西方餐饮文化的一个缩影。

（5）西餐厅的服务主要是餐桌服务，有法式服务、俄式服务、英式服务、美式服务和大陆式服务等。其中作为饭店最高级西餐厅的扒房一般采用法式服务，咖啡厅是大众化的西餐厅，一般采用美式服务。

二、西餐菜式

西餐的主要流派按地区、国家分为法国菜、英国菜、美国菜、俄式菜、意大利菜等。

（一）法国菜

法式大菜，被公认为西餐的代表，誉满全球，几百年来也一直领导着西餐的新潮流。法国菜大都以地名、人名、物名来命名。例如里昂土豆、巴黎煎鱼、诺曼底猪排等；此外，名菜还有鹅肝酱、法式洋葱汤、巴黎龙虾、法式蜗牛、烤蒜头羊腿等。

法国菜的特点是选料广泛、用料新鲜、讲究烹饪、装饰精美、品种繁多。口味讲究浓、鲜和嫩。受法式餐饮影响较大的国家有比利时、荷兰、卢森堡等。

法式菜的早餐是典型的欧陆式早餐，比较简单，主要食品是法式面包和热饮料，如咖啡、吐司片、牛角包、法式棍包等。午、晚餐比较丰盛，尤其是晚餐，有色拉、汤、小盆（副盆）、主菜、奶酪、甜食、水果和咖啡等。

法国菜选料广泛，蜗牛、生蚝、蛙腿、龙虾、奶酪、肥鹅肝等都是法国人的美味佳肴。法国菜比较讲究蔬菜的使用，一道荤菜往往要配两三种蔬菜，甚至更多。法国人偏爱生嫩食物，因而多用具有杀菌消毒、助消化、去异味功能的调料，如生洋葱、大蒜、芥末酱、白醋、柠檬汁和酒等。不爱吃无鳞鱼和太多刺的淡水鱼，烹制鱼时要剔去骨刺，一般不喜欢太辣。法国人对奶酪情有独钟，故多在餐后吃奶酪，或把奶酪当做三明治和佐茶时的点心。

法式菜肴烹制讲究用相应的酒调味，如清汤用白葡萄酒、火鸡用香槟酒、炸蛙腿用白兰地、点心和水果用甜酒、野味用红葡萄酒等，一般白色肉类用白葡萄酒，有色肉类用红葡萄酒。这些与用餐配的酒基本相互对应，饭前喝开胃酒，冷菜和海鲜用白葡萄酒，肉类和奶酪用红葡萄酒，用餐结束时喝香槟酒，饭后喝白兰地和利口酒。另外，法国人异常喜爱喝矿泉水，矿泉水在法国被称为“生命之水”。

（二）英国菜

英国传统名菜很多，如“爱尔兰烩羊肉”、“英式各色铁扒”、“西冷牛排”、“波特好司牛排”等。英国菜讲究花色，少而精，注重营养搭配。口味清淡少油，鲜嫩焦香是其显著特色。

受英式餐饮影响较大的国家和地区有美国、澳大利亚、新西兰、新加坡、印度、印度尼西亚、斯里兰卡、加拿大、加纳、坦桑尼亚和中国香港等。

英国人的传统习惯是早晨起来喝一杯浓红茶，又称“被窝茶”。英式早餐又被称为“皇室早餐”（Royal Breakfast），有果汁、麦片粥或玉米片、各式蛋类、各式肉类、各式面包、黄油、果酱、咖啡或红茶，品种丰富。午餐简单，晚餐较正式。英国人通常在下午四五点钟喝下午茶，并佐以饼干、三明治及小面包等。

英国菜原料多用牛肉、羊肉、水产、家禽、野味和新鲜瓜果蔬菜。如烤肉、熏制的鳟鱼和鲜鱼一直是英国人喜爱的食品。另外，英国人爱吃的布丁（Pudding）有甜有咸，著名的有“圣诞布丁”、“葡萄干布丁”、“青豆布丁”。英国菜调味很少用酒，主要用盐、胡椒粉、芥末酱、番茄沙司和醋等，这些调料通常放在餐桌上让客人自取。

（三）美国菜

美式菜以菜式、口味而论，可以说是英式的派生物。但近百年来，美国人善于吸取别人的长处，并勇于改良和创新，又糅合了印第安人，德、法、意和西班牙等国家烹饪精华而形成了自己的特色。

美国菜常见的名菜有华尔道夫色拉、橙味烤野鸭、苹果烤鸭、美式什锦铁扒、丁香火腿和华盛顿奶油汤等。受美国菜影响较大的有加拿大、日本等国。

美国人的早餐结合英式早餐，再加上各种果汁、窝芙饼、各式水果等，午餐以快餐和便餐为主，如三明治、汉堡包等。美国人不爱吃奇形怪状的动物，如海参、鲍鱼、无鳞鱼、动物内脏和头尾全形的菜肴。

美国菜受英国菜的影响，讲究营养搭配，清淡不腻，要求量少而精。这是英美菜肴的共同之处。咸中带甜、微辣、略微酸甜，爱用水果做菜是美国菜的独到之处。讲究铁扒和色拉类菜肴的制作。美国人爱吃甜食和水果，尤其是冰淇淋。爱喝果汁、牛奶、咖啡、威士忌、啤酒、可乐、白兰地和矿泉水等。

（四）俄式菜

受气候等地理条件与民族习俗影响，俄式餐饮在西餐中有自己显著的特色。俄式名菜很多，如黄油鸡卷、罗宋汤、俄式冷盘、莫斯科蔬菜色拉、乌克兰羊肉饭、哈萨克手抓羊肉等。俄式菜讲究花色、少而精，注重营养搭配。口味清淡少油，鲜嫩焦香是其显著特色。

俄罗斯人一般对早餐、午餐比较重视，晚餐相对简单。早餐有酸奶油、黑面包、各种蛋类配火腿或各式肉肠、奶渣或奶渣饼、糖油煎饼和糖油吐司，最后还要一杯咖啡或红茶。

午餐一般由冷菜、汤、主菜、甜点、饮料等组成。晚餐在日常情况下则要简单些，通常一道冷菜和一道主菜，甚至只有一些蔬菜、水果、点心和红茶。

俄罗斯人爱吃牛肉、羊肉、猪肉、家禽、野味，很爱吃三文鱼和碎肉做馅的菜肴，一日三餐土豆不可少，他们称土豆为“第二面包”。他们喜吃冷饮和冷菜，爱喝汤和油腻味浓的菜肴，肉类要烧得很透才食用，爱喝伏特加酒。

俄式菜常见的调料有奶渣、奶皮、酸奶油、酸马奶、酸黄瓜、柠檬、白醋、辣椒、黄油、小茴香和香叶等。俄式高档宴请少不了鱼子酱，分为红鱼子（大马哈鱼卵）和黑鱼子（鲟鱼卵）；黑鱼子比红鱼子更名贵。

（五）意大利菜

意大利传统名菜很多，如米兰猪排、意大利牛腱子饭、意大利通心粉、罗马魔鬼鸡、那不勒斯烤龙虾、佛罗伦萨烤牛排等。意大利菜的特点是原汁原味、香醇味浓，烹调方法以红烩、红焖和炒的较多。

意大利人爱用米、面做菜，尤其以面条做工精细、品种繁多闻名于世。面食中主要有各式各样的通心面（Macaroni）和实心粉（Spaghetti）、意大利馄饨（Ravioli）。在制作时，可加入番茄、胡萝卜、鸡蛋等而呈现各种颜色；同时制成各种形状，如蝶形、螺丝形、贝壳形、五星形、齿轮形、米粒形、直的、弯的、粗的和细的等，共同的特点是面条紧实而有咬劲，一般用肉酱、番茄酱佐食。

另外，意大利比萨饼（Pizza）、奶酪品种繁多，质量上乘，遍及世界各地。意大利人爱吃牛肉、羊肉、鸡和鱼等。喜爱新鲜水果作为餐后必吃的辅助食品，但不爱油腻，不吃动物内脏、肥肉和奇形怪状的动物及软体动物，不重视蔬菜。意大利人特别爱喝葡萄酒和饮料，如低度葡萄酒、啤酒、咖啡、牛奶和矿泉水。

三、西餐用具

（一）服务用具

服务用具是指给客人提供服务的过程中，服务人员使用的餐具，其中一些属于特殊的餐具，一般摆台时不摆放在餐桌上，而是当客人点用了某类菜肴时才将这些餐具换上桌，这些餐具从名称基本就可以了解其主要功能。

常见的服务用具依次为：

（1）长柄汤勺　为客人分汤用的勺。

（2）服务用鱼叉、鱼刀　为客人分鱼或现场烹制鱼类食品时使用的服务用具。

（3）切割叉和切割刀　为客人现场切割大块肉类食品时使用的专用工具。切割叉柄长、刺尖，而切割刀的刀刃锋利、细长。

（4）糖夹　主要用于夹取糖、椒盐等作料。

（5）蜗牛夹　与蜗牛叉配用，主要用于吃蜗牛等风味菜。

（6）冰夹　是一种较大型的服务员用夹，主要用于摄取碎冰块。

（7）蛋糕托　是一种形似铲子的用具，主要用于铲取蛋糕等点心。

（8）糕饼夹　形状与糖夹相似，主要用来夹糕饼。

（9）通心面夹　是一种带锯齿形的夹子，主要用来夹通心面。

（10）冰淇淋匙　冰淇淋服务的专用匙。

（11）龙虾钳　用来夹碎龙虾螯壳的工具。

（12）龙虾叉　用来叉取龙虾食用的餐具。

（13）色拉服务匙　为客人分派色拉时使用的服务工具。

（14）色拉服务叉　为客人分派色拉时使用的服务工具。

（15）蛋糕刀　与餐叉相似，主要用来切蛋糕等糕点。

（16）奶酪刀　专用于切割奶酪的工具。

（17）蔬菜斗　又称沙司斗，是西餐所用的一种两头带耳的船形盛器，主要用于盛装蔬菜类的菜肴，服务员派菜时用。

（18）坚果捏碎器　主要用于食用核桃等各种坚果。

（19）橘子模　一种玻璃质的底部有突出的盛器，主要用于加工鲜橘子汁和柠檬汁。

（20）盅　一种形似糖缸而比糖缸小的盛器。西餐餐台上常用的盅器，有果酱盅、蛋盅、盐盅、洗手盅、白脱盅以及糖盅等几种。具体介绍如下：果酱盅主要用于盛装各色果酱；蛋盅主要是用于盛装煮鸡蛋；盐盅主要用于盛装椒盐等调料；洗手盅即盛水供客人就餐时洗手。常用的盅有瓷器和玻璃器两种，较高级的酒楼饭店也有银质的盅器。此外，还有一些形状比较大的服务用具，如方暖锅、椭圆形暖锅、大汤锅、食物盆、酒篮和面包篮等。

（二）客用餐具

客用餐具是指摆放在餐桌上供客人用餐时使用的各种器具。

（1）餐刀　两餐用的餐刀有不锈钢的、合金铝的和银质的几种。餐刀按其形状、大小及用途可分为鱼刀、正餐刀、黄油刀、甜品刀等几种。

① 鱼刀和鱼叉：专门食用鱼类菜肴的专用餐具。

② 正餐刀和主餐叉：西餐中主要的一副餐具，主要是在食用主菜时使用。

③ 黄油刀：一种小型号的餐刀，刀片与刀把不在同一水平线上，其用途是在吃面包等点心时，用以分挑黄油或其他果酱用。

④ 甜品刀：它和甜品叉、甜品匙等都是餐后点用甜品时的专用餐具。

（2）匙　按其形状大小和用途可分为冰淇淋匙、汤匙、茶匙、小杯咖啡匙等多种，主要有：

① 冰淇淋匙：是食用冰淇淋的专用餐具。

② 汤匙：是西餐中喝汤的专用餐具，与一般汤匙不同，它的匙头部分是圆形。

③ 汁匙：是在食用色拉或主菜时，客人浇汁时使用的。

④ 咖啡匙：是饮用咖啡时的用具之一。

⑤ 茶匙：是饮用红茶时搅拌淡奶和糖的用具。

⑥ 甜品匙：主要用于食用布丁等各种西点。

（3）餐叉　餐叉，同餐刀一样，也有不锈钢的、合金铝的和银质的几种。餐叉按其大小、形状和用途可分为海鲜叉、鱼叉、正餐叉、龙虾叉、蜗牛叉等几种。

① 海鲜叉：又叫小号叉，主要用于吃海鲜等菜品，也可用于吃小盘菜、点心和水果。

② 鱼叉：主要用于吃鱼等中盘菜，也可用于吃色拉和甜点。

③ 正餐叉：主要用于吃大盘菜。

④ 龙虾叉：一种特殊的餐叉，主要用于吃带甲壳的海鲜菜品，如龙虾、螃蟹等。

⑤ 蜗牛叉：主要用于吃蜗牛等特殊风味的菜品。

⑥ 生蚝叉：是食用生蚝的专用餐具。

⑦ 点心叉：是食用蛋糕、馅饼、派等西点的用具。

⑧ 甜品叉。

（三）餐桌服务用品

常见的摆放在餐桌上的服务用品，依次为：

（1）洗手盅　客人食用过带壳的食品后洗手用。

（2）芥末盅　专用来装调味品芥末。

（3）胡椒磨　用来现磨胡椒和花椒的工具。

（4）盐瓶。

（5）胡椒瓶。

（6）带盖的黄油碟。

（7）酒瓶垫。

（8）油醋架。

四、西餐上菜顺序

西餐正餐的上菜通常按照“开胃头盘→色拉→主菜→甜品→咖啡或茶”的顺序进行。

（一）开胃头盘（Appetizers）

开胃头盘又称开胃菜、开胃品，是开餐的第一道菜。一般量较少，常用中小型盘子或冰淇淋杯盛装，色泽鲜艳，装饰美观，多用清淡的海鲜、熟肉、蔬菜、水果制作，或用新鲜水产配以美味的沙司和色拉，旨在开胃和刺激宾客的食欲。它有冷、热开胃头盘之分。有名的开胃头盘有：鹅肝酱、鱼子酱、烟三文鱼、生蚝（牡蛎）、海鲜鸡尾杯、串烧海虾等。

（二）汤（Soups）

西餐的汤花色品种较多，有冷汤和热汤之分，也可分为清汤和浓汤，通常法国人喜欢清汤，北欧人喜欢浓汤。汤也起开胃的作用，西餐便餐有时选用了开胃品就不再用汤，或者用汤就不选开胃品。汤的制作要求原汤、原色、原味。比较有名的汤有：法国洋葱汤、西班牙冻汤、意大利菜汤、俄国红菜汤、牛尾清汤、鸡清汤等。

（三）色拉（Salads）

色拉又译沙律，即凉拌生菜，具有开胃、帮助消化的作用。色拉可分为水果色拉、素色拉和荤色拉三种。水果色拉常在主菜前上；素色拉大多用醋汁和色拉油汁调拌，作为配菜与主菜一起食用；而荤色拉多用奶油蛋黄汁调拌，单独作为一道菜用于宴会冷餐。

有名的色拉有：厨师色拉、什锦色拉、华尔道夫色拉、苹果芹菜色拉、鲜虾色拉、洋葱色拉等。常用的色拉汁有：蛋黄酱（Sauce mayonnaise）、鸡尾汁（Sauce cocktail）、法汁（French dressing）、千岛汁（Thousand Island dressing）、罗佛汁（Roguefort cheese dressing）。

色拉汁主要种类如下。

1. 蛋黄酱（即色拉油汁）

用色拉油、鸡蛋黄、盐、芥末、白醋、温开水制成。特点：呈黄色，酸滑微辣。适于冷菜或少量热菜。如：华尔道夫色拉，将土豆、苹果、鸡肉、芹菜梗均匀切成较粗的丝，混合后放入蛋黄酱和鲜奶油拌均匀，将青生菜分别垫入盆底后将色拉装盆，将核桃肉切片后撒在色拉上。用番茄和煮鸡蛋装饰。特点：色白，鲜肥嫩洁，爽口。

2. 法汁（即油醋汁）

用白醋、色拉油、芥末酱、芫荽、香草（碎）、盐、胡椒粉（少量）制成。特点：爽口，微酸辣，无油腻感。适于新鲜蔬菜色拉，如：什锦蔬菜色拉。用番茄（水烫去皮切片）、黄瓜（去皮去籽切片）、洋葱（去皮切圈）、芦笋（切断）、煮鸡蛋（去壳切片）、生青菜（垫底）制成。特点：爽洁清口，味略酸辣。

3. 鸡尾汁

用番茄沙司、蛋黄酱、洋葱、龙篙、辣椒汁粉、白兰地等制成。特点：粉红色，肥润略酸辣，微甜。适用于各种鸡尾杯冷菜。如：虾仁鸡尾杯，用虾仁（煮熟）、鸡蛋（煮熟去壳切丁）、鸡尾汁、柠檬、芫荽末制成。特点：粉红色，香鲜略甜，酸、辣。

4. 绿汁

用蛋黄酱、菠菜、欧芹（即芫荽草）、青葱、洋葱（切成末用黄油煸炒）、龙篙、薄荷汁、盐、胡椒粉等制成。特点：绿色，肥润爽口。适用于冷鱼。

5. 安德鲁斯汁

用蛋黄酱、洋葱、大蒜、番茄（去籽切丁）、欧芹、番红花（切末）等制成。特点：玫瑰红色，香、肥。适用于冷鱼、冷肉。

6. 莫斯科汁

由蛋黄酱、黑鱼子（剁成泥）、蒜泥、柠檬汁等制成。特点：黄黑色，肥酸鲜咸。适用于冷餐中的冷鲜鱼、金枪鱼。

7. 鞑靼汁

用蛋黄酱、煮鸡蛋、洋葱、酸豆、酸黄瓜、欧芹等制成。特点：色黄中带绿，肥润、酸香。适用于热菜中的炸鱼及冷餐宴会上的冷鱼、冷肉等。如：厨师色拉，将生菜在盆中垫底，将火腿与奶酪切成小条相对分装两堆；将煮鸡蛋与番茄切成橘片形，也相对分装两堆。在菜盆中间放一只黑橄榄，面上撒上少许欧芹末即可。特点：清新爽口。

（四）主菜（Main course）

主菜是西餐正餐中最主要的部分，是全套菜的灵魂。主菜制作考究，既考虑菜肴的色、香、味、形，又考虑菜肴的营养价值，多用海鲜、牛羊、猪肉和禽类作主要原料。

有名的主菜有：西冷牛排、T骨牛排、肉眼牛排、胖删牛排、爱尔兰烩羊肉、美式火鸡、马里兰炸鸡、烤羊马鞍、黄油鸡卷、蘑菇煽鳟鱼、苹果烤鹅、意式红焗猪排、鞑靼牛排、红酒烩腰花、熏鲳鱼、巴黎龙虾等。

主要的主菜调味汁有：配羊排的薄荷汁（Mint Sauce）、薄荷啫喱（Mint jelly）；配牛排的贝耐汁（Bearnaise sauce）、培西汁（Bercy sauce）、博德汁（Bordelaise sauce）、胡椒汁（Pepper sauce）、诺曼底汁（Normande sauce）、芫荽黄汁（Maitred hotelbutter）、蘑菇汁（Creamy mushroom sauce）等；配猪排的苹果汁（Apple sauce）、勃朗汁（Brown sauce）等；配鸡肉等家禽的黄汁（Yellow meat-sauce）、车沙汁（Chasseua sauce）、番茄汁（Catchup）等；配鱼类菜肴的荷兰汁（Hollandaise Sauce）、奶油汁（Becliamele Sauce）、奶酪汁（Morney sauce）、鞑靼汁（Tartare sauce）、美国汁（American sauce）、鳀鱼汁（Anchovy sauce）、白葡萄汁（White wine sauce）等。

（五）甜品（Desserts）

主菜用完一般用甜品。甜品包括奶酪和甜点。

食用奶酪时，要用胡椒和盐调味，并跟配黄油、面包、芹菜条、胡萝卜等。甜点是西餐中的最后一道菜，分软点、干点和湿点三种。软点大都热吃，如煎饼（Pancake）、烤饼（Scone）、松饼（Muffin）等，以作早餐供应为主。干点都是冷吃，如黄油蛋糕（Butter Cake）、派（Pie）、水果馅饼（Tart）等，一般作为下午茶点。湿点有各种冰淇淋（Ice cream）、蛋奶酥（Souffle）、布丁（Pudding）等，冷热都有，常作午晚餐的点心。

用完甜品后上咖啡或茶。西餐厅常见的茶有红茶（Black tea）、绿茶（Green tea）等；常见的咖啡有：爱尔兰咖啡（Irish coffee）、皇室咖啡（Royalcoffee）、意大利浓咖啡（Espresso）、意大利咖啡（Cappuccino）、冰咖啡（Icecoffee）、即磨咖啡（Freshly grounded coffee）和普通咖啡（Coffee）等。

五、西菜与酒水的搭配

西餐讲究菜肴与酒水的搭配。一般咸味菜肴选用干、酸型酒类，辣食选用强香型酒类，甜食选用甜型酒类。一般规律：

（1）餐前需饮开胃酒，如味美思（Vermouth）、比特酒（Bitters）、茴香酒（Anisette）或鸡尾酒（Cocktail）等。吃头盘配饮干白葡萄酒，但鱼子酱配饮伏特加酒。

（2）喝汤可以不饮酒或配饮较深色的雪利酒（Sherry）、马德拉酒（Madeira）。

（3）进食海鲜类或口味清淡的菜肴时，配饮白葡萄酒（White wine）。

（4）进食牛排、羊排、猪排等时配饮红葡萄酒；进食火鸡、野味等菜肴时，配饮玫瑰红葡萄酒（Rose wine）或红葡萄酒（Red wine）。

（5）奶酪——配饮甜葡萄酒，或继续饮用主菜的酒类。

（6）甜点——配饮甜葡萄酒、雪利酒或利口酒。

（7）餐后——配饮甜酒或甜鸡尾酒，如利口酒、钵酒等。

（8）香槟酒可搭配任何西菜。

六、西餐礼仪

食用西餐有一定的规矩和礼仪。

（一）应邀

（1）收到请柬时，应看清请柬上的说明属于哪一种类型的宴会，但不论何种宴请，请柬上都会注有“敬候回音（R. S. V. P）”或“如不光临请予回复（Reply only）”的字样。前一种是指被邀请者无论是否赴宴，都要予以回复；后一种则指被邀请者如不能赴宴才予以回复。按照一般的礼节要求，回复邀请应在收到请柬后的第一天内作答，太迟了，会被视为无礼。经口头约妥再发来的请柬，上面一般有“备忘（To Remind）”字样，只起提醒作用，可不必答复。若答复，可打电话或复以便函。

（2）接受邀请后，没有特殊的原因，不要随意变动。万一有特殊情况不能出席，应及时、有礼貌地向主人解释或道歉，千万不可不经解释就随意不去参加。这是极不礼貌的行为。

（3）应邀出席宴会前，要核实宴请主人举办活动的时间、地点，是否邀请了配偶，以及主人对服装的要求。

（二）服饰

（1）如果宴请主人对参加宴会人员的着装有特殊的要求，一般应尊重主人的意见，按要求着装。参加不同场合的宴会，应该有不同的着装和打扮，在国宴、正式宴会等隆重场合，应该穿严肃、大方的礼服；而举行家宴时，一般穿便服即可。

（2）在正式宴会等隆重场合，男士应穿西装、中山装或民族服装。如果穿西装，应该系领带。女士最好穿旗袍、西服套裙或长裙。如果男士伴随女士赴宴，那么男士的装扮应配合女士，如果女伴穿的是有光泽的大礼服或小礼服，男士起码应穿晨礼服；如果女伴穿的是高雅的连身洋装，男士则应穿深色西服，系银灰色领带，而不应该穿中山装或其他民族服装。在欧美国家参加正式宴会，男士们通常着深色西装、配白色或浅色衬衣，系领带、领结或领花和穿擦拭干净的黑皮鞋；女士出席正式宴会通常穿礼服，一般长袖礼服配短手套，而短袖礼服则配长手套，礼服应与高跟鞋搭配。

（三）抵达

（1）参加宴会要守时，尤其是正式宴会更应严格守时，既不能迟到也不必早到，应正点或比邀请时间早到2～5分钟较为合适。

（2）参加宴会人员，到达宴请地点后，如主人在门口恭迎客人，则应趋前向主人问候、握手，随主人或迎宾人员引导，到休息厅或宴会厅。如是庆祝性、节庆宴会，还可以向宴请单位送花篮或花束。参加家宴，可酌情给女主人献少量鲜花。如果来宾直接进入宴会厅，则应在宴会厅门前找到服务人员，请他们带到席位处。

（四）入席

（1）应邀出席宴请活动，应听从主人安排，大方就座。如宴会座次较多，入座时应看清自己的桌次与座位卡，不要随意乱坐。如邻座是长者或女士，应主动协助他们坐下。

（2）入席就座以后，首先要注意自己的姿态既要坐得端正，又不要显得过于拘谨；椅子不要坐满，只坐2/3的位置，身体轻轻靠在椅背上；双手放于膝部，不要将臂肘放在桌子上，不要玩弄桌上的餐具和酒具，或做理头发等不雅的习惯性动作；两脚自然垂直放在自己座位下，不要将脚伸到别人座位处，不要抖脚；女士就座时不要将裙子撩起再坐下；也不要用餐巾或纸巾擦拭餐具，因为这种动作是告诉别人餐具不清洁，会使主人难堪。对于服务员送上来的热（或湿）毛巾，只可以擦嘴、擦手，不可以擦汗。

（3）上菜前将餐巾轻轻展开，放在膝盖上，而不是围在脖颈上或系在胸前；餐中起身时，餐巾应放在椅子上，而不是餐桌上：用餐完毕离席时，餐巾不必折叠，自然放置在餐桌上即可。餐巾的用途是防止菜食弄脏衣服，也可用来擦嘴，但决不能用于擦拭餐具。

（4）出席西式宴会，当服务员拉开椅子后，要从椅子左侧入座，入座后可将坐椅调到最舒适的位子，一般距餐桌20厘米，随身带的小提包等物品可放在身背后与椅子靠背之间。坐好后应先与主人或邻座客人轻声交谈几句，然后再打开餐巾，打开时，叠成两折，开口朝自己这一边放在膝盖上而不要系在脖子上或放在胸部。

（五）进餐

（1）保持正确的坐姿　就座时，应从左侧进入，并使身体与餐桌保持两拳左右的距离。身体要端正挺直，双手不要支在桌上或藏于桌下，而应扶住桌沿。手肘不要放在桌面上，不要跷起脚。双腿切勿乱伸，西餐就座时，往往自己的对面与两侧皆为异性。

（2）入座后，主人招呼，即可开始进餐。取菜时不要盛得过多。盘中食物吃完后，如不够，可再取。如有服务员分菜，需增添时，待服务员送上再取。如遇本人不能吃或不爱吃的菜肴，当服务员上菜或主人夹菜时，不要拒绝，可取少量放在盘内，并说声："谢谢，够了。"对不合口味的菜，切勿显露厌恶的表情，也不能说三道四。

（3）禁止发出各种声响　用餐之际，不论有意还是无意，吃东西或是喝东西，不要发出声来，更不要搞得铿锵作响；身体内的各种异响，如咳嗽、打喷嚏，打嗝等，都应自觉控制；也不要把坐椅、餐桌、餐具弄出声音来。西方人认为，只有缺乏教养者，才会在进食时出声作响。

（4）正确使用各种餐具　使用刀叉进餐时，从外侧往内侧取用刀叉，要左手持叉，右手持刀。不懂可以现场观摩他人，尤其是女主人的做法。

（5）吃相要文雅　在用餐时，要维护环境卫生，并注意个人卫生。不要吃得自己身上、脸上到处"留痕"，也不要把餐盘、餐桌和地面上弄得一塌糊涂。

（6）讲究西餐的食用方法　喝汤时如汤过热，可以等待稍凉后再吃，不要用嘴吹。吃鱼、肉等带刺或骨的菜肴时。不要直接外吐，可用餐巾捂嘴轻轻吐在叉子上，放进盘中。吃面条时要用叉子先将面条卷起，然后送入口中。面包一般掰成小块送入口中，不要拿着整块面包去咬。吃鸡腿时应先用力将骨头去掉，不要急于拿着吃。吃鱼时不要将鱼翻身，要吃完上层后用刀叉将鱼骨剔除后再吃下层。吃肉时，要切下一块吃一块，每块不能切得过大，或一次将肉都切成块。

（六）交谈

（1）宴会上无论是主人、客人或陪客，都应主动与同桌人交谈，特别是左右邻座。

如果不认识，可以作自我介绍，交换一下名片。可以问候一下主人，联络一下老朋友，结识一些新朋友。

（2）选择话题要注意对象和场合，不要一个人夸夸其谈，引人不悦，也不要一言不发，好像专门为吃饭而来。宴会上沉默寡言会使宴会气氛显得沉闷，男女主人应主动引出交谈的话题，促使客人们相互谈论大家都感兴趣的内容，使宴会始终保持愉快的气氛。谈话时应避免高声失态，也不可窃窃私语，不要只同几个熟人或一两个人谈话，不要边吃食物边讲话，说话时要等吃完了嘴里的食物再说。

（七）宽衣

在社交场合，无论气温多高，也不能当众解开纽扣，敞开外衣。在小型便宴上，如主人请客人宽衣，男宾可脱下外衣，搭在椅背上。

（八）祝酒

（1）正式宴会，主人和主宾要先发表一篇专门的祝酒词。主人、主宾致词祝酒时应暂停进餐，停止交谈，注意倾听。奏国歌时要肃立。主人和主宾讲完话，与贵宾席人员碰杯后，往往到其他桌敬酒，各桌人员应起立举杯，碰杯时要目视对方致意。当主桌未祝酒时，其他桌不可先起立或串桌祝酒。客人不宜先提议为主人干杯，以免喧宾夺主。当有人为你斟酒或提议碰杯时，不要随意拒绝，即使不能喝，也应有所表示，以示敬意。碰杯时，主人和主宾先碰，人多时可同时举杯示意，不需逐一碰杯，祝酒时要注意不可交叉碰杯。

（2）一般正式宴会，要主动将饮酒量控制在本人酒量的三分之一以内，切不可饮酒过量，避免失言失态，或醉酒误事。不会喝酒或不能饮酒时，要注意礼貌拒酒。可以提前声明或以饮料代酒，也可以倒入杯中少许酒不喝。不要在别人给自己斟酒时，乱推乱躲，将酒杯倒扣。

（3）西餐宴会的祝酒、干杯，同中餐有很大不同，在西餐宴会上，祝酒干杯讲究只用香槟酒，这时即使不会喝也要沾几滴。西方人一般只祝酒，不劝酒；只敬酒，不真正干杯；喝与不喝，喝多喝少随个人自便。在餐桌上饮酒失态是有失身份的。与外宾干杯，不要交叉干杯，否则会形成十字形，触犯西方人的忌讳。在餐桌上闹酒、高声叫喊、猜拳行令，在西方人看来均属粗野、不文明行为，要坚决杜绝。

（九）告辞

（1）待绝大部分客人已停止进餐之时，主人把餐巾放在桌上，或者从餐桌旁站起来，表明宴会到此为止的信号。只要看到这种信号，宾客便可把自己的餐巾放下，起身离席了。离开餐桌时，不要将坐椅拉开就走，而应将椅子再挪回原处。男士应帮助身边的女士移开坐椅，而后再把坐椅放回餐桌旁。

（2）一般情况下，主宾是第一位告辞的人，客人在分手时要对主人的盛情款待表示感谢，不可吃完抹抹嘴巴就走。离席时应让身份高者年长者或女士先走。

（3）宴会结束后，男主人务必将客人送至大门口，客人则应对主人的盛情款待表示感谢。除了宴会结束时应向主人致谢之外，如果在宴请活动之后，向主人致便函或名片表示感谢，主人很可能把这看做是一种特别礼貌的表示而铭记在心。

（4）一旦入席就餐，最好不要中途离去。若有急事非要中途离场时，也应向主人说明情况，表示歉意，然后向本席的其他客人点头示意，方可离去。退席一旦提出，就应立即从座位上站起，不要口里说走，身子却不动，让主人送也不是，留也不是。当告辞退席，并致过谢以后，不要再和主人说个没完没了，以免影响主人招呼别的客人。退席时男宾应先与男主人告别，女宾则先与女主人告别，然后交叉，再与其他客人告别。如退席人数比较多时，只需与主人微笑或握手告别即可。

（5）有的主人为每位出席者备有小纪念品或一朵鲜花。宴会结束，主人招呼客人带走，遇此情况客人应略表谢意或说一两句赞扬小礼品的，有时外国客人往往把宴会菜单作为纪念品带走，有时还请同席者在菜单上签名留念。除主人特别示意作为纪念品的东西外，各种招待用品，包括糖果、烟、水果等都不要拿走。

七、西餐服务方式

（一）法式服务

法式服务又称为里兹服务、正规服务、手推车服务，是恺撒·里兹（Caser Ritz）首创的一种用于豪华饭店的服务。饭店的扒房一般采用法式服务。法式服务注重现场烹制表演。所有菜肴在厨房中略加烹调后，置于手推车上，由服务员推出，在宾客面前进行烹制表演或切割装盘，分盛于餐盘中端给宾客。一般由两名服务员同时服务，一名烹调制作，另一名开餐上菜。上菜时，除黄油、面包、色拉从宾客左边上外，其余菜肴和酒水都用右手从宾客右边送上，右边撤下。热菜用热盘上，冷菜用冷盘上，也是法式服务的一大特点。法式服务豪华、高档、服务细致、动作优雅，但服务节奏缓慢，座位周转率低，劳动力成本高，要求服务员有较高的服务技艺和技术水平。

（二）俄式服务

俄式服务又称为国际式服务，它起源于俄国沙皇时代，拿破仑战争时期传到欧洲。西餐宴会可采用俄式服务。

通常由一名男服务员为一桌宾客服务。食物预先在厨房烹制好，并装入银盘中，由服务员托入餐厅，送上餐桌供宾客观赏，然后左手垫餐巾托起银盘，右手持分菜叉、勺，从每位宾客左侧用右手派菜。

俄式服务的服务规则是：加热后的空盘从右边，按顺时针方向绕台摆放；派送食物则从左边按逆时针方向进行；斟酒、上饮料和撤盘都在宾客右侧进行。俄式服务节省人力，服务速度快，有一定的观赏性，但固定成本高，对服务技术要求高。

（三）美式服务

美式服务起源于美国，又称为盘式服务、飞碟服务。在美式服务中，食物预先在厨房内烹制好，并且每人一份分好，装好盘，服务员只需按顺序把菜迅速送到宾客面前就可以了。上菜时，用左手从宾客的左边送上所有食物，用右手从宾客右边送上饮料，从宾客右边撤走脏盘。饭店的咖啡厅一般采用美式服务，但美式服务也可用于西餐宴会。

美式服务简单明了，服务速度快，人工成本较低，座位周转率高。

（四）英式服务

英式服务又称为家庭式服务，多用于私人宴会。在英式服务中，由服务员从厨房拿出已盛好的菜肴、食品的大盘和加过温的餐盘放在男主人的面前，由男主人分菜。男主人分好菜后，将餐盘递给站在他左边的服务员，再由服务员分送给女主人、主宾和其他宾客。调味汁料、配菜放在餐桌上，由宾客自取并相互传递。

英式服务进餐气氛活跃，节省人力，但节奏较慢。西式家宴一般采用英式服务。

（五）大陆式服务

大陆式服务是一种糅合了法式、俄式及美式的服务方式，根据不同菜肴特点来选择服务方法的综合服务方式。通常用美式服务上开胃品和色拉，用俄式服务上汤或主菜，用法式服务上主菜或甜品。不同餐厅或不同餐别选用的服务方式组合不同，一般以方便宾客就餐和方便服务员操作为原则。

【任务考核】

一、思考与分析

1. 比较西餐美式服务、法式服务、俄式服务的异同点。
2. 西餐礼仪有哪些？

二、训练

以西餐6人/台分角色模拟西餐美式服务、法式服务及俄式服务。

任务2　咖啡厅服务

任务导入

一天，某酒店咖啡厅来了一位客人，要了一杯热咖啡。服务员刚将咖啡端上台，旁边的商务中心通知有该客人的电话，客人赶紧去接电话，约十几分钟后才回来。

回来后，客人发现咖啡是凉的，就投诉咖啡不热。服务员在征得客人同意后给他换了一杯热咖啡。

当服务员把热咖啡送到客人面前时，客人不好意思地说："对不起，是我自己接电话时间太长了，所以咖啡才不热，不是你们出品不好。"服务员与客人相视而笑。

【点 评】

咖啡变凉的原因虽然是客人接电话时间长导致的，但是服务员没有过多地跟客人解释，充分尊重客人，在征得客人同意后马上为他换上一杯热咖啡，这体现了良好的服务意识，把"对"让给了客人。在服务员良好的修养面前，客人也歉意地说了"对不起"。

但是，在本例中，如果服务员能更细心一点，在客人回来时能意识到咖啡有可能变凉，及时征求客人是否要更换热咖啡，应该可以收到更好的效果。

【任务概述】

咖啡厅原是仅提供咖啡的地方，发展到现代，已是一个24小时服务，提供简便的早餐与正餐的场所。本任务在介绍咖啡基本知识和西餐早餐情况的基础上，对咖啡厅早餐服务流程做了详尽的展示。鉴于咖啡厅的正餐服务与扒房服务大同小异，因此将正餐服务流程置于后面做介绍。

一、咖啡基本知识

咖啡译自英语（Coffee），它是用咖啡树的种子（咖啡豆）烘焙烤熟后，磨成粉末再冲泡而成的饮料。

咖啡树是一种生长在热带和亚热带的常绿灌木，树叶呈长卵形，花为白色，果实深红色，内有两颗种子，其种子就是生咖啡豆。

咖啡原产于非洲的埃塞俄比亚，传说为一牧羊人无意中所发现。13 世纪左右传入阿拉伯，17世纪传入欧洲，后又传到亚洲和美洲。咖啡的生产地主要有巴西、哥伦比亚、印度尼西亚、牙买加、厄瓜多尔等国家，其中以巴西最负盛名，巴西素有“咖啡王国”之称。

19 世纪下半叶，咖啡引种到中国台湾地区，1911年引种到海南岛，现在广东、广西、云南、福建等地均有栽种，且我国海南省、云南省所产咖啡豆的质量不亚于其他国家生产的咖啡豆。

咖啡含有很多的营养价值，据分析咖啡含有脂肪10%～14%、蛋白质5%～8%、咖啡因1.2%～1.8%，还含有丰富的碳水化合物、无机盐和多种维生素等成分。咖啡不仅能解渴，而且还具有提神醒脑、解除疲劳、除湿利尿、帮助消化等功效。咖啡对人体健康非常有利，餐后喝杯咖啡可以分解肉类脂肪，运动前喝杯咖啡可以增强活力，女士喝了咖啡更加光艳照人，低血压患者每天喝咖啡则精神更佳。为此，咖啡受到全世界人民的普遍喜爱，尤其对西方人来说，咖啡是他们日常生活必不可少的。

（一）咖啡豆的选购

选购品质优良、新鲜的咖啡豆是泡好咖啡的第一步。辨别咖啡豆的新鲜程度有四种方法。

（1）看　品质优良的咖啡豆看上去形状完整，颗粒饱满；而劣质咖啡豆的形状则残缺不全，大小不等。

（2）闻　新鲜的咖啡豆闻之有浓香；相反，如果咖啡豆的香气不浓或散发出油味则说明咖啡豆已不新鲜。

（3）压　新鲜的咖啡豆较脆，用手轻压就会裂开，反之则压不裂。咖啡豆裂开后可以看到咖啡豆和外皮的颜色，如果咖啡豆的内外颜色一样，说明烘焙火力均匀；反之，则说明烘焙质量不佳。

（4）嚼　新鲜的咖啡豆放入口中嚼，脆而香气浓郁；陈咖啡豆不脆，而且由于脂肪渗出，味道变酸。

（二）咖啡豆的保存

（1）咖啡豆或咖啡粉应先用小袋子分装再以胶带密封，然后放入密闭的容器，使用时分小包打开使用。

（2）经过烘焙的咖啡豆在常温下可存放约1周，在冷冻室保存约2周，所以不能囤积太多。

（3）经过研磨的咖啡粉一般在常温下可以保存3天，在冷冻室可以保存1周时间。

（4）存放环境要通风，避免高温、日光直射、湿气和有异味的物品。

（5）真空包只要没有开封就可以长期保存。

（三）咖啡豆的研磨

咖啡豆的研磨方法根据咖啡粉颗粒大小可以分为粗研磨（Fine grind）、中研磨（Medium grind）、细研磨（Regular grind）、中细研磨和比细研磨更细的极细研磨（粉状咖啡粉）5种。根据所使用咖啡器具的不同，选择相应粗细的咖啡粉，不同的咖啡萃取方法对咖啡粉要求由粗至细排列为：法式滤压壶、滤泡式咖啡（包括美式咖啡机）、虹吸式咖啡、摩卡壶、意大利咖啡机。

由于咖啡豆磨成粉状后，表面积增加，容易吸收湿气、氧化，使其风味受损。而且研磨完的咖啡豆经过放置后，豆内部滞留的二氧化碳和香气会一起流失，这样无论如何都无法泡出可口的咖啡。因此要冲泡美味香醇的咖啡，最好选择在冲泡咖啡前研磨咖啡豆。

通常咖啡粉需求量多时可选用电动磨豆机，量少则用手动磨豆机，将适量咖啡豆放入容器中，调节好研磨程度即可开始研磨。咖啡豆的研磨过程中应摩擦热控制到最小的限度，因为发热会使咖啡的芳香成分散失；研磨结束后，要注意咖啡颗粒的大小是否均匀，因为颗粒不齐，会影响咖啡冲泡的效果。

二、咖啡厅早餐种类

西餐早餐一般在咖啡厅提供。早晨是一天活动的开始，宾客都有求“快”心理，因此早餐饭菜种类简单，并便于烹制。咖啡厅不仅提供早餐散餐，还提供各式套餐。

早餐散餐的内容大致有：果汁类、水果类、谷麦类、鸡蛋类、肉类、面包类、热饮类等。

西餐早餐按传统划分方法可分为英式早餐和欧陆式早餐，另有美式早餐、中式早餐、日式早餐、行政式早餐等分类。

（一）英式早餐（The English Breakfast）

英式早餐内容丰富，有蛋有肉，一般被称为饭店的零点餐，早餐的种类和数量由客人自己选择，根据自身的消费水平决定。早餐内容包括：

（1）饮料类　饮料类有咖啡、红茶、可可和牛奶等。咖啡要在吃玉米面饼或喝麦片粥时上，最迟要与煎鸡蛋和烤面包同时上。

（2）果汁类　果汁类一般有番茄汁、橙汁、西柚汁等。果汁一般用新鲜水果，通过榨汁机榨制而成，也可用听装、罐装或瓶装果汁。

西式早餐有时也供应烩水果，一般用水果罐头，也可用新鲜水果除去皮和核后切成丁或片，再用糖水煮熟后冷却即可。

（3）谷物类食品　谷物类食品一般有燕麦片、玉米片等品种，通常加牛奶、水煮成粥类食物，吃麦片粥时要加砂糖和热牛奶，吃全麸、玉米面饼时要冷饮牛奶。

（4）蛋类

① 煎蛋：可分为单面煎和双面煎，双面煎又可分为双面煎嫩蛋和双面煎老蛋，其中之区别是蛋黄是否凝固，煎鸡蛋要用热盘子趁热送上。

② 煮蛋：3 分钟蛋，蛋黄呈流汁状；5 分钟蛋，蛋黄开始凝固；10 分钟蛋，蛋黄发硬；煮蛋应放在蛋盅内奉客，同时送上咖啡匙和垫碟。

③ 水波蛋：先将鸡蛋打入碗中，轻轻倒入加了少量盐和白醋的沸水锅内煮制两三分钟后捞出沥干水分，放在烤面包上装盘，服务时应随上糖浆或蜂蜜。

④ 熘蛋糊：要求鸡蛋熟但无凝结的硬块。熘蛋糊通常放在烤面包上提供给客人，也可直接装盘。

⑤ 蛋卷：蛋卷又称为奄列蛋，是将蛋液倒入放了少许油、但油温较高（六七成熟）的煎锅内摊成饼形，再加入不同原料后卷成梭子形，因加入原料不同而有不同的名称，如清蛋卷、洋葱蛋卷、番茄蛋卷、火腿蛋卷等。

（5）肉类　肉类一般有火腿、香肠、熏肉三种，服务前应在油锅中略煎，通常与蛋类一起装盘。

（6）面包　面包一般有烤面包（又称吐司）、牛角包、面包卷等种类供客人选择，上面包时应随上黄油和果酱，常见的果酱有苹果酱和橘子酱等。

（二）欧陆式早餐（The Continental Breakfast）

欧陆式早餐又称大陆式早餐，内容简单，当今欧美国家许多饭店把欧陆式早餐包括在房价之中，住店客人住宿一夜，可免费享用一顿简单的“标准早餐”，主要有：

（1）咖啡、茶或可可。

（2）果汁和蔬菜汁。

（3）面包配黄油或果酱。欧洲大陆习惯把午餐作为正餐，因此对早餐不太讲究，时至今日，欧洲许多国家的早餐还是以冷食为主，也有家庭有时吃鸡蛋和肉类。

（三）美式早餐（The American Breakfast）

美式早餐比欧陆式早餐复杂些，内容包括：

（1）水果或果汁。

（2）鸡蛋类，如煎蛋、炒蛋、煮蛋、波蛋或蛋卷等。

（3）肉类，如火腿、熏肉、香肠等。

（4）面包类，配黄油、果酱或蜂蜜等。

（5）饮料类，如咖啡、茶、酸奶、鲜奶等。

（四）行政式早餐（The Executive Breakfast）

行政式早餐的内容除美式早餐的5 项内容外，可另点菜和扒类。此外，我国国内饭店的咖啡厅还供应中式早餐和日式早餐。

（五）中式早餐（The Chinese Breakfast）

中式早餐内容包括：

（1）中国茶　如香片、红茶、乌龙茶、绿茶等。

（2）粥类　如牛肉粥、鸡肉粥、鱼片粥、皮蛋瘦肉粥等。

（3）点心类　如饺子、包子、油条等。

（六）日式早餐（The Nippon Breakfast）

日式早餐内容包括：

（1）时令水果。

（2）海鲜类，如石斑鱼柳等。

（3）日式泡菜。

（4）日式清茶。

三、西餐早餐服务程序

（一）餐前准备

1. 准备用具

（1）摆台用具　西餐早餐摆台主要用具有餐巾、餐刀、餐叉、甜品勺、面包盘、黄油刀、黄油盅、咖啡具、果汁杯、胡椒瓶、盐瓶、糖缸、烟灰缸或禁烟标志和花瓶等。

（2）早餐材料　备好面包、黄油、果酱、果汁、热咖啡、鲜奶、水果等。

2. 摆台

按要求进行西餐早餐摆台（详见项目一中“摆台服务”具体内容）。

3. 整理检查

（1）整理外并检查餐厅设备和环境卫生。

（2）检查桌椅布局，是否整齐有序。

（3）检查清洗桌面用品，盐、椒盅定期清洗，每日加满原料并擦净盅身等。

（4）整理并检查个人仪表仪容等。

（二）餐中服务

1. 迎宾服务

（1）客人进入餐厅时，服务员要微笑问候：“早上好，先生／女士，请问有几位？”

（2）迎宾员以手示意引领客人进入餐厅，为客人安排其喜欢的餐位并拉椅让座。

（3）拉椅时对照女士优先的原则进行。

2. 点菜服务

（1）递上餐牌并介绍当日新鲜水果。

（2）记录点菜。当客人点蛋类时，要问清客人的口味要求，如煎蛋，要问清煎单面还是煎双面，煮蛋要几分钟，蛋类是配火腿、香肠还是熏肉。当客人点饮料时，问清宾客需要何种果汁饮料，如果不需要则替宾客倒冰水，问清宾客是否需要先饮咖啡或茶。

（3）复述点菜内容，做好落单工作。

（4）将点菜单迅速传送至厨房和账台，传递至厨房的点菜单应由收银员签章。

3. 餐前服务

（1）站在客人右侧送餐巾。

（2）根据客人所点菜肴补充相应的餐具。

4. 开餐服务

（1）根据客人的需要给客人斟咖啡或茶，咖啡和茶一定要热。斟好咖啡或茶后即跟上鲜奶盅和糖盅（已摆好的不用跟）。

（2）从客人右侧上果汁，在给客人果汁时要先放杯垫，然后放果汁杯。果汁杯应放在刀尖上方1厘米处。

（3）从客人左侧上面包。给客人上烤面包时，烤面包应放在用餐巾或花纸装饰好的藤篮里。根据客人的需要用不锈钢夹或银夹夹到客人的面包碟里，然后给客人上小包装的牛油和果酱。

（4）依次从客人右侧送上谷物类食物、鸡蛋和肉类。

（5）给客人送水果或杂果杯。杂果杯的服务方式同果汁杯，送杯前将客人吃完的空杯碟收走，保持餐桌整洁。

（6）随时撤走用过的脏盘。

（7）按要求撤换烟灰缸。

（8）随时补充饮料，如按杯出售，则应征询客人同意。

（9）客人用餐基本完毕时，应征询客人是否还要添加。

（10）巡视服务区域，随时满足客人要求，搞好本区域的卫生。

（三）结账服务

（1）提前检查账单，保证准确无误，准备好笔和账单夹。

（2）等客人示意结账后，按照结账的规范为客人结账，如遇数位宾客同时进餐，要问清客人结账是分单还是合单，以适应西方宾客的消费习惯。

（3）客人离座时，主动为客人拉椅，及时检查是否有遗留物品，同时致谢并欢迎客人下次光临。

（四）清理台面

（1）客人离开后，服务员用托盘分类收拾餐布、餐具，再用清洁的抹布擦净台面，同时检查有无客人的遗留品。

（2）按摆台要求重新布置台面，准备迎接下批客人的到来。

四、咖啡厅早餐服务注意事项

（1）服务迅速，技艺娴熟。客人就座后3分钟内上前为客人点菜。客人点菜3分钟内上果汁，10分钟内上菜。客人提出结账后3分钟内在客人右边呈上账单。

（2）熟记本餐厅提供的早餐种类，尤其各种早餐套餐包括的内容。

（3）点菜时注意问清宾客的特殊要求，如煎蛋是单面煎还是双面煎，煮蛋煮几分钟，需要奶咖啡还是清咖啡等。

（4）根据宾客所点早餐种类有针对性地提供服务。

（5）面包要新鲜，咖啡要热。

【任务实训】

1．模拟一个西餐用餐氛围，重点练习美式服务。

2．西餐服务实训过程中，要特别注意摆台、酒水斟倒、上菜顺序、食物摆位的训练。

3．各服务环节的技术技巧要反复实践，在初步掌握服务要领后，安排上岗实习。

任务3 扒房服务

任务导入

一则扒房广告

扒房是五星级酒店必须要设有的一个餐厅，是全酒店最高档的餐厅，基本上要有一流的服务和最高级的食物。现在扒房所采用的一般是法式服务，服务一桌（基本上是两个客人）需要花2～3个小时的时间，有沙拉（Salad），汤（Soup），主菜（Main course）和甜品（Desert）。

英文：Steak house

举例：曼哈顿扒房

店家推荐：

牛里脊扒配蘑菇汁：采用牛里脊中最粗的一段，其中掺杂一点肥肉，肥瘦相间口感更嫩；蘑菇汁的调法尤其特别，用洋葱炒蘑菇再用红酒煮，至较浓时加入牛肉汁使之呈棕色，调上盐、胡椒、奶油等。将醇香的蘑菇汁覆盖于扒好的牛排之上，色泽诱人。

牛排菜式：上等牛排（400克）218元、牛里脊扒配蘑菇汁（200克）148元、西冷牛排配红酒汁（200克）138元、特式牛排配大虾扒，牛柳烤土豆时蔬及红椒汁（200克）138元，加15%服务费。

【任务概述】

能够体现饭店最高菜肴质量及服务水准的高级西式厅称作“扒房”。在扒房中一般只提供正餐，客人的消费很高，在享受美酒佳肴的同时进行社交活动。按照传统习惯，英国人较重视晚餐，而欧洲大陆国家较重视午餐，但随着工作、生活节奏的加快，午餐时间较短而晚餐时间较为充裕，所以现在欧美国家普遍将晚餐作为正餐。扒房服务的水准很高，服务员需经严格培训后才能上岗，除了要掌握各种基本服务技能外，还应熟悉菜点与酒水知识及其服务方式，掌握客前分切及客前烹制技能，了解顾客心理，具有高超的推销技巧和熟练的外语会话能力，有些高级餐厅甚至要求服务员会两种外语，如英语和法语。

【任务实施】

一、接受预订

（一）电话预订

（1）迎宾员在电话铃响3声内接听电话。

（2）首先用英文问好、报餐厅名称并提供协助，然后才使用中文重复以上内容。

（3）接受订座时，使用礼貌用语问清客人姓名（至少一次在交谈中使用）、用餐人数、就餐时间及房间号码或联系电话、吸烟区或非吸烟区，并复述确认有关的细节要求。

（4）若客人有特殊要求，如要求留座的位置、订菜式、生日蛋糕等，要准确记下。

（5）最后向客人致谢，待客人挂断电话后再放下听筒。

（二）当面预订

1. 问候客人

（1）当客人来到餐厅时，迎宾员首先问候客人："Good morning/afternoon/evening，Sir/Madam，what can 1 do for you？"

（2）当知道客人是来订餐时，需主动告诉客人自己的名字，并表示愿意为客人提供服务。

2. 接受预订

（1）礼貌地问清客人的姓名及房间号（住店客人）或联系电话、用餐人数、用餐时间，并迅速准确地记录在预订单上。

（2）问客人对就餐是否有其他特殊要求。

（3）如果客人需要预订宴会，应主动向客人提供宴会预订服务。

3. 复述客人预订

用礼貌热情的语气询问客人有无其他意见后，复述客人预订姓名、房间号、用餐人数、用餐时间及特殊要求，并获得客人确认。

4. 向客人致谢，表示期待客人的光临

（三）输入信息

（四）通知有关人员

（1）通知当班领班按预订人数摆台。

（2）将客人的特殊要求告知餐厅经理和厨师长。

二、扒房正餐服务程序

（一）餐前准备

1. 准备物品

根据客人的预订情况、当日客情、特别菜肴推销及其服务要求，备足所需餐具、服务用具，备好各种调味品。

2. 摆台（详见本模块项目一中的任务4）

预订宾客的餐台应根据预订要求布置，并摆上留座卡。

3. 餐前会

开餐前30分钟，由餐厅经理按规定召开餐前会，主要内容有：通报当日客情；介绍当日特别菜肴及服务方式；了解VIP 接待注意事项；任务分工；检查餐台布置是否符合要求；检查员工仪表仪容等。

（二）迎宾领座

（1）客人抵达餐厅时，迎宾员应主动为客人拉门，并在30秒内亲切友善地问候客人，必要时提供衣帽寄存服务。

（2）询问客人是否预订了餐位："Good evening，Sir/Madam，welcome to our restaurant. Do you have a reservation？"

（3）如客人已订餐位，迎宾员要按规范热情引领客人入座。若客人没有预订，而餐厅已满座或空台还没收拾好，应主动引领客人到扒房酒吧廊稍候，并推销饮料。若客人没预订而餐厅有餐位，则需在带位时询问客人的姓氏，并告知其他员工以便在服务过程中能称呼。

（4）迎宾员在值台服务员协助下为客人拉椅让座，并依次从客人右侧铺餐巾，注意女士优先。

（5）如是晚餐，应点燃蜡烛以营造气氛。

（三）就餐服务

1. 餐前饮品服务

（1）待客人入座后，餐厅领班应微笑问好，作自我介绍，推销餐前饮品："请问，餐前喝点什么饮品？我们有各种鸡尾酒、啤酒和果汁，请问要哪一种？"并记下客人所点酒水名称，随后开出酒水订单。酒水订单一式三联，收银、酒吧和餐台各一联。

（2）领班在每位客人右侧呈递一份菜单和葡萄酒单，打开菜单第一页后正面递送给客人，说："Excuse me，Sir/Madam. Here is our menu."并介绍当日厨师特选菜。

（3）服务员在客人点饮品后3分钟内送上酒水。服务员在客人右边用托盘送上餐前饮品，注意报出饮品名称。应为没有点酒水的客人斟倒冰水。

2. 点菜服务

（1）接受点菜　客人就座后10分钟内，领班（服务员）应画好座位示意图（台迹），主动上前询问客人是否可以点菜。

（2）推荐菜肴　客人示意可以点菜了，领班（服务员）主动向客人推介菜肴，并解答所有关于菜式及烹调原料的问题。

（3）记录内容　认真记录每位客人所点菜肴及细节要求，如烹饪方法、生熟程度、口味要求、调味汁、配菜、上菜时间等，书写端正、字迹清晰。如果客人不从菜单上点菜，服务员应在条件允许的情况下尽量满足客人的要求。

（4）复述确认　客人点菜完毕，要复述客人所点菜肴的名称、数量、要求等，以再次确认。

（5）礼貌致谢，收回菜单。

（6）安排入厨单（正式点菜单） 根据台迹记录的菜式和客人要求入电脑单，并在电脑单上注明客人的就座位号，其中女士要特别注明。如客人有特殊要求，除记录外，还要进厨房与厨师再次落实。

点菜注意事项：一般在客人的右侧进行点菜，以不妨碍客人为原则；先请女士点菜；点菜员应熟悉西菜常见的制作方法、菜肴分量、各种配汁及牛、羊排的烹制方法；点菜时保持与客人有眼神交流并使用礼貌用语。

3. 点佐餐酒

领班（服务员）根据客人所点菜肴，主动介绍推销红、白葡萄酒佐餐，并下订单。要在客人点菜后2分钟内请客人点酒。若客人点了红葡萄酒，应问清客人是立即喝还是配主菜喝，若配主菜喝是否立即打开。若客人点了白葡萄酒，则应冰镇后立即开瓶为客人斟酒。

4. 重新安排餐具

服务员应根据订单和上菜顺序，给每位客人调整餐具，最先吃的菜肴所用餐具放在最外侧，其余餐具根据菜肴内容和客人进餐顺序由外到内摆放。如果需要，服务员还要准备桌边服务车或煮车、用具（如切割刀、胡椒磨）、调味品（如胡椒、盐、蛇麻草等）、用料等。

5. 上黄油、面包

先上黄油，黄油盅放在黄油刀上方。面包篮放上餐桌台面适当位置，或在每位客人左侧用面包夹分派。

6. 斟酒服务

根据客人所点的酒水配备相应的酒杯，并按要求依次摆放。从酒吧台领取酒水，并准备好相应的服务用具，如红葡萄酒篮、白葡萄酒及香槟酒的冰桶及支架、酒钻等。应先斟酒，再上与之相配的菜肴。注意按规范做好各种酒的服务。

7. 菜肴服务

（1）按西餐上菜顺序进行菜肴服务：服务头盘→撤走头盘→服务汤→撤走汤→服务色拉→撤走色拉→服务主菜→撤走主菜→清理餐桌。

（2）每道菜在客人的右边上菜，上面包、黄油、调味汁（如柠檬、胡椒末、色拉酱）等则在客人左边进行。

（3）要先撤下已吃过的菜后，才能上下一道菜。

（4）一般每位服务员拿两碟菜，上菜时要默契，同时先上第一碟菜，然后同时往前走一步，再同时上第二碟菜。

（5）上每道菜均需报菜名。

（6）如果是热菜，要提醒客人："请小心热碟烫手。"

（7）主菜上齐后，服务员应默契地一齐揭开餐盘盖，请客人品尝。

（8）主菜用完后，除水杯、烟灰缸、花瓶、烛台外，其余餐具全部撤下，再用服务巾或毛刷和面包盘将餐桌上的面包屑清扫干净。

8. 巡台服务

（1）添酒、添冰水 客人酒杯里的酒、水杯里的水不能少于1/5，如酒瓶已空，要出示给客人，并主动再推销一支葡萄酒。待主客认可后，才能撤走空酒瓶和冰桶等。

（2）添面包及黄油　如客人还在吃面包，而黄油盅里的黄油已少于1/5，需及时添加黄油，必要时为客人更新面包篮。若派发面包，则在上汤和主菜时需要再次派发面包和黄油。

（3）更换有烟头或杂物的烟灰缸。

（4）收撤餐盘　在整台客人用餐完毕后3分钟内清走所有餐盘。在客人的右侧用右手收撤餐盘及用具。

（5）当客人将食物吃了1/3左右时，领班（服务员）应主动上前询问客人对食品和服务质量的意见和建议。

（6）当客人餐中离座时，服务员应主动上前为客人拉椅，折好餐巾，摆在餐位左侧，将餐椅推正，整理好台面的餐具；客人返回时，主动为客人拉椅让座、铺餐巾。

9. 奶酪和甜品服务

（1）从客人右边送上甜品单或直接把甜品车推至客人餐桌前，推介奶酪、时令水果、雪糕、各式西饼蛋糕、特式咖啡、茶等。

（2）按客人要求录入电脑下单，并写位号。

（3）服务配套的甜品餐具。

（4）甜品在下单后10分钟内要送上。从客人右侧上甜品并报名称。

（5）撤走甜品用具。

10. 服务咖啡或茶

咖啡或茶在下单后或上甜品后5分钟内送上。从客人的右边上咖啡和茶，在客人左边上糖和奶。

11. 推销餐后酒和雪茄

领班（服务员）将酒车推到餐桌前，推销餐后饮品，如餐后甜酒、干邑白兰地、钵酒等。如果客人点了餐后酒，应用酒车上准备好的各式酒杯给客人斟倒，并开单。如果客人点了雪茄烟，则要帮客人点燃。

12. 所有服务都必须按先女士后男士、先主客后主人、先年长后年轻的顺序进行，原则上按顺时针方向。总体上要快捷、整齐，并与客人保持眼神交流。

（四）结束工作

1. 结账服务

客人示意结账时，领班应迅速到收银台汇总账单，按规范和客人要求进行结账，并向客人致谢。

2. 送客服务

客人起身离座时，服务员应上前为客人拉开餐椅，提醒客人带齐随身物品，并迅速检查是否有遗留物品。将客人送出餐厅门外，向客人道别并欢迎再次光临。

3. 餐后整理

客人离开后，服务员应再次检查是否有客人遗留物品，然后清理餐台，将餐椅摆放整齐，更换台布，重新摆台。整个操作要尽量轻声，以免影响其他客人就餐，破坏扒房的优雅气氛。

三、扒房服务注意事项

（1）扒房因服务节奏慢，就餐时间长，所以餐位周转率低，前来就餐的宾客往往需要提前预订，才能保证宾客到餐厅就有座位。

（2）点菜时须先画好宾客座位示意图（即台迹），分别准确记下每位宾客所点菜肴，并立即复述确认，然后安排送入厨房的正式点菜单（即入厨单）。

（3）点菜时注意问清宾客对菜肴的特殊要求，如牛羊肉的老嫩程度、选用的配汁等。

（4）严格按照西餐上菜顺序上菜。

（5）推介酒水时，注意菜肴与酒水的搭配。

（6）必须等本桌每一位宾客都用完上一道菜并撤走餐盘后，才能上下一道菜。

（7）在客前烹制时，需选择本桌宾客都能观赏到的角度。

（8）扒房服务员须具备良好的语言功底，如表达流畅的英语和一定的法语基础。

（9）服务过程中，始终体现“女士优先”的原则，并展示高超的服务技艺、优雅而规范的服务姿态。

【任务实训】

一、实训目的

通过对扒房服务基础知识的讲解和操作技能的训练，使学生了解扒房服务的特点，掌握扒房服务的操作程序与操作要领，达到能够熟练进行西餐扒房服务的目的。

二、实训时间

4学时。

三、实训方法

老师先讲解、示范、然后由学生操作，老师再进行指导。按扒房服务中可能出现的场景设计训练内容。

四、测试与考核

扒房服务实训测试与考核评分表

考核任务	操作要求	配分	得分
预订	预订	10	
	引宾入座	10	
餐前准备	各项准备工作准确到位	10	
餐间服务	点菜服务	10	
	上菜服务菜序准确	10	
	斟酒服务	10	
收尾工作	送客、清桌	10	
团队精神	通力合作、分工合理、团结协作	20	
	发言积极，乐于与同学分享成果	10	

任务4 自助餐服务

任务导入

自助餐里的细节服务

一位性格孤僻、不苟言笑的单身美国客人入住某饭店。他在饭店住了一星期，几乎从不开口，不跟人打招呼，更难得让人看到一丝微笑。楼层服务员觉得这位客人极难伺候，任凭他们如何笑脸相待，主动招呼，所得到的总是一张铁板的脸，天天如此。

每天早上，他爱去自助餐厅吃早餐。当他吃完自己挑选的食品之后，便开始在餐台上寻找什么东西，一连三天都是如此。第一天，服务员小梅曾问过他想要什么东西，他没吭一声，掉转头便走出餐厅。第二天小梅又壮起胆询问他，他还是一张冷峻的脸，小梅窘得双颊发红。当这位美国客人正欲步出餐厅时，小梅又一次笑容满面地问他是否需要帮助。也许是小梅的诚意感动了他，他终于吐出“香蕉”一词。这下小梅明白了。

第三天早上，那位沉默寡言的客人同平时一样又来到自助餐厅，一盘黄澄澄的香蕉吸引了他的注意。绷紧的脸第一次有了一丝微笑。小梅也喜上眉梢，又一次领悟到“精诚所至，金石为开”的道理。

在接下来的几天里饭店每天早餐都特地为他准备了香蕉。几个月后，这位客人又来到该饭店。第二天一早他步入自助餐厅“突然袭击”，想是餐厅一定没有准备香蕉。孰料走进餐厅，迎面就是引人注目的一大盘香蕉。这位“金口难开”的客人看到小梅，第一次主动询问是不是特意为他准备的香蕉。小梅嫣然一笑，告诉他昨晚总台服务员已经给餐厅带来了他入住本店的信息。

“太感谢你们了！”美国客人几个月以来第一次向饭店表示了发自内心的感谢。

【点 评】

酒店全心全意为客人服务，博得客人的好评，这在酒店业中极为常见。可是本案例中那位沉默寡言的美国客人一个微笑、一声道谢，其含“金”量就非同一般。上述饭店的小梅等人便是用自己的真情使美国客人开启了他紧闭的嘴，“熔化”了他铁铸的脸。

自助早餐准备一些香蕉，不是一件难事，重要的是去探索客人的心理，了解他们的需求。这位美国客人对香蕉情有独钟的信息不仅餐厅知道，连总台都掌握，可见该饭店极为重视有关每个客人特殊需求的档案。此外，该饭店的信息传递渠道畅通，晚上客人到达，第二天早上餐厅已经有了准备，饭店的服务效率由此可见一斑。

由此可见，自助餐并非完全的自助，餐厅的服务仍然渗透在每一个细微之处。

【任务概述】

自助餐是一种宾客自行挑选、拿取食物或部分自烹自食的就餐形式。它源于西方，据说起源于1890年，由美国堪萨斯城（Kansas）基督教女青年会（Young Women's Christian Association）首创。20世纪 80年代初进入中国。自助餐形式自由、菜肴挑选性强、不拘礼节，打破了传统的就餐形式，迎合了宾客的心理，正被越来越多的人所接受。

自助餐主要适用于会议用餐、团队用餐和各种大型活动的用餐。目前饭店对早餐提供自助餐服务更为普遍。宾客吃自助餐时不用点菜，到了餐厅直接选用就行了。因此，开餐前的准备工作非常重要，除了零点餐厅的准备工作外，还要进行自助餐台的设计并布置好。

【任务实施】

一、自助餐的特点及种类

（一）自助餐特点

（1）自助餐生产特点

① 生产量不确定；② 加工生产前置性；③ 菜点生产批量性；④ 出品速度与宾客进餐节奏成正比；⑤ 出品次序无固定性；⑥ 菜点信息反馈的及时性。

（2）自助餐服务销售特点

① 自助餐餐台布置要求美观、醒目、富有吸引力，并方便宾客取菜；② 宾客用餐程序自由；③ 宾客用餐时间、节奏自定；④ 菜点品种丰富，宾客可据自己喜好自由选择；⑤ 服务程序简化，节省人力；⑥餐前、餐后工作压力大。

（3）自助餐菜品特点要求

① 色彩悦目，搭配和谐；② 刀工整齐，造型美观；③ 营养搭配，均衡全面；④ 批量生产，质量不减；⑤ 适应面广，针对性强；⑥ 原料、人力成本要低。

（二）自助餐的种类

（1）按餐别划分　可分为早餐自助餐、午晚餐自助餐和消夜自助餐。

早餐自助餐供应的食物品种多以饮料、粥类、蛋类、面包类、饭面类、小菜、少量热菜为主，可纯中餐或西餐，亦可中西合璧。

午、晚餐自助餐菜点品类齐全，数量丰富。

消夜自助餐则多以小吃、点心、粥类、小菜、少量热菜为主要品种，售价相对便宜，经营时间长。

（2）按菜式品种划分　可分为中式自助餐、西式自助餐和中西合璧式自助餐。

中式自助餐供应相当数量、类别齐全的中餐菜点供客选用，菜式又可分为岭南风味、江浙风味、宫廷风味、乡土风味等。

西式自助餐供应西餐菜肴、面包、甜点等为主，一般使用进口原料，聘请西餐大厨主理烹制，价格较贵。

中西合璧式自助餐由中餐、西餐菜肴、面点等食品结合而成，一般菜式丰富，宾客选择范围更广。

（3）按就餐形式划分　可分为坐式自助餐和站式自助餐。

坐式自助餐中，宾客有自己合适的餐桌和餐位，除离座去食品台取食物，其他时间均在自己的座位享用食物。

站式自助餐中，用餐宾客来到餐厅可自由取食，自由走动，没有座位，仅设有少量餐桌供宾客临时放餐盘或杯具。

（4）按客人性质划分　可分为散餐自助餐和冷餐会。

散餐自助餐接待的对象是散客或团队宾客，价格实惠，品种多样，进餐时间不受限制，随到随吃。

冷餐会是以自助餐的形式举行的宴会，其接待对象为参宴宾客。冷餐会菜肴丰盛，气氛热烈，有一定的主题，消费水平较高。

二、自助餐设计与布局

（一）自助餐餐厅布置

（1）自助餐餐厅的布置应具有独特的个性，并能以其鲜明的形象给顾客留下深刻的印象，同时也与其菜肴相映生辉。

（2）根据特别活动而设的自助餐应按主题进行布置，并将主题作为指导思想贯穿于餐厅装潢、背景布置、餐台装饰和食品的制作上。

（3）选用的材料也应为主题服务，墙壁背景、屏风、盆栽、旗帜和其他活动装饰都可以作为主题的一部分。

（4）可成为自助餐主题的节日，如圣诞节、情人节、元旦、春节等，应根据节日的色彩标示和形象标志物进行餐厅布置，如圣诞节的圣诞老人、圣诞树、白雪等。此外，各种展览会、订货会和其他商业活动可以用企业提供的产品和符号来作为突出主题的装饰，也可以安排演出、时装表演等。

（5）台布的色彩和质地也能很好地表现主题。如蓝白色小花布能给自助餐厅以一种农村的乡土气息，圣诞节和复活节时用深蓝色或深红色台布更能衬托宗教气氛。

（6）餐具和陈列菜肴的容器也可以别出花样，除常用的不锈钢、瓷器、玻璃器皿外，还可用藤编、木器、竹器等能起点缀作用的容器。

（二）自助餐餐桌布置

（1）大型自助餐为保证客人迅速顺利取菜，一般设一个中心食品陈列桌和几个分散的食品陈列桌，以便分区，保证人流的畅通。

（2）在食品陈列桌旁留有合理的空间。通常平均一个人所需的空间距离约为30厘米，所以在设计时应该考虑在一个特定的时间内供应食品品种的多少和所能接待的客人数。

（3）除了用完整的自助餐台外，也可以将一些特色菜分立出来，如设临时酒吧、烧烤台等。

（4）根据场地来选择自助餐台，常用形状的台面有长方形、正方形、圆形、椭圆形、半圆形和梯形等。这些不同形状的台面可以组合出各种不同的自助餐台，在餐台上铺上台布，然后围上桌裙（见图2-10）。

（5）在自助餐陈列台的后面应留有空间进行布置，可搭出一个“空中花园”。

（6）自助餐台的中央一般布置成大的花篮，用雕塑填补空白，增强效果。渲染气氛，放置其特色菜、火鸡等，烛台、鲜花、水果、冰雕等饰物点缀。

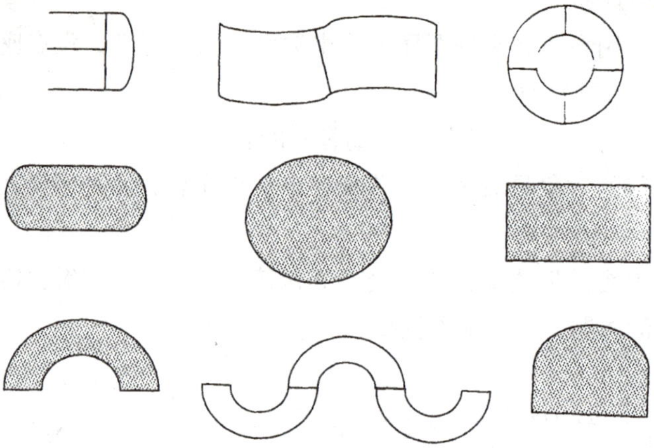

图2-10 自助餐餐台设计

（三）菜肴的陈列

自助餐台的食品陈列应该按事先安排好的计划摆放，有一定的要求，总体来说是根据西餐菜单上的顺序以及客人取食习惯来排列。

（1）客人的餐盘摆在自助餐台的最前端，整齐地堆放在一起，站立式自助餐在盘边还可夹有两个夹杯托，以便客人将酒杯安放在盘上。

（2）色拉、开胃品、熏鱼和其他各种冷菜，这些食品一般是厨师精心美化的主要对象之一。

（3）热蔬菜、烤（炙）肉以及其他热的主菜，通常用暖锅保温，摆放整齐。

（4）与上述菜肴搭配的汤汁、调料和装饰物应与这些菜肴摆放在一起，如色拉与色拉油等。

（5）甜食和水果等应是诱人的，可以单独设台，也可以用分格子大盘装盛。

（6）在技巧上，一般为降低成本对各类菜肴的摆放位置亦有讲究，如将成本较低的热主菜放在引人注目的地方，这样客人就会因盘中放满了这些菜而少用价格更昂贵的食品、同时如果注意了各种冷菜的销售，热主菜的量就比较节省。有时，自助餐还分两部分进行，客人先吃冷菜，然后吃热菜，这样对热主菜来说，消费的数量亦会降低。

（7）分成各个点和块的食品陈列可以有各个不同国家和地区的特色菜，这是自助餐的又一特点，所选用的菜肴大多是中外并蓄。如果要着意渲染气氛，也可以让服务员穿某国的装束进行服务。

三、自助餐服务程序

（一）餐前准备

（1）按要求着装，按时到岗。

（2）擦拭和检查各类餐具、器皿，如摆台用具、自助餐取菜盘、取菜夹（叉、勺）、菜名指示牌、固体酒精、菜盆（锅、碟、篮等）、饮料设施及其他设施。

（3）备足开餐时所需的调味品。

（4）按规范要求装饰布置自助餐餐台和酒水台。

（5）按西餐零点摆台规格摆台，但一般不摆装饰盘。

（6）召开餐前会，然后在各自的服务区域恭候宾客光临。

（二）迎宾服务

（1）客人到达餐厅时，迎宾员要主动上前微笑问候。

（2）询问客人是否预订。如客人已订座，马上查看订座记录并告知客人已安排了座位；如客人没有预订，应询问客人有几位、喜欢吸烟区还是非吸烟区、对餐台的特殊要求（如靠窗或角落），并在1分钟内安排客人入座。如果餐厅已满座，安排客人等候，在1分钟内派候位纸给客人，并按次序安排就座（住客优先安排，但叫位时叫客人房号，以免其他客人有意见）。

（3）迎宾员在客人左前方引领客人入座，合并五指，掌心向上指示引领方向，遇转弯或障碍时要提醒客人。要协助推婴儿车的客人搬婴儿车上下台阶。途中询问客人姓氏，并在服务过程中使用。

（4）到餐台旁后，询问客人对餐台的意见，如无意见，安排客人就座。

（5）按“女士优先”的原则为客人拉椅、让座、铺餐巾。

（6）告知客人自助餐服务时间，向客人介绍自助餐的位置和使用方法，并提醒客人保管好自己的物品。

（7）午晚餐时，向客人提供酒水牌。

（8）在点菜单上记录客人姓名、台号、抵达时间、人数、类别（团队包餐或自助餐，是否免费）等资料。若是团队包餐，则在安排客人就座后收取餐券，或与旅游团队导游（或领队）或会议主办方负责人一起统计用餐人数。如是VIP客人，要特别知会该区域的领班、主管，并告知餐厅经理。

（三）餐中服务

（1）撤走空位上的餐具，整理台面摆设。若客人有西装等物品放在椅背上或其他地方，要在1分钟内套上西装套。

（2）餐前饮品服务。按规范在3分钟内为客人点饮品，并记录在台迹上。复述确认后下单，并在3分钟内上饮品。若客人未点饮品，应立即为其斟倒冰水。

（3）自助餐台服务员或厨师应：① 保持台面清洁、美观、整齐；② 主动介绍、推荐菜肴，回答宾客提问；③ 及时补充陈列的菜点、餐具，保持盛放食品的容器不见底；④ 检查食品温度，保证热菜要烫，冷菜凉；⑤ 帮助宾客取递食物、分切大块烤肉或现场烹制等。

（4）酒水台服务员应：① 保持台面清洁、美观、整齐；② 主动介绍、推荐酒水，回答宾客提问；③ 及时补充陈列的饮品和杯具；④ 保证饮品质量，热饮要热，冷饮要冰；⑤ 帮助宾客取递饮品。

（5）值台服务员巡视服务区域，随时为宾客提供服务。

① 及时收撤客人用过的餐盘、饮料杯等餐具，但每次均需征得客人的同意。

② 勤换烟灰缸。

③ 客人中途离座服务：离座时折餐巾、推餐椅、照看物品，回座时拉椅、铺餐巾。

④ 根据客人的需要，迅速为客人取送煎煮食品或其他菜点。

⑤ 客人开始吃主菜时，要送上洗手盅。客人吃完第一盘主菜后上牙签。客人要求上纸巾时，应立即用黄油碟盛纸巾送上。客人用完甜品后，要询问客人要咖啡还是茶，然后按规范提供。

⑥ 在客人用餐过程中，到餐桌旁询问客人对食品和服务是否满意，注意以姓氏称呼客人。

（6）自助餐收餐前15分钟，由各组领班逐台提醒客人收餐时间。

（四）结束工作

（1）客人示意结账后，按规范为客人结账。但如果是欧美客人，要视情况事先询问客人是否分开付账。

（2）按规范送客、清台和重新摆台。

（3）将可回收利用的食品整理好，撤回厨房；妥善保存自助餐餐台的装饰品；清洁自助餐餐台及地面。

四、自助餐服务注意事项

（1）进行人员分工时，要派专人负责自助餐餐台服务。

（2）宾客点不包含在自助餐餐费中的酒水时，须向其说明需单独另付。宾客同意后方可开单到酒吧领取，并单独记账。

（3）前后台的协调配合。自助餐厨房需根据宾客的进餐速度适时适量补充菜品；自助餐服务员需根据宾客对菜肴的喜好情况及时与厨房协调沟通，尽可能满足宾客对餐饮的需求。

（4）剩余食品的合理使用。在保证质量的前提下，坚持能回收利用的尽可能回收利用，以免浪费。

（5）妥善保管餐台陈列物品。自助餐陈列物品，如黄油雕、冰雕等，可以反复使用，须妥善保管。

（6）销售资料的汇总整理。自助餐营业结束，餐厅和厨房应将收集到的宾客对自助餐菜品、服务、餐台布置、餐厅环境等的意见和建议，以及不同菜品的销售情况等资料进行汇总整理，建立起销售档案，为准确进行餐饮原料成本核算和更好地满足宾客需要提供素材。

【任务实训】

一、实训目的

通过对自助餐服务基础知识的讲解和操作技能的训练，使学生了解自助餐的服务形式和特点，设计自助餐要考虑的要素，服务员的工作任务，掌握自助餐服务程序与操作标准，达到能够熟练进行自助餐服务的训练要求。

二、实训时间

4学时。

三、实训方法

老师先讲解、示范、然后在老师的指导下师生共同设计组织一次别开生面的自助餐餐会，会后老师进行总结。

四、测试与考核

自助餐服务实训测试与考核评分表

考核任务	操作要求	配分	得分
准备工作	布置会场	10	
	菜肴及其他物品的摆放	10	
迎宾服务	准确，得体	10	
餐间服务	介绍、推荐菜肴	15	
	更换、添加菜肴	15	
	收拾空杯碟	10	
收尾工作	送客、清桌	10	
团队精神	通力合作、分工合理、团结协作	20	

项目四　宴会服务

知识目标

了解宴会的历史沿革与发展趋势；
熟悉宴会的种类。

技能目标

掌握宴会的预订管理环节；
掌握宴会设计方法与技巧；
熟悉各种不同宴会的服务程序。

任务1　认识宴会

任务导入

你知道吗？

中国传统宴会起源于社会及宗教发展的朦胧时代。早在农业出现之前，原始民族部落就在季节变化的时候举行各种祭祀、典礼仪式。这些仪式往往有聚餐活动。农业出现以后，因季节的变换与耕种和收获的关系更加密切，人们也要在规定的日子里举行盛筵，以庆祝自然的更新和人的更新。中国宴会较早的文字记载，见于《周易·需》中的"饮食宴乐"。随着菜肴品种不断丰富，宴饮形式向多样化发展，宴会名目也越来越多。历代有名的宴会有乡饮酒礼、百官宴、大婚宴、千叟宴、定鼎宴等。如今宴会已有多种形式，通常按规格分，有国宴、家宴、便宴、冷餐会、招待会等；按习俗分，有婚宴、寿宴、接风宴、饯别宴等；按时间分，有午宴、晚宴、夜宴等；另外还有船宴等。从宴会的发展，可以看到国家在一定时期里经济、政治、文化的发展及民族烹饪技术发展的水平。

【点 评】

作为一名优秀的饭店服务人员或管理人员，掌握与宴会相关的基本知识是必不可少的。熟知中国传统宴会的发展历程和宴会礼仪，是提供优质中餐宴会服务的前提；掌握国际性西餐宴会特点和西餐宴会礼仪又是与酒店服务国际接轨的重要渠道。

【任务概述】

宴会是政府机关、社会团体、企事业单位或个人为了表示欢迎、答谢、祝贺等社交目的需要以及庆贺重大节日而举行的一种隆重、正式的餐饮活动。饭店的宴会厅或多功能厅，就是进行宴会接待服务的场所。本任务对中式宴会的历史沿革及发展趋势、宴会特征及作用、宴会的种类等做了介绍，为之后的宴会服务与管理学习奠定基础。

【任务实施】

一、中式宴会的历史沿革及发展趋势

（一）中式宴会的历史沿革

宴会的发展与烹饪原料、器具、技术及就餐环境、服务设施等的发展密切相关，相辅相成，又受政治、经济、文化的制约。

宴会旧称筵席。我国筵席最早产生于殷周时代。最早的筵席是用蒲、苇等粗料编成席子铺于堂中，再用较精致的席子铺在筵上。《周礼》记载："设筵之法，先设者皆言筵，后加者曰席。"孙诒让《周礼正义》："筵长席短，筵铺陈于下，席在上，为人所坐笈。""筵席"二字，开始时是坐具的总称，后来引申为整桌酒菜的代称，直到现在，人们也常说"宴宾客，摆筵席"。我国正式使用"宴会"一词，大约在汉唐时期。

根据《周礼》、《礼记》等书的追记，虞舜时期已出现"燕礼"（一种敬老宴），先祭祖，后围坐，吃狗肉，饮米酒，较为简朴。夏朝时增添了"飨礼"（一种尊贤宴），菜品较多，但限制饮酒。夏启曾举行过盛宴款待部落酋长。夏桀当政，宴会渐开奢靡之风。殷商时期，封王"以酒为池，悬肉为林"，开了冶游夜宴之先河。周朝时"周公制礼作乐"，节制饮酒，严格等级制度，确定筵宴规格，制定了很多筵宴礼仪，筵礼制度有乡饮酒礼、大射礼、婚礼、公食大夫礼等各种名目。

春秋时期，礼崩乐坏，士大夫也敢"味列九鼎"，诸侯大肆筑台宴乐，饮酒之风盛行，齐景公饮酒七天七夜不止；秦穆公赐岐下三百野人酒，又以酒为重耳返晋饯行。到了战国，宴乐更甚，秦昭工与赵王相会于渑池，饮酒作乐；《招魂》、《大招》中招祭亡灵用的菜单，客观上反映了楚地筵宴之盛况，菜式品种多、组合适宜、衔接自然，席面设计跃上了新的台阶。

秦朝时，咸阳和巴蜀的餐饮市场尤其繁荣，民间的婚寿喜庆酒宴都操办得较为隆重。汉初，宴饮较简单，后来国力殷实，宴乐又蓬勃兴起，且注重规范。那时仍是在高堂上铺设锦幕帷帐，两三人席坐对饮，有侍者斟酒布菜，有乐伎表演歌舞，但餐饮器物趋向轻薄，以漆器为主。翦伯赞的《中国史纲》在谈到汉代帝王的宴乐时说："当其宴赏群臣，则庭食千品，旨酒万钟，列金罍，班玉觞，御以嘉珍，飨以太牢。管弦钟鼓，异音齐鸣。九功八佾，同时并舞。"民间的礼乐宴请之风也很盛行。

魏晋时，士族集团生活奢华，曹操大宴铜雀台，曹丕筑建章台和凌云台，曹植宴平乐观，张华设园林会，王羲之的“兰亭”饮宴，一些文人骚客的“曲水流觞”等，其雅境、雅情、雅趣，对中国筵宴的发展有积极深远的影响。南北朝时期，筵宴有了类似矮桌的条案，使用朱墨相间的漆器。筵宴名目增多，如帝王登基宴、封赏功臣宴、省亲敬祖宴、游猎登高宴、汤饼宴、团圆宴等，各具特色。随着佛教流行而出现的早期素宴，更使中国宴饮习俗丰富多彩。隋朝时，筵宴承上启下，仅留下云中宴、湖上宴、龙舟宴等少数席单，反映了隋炀帝骄奢淫逸的生活。

唐及五代，国力空前强盛，筵宴的发展进入了一个全新的时期，出现了高足椅和靠背椅，铺桌帷，垫椅单，开始使用细瓷餐具。筵宴种类更多，如新进士的曲江宴（又称“樱桃宴”）、上巳节的曲江游宴、仕女的探春宴和裙幄宴、大臣初拜官或升官的烧尾宴、唐玄宗的临光宴、白居易的船宴、武则天的千叟宴，及鹿鸣宴、村宴、乡宴、家宴、接风宴、会友宴等，或赏花或弄月借境妙用，或菜品繁多，或以特异的才情和浓郁的乡味取胜。用料从山珍扩大到海味，由禽畜拓展到异物，烹调工艺日益精细。当时的酒令发展很快，宴会气氛更加欢悦。

两宋时，名筵更多，如宋太宗玉津园盛宴、宋仁宗大享明堂礼、宋孝宗大宴静居堂等，重铺排，讲究和乐。此时还出现了专管民间节庆宴会的“四司六局”，有“看盘”（即装饰物），使用清一色的银器或细瓷餐具，气派空前。

元朝的宴会，有浓郁的游牧射猎色彩和山林草原气息，如元代大型烤肉席、全羊席、诈马宴等，味重鲜咸，用“酒海”盛酒，增设小果盒、大香炉、花瓶等饰物。

到了明清时期，宴会发展日趋成熟，餐室布置富丽堂皇，进餐环境雅致舒适，还有了对号入座的“席图”。宴会设计注重套路、气势，讲究不同档次和规格，以头菜统率决定宴会档次。出现了各式制作精美的全席，如全龙席、全虎席、全凤席、全羊席、全牛席、全鱼席、全鸭席、全蟹席、全素席等，其中全羊席号称“屠龙之技”，满汉燕翅烧烤全席誉为“无上上品”。各少数民族的宴会蓬勃发展，各自展现不同的民族习俗和风情。

改革开放后，随着旅游业的发展，我国的宴会活动也发生了深刻的变化。在传统中餐和近代西餐宴会的基础上，形成了品质优良、品种多样、经营方式灵活的各种宴会活动。

（二）中式宴会的发展趋势

1. 宴会的文化趋势

宴会作为一种高级的社交活动，往往是一个国家或民族文化素质的高度体现。著名经济学家于光远先生认为：经济发展的深层次是文化，文化是根，经济是叶，根深才能叶茂。宴会经营者也逐渐意识到了这一点。未来的宴会，从宴会厅的布置到台面设计、菜单设计、餐具配套、音乐安排、灯光设计、服务员服饰、艺术表现，都围绕宴会的主题，更加注重营造宴会的意境和文化气息，更加注重宴会与文化艺术的有机结合，给宾客以美的艺术享受。

2. 宴会的节俭化趋势

我国宴会一直以来受“食不厌精，脍不厌细”为内涵的餐饮价值观的影响，加上各饭店少有营养师，缺乏营养知识，菜单设计只考虑规格、品种、口味等内容，使得宴会重“宴”轻“会”，讲铺排，食品构成失衡、数量过多、浪费惊人且有损健康。随着现代人物质生活水平的提高，餐饮文明程度也逐步提高，人们的价值观、消费观、工作方式、生活方式都在逐步发生变化。所以，宴会将向节俭化方向发展，如宴会时间缩短；适度控制宴会菜点数量以够吃为宜；粗料精制，低档菜走进宴会；节俭、快捷、方便、轻松的冷餐会将成为宴请的主要方式之一。

3. 宴会的营养化趋势

随着生活水平的提高，人们越来越关注自身的健康，因而十分注重营养。宴会的营养化趋势主要表现在：菜肴的荤素搭配合理，营养均衡；提供无污染的绿色食品，保证卫生；尽量控制有害物质对身体的影响，如酒精、色素、防腐剂、干燥剂等。

4. 宴会的大众化趋势

随着我国恩格尔系数的下降，宴会已是“旧时王谢堂前燕，飞入寻常百姓家”，许多人把饭店作为其举行婚宴、寿宴、弥月酒、为亲朋好友接风洗尘的首选场所。随着现代人感情交流需求的强化，宴会还将更多、更频繁地走进普通百姓的生活。

5. 宴会的特色化趋势

千篇一律的宴会令人乏味而生厌。因此，宴会的形式须因人、因时、因地、因事而制宜，并体现特有的地方风情和民族、文化特色，突出宴请主题和本饭店的个性，出奇制胜。

二、宴会的特征及其作用

（一）宴会的特征

宴会除了提供一般的餐饮产品外，还具有以下典型特点。

1. 群集性

宴会是许多人在同一时间、同一地点、为大致相同的目的共聚一堂，享用相同的菜肴、酒水，接受相同的服务。

2. 社交性

《礼记》说：“酒食所以合欢也。”宴会常是人们在品尝佳肴的同时借以表示欢迎、答谢、友好、祝贺，增进彼此了解，加深印象、改善关系、促进业务、增进友谊的重要手段，被称为“除电话、书信之外的重要社交工具”。

3. 规格性

古人强调：“设宴待嘉宾，无礼不成席。”宴会一般设计严谨、组织严密，讲究礼仪规范。从发送请柬、车马迎宾、门前恭候、问安致意、敬烟奉茶、专人陪伴、入席让座、高杯祝酒、布菜言“请”、到退席说“谢”等都注重礼仪；从宴会厅布置、台形布局、台面布置、菜单设计、服务操作到灯光、音响、背景音乐等都要求设计规范；从宴会预订、原料准备、烹调制作、服务方式、人员分工、现场监控到宴会结束，都要求组织严密。

4. 丰厚性

一方面，宴会因是隆重聚会，又有一定目的，故而菜点丰盛，接待礼貌热情，不像平时那么简单随便。

另一方面，宴会因其批量生产，菜品规格、服务较为统一，接待人数多，管理成本相对节约而消费水平又高，因此宴会的毛利率高，利润丰厚。

（二）宴会在饭店经营中的作用

1. 宴会经营是饭店收入的重要来源

随着餐饮市场的客源以大款和公款“两款”为主逐渐由大众消费所代替，饭店餐厅“一餐翻几台”的热闹场面早已不复存在，零点散餐收入在餐饮收入中所占的比重大幅度下降，宴会收入是饭店收入的重要来源，常常占饭店餐饮部门总收入的60%～70%，最高时可超过各个餐厅的收入之和。同时，宴会毛利率较高，正常情况下，毛利率在65%～70%。高档宴会的毛利率可达80%～90%。因此，宴会又是餐饮管理中利润水平最高的部门。

2. 宴会是提高饭店知名度的重要形式

饭店宴会大多是伴随着商业、社交和特殊需要举行的，前来参加宴会的宾客身份、地位各异，遍布各个社会阶层。通过宴会，品尝了饭店的菜品，感受了饭店的服务，提高了对饭店的感性认识。有的来宾是新闻传媒报道的焦点，在报道新闻的同时，也宣传了饭店，提高了饭店的知名度。

3. 宴会可激发隐性消费

出席宴会的宾客一般会把自己参加宴会的经历告诉给亲友、同事等。这样，参加宴会的宾客及其亲友、同事都成为饭店的潜在消费者，很可能今后在饭店的餐饮、客房、健身等多方面消费。而且宴会当天就有可能消费，如婚宴。

4. 宴会可带动人气

俗语说“人气带来财气”。许多人在同一时间出现在饭店，就算是参观，也会带来人气，更何况宴会还是来消费的。因此，宴会是“人气带来财气”的最好写照。

三、宴会的种类

（一）按菜式风格划分

宴会可分为中式宴会和西式宴会。

中式宴会是中国传统的聚餐形式。宴会遵循中国的餐饮习惯，以饮中国酒、吃中国菜肴、摆中式餐台、用中式餐具、行中国传统礼仪为主，采用合餐制。宴会场地装饰布局、台面布置及服务等都体现中国的餐饮文化特色。西式宴会是按照西方国家的礼仪习俗举办的宴会。宴会遵循西方的餐饮习惯，采取分食制，以西式菜肴为主，用西式餐具，行西方礼节，遵从西方习俗，讲究酒水与菜肴的搭配，提供西式服务，突出西方文化传统。根据菜式和服务方式不同，西式宴会又可分为法式宴会、俄式宴会、美式宴会、日式宴会等。

（二）按进餐形式划分

宴会可分为中西餐宴会、冷餐酒会、鸡尾酒会和茶话会等。

中西餐宴会一般比较正式，参加宴会者有固定的座位，宾主按身份排位就座，并根据事先订好的菜单与规范的程序出菜和提供相应的服务。

冷餐酒会是以自助餐的形式举行的宴会，一般不排席位，但可设桌、椅，宾客自由入座或站立进餐，必要时可设贵宾区。菜肴以冷菜为主，可辅以热菜或烧烤菜，食品可中菜、西菜或中西菜结合，菜肴提前陈列在自助餐台上，供宾客自取，宾客可自由活动，多次取食，酒水可设专门的酒水台，也可由服务员托盘运送。冷餐会可在室内、室外或花园举行。因其形式灵活，多为政府部门或企业界举行人数众多的盛大庆祝会、欢迎会、开业典礼等活动所采用。

鸡尾酒会具有欧美传统的集会交往形式。鸡尾酒会以酒水为主，略备三明治、点心、小串烧、炸薯片等小吃，宾客用牙签取用，形式灵活，一般不设座位，没有主宾席，宾客可随意走动，广泛接触交谈。酒水和小吃由服务员用托盘送呈，或部分置于小桌上。举办时间灵活，可在中午、下午、晚上单独举行，也可在正式宴会前举行，还可结合举办记者招待会、新闻发布会、签字仪式等活动。请柬往往注明活动延续的时间，宾客可在其间任何时候到达或离开，来去自由，但若迟到又早退则被视为无礼。

茶话会是一种经济简便、轻松活泼的宴会形式，设固定座位，以茶水、茶点为主，略备风味小吃和水果等。茶话会场地布置要优雅、整洁、清新宜人，讲究茶叶、茶具、茶点的合时、合事、合情、合境。

（三）按外交礼仪划分

宴会可分为国宴、正式宴会、便宴和家宴四种。

国宴是国家元首或政府首脑为国家庆典，或为欢迎外国元首、政府首脑来访而举行的正式宴会，是规格最高的一种正式宴会。国宴由国家元首或政府首脑主持，国家其他领导人和有关部门的负责人及各界名流出席，有时还邀请各国使团的负责人及各方面的负责人参加。国宴厅内悬挂国旗、会标，装饰布置豪华庄重，安排乐队演奏国歌及席间乐，席间有致辞和祝酒，宾客的座位按身份级别的高低事先排定，对号入座。国宴的礼仪特别隆重，要求特别严格，安排特别细致严密。

正式宴会是仅次于国宴的一种高规格宴会，通常是政府和团体等有关部门为欢迎应邀来访的宾客，或来访的宾客为答谢主人而举行的宴会。它除了不挂国旗、不奏国歌、出席规格不同外，其余安排与国宴大体相同。宾主按身份排位就座，有时要安排席间乐。

便宴是非正式宴会。便宴不拘礼仪，气氛随便、亲切，不挂国旗，不奏国歌，可以不排座位，不作正式讲话，菜肴数量也可酌情减少。便宴多用于招待熟识的亲朋好友、生意伙伴等。

家宴，即在家中招待宾客的便宴。它通常由家庭主妇亲自下厨烹调，家人共同招待。

（四）按宴会的举办目的划分

宴会可分为庆贺宴会、迎宾宴和商务宴。

庆贺宴是指一切具有纪念、庆典、祝贺等意义的宴会，如婚宴、生日宴、乔迁喜宴、开业庆典宴、庆功宴等。这种宴会主题突出，风格鲜明，气氛热烈，场面讲究隆重。

迎宾宴是为迎接远方来的宾客而举行的宴会。这种宴会以主宾为中心，喜雅静，重叙谈，讲面子。

商务宴是为了一定的商务目的而举行的宴会。这种宴会往往“醉翁之意不在酒”，服务员服务时要注意观察场面、选择时机，随时为宾主创造商务洽谈的有利条件。

（五）按经营活动的内容划分

宴会可分为以宴请为主，包括各种规格、形式的中西餐宴会、酒会等；以会议为主，包括各种规格、形式的国际性、地区性会议，各种形式的学术会议、商品展销会等；以娱乐为主，包括舞会、文艺演出、时装表演等。

【任务考核】

一、问答题

1. 什么是宴会？
2. 中餐宴会有哪些种类？

二、思考与训练

1. 宴会的历史沿革对现代宴会经营有哪些启示？
2. 到酒店进行实地调查，就一次大型宴会的预订和服务撰写一份调查报告。

任务2 宴会产品设计

任务导入

上海新锦江大酒店曾接待日本天皇明仁和皇后美智子，酒店公关部从日本人喜爱小折扇的传统出发，结合天皇夫妇至高的皇家身份，设计出集中国书法、绘画技艺与精美菜肴绝佳组合的扇子菜单，配以红木小托架，盛宴中100份极具特色的小菜单极受欢迎，日方政要在餐毕纷纷将小折扇轻收入怀。

创意独特、新颖的小折扇菜单无疑会起到广告、宣传和促销作用。恐怕在日本政界，上海新锦江大酒店已经大享其名了。

【点 评】

宴会菜单是重要的宴会产品之一。菜单设计是宴会产品设计中关键性的一环，同时，宴会产品设计还包括宴会场景设计、宴会台面设计、宴会服务设计等。

【任务概述】

宴会产品设计，就是根据主办单位的具体要求和本饭店的物质、技术条件等因素，事先对宴会活动进行统筹规划，并规定实施方案的创作过程。其内容主要有：宴会场景设计、宴会菜单设计、宴会台面设计和宴会服务设计。

【任务实施】

一、宴会场景设计

宴会场景设计就是根据宴会的性质、形式和档次高低、参加宴会的人数，对宴会举办场地进行选择和利用，并对环境进行艺术加工和布置的创作。宴会场景设计的基本要求如下。

（一）宾客导向意识

“宾客满意的宴会，才是成功的宴会。”因此，场景设计首先要考虑宾客的需求。宾客的需求具有多样化、层次性、多变性、流行性、突发性等特点，场景设计首先应满足大多数宾客的主导需求，然后侧重迎合其中少数特殊人物的心理需求。

参加宴会者通常由四种身份的人组成，即主宾、随从、陪客和主人：主宾是宴会的中心人物，常安排在最显要的位置就座；随从是主宾带来的客人，伴随主宾，烘云托月，其地位仅次于主宾；陪客是主人请来陪伴客人的，有半个主人身份，在敬酒、劝菜、攀谈、交际、烘托宴会气氛、协助主人待客等方面均起着积极的作用；主人即宴会的主办者，宴会要听从他的调度与安排，以达到他宴请的目的。因此，宴会的场景设计首先要满足主办者的要求，并协助主办者考虑主宾的需求，然后才是其他参宴者的需求。尤其大型宴会，要拟定出应急方案，场景设计要有先见之明，做到有备无患。

（二）立意清晰，突出主题

宴会主题就是宴会主办者的设宴意图。宴会的场景设计必须根据宴会主办者的设宴意图，设计准确的宴会主题。各种摆设、台形、布置、点缀、灯光、色彩等都需围绕和衬托主题。其中，宴会厅的主墙面应是整个场景的重心，也是突出主题的重要手段。如婚宴，可设计在主墙面挂“龙凤呈祥”图、双喜字，贴对联；寿宴则可设计在主墙面挂“麻姑献寿”图、“寿”字等烘托气氛。

（三）科学选择场景

场景主要是指宴会所在场地的自然环境和餐厅装饰环境。不同的用餐环境对宴会主题和进餐者的心理具有不同的影响。良好的场景可以突出宴会主题，增强宾客在宴饮时的愉悦感受，且方便服务员工作。因此，应针对主题选择美观、大方、实用的场景。场景设计首先要利用自然美，让天地日月、湖光山色、海滩草原作为宴会背景，如海滩宴、船宴、湖畔宴、草地酒会等，让宾客在自然美景的环抱中享受美食，然后要根据宴会主题和与宴者的审美心理，选择相应风格的餐厅和装饰。

（四）合理布置场地

宴会的场地布置要根据宴会的性质、形式、主办单位的具体要求、参加活动的人数、宴会厅的形状和面积等情况来进行科学设计和安排。设计时，首先要遵循“中心第一，先右后左，高近低远”的台形布置原则。同时要注意餐桌间的距离，尤其多桌宴会，方便宾客进餐、离座敬酒，便于服务员穿行服务。其次，当一厅之中有多场宴会同时举行时，要避免干扰，可用屏风或活动门相隔，必要时还要设计不同的出入通道。

（五）注意环境点缀

为了烘托主题，增加宴会场景的艺术氛围，宴会场景设计必须注意对宴会场地进行适当的点缀和装饰。点缀的方法有：① 在宴会厅内放置一些花木或盆景鲜花，使宴会厅绿意盎然；② 在墙面或柱子上挂置一些字画、工艺挂毯刺绣、竹木金属浮雕、高分子瓷仿画、摄影作品及其他小饰物，或借以增强宴会厅的文化艺术氛围，或起到画龙点睛、烘托宴会主题的作用；③ 放置切合主题的古玩、雕刻制品、座屏及其他工艺品，使宴会厅具有高品位、高格调、民族性特色；④ 利用色彩与灯光来渲染宴会主题，营造宴会的意境。

二、宴会菜单设计

宴会菜单设计一般包括菜点设计、菜名设计和装帧设计。

（一）菜点设计

菜点是宴会的重要组成部分，菜点设计是菜单设计的核心。宴会菜点设计的好坏、菜点制作质量的好坏，是宴会活动最关键的一环。

1. 宴会菜点设计需要考虑的因素

（1）宴会的主题、性质等。

（2）参宴宾客的口味、餐饮习惯、餐饮禁忌、心理需求及特殊要求。

（3）宴会的收费标准。

（4）宴会菜点的特点和要求方面，如菜点数量、菜点搭配、时令季节、菜点营养等因素。

（5）厨房生产方面，如设备条件、技术水平、原料供应等因素。

（6）宴会服务方面，如接待能力、服务方式、上菜次序等因素，使设计出的菜点既满足宾客需求，又突出重点、尽显风格、富于变化，还保证饭店盈利。

2. 中式宴会菜点设计

中式宴会菜点的结构有“龙头、象肚、凤尾”之说，又像现代交响乐中的序曲、高潮和前奏，一般由到奉（餐前冷碟）、气氛菜（拼盘、特色菜）、热荤菜（2～4道）、汤菜、大菜、河海鲜、斋菜、单尾（主食、甜品、水果）等组成。冷菜通常造型美丽、小巧玲珑。热菜是显示宴会的最精彩部分，包括热炒和大菜，大菜又有头菜和热荤大菜之分，其中的头菜是整桌菜点中原料最好、质量最精、名气最大、价格最贵的菜肴，常安排在大菜最前面，统率全席，是判断宴会食品规格的标准，因此要设计得醒目、盛器要大、装盘要丰、注意造型；热荤大菜是大菜中的支柱，宴会常安排2～5道，多由鱼虾、禽畜、蛋奶以及山珍海味组成。席点要注重款式和档次，讲究造型和配器，以增添宴会气氛，突出办宴意图，并调节宴会菜点营养构成。还应注意菜式（颜色）、香、味、形（造型、摆盘）、器（用什么器皿去做）、声、质（原材料质地）的有机结合。

3. 西式宴会菜点设计

西式宴会中，正式宴会的菜点包括面包、黄油、开胃头盘、汤、鱼、副菜、主菜（可配色拉）、甜品、水果等内容，其中主菜是整套菜的灵魂。冷餐会的菜点以冷菜为主，热菜为辅，菜点品种丰富多样，一般都在20种以上，以25种菜点为例，冷菜可安排15种，占60%；热菜4种，占7%；点心6种，占23%。鸡尾酒会以饮为主，以吃为辅，菜点相对较少，结构为：鸡尾小点（Canapes）、冷盘类（Cold cut）、热菜类（Hot item）、现场切肉类（Carving item）、绕场服务小吃（Pass around or special addition）、甜点及水果类（Pastries & fruit plate）、佐酒小吃（Condiments ）。一般讲究菜点精美，但限量供应。

（二）菜名设计

美食配以美名，方显其名贵。宴会的菜名设计，需根据宴会的性质、主题，采用寓意的命名方法，使菜名主题鲜明、寓意深刻、清新雅致、如诗如画，让宾客见之悦目，听之悦耳，食之齿留余韵，从而感悟到宴会的主题和饭店匠心独运的盛情。如婚宴菜单中常见的“花好月圆”、“鸳鸯戏水”、“龙凤呈祥”、“珠联璧合”、“百合莲心”等，寿宴中常见的“寿比南山”、“龟鹤长寿”、“松鹤延年”、“瑶池赴会”、“万寿无疆”等，用于迎旋宴的“胜利凯旋”、“事事如意”、“全家福”、“玉凤还巢”等，都是值得玩味的好菜名。

（三）菜单装帧设计

与零点餐厅菜单不同，宴会菜单既要体现情、礼、仪、乐的传统，又要是一份供宾客收藏的留念菜单，因此宴会菜单的装帧设计很考究，主要包括选择制作材料，安排菜单内容，设计菜单的形状、大小、色彩、款式、字体及印刷等内容。

菜单的制作材料多用经久耐用的重磅覆膜纸、精美的铜版纸或亚光铜版纸印刷制作。菜单内容按上菜次序排列，一般不印价格。菜单的字体可灵活运用，字体大小以适合主要宾客阅读为宜，如中式宴会可用飘逸的毛笔字或正楷字，寿宴可选用古朴的隶书、行草；正式宴会菜单则须用端庄的字体。菜单的形状、款式、大小、色彩等，应体现别致、新颖、适度的准则，可选用工艺扇、工艺瓷盘、微型石雕等。

三、宴会台面设计

内容详见本模块的项目一中的任务4摆台服务，这里不再叙述。

四、宴会服务设计

任何宴会最终都通过服务来完成，服务是整个宴会不可或缺的重要环节。宴会服务设计主要包括服务程序与服务标准的设计、服务方式的设计、席间音乐和活动的设计以及突发事件处理的设计。

（一）服务程序和标准的设计

宴会的服务程序和标准的设计，就是设计宴会服务的先后顺序及时间安排，并具体确定每一环节的服务要求。宴会服务程序可分为宴会前准备、迎宾服务、就餐服务和宴会收尾工作等四个基本环节。宴请性质、规格档次不同，服务标准也不同。如宴会与会议、中餐宴会与西餐宴会的服务标准不同，国宴、便宴与家宴的服务标准各异。一般来讲，宴请活动的规格档次越高，服务要求越高。

（二）服务方式的设计

宴会的服务方式取决于宴请的性质和规格档次，同时又反映宴会的规格，烘托宴会的气氛，它既包括服务人员的站姿、走姿、手势动作，又包括上菜方式、服务的具体动作。宴会服务方式的基本要求是优美得体、新颖别致、符合礼仪。

（三）席间音乐和活动的设计

宴会的席间音乐和活动取决于宴会的性质、主题、主办单位的要求、宴会厅设施设备的性能及整个宴会过程的安排。宴会的席间音乐和活动的形式主要有席间音乐、表演活动、自娱自乐等。

1. 席间音乐

席间音乐是宴会必不可少的助兴工具。美味佳酿和优雅舒适的环境，配上优美动听的音乐，会烘托和升华宴会的主旨，给与宴者带来超值的美的享受。宴会席间音乐的选择有如下注意事项：

（1）与宴会的主题相符，如国宴上乐队演奏的两国国歌，婚宴上的《婚礼进行曲》，生日宴会上的《祝你生日快乐》，中餐宴会上的民族音乐《塞上曲》、《梅花三弄》、《百鸟朝凤》等，西餐宴会上的西方古典音乐如莫扎特的钢琴曲、肖邦的小夜曲等。

（2）与宴会的进程相一致，如迎宾时的《迎宾曲》、开席时的《祝酒歌》、席间的《步步高》和送客时的《欢送进行曲》。

（3）符合与宴者的欣赏水平。

（4）与宴会的环境气氛相协调，注意民族特色和地方特色。

2. 表演活动

表演活动即根据主办单位的需要，设计一台文艺表演、时装表演或音乐演奏等。文艺表演的节目可以丰富多彩，如地方戏、小品、相声、快板、演唱、评书等，可配以小型乐队伴奏，演唱时可伴舞。时装表演对宴会厅的场地、灯光、音响及布置有较高的要求。音乐演奏可针对宾客的欣赏水平和宴会主题，选择演奏世界名曲、西方音乐中的轻音乐、爵士乐、古典音乐和我国的民乐，乐器包括钢琴、小提琴、萨克斯管、手风琴、竖琴、琵琶、二胡、古筝等。表演活动关键要做到活泼、轻松、丰富多彩、和谐连贯，既有观赏性又有娱乐性，同时注意舞台、灯光、音响的设计和控制，且不能影响宴会的主要活动，如进餐、致辞等。

3. 自娱自乐

宴会席间的娱乐活动，还可根据主办者的要求采用自娱自乐的方式，如卡拉OK、有奖竞猜游戏、与宴者即兴表演、跳舞等。其设计的关键是场地和灯光、音响、设备的布置与配套，并兼顾服务员及服务过程的协调配合。

【任务考核】

一、思考与分析

宴会外卖与店内举办宴会有何区别？进行宴会外卖时还应注意哪些问题？

二、训练题

小组作业：宴会产品设计

1. 请进行标准为2888元/桌，400人、40桌的婚宴设计。

2. 某饭店将在10月10日承办某公司周年庆典的大型晚宴，1000人，人均消费200

元。请对这次宴会产品进行场景设计、菜单设计、服务设计和娱乐设计。

3．某饭店餐饮部拟于12月24日举办圣诞节餐舞会，人均消费150元，请进行相关活动设计。

任务3 中式宴会服务

任务导入

宴会气氛不容破坏

一天，上海某饭店的宴会厅内正在举办一个大型婚宴。席间气氛热烈，参与者不停地走动、敬酒、说笑并向新人祝贺，整个大厅充满了喜庆气氛。宴会在热烈进行，一位服务员手托一盆刚出锅的热汤向主桌走去，刚到桌旁停住，新郎突然从座位上站起准备向别人敬酒，一下子撞到了服务员的身上。服务员受职业本能和潜意识的支配，将汤盆向自己身上拉来，高温的热汤泼到了他的胳膊上，顿时，他感到剧痛钻心，但他却强忍疼痛，不哼一声，脸上仍带着微笑，并向新郎道歉，说要为他们重新上汤。

婚宴还在进行，这位服务员继续忙于为客人们上酒上菜，直到大家一一离席为止。当新人向接待婚宴的众服务员道谢时才发现，这位服务员的手臂上烫起了几十个泡。他们问他，为什么被烫的时候不说？服务员回答，如果被烫时表现出丝毫的反常神色，便会影响婚宴的喜庆气氛。新郎和新娘听后，异常感动，半天都说不出话来。

【点 评】

本例中的服务员体现出了很高的职业素养。为了维护婚宴的喜庆气氛，达到使宾客满意的服务效果，他能够克服难以忍受的肉体痛苦，受伤后，仍然面带微笑，不动声色地继续为客人服务，实在难能可贵。服务员在为客人服务时，有时会遇到一些意想不到的事情，并给他们带来精神甚至肉体上的痛苦，能不能忍受这些痛苦，继续坚守岗位，是需要有一种精神的。从这个案例中，我们可以发现：

（1）忍耐是一种职业素养的体现　当服务员遇到使自己身心蒙受痛苦和委屈的情况时，应考虑到饭店的利益，忍让为先，将事故的责任揽到自己身上来，把“正确”让给客人。本案例中，服务员由于客人突然站起碰洒了汤而被烫伤，但他却忍住痛苦，反向客人道歉。这种做法既保全了客人的面子，又保持了宴会的气氛，使婚宴得以圆满成功。如果没有很高的职业素养，这位服务员是做不出这种行动来的。

（2）防范事故应永不松懈　本例中的服务员因客人的突然行为而被烫伤，来不及防范，这说明我们应增强一定的预防和防范能力。如看到场面热闹、客人常起身敬酒时，要马上考虑到汤是不是会被碰洒，要让客人意识到你来上菜或上汤。这样就能最大限度地避免一些可能出现的事故。

（3）饭店应提倡和表彰服务员在服务中的忍让精神，对他们因忍让和奉献所受的委屈、痛苦和损失，应尽可能地让其释放出来，并给他们以更多的温暖和关心，必要时，还应及时找人替下伤员，这样才能真正让服务人员感受到饭店的关怀，使他们真心实意地为企业和客人的利益甘愿奉献。

【任务概述】

中式宴会服务是酒店餐饮服务中至关重要的一环，也是酒店经济收入的重要来源之一。它是一项细致而又烦琐的工作，但优质的宴会服务在给酒店带来巨大的经济效益的同时，又能极大限度地提高酒店的知名度，提升酒店形象。其主要内容有：中式宴会的预订，宴会前的组织准备，宴会迎宾工作，宴会就餐服务和结束工作。

【任务实施】

一、中式宴会的预订

宴会预订是一项具有较强专业性而又有较大灵活性的工作。预订过程既是产品推销过程，又是客源组织过程，所以，饭店应根据宴会举办者要求，积极推销，受理预订，并组织为完成宴会而需要的各项服务工作。

（一）中式宴会预订形式

1. 电话预订

这是饭店与客户联络的主要方式。常用于小型宴会预订、查询和核实细节、促进销售。大型宴会需要面谈时也可通过电话来约定会面的时间、地点等。

2. 面谈

这是宴会预订较为有效的方法，宴会预订员与宾客当面洽谈讨论所有的细节安排，解决宾客提出的特别要求，讲明付款方式，填写订单，记录宾客信息资料等，以便以后用信函或电话方式与客户联络。

3. 书面预订

书面预订包括信函、传真等，适用于远距离、提前较长时间预订的客户。所有客户寄来的信件都必须立即答复，并附上建议性菜单。书面预订一般需结合电话或面谈，最终达成协议。

4. 网络预订

这种方式手续简便，且不受时空限制。饭店应指定专人及时管理相关网页，及时回复，避免客户预订“石沉大海”。

要注意的是：饭店所有宴请活动的承接虽然可由营销部（或销售部）和宴会部负责，但宴请活动的最后确认和宴会厅的安排必须由宴会部经理批准执行。

（二）中式宴会预订的程序

一般的预订程序是：接受预订→填写宴会预订单→填写宴会安排日记簿→签订宴会合同→收取订金→跟踪查询→正式确认→发布宴会通知单→督促检查→宴会的取消和变更→建立宴会预订档案。

1. 接受预订

（1）热情迎接　宴会预订员应热情、礼貌地接待每一位前来预订宴会的客人。

（2）仔细倾听　当客人讲述宴会要求时，认真倾听，并做好必要的记录，不要随意打断客人的谈话。同时，应主动向客人介绍饭店的宴会设施和宴会菜单，做好推销工作。并回答客人的所有提问。

（3）认真记录

① 宴会的主题，是婚宴，还是寿宴或其他。

② 宴会的举办日期和时间，接受预订的日期和预订员的签名。

③ 宴会的出席人数（包括最低保证人数）和餐桌数。

④ 宴会的名称、事由和客人身份等。

⑤ 宴会的主办单位或个人、联络人、联络地址和电话号码等。

⑥ 计划安排的宴会厅名称、厅堂布置和台形设计的要求。

⑦ 菜单的主要内容、酒水的种类和数量。

⑧ 宴会人均消费、每席价格、总消费标准。

⑨ 宴会付款方式、预订金额（一般为总消费金额的10%）。

⑩ 宴会的其他特殊要求，如休息室、请柬、席位卡、致词台等。

宴会预订单的格式大致如表2-1所示。

表2-1　酒店宴会预订单

主办单位（个人）		合同类型	
负责人		合同号	
联系方式		宴会日期	
出席人数		宴会地点（布置）	
价格		宴会开始、结束时间	
付费方式		宴会形式（类型）	
通知部门	□餐饮部□客房部□公关部□前厅□财务部□其他		
备注			
确认人及确认时间			
取消（变更）记录			

预订人：　　预订日期：　　预定员：

宴会预订单填写好以后，应向客人复述，并请预订客人签名并交纳定金。如是电话预订，则请预订人在举办宴会的2天前到饭店确认。

（4）礼貌道别　待客人要离开时，预订员应起身相送，礼貌地与客人道别，预祝合作顺利和愉快，并随时与客人保持联络。

2. 填写宴会安排日记簿

宴会安排日记簿是根据餐饮活动场所设计的，用于记录预订情况，供预订员查核的簿籍。每个预订员在受理预订时，首先需问清宾客宴请日期、时间、人数、形式，然后从日记簿上查明各餐厅的状况，最后在日记簿上填写有关事项。

宴会安排日记簿一日一页，主要项目包括宴会日期、时间、客户电话号码、人数和宴会厅名称、活动名称、是确定还是暂定等。

单间分隔的宴会厅房的宴会安排日记簿格式如表2–2。

若数个宴会厅可打通构成一个大宴会厅，则其宴会安排日记簿格式如表2–3。

表2–2　　宴会安排日记簿（一）

___年___月___日　星期___

厅房	预订	确定	时间	宴请形式	人数	联系人地点、电话	特别要求
A厅			早				
			中				
			晚				
B厅			早				
			中				
			晚				

表2–3　　宴会安排日记簿（二）

___年___月___日　星期___

A厅	B厅	C厅
早：宴会名称____人数____ 时间____时至____时 联系人____电话____ 公司名称____收费____ 预订员____	早：宴会名称____人数____ 时间____时至____时 联系人____电话____ 公司名称____收费____ 预订员____	早：宴会名称____人数____ 时间____时至____时 联系人____电话____ 公司名称____收费____ 预订员____
中：宴会名称____人数____ 时间____时至____时 联系人____电话____ 公司名称____收费____ 预订员____	中：宴会名称____人数____ 时间____时至____时 联系人____电话____ 公司名称____收费____ 预订员____	中：宴会名称____人数____ 时间____时至____时 联系人____电话____ 公司名称____收费____ 预订员____
晚：宴会名称____人数____ 时间____时至____时 联系人____电话____ 公司名称____收费____ 预订员____	晚：宴会名称____人数____ 时间____时至____时 联系人____电话____ 公司名称____收费____ 预订员____	晚：宴会名称____人数____ 时间____时至____时 联系人____电话____ 公司名称____收费____ 预订员____

注：没有确定的预订用铅笔填写，确定后改成红笔记录。如需要AB两个厅打通使用，则用横线在表上用双箭头号“⟷”连接A与B，以便安排。

3. 签订宴会合同书

宴会合同书是饭店与客户签订的合约书，双方均应严格履行合同的各项条款。

4. 发布宴会通知单

宴会正式确认后，预订人员对饭店内部各有关部门应发布一份类似公文的宴会通知单，告知各部门在该宴会中所应负责执行的工作。各部门接到宴会通知单后，必须按照通知单上的要求执行工作。宴会通知单的大致内容如表2-4所示。

表2-4 宴会通知单

<table>
<tr><td colspan="7">发文日期：2007年8月7日　　编号：NO. A0001</td></tr>
<tr><td colspan="5">宴会日期：2007年8月15日　星期三</td><td>订金金额　元</td><td>收据单号：00571</td></tr>
<tr><td colspan="5">宴会名称：×××喜宴</td><td>付款人：×××</td><td>接洽人：×××</td></tr>
<tr><td colspan="5">联络人：×××先生　电话：×××××××××
客户名称　传真：×××××××××</td><td colspan="2">付款方式：付现金</td></tr>
<tr><td>时间</td><td>类型</td><td>地点</td><td>保证数</td><td>预估数</td><td>海报内容</td><td>××××喜宴</td></tr>
<tr><td>17：00～20：00</td><td>结婚喜宴</td><td>国际宴会厅</td><td>100桌</td><td>110桌</td><td rowspan="2">美工冰雕</td><td rowspan="2">在宴会厅门口赠喜宴冰雕一座</td></tr>
<tr><td>西式厨房</td><td colspan="4">准备婚宴仪式用三层蛋糕</td></tr>
<tr><td rowspan="2">中餐厨房</td><td colspan="4" rowspan="2">准备宴会菜肴，菜单如下：
果律大龙虾、八味美佳碟
八珍烩鱼翅、夏果炒鲜贝
红烩大刺参、吉祥照双辉
游龙一线天、鲍鱼扒津白
万佛跳金墙、精致花品点
巴参炖雪蛤、四季鲜水果
1. 每桌1580元，外加10%服务费
2. 8月15日18：10准时出菜</td><td></td><td>宴会现场摆设：</td></tr>
<tr><td>宴会服务部</td><td>1. 8月14日22：00后，花商将进场布置
2. 舞台中央置西式行礼台，右方置司仪台，左方置蛋糕桌和香槟台
3. 主桌1桌24人，设银器、台裙及椅套
4. 8月15日16：00工作人员于四季厅开会
5. 客人自备香烟、喜糖
6. 附场地布置图</td></tr>
<tr><td>酒吧</td><td colspan="4">准备酒水饮料</td><td>客房部</td><td>提供豪华套房一间，8月15日入住，16日退房</td></tr>
<tr><td>保安部</td><td colspan="4">1. 8月14日20：00后请协助花商进场布置
2. 客人要求当日饭店派人至现场保护礼金
3. 当日宾客众多，请派人疏导人流</td><td>工程部</td><td>1. 行礼台麦克风1支、司仪台麦克风2支
2. 准备配合各项程序播放的音乐</td></tr>
<tr><td>花房</td><td colspan="4">客人自请花商布置会场，请多配合</td><td colspan="2">器材收费：</td></tr>
<tr><td colspan="5">预订人员：×××</td><td colspan="2">宴会经理：×××</td></tr>
<tr><td>发送部门</td><td colspan="6">□总经理　□餐饮部　□宴会部　□财务部　□工程部　□客房部
□西厨房　□中厨房　□管事部　□餐厅部　□保安部　□采购部
□花房　□美工冰雕　□其他</td></tr>
</table>

5. 宴会的取消和变更

宴会预订单已发往各部门后，如遇客户提出临时变动，则宴会部应迅速填写宴会更改通知单送交有关部门，以便各部门及时进行相应的调整。宴会更改通知单的一般格式如表2-5所示。如果某暂定的宴会预订被取消，预订人员还要填写一份取消宴会预订报告，其格式如表2-6所示。

表2-5 宴会更改通知单

宴会预订编号______________________________
发送日期__________时间____________________
宴会名称____________________
日期_____________
部门_____________更改内容______________________________
____
____
由__________发送
宴会部经理（签名）__________
日期_______时间__________

表2-6 取消宴会预订报告

公司名称______________________联系人______________________
宴会或会议日期________________业务类型______________________
预订的途径与日期______________________
失去生意的原因________________________
挽回生意的报告（简明扼要的步骤）__________________
____
进一步采取的措施____________________________________
____
宴会部经理（签名）______________________________
日期______________________时间____________________

6. 宴会的售后管理

国外有关调查资料表明：吸引新顾客所花的成本是保持老顾客所花成本的5倍。因此，宴会销售活动不应以宴请活动的结束为终结，而应继续加强沟通和联系，以便建立长期的友好合作关系，提高客户对饭店的忠诚感，使客户成为饭店的老顾客。

（1）信息反馈并致谢　宴会销售部一般应在宴请活动结束后的一周内，用信函、电传或电话主动征询主办单位或主办个人对本次宴请活动的意见和建议，并对其选择本饭店举行宴请活动再次表示诚挚的谢意，甚至还可代表饭店送上一份小巧精美的礼物。在对宾客提出的宝贵意见和建议表示感谢的同时，还要及时向有关部门反馈，以期下次做得更好。

（2）跟踪回访　销售人员还应与客户保持长期的联系，比如节假日时，一个电话、一个电子邮件或一张明信片，就能传达饭店的祝福和问候；密切关注有关客户的重要信息，当客户个人或所在单位的周年纪念日来临前的几个月，就更要加强同客户的联系，以期"水到渠成"，使客户再次选择本饭店举办宴请活动。

（3）建立宴会档案　宴会档案是饭店在宴会经营活动中留下的原始记录，是经过挑选、整理、保存的文件，是历史的真凭实据，是饭店的财富。宴会档案包括宴会预订资料、宴会执行资料和宴会活动总结资料，每一项资料所记录内容都应具体详实。建立宴会档案，有助于提高宴会部的工作效率，改善宴会经营效果，增强宴会部的灵活性和适应性，切实为宾客提供个性化的宴会产品。饭店有必要派专人负责宴会档案资料的管理。

二、中式宴会前的组织准备

宴会前的组织准备工作程序是：掌握情况→宴会厅布置→人员分工→物品准备与摆台→熟悉菜单→彩排→摆放冷盘→全面检查。

（一）掌握情况

接到宴会通知单后，餐厅服务员应做到"八知"、"五了解"。"八知"为知宾客国籍及身份、宴会人数、宴会标准、开始时间、菜肴品种和出菜顺序、酒水要求、主办单位或个人信息、付款方式和与主办单位的联络方式。"五了解"为了解客人风俗习惯、客人特殊需求、客人生活忌讳、进餐方式、主宾和主人的特殊爱好等。

另外还应掌握宴会的主题、目的和性质，有无席位卡、台形要求、司机费用等情况。

（二）宴会厅布置

中式宴会厅场地的布置，应根据宴会的性质和档次的高低来进行，要体现出既隆重、热烈、美观大方，又有中国传统民族特色。

举行大型隆重的正式宴会时，一般在宴会厅周围摆放盆景花草，或在主台后面用花坛屏风、大型青枝翠树盆景装饰，用以增加宴会隆重、热烈的气氛。

中式宴会通常要求灯光明亮以示辉煌，但国宴和正式宴会不要求张灯结彩或做过多装饰，而要突出庄重、严肃、大方的气氛。宴会厅的照明要有专人负责，宴会前必须认真检查一切照明设备及线路，以保证不发生事故。

（三）人员分工

人员分工，即根据宴会要求，对迎宾、值台、传菜、酒水及衣帽间、贵宾室等岗位进行明确分工，提出具体任务和要求，并将责任落实到每个人。所有服务人员都要了解宴会服务工作的全部分工和自己的位置、职责，按照各自的工作岗位，分别进行准备工作。大型宴会可将宴会桌次和人员分工情况用图形标示。

人员分工时，要根据每个人的特长安排，力求人员与工作的最佳搭配。具体要注意：男女服务员比例要适当；参与的服务员均需具备熟练的宴会操作技能和临场应变能力；服务员仪容仪表要美观、大方，身材匀称，能始终坚持微笑礼貌服务；值台服务员身材不能过矮，传菜服务员须有体力、托盘技能强；各区域负责人要有丰富的工作经验，精通宴会的全部工作，有处理突发事件的能力；贵宾席、主宾区须选择有多年宴会工作经验、技术熟练、动作敏捷、应变能力强的基层管理者或服务人员。

参加宴会的服务员人数要根据宴会的规格和规模而定。值台服务员：一般宴会主桌安排2名／桌、高档宴会2～3人／桌，其余1桌安排1名或3桌安排2名；传菜服务员主桌安排1名，其余可安排2~3桌1名；迎宾、贵宾室、衣帽间等岗位则视具体情况而定。

（四）准备物品与摆台

按宴会规格和摆台要求进行宴会摆台，并根据菜单要求准备分菜用具、各种服务用具、酒水、小毛巾等；宴会菜单放于桌面每桌1~2份，重要宴会则一人一份。

（五）熟悉菜单

服务员应熟悉宴会菜单和主要菜肴的风味特色，以做好菜肴服务和回答客人对菜点提出的各种疑问。同时，应了解每道菜点的服务程序，保证准确无误地进行菜肴服务。

（六）彩排

大型隆重的宴会活动，要求气氛热烈。为了保证活动万无一失，一般都会在宴会开始前进行彩排。

（七）摆放冷盘

大型宴会开始前15分钟左右摆上冷盘，然后根据情况可预先斟倒葡萄酒。冷菜摆放要注意色调和荤素搭配，保持冷盘间距相等。如果是各客式冷菜则按规范摆放，冷菜的摆放应能给客人赏心悦目的艺术享受，并为宴会增添隆重而欢快的气氛。

（八）全面检查

准备工作结束后，宴会负责人要做最后一次全面检查，以保证各个环节准备就绪。一切准备好后，所有工作人员各就各位，以饱满的精神状态，等待客人的光临。

三、宴会迎宾工作

（一）迎宾工作程序

提前迎候→热情迎宾→衣帽间服务→休息厅服务→引宾入座→就座服务。

（二）迎宾工作注意事项

（1）根据宴会入场时间，宴会主管人员和迎宾员提前在宴会厅门口迎候宾客，值台服务员站在各自负责的餐桌旁准备服务。

（2）宾客到达时，要热情问候并表示欢迎。

（3）为宾客保存衣物时，要主动、细致，并及时把衣物寄存卡递送给宾客。

（4）引领宾客到休息厅休息，然后递上小毛巾并斟茶水。

（5）主人表示可入席时，引领宾客入席，并协助拉椅让座。

（6）视情况可直接引领宾客到宴席就座。

四、宴会就餐服务

（一）入席服务

当客人来到席位前时，值台服务员要面带微笑，拉椅帮助客人入座，要先宾后主、先女后男；待客人坐定后，帮助客人打开餐巾、松筷套，拿走台号、席位卡、花瓶或花插，撤去冷菜的保鲜膜。

（二）斟酒服务

为客人斟酒水时，要先征求客人意见，根据客人的要求斟倒各自喜欢的酒水。从主宾开始先斟葡萄酒、再问斟烈性酒、最后问斟饮料，葡萄酒斟七成，烈性酒和饮料斟八成。大型宴会为了保证宾主致词和干杯的顺利进行，还可以提前斟倒。

客人干杯或互相敬酒时，应迅速拿酒瓶到台前准备添酒；主人和主宾讲话前，要注意观察客人杯中的酒水是否已准备好；在宾、主离席讲话时，服务员应提前备好酒杯、斟好酒水，按规范在致词客人身旁侍立，随时准备供客人祝酒。

（三）菜肴服务

按照客人所订菜肴的顺序为客人送上菜肴，中式宴会上菜的一般顺序是冷菜→主菜→热菜→汤菜→甜菜→点心→水果。

根据宴会的标准、规格，按照宴会上菜和分菜的规范进行菜肴服务。可用转盘式分菜、旁桌式分菜、分叉分勺派菜和各客式分菜，也可以将几种方式结合起来使用。

（1）转盘式分菜服务　提前将与客人人数相等的餐碟有秩序地摆放在转台上，并将分菜用具放在相应位置；核对菜名，双手将菜奉上，示菜并报菜名。用长柄勺、筷子或分叉、分勺分派；全部分完后，将分菜用具放在空菜盘里。迅速撤身，取托盘，从主宾右侧开始，按顺时针方向绕台进行，撤前一道菜的餐碟后，从转盘上取菜端给客人。

完成后，将空盘和分菜用具一同撤下。

（2）旁桌式分菜服务　在客人餐桌旁放置一辆服务车或服务桌，准备好干净的餐盘和分菜用具。核对菜名，双手将菜端上餐桌，示菜、报菜名并做介绍；将菜取下放在服务车或服务桌上分菜。菜分好后，从主宾右侧开始，按顺时针方向将餐盘送上。注意在旁桌上分菜时应面对客人，以便客人观赏。

（3）分叉分勺派菜法　核对菜品，双手将菜肴端至转盘上，示菜并报菜名；然后将菜取下，左手用餐巾托垫菜盘，右手拿分菜用叉和勺。从主宾右侧开始，按顺时针方向绕台进行；动作姿势为左腿在前，上身微前倾，呼吸均匀。分菜时做到一勺准、数量均匀，可以一次性将菜肴全部分完，但有些地区要求分完后盘中略有剩余，并放置转盘上。

（4）各客式分菜服务　此法适用于汤类、羹类、炖品或高档宴会分菜。厨房工作人员根据客人人数在厨房将汤、羹，冷菜或热菜等分成一人一份；服务员从主宾开始，按顺时针方向从客人右侧送上。

（5）菜肴服务的注意事项

① 上菜位置一般在陪同和翻译之间进行，也有的在副主人右边进行，这样有利于翻译和副主人向来宾介绍菜肴口味、名称，严禁从主人和主宾之间或来宾之间上菜。

② 在宴会开始前将冷盘端上餐桌。宴会开始，等客人将冷盘用到一半时，开始上热菜。服务员应注意观察客人进餐情况，并控制上菜的节奏。

③ 上菜顺序应严格按照席面菜单顺序进行。

④ 要求手法卫生、动作利索、分量均匀，配上佐料。

（四）席间服务

宴会进行中，要勤巡视、勤斟酒、勤换烟灰缸，并细心观察客人的表情及需求，主动提供个性化服务。

（1）保持转盘整洁。

（2）客人席间离座，应主动帮助拉椅、整理餐巾；待客人回座时应重新拉椅、递铺餐巾。

（3）客人席间站起祝酒时，服务员应立即上前将椅子向外稍拉，坐下时向里稍推，以方便客人站立和入座。

（4）上甜品水果前，送上相应餐具和小毛巾；撤去酒杯、茶杯和牙签以外的全部餐具，抹净转盘，服务甜点和水果。

（5）客人用完水果后，撤去水果盘并摆上鲜花，以示宴会结束。

五、结束工作

（一）结账服务

上菜完毕后即可做结账准备。清点所有酒水、香烟等包括宴会菜单以外的加菜费用并累计总数。客人示意结账后，按规定办理结账手续，注意向客人致谢。大型宴会结账工作一般由管理人员负责。

（二）征求意见

宴会结束后，宴会管理者应主动征询主办单位对宴会在菜肴方面、顾客方面、场景设计方面的意见和建议。征询意见可以是书面的，如请宾客填写“宾客意见簿”；也可以是口头的，如宴会进行过程中或宴会结束后通过电话征询宾客对菜肴（尤其贵重菜肴）、服务、宴会组织安排等的看法。一般来说，宴会结束后，要给宴会主办单位发一封征求意见和表示感谢的信件，感谢其本次在饭店主办宴请活动，并希望今后继续加强合作。

（三）热情送客

主人宣布宴会结束时，服务员要提醒客人带齐自己的物品。当客人起身离座时，服务员应主动为客人拉椅，以方便客人离席行走。视具体情况决定列队欢送、送客人至门口或目送客人。衣帽间服务员应根据取衣牌号码，及时、准确地将衣帽取递给客人。

（四）清理宴会厅

宾客离席时，服务员要检查台面是否有未熄灭的烟头、是否有宾客遗留物品。宾客全部离开后才能清理台面。清台时，先整理餐椅，再按贵重餐具、餐巾、小毛巾、酒杯、瓷器的顺序分类收拾、送洗。贵重物品要当场点清。然后撤餐桌、餐椅，搞好场地卫生，将宴会厅恢复原样。宴会管理者在各项结束工作基本完成后要认真进行全面检查。

（五）宴会后总结

为了及时总结经验教训，大型宴会结束后，主管要召开总结会，通告宴会进行的情况和宾客的意见和建议，对突发事件的全面情况和处理给予有效评价，及时表扬工作出色的服务员，重申有关规定和要求，并对今后的服务工作提出期望。会后，要关好门窗，关上电灯，切断电源。待全部工作检查完毕，所有服务员方可离开。

六、中式宴会服务注意事项

（1）服务操作时，餐具物品注意轻拿轻放，严防打碎而破坏场内气氛。

（2）宴会服务应注意节奏，应以客人进餐速度为准，不能过快或过慢。

（3）当宾、主在席间讲话或举行国宴演奏国歌时，服务员要停止操作，迅速退至工作台两侧肃立，姿势要端正，排列要整齐，餐厅内要保持安静，切忌发出响声。

（4）席间若有客人突感身体不适，应立即请医务室协助并向领导汇报，将食物原样保存，留待化验。

（5）宴会结束后，应主动征求宾、主及陪同人员对服务和菜点的意见，礼貌地与客人道别。

（6）宴会主管要对本次宴会完成任务的情况进行小结，以便不断提高服务质量和服务水平。

七、宴会现场控制

宴会过程服务是宴会管理和服务质量的最终体现。为确保宴会成功，宴会厅经理或有关管理人员要做好宴会服务过程的管理工作，控制宴会现场。宴会现场控制的重点在于：

（1）控制宴会进程　宴会的现场管理人员必须熟知整个宴会的策划方案，掌握宴会所需时间、主人讲话致辞、领导敬酒、席间表演等各个细节，以便及时安排斟酒上菜等时间，切忌在奏国歌、讲话致辞、领导敬酒祝酒时上菜；掌握不同菜点的烹制时间，以便及时与厨房协调，保证按顺序上菜并控制好上菜的间隔时间，避免上菜速度过快或过慢，影响宴会气氛；注意主桌或主宾席与其他餐桌宾客的进餐情况，适当调控两者的速度，保证整个宴会的进程顺利。

（2）督导宴会服务　整个宴会过程中，现场管理人员要加强巡视，及时根据宴会的进程和场上的变化调度人员，协调好厨房与餐厅之间、各个服务区域之间及其他各方面的关系和工作进度，查各个区域的服务情况，特别注意主宾区（席区）的礼貌服务，纠正服务员的不良或不规范行为，及时弥补服务工作中的不足，保证宴会服务达到规范的要求。

（3）处理突发事件　宴会进行过程中，经常会出现一些新情况和新问题，现场管理人员必须当机立断，迅速处理，让宾客的要求在最短时间内解决，把突发事件对宴会的影响控制到最小，把饭店的损失降到最少，尽量控制突发事件对饭店形象的负面影响。

【知识链接】

（1）中式宴会的菜品结构　按照我国的传统习惯，宴会菜品通常由冷碟、热炒、大菜、甜食、汤品、饭菜、茶酒、点心、水果和蜜饯等组成。这些菜一般分为三组。

① 冷碟：一般配置少为4道，多至24道。

② 热炒和主菜：热炒通常为4～6道；主菜包括头菜、荤素大菜、甜食和汤品4项，一般少为5～8道，多可至16道。

③ 饭菜、点心、果品和香茗：饭菜一般2～8种；点心少则1～2道，多则4～8道；果品多为双色、四样。香茗通常只一种，一般在开席前、撤席后或休息间提供。

（2）传统中式服务多用八仙桌，座位有上下左右之分，服务程序一般是先上后下，先左后右。无论上菜、斟酒都要从上席左边的位置开始。现在多使用圆桌。服务先后次序多采用国际标准，但这种传统中式服务方式仍然在我国部分地区保留下来。

（3）中式每道菜都有自己独特的风味。然而客人在食用时，一双筷子，一个餐碟从始至终连续使用，常常是留在碟盘里的前道菜的汤汁影响着后面其他菜的味道。为了让客人品尝各种菜肴的风味，服务时要尽量为客人多换几次餐盘。西式中一菜一套餐具一个盘，既卫生，又能保持各菜的风味，有值得我们中式借鉴之处。

（4）开席见汤最初是粤式服务程序。随着人们现代生活习惯的变化以及对人体机能活动规律的认识，开席见汤正被越来越多的人接受。

（5）中式中的很多菜肴是保留原形烹调，没有剔去刺骨。这给顾客食用带来很多不便，给服务员也增加了很多工作。中式在保持祖国烹调工艺传统的同时，还要从安全、卫生方面多为顾客考虑。

（6）我国人民生活尚处于温饱水平阶段，这就使得在中式宴席服务中人们总是以菜肴道数的多少论排场，并以此来衡量一个人的社会地位及价值。这样往往造成很大浪费。目前随着物质丰富和消费水平的提高，中式宴席服务将向经济、营养方向发展。

【任务实训】

一、实训目的

通过对中式宴会服务基础知识的讲解和操作技能的训练，使学生了解宴会的分类、特点，宴会厅的布置，宴前工作基本知识，掌握宴会服务程序与操作标准，达到能够熟练进行中式宴会服务的能力要求。

二、实训时间

6学时。

三、实训方法

老师先讲解、示范，然后由学生操作，老师再进行指导。按不同的宴会服务中可能出现的场景设计训练内容。最好到实习基地亲自体验宴会服务训练全过程。

四、测试与考核

中式宴会服务测试与考核评分表

考核项目	应得分	扣分	考核项目	应得分	扣分
餐前卫生清理	5		服务时机与节奏	6	
餐前检查	4		服务方法得当	6	
物品准备	5		操作规范	10	
摆台	10		服务态度	8	
站位迎宾	5		送客	4	
上茶	5		结账	4	
酒水服务	8		餐后清理	4	
上菜	8		整体印象	8	
总成绩					

任务4 西式宴会服务

任务导入

严谨的传统西式服务

西式是一种讲究礼仪、规格、格调高雅餐饮文化。西式服务更是一种优雅、规范、体贴入微的服务方式。

传统的法式服务在西式服务中是最豪华、最细致和最周密的服务。通常，法式服务用于法国餐厅，即扒房。法国餐厅装饰豪华高雅，以欧洲宫殿式为特色，餐具常采用高质量的瓷器和银器，酒具常采用水晶杯。通常采用手推车或旁桌现场为顾客加热和调味菜肴及切割菜肴等服务。法式服务注重服务程序和礼节礼貌，注重服务表演，注重吸引客人的注意力，服务周到，每位顾客都能得到充分的照顾。

传统的法式服务对服务员要求非常严格。专业服务员要接受严格地训练。这种训练包括在服务员职业学校接受科班训练，并要经过几年的实习之后才能升为助理服务员。助理服务员不能单独从事服务工作，他必须与首席服务员或服务员一起工作两年后方可成为正式服务员。

法式服务通常由两名服务员共同完成。其中一名为经验丰富的专业服务员，另一名是助理服务员。专业服务员在客人面前作菜肴烹制表演或切割菜肴和装盘服务。其助手用右手右侧送上每一道菜。通常，面包、黄油和配菜从客人左侧送上，因为它们不属于一道单独的菜肴。从客人右侧用右手斟酒或上饮料，从客人右侧撤出空盘。

【任务概述】

西式宴会服务可分为宴会前准备工作、餐前鸡尾酒服务、席间服务和结束工作四个基本环节。

【任务实施】

一、宴会前准备工作

1. 准备工作程序

根据宴会通知单上的具体要求开展各项准备工作，其程序为：掌握情况→人员分工→宴会场地布置→物品准备与摆台→开宴前的检查。

2. 准备工作注意事项

（1）台面布局和餐具摆放要根据宴请人数、宴会菜单和西餐宴会摆台规范进行，做到布局合理，餐位间距相等，餐具摆放规范和谐，全台整齐、大方、美观、舒适。

（2）根据宴会通知单的酒水要求摆放酒水杯。

（3）工作台上要准备足够的咖啡用具、茶具、冰水壶、托盘、烟盅及服务刀、叉、勺等；备餐间内准备面包篮、黄油、果酱及各种调味品等；酒吧要准备酒水。

（4）开餐前30分钟，将水杯斟倒4/5的冰水，点燃蜡烛，将黄油放在黄油碟里，也可将面包放在面包篮里摆上桌。

二、餐前鸡尾酒服务

（1）根据宴会通知单的要求，宴会开始前30分钟或15分钟左右，在宴会厅门口为先到的宾客提供鸡尾酒会式的酒水服务，并在茶几或小桌上备有虾片、干果仁等小吃。

（2）送酒水给客人时，若客人是坐饮，先在客人面前的咖啡几上放上杯垫，然后放酒水；若客人是立饮，则由服务员托盘端送饮料、鸡尾酒，并巡回请宾客饮用，先给客人餐巾纸，后给客人酒水。

（3）宴会开始前请宾客入宴会厅就座，按“女士优先”的原则帮助宾客拉椅、铺餐巾。

（4）一组服务员进行开餐前准备时，另一组服务员提供鸡尾酒服务。

三、就餐服务

西式宴会多采用美式服务，有时也用俄式服务，个别菜肴采用法式服务。下面介绍美式宴会服务。

1. 面包服务

服务面包时，应左手提面包篮，右手用面包夹在每位宾客的左侧为宾客派送。在宴会时，不管面包盘上有无面包，面包盘必须保留到收拾主菜盘后才能收掉；若菜单上有奶酪，则需等到宾客用完奶酪后，或在上点心之前，才能将盘子收走。

2. 酒水服务

服务酒水时，服务员应先示酒、让主人试酒，主人认可后，再按“女主宾、女宾、女主人、男主宾、男宾、男主人”的顺序为宾客斟倒，注意合适的斟酒量和适时添加酒水，注意酒水与菜肴的搭配。

3. 上菜服务

按菜单顺序上菜。每上一道菜前，应先将上一道菜的餐具全部撤下。在上每一道菜前，应在客人右侧斟配该菜的酒。

（1）头盘服务

① 将头盘放在客人面前的装饰盘里。

② 头盘上好后需要跟配料的，要逐位向客人请示所需的配料，根据客人的需要上。

③ 客人吃完头盘，根据客人刀叉所放位置或客人不打算再吃后，先请示客人是否可以撤盘，客人表示可以时，撤走头盘。

④ 撤盘时要待整台宴席上的客人全部吃完后才可以一起撤走。

（2）汤服务　将汤杯（盅）放在汤底碟上，汤底碟面上要放上餐花纸装饰垫底。客人饮完汤后，按撤头盘的同样程序和方式连同装饰碟一起撤走。

（3）副盘服务

① 副盘一般是中等分量的鱼类、海鲜。上副盘前，应先斟好白葡萄酒。

② 上好海鲜或鱼类后请示客人是否需要胡椒或芥辣。

③ 客人吃完副盘，服务员可以从主宾右侧开始撤下鱼盘及鱼刀、鱼叉。

（4）主菜服务

① 上主菜前，服务员应先斟好红葡萄酒。

② 主菜如果是扒类，主要是牛扒，上之前应事先逐位请示客人对扒制品生熟程度的意见。

③ 根据每位客人的需要通知厨房按客人的要求进行扒制。

④ 给客人上扒时要告诉客人几成熟，千万不能上错。

⑤ 上扒的同时，要请示客人需不需要胡椒粉、芥辣等，根据客人需要提供佐料。

⑥ 待所有客人吃完扒后，根据客人刀叉所放位置或客人不打算再吃后，先请求客人是否可撤碟，客人表示可以时，再撤走盘碟。

4. 甜品服务

上甜品前撤走除酒杯以外的所有餐具，如主菜餐具、面包盘、黄油刀、黄油碟、椒盐瓶等，清理台面，摆好甜品叉、勺，然后服务甜品。

5. 水果、咖啡（茶）、小吃服务程序

（1）客人吃完扒后一般上水果或杂果，水果的造型要美观。

（2）客人吃完甜品后，要先请示客人需要咖啡还是茶，根据每位客人的需要给客人送咖啡或茶。上咖啡或茶前，先摆好糖盅、奶盅。斟倒咖啡或茶时，先上咖啡杯具（杯、碟和匙）或茶具（杯、碟和匙），再用咖啡壶为宾客斟倒。糖和奶由客人自己取用。

（3）上最后一道小吃。小吃一般是曲奇饼干或巧克力。

（4）以上三款食品饮品每上一道就要将用过的餐具撤除。

6. 推销餐后酒和雪茄

有些高档宴会在宴会最后将餐后酒车推至餐桌前，征询主人是否用白兰地、餐后甜酒或雪茄烟。

7. 席间服务

（1）宴会进行中，要勤为宾客添加酒水、换烟盅，主动替宾客点烟，主动询问宾客是否加黄油、面包。

（2）服务时，始终遵循“女士优先”的原则。

（3）注意为每位宾客同步上菜。

（4）宾客离座时，要拉椅、整理餐巾；宾客回座时，协助宾客入座。

四、结束工作

1. 结账

无论是客人付现金、签单或用信用卡等都要尽快为客人办好结账手续。

2. 送客

宴会结束，客人离席时，要为客人拉椅让位，方便客人离开，并为客人检查有没有遗留物品，交还客人保管的衣物，将客人送到餐厅门口，向客人表示多谢，欢送客人离

开，并欢迎他们下次光临。

3. 整理餐厅

宴会结束后，应将宴会厅恢复原样。餐厅里的铜器、铜装饰、铜家具及设施要督促清洁人员用擦铜膏（液）擦亮，保持餐厅的洁净美观。

五、西式宴会服务注意事项

（1）西餐，尤其是法式西餐，都是很讲究造型的，给客人以一种艺术的美感，看上去很有特色，服务时对这点要很重视。上菜时，主造型的一边正对着客人，每位客人都一样。若是方台，盘放的位置距离大致相等并成一条直线。

（2）加盖的菜上席后，每一位传菜员负责一位客人，为客人揭盖时要同时进行，动作一致。

（3）上菜时要从客人的右边上席，撤碟时要从客人的左边撤除，服务员在服务过程中要配合默契，统一行动。

（4）有些食品，如虾、蟹等海鲜食后要上洗手盅，一般是在温水里放上一片柠檬片给客人洗手。

（5）客人离开席位时，要将客人的席巾叠好放在客人装饰碟的右边，摆放要整齐。

（6）西式宴会十分注重气氛，但它不同于中式宴会的热闹，而是在一种优雅文静的气氛中进行。服务员要反应灵敏，注意自己的动作，步履要轻快，动作要敏捷干脆，不得有响声。向客人介绍菜单或征询（请示）意见以客人听得清为好。背景音乐要柔和，为客人营造一种美妙的气氛和高雅的情调。

【任务实训】

一、实训目的

通过对西式宴会服务基础知识的讲解和操作技能的训练，使学生了解西式宴会的类型和特点，知晓西式宴会的组成和服务方式与原则，掌握几种主要方式的服务技巧与操作技巧，达到能够熟练进行西式宴会服务的目的。

二、实训时间

4学时。

三、实训方法

老师先讲解、示范，然后由学生操作，老师再进行指导。按照不同类型的西式宴会服务方式设计场景模拟训练。

四、测试与考核

西式宴会服务测试与考核评分表

考核项目	应得分	扣分	考核项目	应得分	扣分
餐前卫生清理	5		服务时机与节奏	6	
餐前检查	4		服务方法得当	6	
物品准备	5		操作规范	10	
摆台	10		服务态度	8	
站位迎宾	5		送客	4	
点菜服务	5		结账	4	
上菜、分菜服务	8		餐后清理	4	
酒水服务	8		整体印象	8	
总成绩					

任务5 鸡尾酒会服务

任务导入

2002年的10月27日晚，墨西哥总统福克斯举行的款待参加APEC会议的领导人的晚宴，首先是个鸡尾酒会，提供白、红葡萄酒以及墨西哥特有的龙舌兰或用龙舌兰酒调制的鸡尾酒，并备有几种非常有特色的墨西哥风味小吃，如鸡肉卷（玉米面饼卷鸡肉）、托斯塔达（玉米小脆饼上加蔬菜丝、奶酪和辣椒汁的一种食品）、克萨迪拉斯（一种用油炸的玉米饼加奶酪或南瓜等蔬菜，类似中国饺子形状的食品）等。正式宴会开始，第一道菜是棕榈嫩芽汤；第二道主菜是韦腊克鲁斯风味的瓦奇南科鱼（一种海鱼，外表为红色。把鱼做熟后，浇上用番茄、葱头等炒成的汁，为墨西哥韦腊克鲁斯州的一道名菜）；第三道甜点，浇巧克力加椰子丝、芒果丁的冰淇淋。

【任务概述】

西餐酒会通常有鸡尾酒会和冷餐酒会。冷餐酒会由鸡尾酒会发展而来，以自助餐的形式举行，规模宏大、布置华丽、气氛热烈、菜肴丰盛、环境高雅，服务前的准备工作量大，而宴会进行中的服务则较简单，与自助餐的服务方式大同小异。因此，在这里将详细介绍鸡尾酒会及其服务的相关内容。

【任务实施】

一、鸡尾酒会的特点

鸡尾酒会是时下流行的社交、聚会宴请方式，以供应各种酒水饮料为主，并附设各种小吃、点心和一定数量的冷热菜，是一种形式简单且内容活泼的宴客方式。由于酒会具有实用、热闹、欢快的特点，适合在各种不同场合举办，颇能符合现代社会社交的需求，以至于越来越多的人选择以举办酒会的方式宴请宾客。从酒会主题来看多是欢聚、庆祝、纪念、迎接、送别、开业典礼等，无论是隆重、俭朴或严肃的形式，酒会都不失为可行的宴会方式。

鸡尾酒会一般不设座，只准备临时吧台、食品台，在餐厅四周设小圆桌，桌上放置纸餐巾、烟灰缸、牙签等物品。

二、鸡尾酒会的举办时间和形式

（一）举办时间

鸡尾酒会的形式较为自由。席间由主人和主宾即席致词，宾客可以迟到或早退。然而为避免宴会主人不好意思开口结束宴会的尴尬情况，酒会通常有时间上的限制。一般举办时段，则以上午9：00～11：00、下午3：00～5：00及4：00～6：00比较合适，但宴会时间仍然可作适度调整，以给予主人及与会宾客充分的自由与方便。

（二）鸡尾酒会的形式和供应方式

1. 酒会的形式

（1）酒会中不摆放桌椅，也不设置主宾席，只摆设餐台以及一些小圆桌或茶几，宾客在酒会中以站姿进餐。宽敞的空间使主人及宾客均得以自由地在会场内穿梭走动，自由地和其他与会宾客交谈。

（2）酒会还有一个便利之处是宾客可根据自身方便、喜好，在请柬里所注明的宴会时段内，随时到达或提前离场。

（3）若宴请宾客人数较多，主人也可以将既定的酒会时间区隔成数时段，并用注明不同时段的请柬邀约不同的宾客，以避免某一时间内的与会宾客数过多，造成场面拥挤、使得主人无法兼顾所有宾客。由此可知，酒会其实是属于比较活泼且较具弹性的宴会进行方式。

2. 酒会的供应方式

酒会的举办方式相当多，并且具有很大的发挥空间，我们以形式的简繁分成三类。

（1）仅供应简单的开胃品。酒会中的开胃品通常放置在酒吧台或沙发旁的茶几上，供宾客自行取用。而这些开胃品不外乎是一些洋芋片、腰果、花生、蔬菜条、面包条等简单且方便食用的小餐点。

（2）除了开胃品的供应之外，再增加一些绕场服务食品之类的食物，由服务人员端着来回穿梭于宾客之间，供宾客们依个人喜好自行取用。这种类型的酒会在正式餐会开始之前的30分钟或15分钟通常会提供餐前酒给宾客饮用。这种餐前酒的招待，不但能使宾客在用餐前能享受酒的美味，也可以帮助先到达会场的宾客在自由轻松的气氛之下与他人寒暄，打发等待其他与会宾客到齐的时间，而不至于感到无聊乏味。

（3）采用“餐台式”来举行酒会。若以这种方式举办酒会，便必须提供一些冷盘类食物以及其他简单易食的热食类餐点。除此之外，小餐盘和叉子的设置也是餐台式酒会所不可或缺的。

如上所述，前两种举办方式都不供应小餐盘或叉子，因此所有的食物都必须较不油腻，并且以能单手方便取用为供应原则。例如，一些鸡尾小点（Canapes）之类的食物便是适宜的选择。本任务将就第三类酒会形式，即餐台式酒会的进行方式作进一步的探讨，其中包括对酒会菜单的设计、菜单结构、酒会形式、场地设计、餐台布置、餐具备置及服务工作等内容的详细说明。

三、鸡尾酒会场地的设计

（一）酒会场地的设计的意义

（1）接受一场酒会的订席时，订席人员必须根据宾客的需求提供一份酒会的布置设计图，同时向宾客报价。在设计酒会场地之前，必须事先了解宾客办酒会的目的、与会人数的多少以及所希望的菜色等。在获悉一切宾客的需求和宴会前提后，订席人员便可就相关细节与行政主厨进行进一步的研究。

（2）酒会菜色、菜肴道数、摆设方式、餐台大小等考虑因素都足以影响一场酒会的成功与否。所以订席人员对于以上所述的诸多细节都必须事先了解，否则一旦设计出来的餐台过大而菜色太少，便会令人感觉空洞；反之，如果因餐台太小而使菜肴摆起来显得拥挤，则不论其菜色如何，都会给人压迫感从而减低该宴会的价值感。

（3）在酒会的场地设计中，舞台设计是其中非常重要的一环。倘若舞台布置得宜、主题明确，能让所有与会宾客在进场之后便留下深刻的第一印象，那么这场酒会已经成功了一半。

而另外一半的成功，有30%取决于餐台的布置，最后的20%则取决于服务人员的服务态度。

也就是说，在一场成功的酒会中，单就布置方面便已占影响要素的80%，由此可见场地的设计对一场成功的酒会是多么重要。

（二）场地及餐台的布置

1. 餐台的布置

（1）酒会中餐台的摆设方式主要着重于酒吧台与餐台的位置规划。酒会通常采用活动式的酒吧台，并且摆放一些辅助桌以放置酒杯。至于餐台的布置，不仅须配合宴会厅的大小，还应摆设在较显眼的地方，一般都摆设在距门口不远的地方，让宾客一进会场就能清楚看到。

（2）餐台摆设可用有机玻璃箱、银架或覆盖着台布的饮料箱来垫高，使菜肴摆设呈现出高低层次的立体效果。

（3）餐台的摆设要视菜单上菜肴道数的多少来准备，过大或过小的餐台都是不适当的布置，所以必须事先了解厨师所推出的菜肴分量，以作为布置的依据，有时也需配合特殊餐具的使用来进行摆设。

（4）酒会会场除了放置餐台及酒吧之外，还需摆设一些辅助用的小圆桌。小圆桌中间可摆一盆蜡烛花，并将蜡烛点燃以增添酒会的气氛。

（5）小圆桌上可放置一些花生、洋芋片、腰果等食物，供宾客取用。同时，小圆桌也具有让宾客摆放使用过的餐盘、酒杯等功用。

（6）若要使餐台看起来更有气氛，可以使用透明的白色围布来围餐桌，并在桌上分别放置各种颜色的灯光来照射，如此一来便可使酒会更添浪漫优美的氛围。酒会时不需太亮的灯光照明，而暗的灯光恰可提供酒会适宜的气氛。但若酒会场地有舞台的布置，则舞台的灯光应比舞台周围的酒会场地要亮，必要时可用投射灯来照明，以凸显舞台的布置。

（7）如果酒会中只有少数一两个餐台，菜肴便可以不按照自助餐的摆设方式进行布置，而只需摆设出层次感、使菜肴呈现高低不同的视觉效果即可。但是如果餐台为数众多，则可依照菜肴类别分区摆设，比如分成冷盘区、熟食区、切肉区、小点心区、饮品区等。

2. 酒水台摆设

（1）宴会时，酒吧台均采用临时性活动吧台，由饮料单位负责准备。如果与会宾客众多，则可直接采用宴会桌当酒吧台。

（2）杯子的数量约为参加人数的3倍左右，其中必须包括红葡萄酒杯、白葡萄酒杯、白兰地酒杯、果汁杯、啤酒杯、利口杯、雪利杯、鸡尾酒杯等。

（3）供应宾客于宴会中饮用的酒水，在宴会开始前必须清楚记录，结账时才不会有所遗漏。

（4）酒会开始前，应请宴会主人先行清点所有准备用来供应宾客饮用的酒水数量，结束后仍须请其再清点一次，以确定实际的使用数量。清点结果记录在酒会领料（退料）表上。

酒会场地及餐台的布置见图。

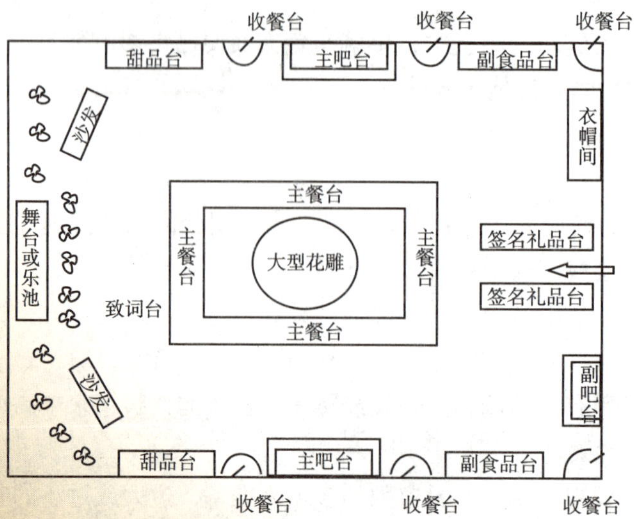

酒会场地及餐台的布置

四、鸡尾酒会菜单设计

（一）菜单设计原则

（1）酒会中，除非个人特殊需求，一般都不设置桌椅供宾客入座就餐，也就是说来宾通常以站立的姿势食用餐点。因此，酒会餐点在刀法上必须讲求精致、细腻，食物应切分成较小块、少量，使宾客能够方便拿（持）餐食入口，而不必再使用刀叉。

（2）酒会跟自助餐的菜单设计有很大不同。一般酒会所提供的菜肴并不像自助餐那样以让宾客吃饱为目的，而是限量供应，讲求精致、简单、方便，所以食物的分量有限，吃完了便不再提供，除非来宾再另点食品。

（3）在菜单的设计上，酒会菜单讲究食物的精美，因此酒会中每道菜所使用的手工部分比平常多，人力成本也不可避免地随之提高。鉴于此，其食物成本必须相对降低，以控制宴会厅经营成本并维持宴会部门的盈利能力。

（4）酒会菜单不提供沙拉和汤类食物，以符合简单、方便的原则。

（5）人数越多，菜单开出的菜肴种类也会随之增加。例如，100人和1000人的酒会，尽管每人单价相同，酒会中出现的菜色也应有很大的差别。由此可知，与会人数也是决定菜单内容设计的重要依据。

（二）酒会菜单结构

（1）鸡尾小点（Canapes），如小饼干加乳酪、小面包加鹅肝酱等。

（2）冷盘类（Cold Cut）。

（3）热菜类（Hot Item）。

（4）现场切肉类（Carving Item）。酒会中必备的菜色，最起码需设置一道此类食物，若设多道也无妨。但服务者在切肉时，务必将肉块切得大小适中，以方便宾客能一口品尝为原则。

（5）绕场服务小吃（Pass Around or Special Addition），如鸡尾小点、油炸小点心等，或者特别增加类，如担担面、手卷、烤乳猪等。

（6）甜点及水果类（Pastries & Fruitlate）。

（7）配酒料（Condiments），即佐酒食用餐点，如干果类、蔬菜条等，通常放置在酒会中必备的小圆桌上，以便宾客自行取用。

举办酒会时，如果能严格按上述几点作为菜单设计的依据，便能轻而易举地制定出一份适当且宾主尽欢的酒会菜单。

五、鸡尾酒会服务

主管要根据酒会规模配备适当的服务员，一般以1人服务10位客人的比例配员，服务员要负责托送酒水，照管和托送菜点，调配鸡尾酒，及时提供各种饮料，为客人提供其他服务等。由于酒会中宾客没有固定座位。所以服务人员很难划分服务区域，而只能用分组的方式来服务宾客。一般将酒会服务人员分成3组来进行服务工作，第一组负责绕场服务和餐台，第二组负责酒类、饮料的服务，第三组则负责收拾空杯残盘及整理会场。其工作细节说明如下。

1. 负责绕场服务和餐台

（1）协助厨房照料餐台，并且通知厨房补菜、整理及补充餐台上的备用物品。

（2）需负责执行绕场服务的任务，即在酒会中协助端拿绕场服务小吃类餐食，在会场来回穿梭，以服务宾客取用食物。

2. 负责酒类或饮料的服务

（1）酒类或饮料服务方式根据参加酒会的人数而定。人数少时，服务员应主动迎向刚到的宾客并问好，同时接受宾客点用酒或饮料。接受宾客点用酒水之后，服务人员再到酒吧拿取酒或饮料来服务宾客。服务时，服务生需使用托盘拿持酒杯给予宾客，并随杯附上一张小餐巾纸。

（2）但若与会人数众多，通常会由调酒员预先调好一些常见的酒类或饮料，然后由一部分服务人员端着放置着小餐巾纸、各式饮品数杯的托盘排队站在入口处让宾客自行挑选偏好的酒类或饮料；而另外一部分饮品同样置于托盘中，由服务人员端拿着穿梭于会场中，随时为宾客提供饮品服务。

（3）在酒会中，若宾客找不到自己喜欢的饮料，可自行向服务员点酒。需注意的是，一旦有宾客点酒，尽管服务员恰巧在端盘服务，或不是负责服务酒类或饮料的服务人员，也应尽快协助宾客前往酒吧台点酒，并服务宾客。

3. 负责收拾空杯残盘及整理会场

（1）负责收拾的服务员必须端持托盘穿梭在会场之间，一旦看到宾客手上的杯子已空，便可上前询问需不需要将空杯盘收走。

（2）宾客有时可能会向此组服务人员点酒。遇到这种情况时，虽然点酒不在其服务范围内，仍应和颜悦色地回应以“请稍候，马上请其他服务人员为您服务！”之类的言语，并尽快请负责人员进行服务。

（3）第三组人员还要负责收拾摆在小圆桌上的空杯、残盘、叉子等，若发现地上掉有东西也应立即拾起，以随时保持会场的场地清洁。

（4）要等全部客人离去后，才可撤掉所有的物品。余下的酒品收回酒吧存放，脏餐具送洗涤间，干净餐具送工作间重新消毒后备用。撤下台布，收起桌椅，为下一餐做好准备。

【任务实训】

一、实训目的

通过对鸡尾酒会服务基础知识的讲解和操作技能的训练，使学生了解鸡尾酒会特点，知晓鸡尾酒会的组成和服务方式与原则，掌握鸡尾酒会服务程序与操作标准，达到能够熟练进行鸡尾酒会服务的能力要求。

二、实训时间

4学时。

三、实训方法

老师先讲解、示范，然后由学生操作，老师再进行指导。按照不同主题的鸡尾酒会服务设计场景模拟训练。

四、测试与考核

鸡尾酒会服务测试与考核评分表

考核任务	操作要求	配分	得分
预订	准确完成预订工作	10	
鸡尾酒会前准备	各项准备工作准确到位	20	
提供菜点服务	正确提供菜点服务	20	
提供酒水服务	正确提供酒水服务	20	
送别服务	送别、清桌	10	
团队精神	通力合作、分工合理、团结协作	10	
	发言积极，乐于与同学分享成果	10	

项目五 酒吧服务

知识目标

了解酒吧的定义和种类；
了解各种酒具的分类和用途；
熟悉中国酒、外国酒的分类和特点；
熟悉鸡尾酒常识。

技能目标

熟悉酒吧服务的程序和要求；
熟练运用酒吧服务技巧；
了解著名鸡尾酒的调制方法。

任务1 认识酒吧

任务导入

酒吧历史

最初，在美国西部，牛仔和强盗们很喜欢聚在小酒馆里喝酒。由于他们都是骑马而来，所以酒馆老板就在馆子门前设了一根横木，用来拴马。

后来，汽车取代了马车，骑马的人逐渐减少，这些横木也多被拆除。有一位酒馆老板不愿意扔掉这根已成为酒馆象征的横木，便把它拆下来放在柜台下面，没想到却成了顾客们垫脚的好地方，受到了顾客的喜爱了。

其他酒馆听说此事后，也纷纷效仿。柜台下放横木的做法便普及起来。由于横木在英语里念“bar”，所以人们索性就把酒馆翻译成“酒吧”，就跟把糕饼“pie”译成“派”一样。

经过数百年的发展演变，各种崇尚现代文明，追求高品位生活，健康优雅的“吧”正悄然走进人们的休闲生活，同时也在现代城市中形成一道亮丽独特的文化景观。现在，酒吧通常被认为是各种酒类的供应与消费的主要场所，它是宾馆的餐饮部门之一，专为供客人饮料服务及消闲而设置。酒吧常伴以轻松愉快的调节气氛，通常供应含酒精的饮料，也随时准备汽水、果汁为不善饮酒的客人服务。

【任务概述】

本任务对酒吧的定义、酒吧的表现形式、吧台设置、酒吧常用器皿、酒吧人员岗位职责、酒单设计等做了详细介绍，为之后的酒吧服务与控制学习奠定基础。

【任务实施】

一、酒吧的定义

酒吧是专门为客人提供酒水和饮用服务的场所，是为饭店创造高利润的服务部门。

作为酒吧必须具备以下三个条件。

第一，必须具备种类齐全、数量充足的酒水，并按要求陈列摆放。因此，酒吧应该是开放式的，切忌隐藏式的陈列方式。

第二，必须有不同用途的载杯。只有这样才能让客人充分领略到各种酒的风味。

第三，必须配备供应酒品必需的设备（如制冰机、冷藏柜等）和调酒工具（如榨汁器、搅拌棒、冰锥等）。

二、酒吧的表现形式

世界各地的酒吧不计其数。根据其服务方式的不同，酒吧可大致分为以下五种。

1. 主酒吧（Main Bar or Pub）

主酒吧也称作正式酒吧或鸡尾酒吧、立式酒吧。主酒吧大多装饰美观、典雅、别致，具有浓厚的欧洲或美洲风格。视听设备比较完善，并备有足够的靠柜吧凳，酒水、载杯及调酒器具等种类齐全，摆设得体，特点突出。许多主酒吧的另一特色是具有各自风格的乐队表演或向客人提供飞镖游戏。来此消费的客人大多是来享受音乐、美酒以及无拘无束的人际交流所带来的乐趣，因此，对调酒师的业务技术和文化素质要求较高。

在这种酒吧里，客人通常坐在吧台前面的高脚凳上倚靠吧台，或坐在酒吧间的沙发上饮酒，调酒师则站在吧台里面，面对宾客进行操作。由于调酒师自始至终处在与客人的直接接触之中，因而他必须保持良好的仪容、彬彬有礼的态度、娴熟的调酒技术及优美的调酒姿态，将调酒技术与接待技术完美无缺地结合，才能吸引客人饮用酒水。主酒吧服务人员既负责酒类、饮料的调制服务，又负责收款工作。

2. 酒廊（Lounge）

酒廊通常带有咖啡厅经营服务的特点，格调、装饰及布局与咖啡厅相似，但只供应冷热饮料、酒类、点心、小食品，而不供应主食。这类酒吧有两种形式：一是大堂酒吧，它设置在饭店的前厅，主要为满足暂时休息、谈话、约会的客人而设。在大堂酒吧里，座位舒适，灯光柔和，环境温馨、优雅，常有钢琴或小乐队为宾客演奏。二是夜总会酒廊，它常附设于饭店娱乐场所（如歌舞厅、卡拉OK厅），向客人提供各类酒水饮料、吃果盘等。酒廊中服务人员的主要职责是清洁、洗涤玻璃杯和端送酒水，由专职收银员收款。

3. 服务酒吧（Service Bar）

服务酒吧设在饭店各类中、西餐厅中。调酒师根据宾客的订单提供酒水，不与宾客发生直接的接触。与其他类型的酒吧相比，服务酒吧具有以下几个特点。

第一，服务酒吧为就餐客人服务，故佐餐酒销量比其他类型的酒吧销量要大得多。

第二，服务酒吧供应的混合饮料的品种较少。

第三，服务酒吧的布局一般为直线封闭型，用冷藏柜代替酒类陈列柜。

第四，服务酒吧的调酒师必须与餐厅服务员合作，按照餐厅服务员所持的酒单配制、提供各种酒水，并由服务员收款。

第五，服务酒吧对调酒师的技术要求相对较低，因此，服务酒吧在饭店中通常是一名调酒师的工作起点。

4. 宴会酒吧（Banquet Bar）

宴会酒吧又称临时性酒吧，是饭店根据宴会的形式、规格和人数而临时搭起的吧台。它具有灵活性和随意性，一次宴会结束，则立即拆除。这种酒吧常设置于鸡尾酒会、冷餐酒会、贵宾厅及主题餐饮活动中，注重气氛的设计。宴会酒吧有以下三种营业形式。

（1）现金酒吧　在这种酒吧里，参加宴会的客人取用酒水，谁取用谁付钱，宴会东道主不负责客人在酒吧取用酒水的费用。

（2）一次结账酒吧　客人在宴会上可随意取用酒水，所有费用在宴会结束后由东道主结算的酒吧。

（3）外卖酒吧　宴会酒吧的一种特殊形式，专为外卖酒会而设置。酒吧服务员将酒水及所用器具送到某预订单位指定的场地内，摆设酒吧并提供酒水服务。

宴会酒吧的业务特点是营业时间短，宾客集中，营业量大，服务速度快。它通常要求调酒师每小时能为100名左右的宾客服务，因而调酒师必须在开吧前做好充分的准备工作，并具有应付大批宾客的能力。

5. 主题酒吧（Saloon）

现实比较流行的“氧吧”（Oxygen Bar）、“网吧”（Internet Bar）等均称为主题酒吧。这类酒吧的明显特点即突出主题，来此消费的客人大部分也是来享受酒吧提供的特色服务，而酒水却往往排在次要的位置。

以上几种酒吧是最常见的形式。一些饭店还根据本饭店的特点设置各种酒吧及经营酒水的设施。如泳池吧，为游泳的客人提供酒水服务；客房小酒吧，在房间内的小酒柜和小冰箱中存放各种酒水和小食品，以方便住店客人随时取用；另外，还有啤酒吧、水吧、色拉吧等。在欧美国家，还出现一种将酒吧和快餐结合的综合经营模式。

酒吧通常在吧台里装有简单的烹调设备，如电扒炉、比萨饼烤炉、微波炉等，客人在饮用酒水的同时还可以点一些简单的快餐。另外，还出现了经营自己制作的鲜啤酒的啤酒屋等形式。

三、吧台的设置

吧台是调酒师的工作台面。吧台如何设置，对调酒师的工作影响极大。虽然每类酒吧吧台设置有所不同，但设备、器具等的摆放还是有一定的规律可以遵循的。

1. 前吧台

这是大多数客人非常熟悉的区域，在这里我们经常为客人们配制出多种精美的鸡尾酒。另外，酒吧常备酒和绝大部分客人常点的酒水，就是放在前吧台工作槽内的，以方便调酒师取用。

前吧台高的部分，我们都称作“酒吧柜台”。低的部分是一个较窄的台面，我们把它叫做“调酒工作台”。这两部分的总称叫做“调酒师工作区”。一般来说，调酒师取酒、配酒、准备酒杯、准备装饰物等是在调酒工作台上操作的，而给客人服务酒水是在酒吧柜台上进行的。这样，就可以让坐在吧凳上的客人看到调酒师工作的全过程。其实，所有的鸡尾酒都应该当着客人的面调配，这不仅仅是调酒师应该做到的，对客人来讲，也是非常重要的。

2. 后吧台

在前吧台的后面建立的必要设施，我们称其为“后吧台”，它直接面对客人。后吧台一般是摆设一些不常使用和价值比较高的酒，同时也经常摆放杯子和装饰镜等类物品。如果您的酒吧没有设立前吧台工作酒槽，那么通常也可把常备酒水摆放在后吧台方便取用的地方。后吧台摆放的酒应根据酒的种类不同，按组有序摆放排列在一起，每一位调酒师都应该非常熟悉不同的酒水所摆放的相应位置。

四、酒吧常用器具设备

1. 玻璃器皿

玻璃器皿包括在酒吧内部使用的烟灰缸、酒杯等，数量最多的是酒杯。酒杯是用来盛放酒水的容器，是直接供客人使用的。酒杯有一般平光玻璃杯、刻花玻璃杯和水晶玻璃杯等，根据酒杯的档次、级别和格调选用。每一种杯都有许多不同的样式。酒杯的容量习惯用盎司（oz）来计算，现在又统一按毫升（mL）来计算，1oz=28mL。

酒杯的主要类型有：

（1）吉格杯　多用于烈性酒的纯饮，故又称烈酒纯饮杯。

（2）古典杯　多用于盛载加冰块的烈性酒和古典鸡尾酒。

（3）海波杯　多用于盛载长饮酒或软饮料。

（4）高杯　以盛载软饮料为主。

（5）坦布勒杯　多用于盛载长饮酒或软饮料。

（6）果汁杯　主要供盛载果汁之用。

（7）高脚水杯　多见于豪华西餐厅，主要用于盛载矿泉水及冰水。

（8）比尔森式啤酒杯　用于盛载啤酒之用。

（9）啤酒杯　用于盛载啤酒之用。

（10）带柄啤酒杯　主要用于盛载生啤酒。

（11）白兰地杯 用于盛载白兰地酒。

（12）利口酒杯 用于盛载利口酒。

（13）甜酒杯 多用于盛载利口酒之用。

（14）鸡尾酒杯 鸡尾酒专用酒杯。

（15）雪利酒杯 主要用于盛载雪利酒。

（16）钵酒杯 主要用于盛载钵酒。

（17）白葡萄酒杯 主要用于盛载白葡萄酒和用其制作的鸡尾酒。

（18）红葡萄酒杯 主要用于盛载红葡萄酒和用其制作的鸡尾酒。

（19）郁金香形香槟杯 主要供盛载香槟酒和香槟鸡尾酒之用。

（20）笛形香槟杯 主要供盛载香槟酒和香槟鸡尾酒之用。

（21）香槟酒杯 主要供盛载香槟酒和香槟鸡尾酒之用。

（22）耳杯 用于盛载热饮酒和其他特定饮品。

（23）玛格丽特杯 主要用于盛载玛格丽特坞尾酒。

（24）酸酒杯 主要用于盛载“威士忌酸”等酸味鸡尾酒。

（25）热带鸡尾酒杯 也称哈瑞根杯，主要用于盛载热带风味鸡尾酒。

（26）滤酒杯 主要用于酒的澄清，也作追水杯用。

（27）潘趣酒杯 供调制潘趣酒之用。

（28）果冻杯 多用于盛载冰淇淋和果冻。

（29）金属耳杯 多用于盛载热饮酒类。

（30）白酒杯 容量大约为30毫升，多用于盛载如茅台酒等烈性白酒。

（31）加饭酒杯 用于加饭酒的盛载。其质地多为泥质或陶瓷。

酒杯的种类繁多，用途各异。在酒杯的选择和使用上，首先要以酒为标准，配以相应的酒杯，使之和谐、完美，其中有一些小的变化也是未尝不可的，人们最主要的还是享受美酒所带来的乐趣。

2. 其他用具

酒吧用具很多，要根据酒吧的需要选用。

（1）酒吧开刀 用于开起红葡萄酒瓶、白葡萄酒瓶的木塞，也可用于开汽水瓶、果汁罐头。

（2）T形起塞器 用于开起红葡萄酒瓶、白葡萄酒瓶的木塞。

（3）量杯（量酒器） 用于度量酒水的分量。

（4）滤冰器 调酒时用于过滤冰块。

（5）开瓶器 用于开启汽水、啤酒瓶盖。

（6）开罐器 用于开启各种果汁、淡奶等罐头。

（7）酒吧匙 分大、小两种，用于调制鸡尾酒或混合饮料。

（8）摇酒器 用于调制鸡尾酒，按容量分大、中、小三种型号。

（9）调酒杯 用于调制鸡尾酒。

（10）砧板 切水果等装饰物。

（11）水果刀 切水果、装饰物。

（12）调酒棒　调酒时用。

（13）鸡尾酒签　穿装饰物时用。

（14）挤柠檬器　挤新鲜柠檬汁时用。

（15）吸管　客人喝饮料时用。

（16）杯垫　垫杯用。

（17）冰夹　夹冰块时用。

（18）柠檬夹　夹柠檬片时用。

（19）冰铲　装冰块时用。

（20）宾治盆　装什锦水果宾治或冰块时用。

（21）酒桶　客人饮用白葡萄酒或香槟酒时做冰镇时用。

（22）漏斗　倒果汁、饮料时用。

（23）香槟塞　打开香槟后，用做瓶塞。

3．制冷设备

（1）电冰箱　电冰箱（雪柜、冰柜）是酒吧中用于冷冻酒水饮料、保存适量酒品和其他调酒用品的设备，电冰箱型号可根据酒吧规模、环境等条件选用。电冰箱内温度要求保持在15~24℃。电冰箱内部分层、分隔以便存放不同种类的酒品和调酒用品。通常将白葡萄酒、红葡萄酒、白兰地等放入电冰箱中冷藏。

（2）立式冷柜　立式冷柜是专门存放香槟和白葡萄酒用。其全部材料是木制的，里面分成横竖成行的格子，香槟及白葡萄酒横插入格子存放。温度保持4~8℃。

（3）碎冰机　酒吧中因调酒需要许多碎冰，碎冰机也是一种制冰机，但制出来的冰为碎粒状。

（4）制冰机　制冰机是酒吧中制作冰块的机器，可自行选用不同的型号。冰块外形可分为四方体、圆体、扁圆体和长方条等多种。四方体型的冰块使用起来较好，不易溶化。

（5）生啤机　生啤酒为桶装。一般客人喜欢喝冰啤酒，生啤机专门为此设计。生啤机分为两部分：气瓶和制冷设备。气瓶装二氧化碳用，输出管连接到生啤酒桶，有开关控制输出气压。工作时输出气压保持在15个大气压（有气压表显示）。气压低表明气体已用完，需另换新气瓶。制冷设备是急冷型的。整桶的生啤酒无需冷藏，连接制冷设备后，输出来的便是冷冻的生啤酒，泡沫厚度可由开关控制。生啤机不用时，必须断开电源并取出插入生啤酒桶口的管子。生啤机需每15天由专业人员清洗一次。

4. 清洗设备

酒吧中清洗设备主要是洗杯机。

在许多酒吧中因资金、地方限制，一般需用手工清洗。手工清洗需要有清洗槽、清洗盘。

5. 其他常用设备

（1）榨汁机　用于榨鲜橙汁或柠檬汁。

（2）果汁机　果汁机有多种型号，主要作用有两个：一是冷冻果汁，二是自动稀释果汁（浓缩果汁放入后可自动与水混合）。

（3）电动搅拌机　调制鸡尾酒时可用于搅拌或搅碎某些食品。

（4）奶昔搅拌机　用于搅拌奶昔（一种用鲜牛奶加冰淇淋搅拌而成的饮料）。

（5）咖啡机　煮咖啡用，有许多型号。

（6）咖啡保温炉　将煮好的咖啡装入大容器放在炉上保持温度。

五、酒吧的组织结构

酒吧的人员构成通常由饭店中酒吧的数量决定。在一般情况下，每个服务酒吧配备调酒师和服务员（包括实习生）4~5人，主酒吧配备领班、调酒师、服务员（包括实习生）5 ~ 6人。酒廊可根据座位数来配备人员。通常10~15个座位配1人。以上配备为两班制需要人数，一班制时人数可减少。

六、酒吧工作人员的岗位职责

1. 酒吧经理的主要工作任务

（1）制定酒吧的安全、卫生、酒水服务及成本控制等各项规章制度，并组织实施。

（2）正常供应各类酒水，制订销售计划。

（3）编排员工工作时间表，合理安排员工休假并根据需要调动、安排员工工作。

（4）制订培训计划，安排培训内容，培训员工。

（5）督促下属员工努力工作，鼓励员工积极学习业务知识。

（6）检查各酒吧每日工作情况。

（7）根据员工工作表现做好评估工作，提升优秀员工，并且执行各项规章和纪律。

（8）处理客人投诉或其他部门的投诉，调解员工纠纷。

（9）控制酒水成本，防止浪费，减少损耗，严防失窃。

（10）按需要预备各种宴会酒水，制定酒吧各类用具清单，定期检查补充。

（11）检查食品仓库酒水存货情况，填写酒水采购申请表。

（12）制定各项鸡尾酒的配方及各类酒水的销售标准。

（13）沟通上下级之间的联系。向下传达上级的决策，向上反映员工情况。

（14）负责解决员工的各种实际问题，如制服、调班、加班、就餐、业余活动。

（15）监督完成每月酒水盘点工作，完成每月工作报告，向饮食部经理汇报工作情况。

（16）审核、签批酒水领货单、棉织品领货单、工程维修单、酒吧调拨单。

2. 领班的主要工作任务

（1）在酒吧经理指导下，负责酒吧日常运转工作。

（2）贯彻落实已定的酒水控制政策与程序，确保各酒吧服务水准。

（3）与客人保持良好关系，协调营业推销。

（4）负责酒水盘点和酒吧物品的管理工作。

（5）保持酒吧内清洁卫生。

（6）定期为员工进行、业务培训。

（7）向上司提供合理化建议，完成上级布置的其他任务。

（8）负责各类宴会的酒水预备和各项准备工作。

（9）管理及检查酒水销售时的开单、结账工作。

（10）控制酒水损耗，减少浪费，防止失窃。

（11）检查员工报到情况，安排人力、防止岗位缺人。

（12）指导下属员工做好各种准备工作，分派下属员工工作。

（13）检查每日工作情况，如酒水存量、员工意外事故、新员工报到等。

（14）处理客人投诉，调解员工纠纷，自己处理不了的事情及时转报上级。

（15）培训下属员工，根据员工表现做出鉴定。

3. 调酒师的主要工作任务

（1）根据工作要求及时补充各类酒水及物品。

（2）负责酒吧内的清洁卫生，保持良好的工作环境。

（3）做好营业前的各项准备工作，确保酒吧正常营业。

（4）随时准备为客人调制各类酒水。

（5）按规定标准和程序正确地向客人提供酒水服务。

（6）负责酒吧日常酒水盘点工作，核对酒水数量并填写每日销售盘点表。

（7）虚心学习新的鸡尾酒配方，提高自身业务水平。

4. 服务员（包括实习生）的主要工作任务

（1）负责营业前各项准备工作，确保酒吧正常营业。

（2）按规范和程序向客人提供酒水服务。

（3）协助调酒师进行销售盘点工作，做好销售记录。

（4）负责酒吧内各类服务用品的清理和管理。

七、酒单的设计

1. 酒单的设计原则

酒单是酒吧或餐厅提供酒水的目录，包含酒水的品种、名称、价格、规格等内容。

（1）要考虑酒吧的类型和市场消费者的需求。比如，中餐厅提供的酒水一般以中国酒为主，西餐厅一般以葡萄酒为主，主酒吧的酒水品种较齐全，以满足各类宾客的需求；不供应菜肴的酒吧，葡萄酒在酒单上所占的比重较小；在高级的主酒吧中，低廉的酒类一般不供应。

（2）设计酒单应考虑酒水的销售价格。酒单应有各种不同的价格档次，可以让宾客在合理的价格区间内随意做出选择，同时，为了确保一定的利润率，需根据成本如原材料价格、辅料价格等因素，经综合考虑研究后制定。通常，酒吧的葡萄酒和啤酒的毛利率较低，而蒸馏酒和无酒精饮料的毛利率较高。

（3）设计酒单还应考虑酒水的供应情况和库存条件，在酒单制作技术上，应注意与餐厅或酒吧的主题装饰相协调，如色彩、规格、形状和图案等，同时，还应考虑到餐厅菜单的规格、图案、色彩等，原则上酒单与菜单的风格趋向一致。

2．酒单的种类

（1）饮料单　中、西餐厅都是在餐前向客人提供饮料单供其选择。中餐厅饮料单主要有软饮料、啤酒、鸡尾酒、各种品牌的中国烈性酒和葡萄酒等品种，西餐厅饮料单主要有各种鸡尾酒、软饮料、啤酒、各种进口烈性酒、强化葡萄酒和餐后酒等品种。

（2）佐餐酒单　高级西餐厅在客人点完菜后，把佐餐酒单展示给客人，根据其所点的菜肴提供相应的佐餐酒。主要品种有红葡萄酒类、白葡萄酒类、玫瑰露酒类和葡萄汽酒类等，一般整瓶出售，也有少量品牌供零杯点用。

【任务考核】

一、问答题

1．酒吧的种类有哪些？

2．酒吧常用器皿设备有哪些？各自有什么用途？

二、训练题

根据酒单设计的原则与方法，为某中型酒吧设计一份酒单，要求信息基本准确，规格、价格基本合理。

任务2　酒吧服务与控制

任务导入

关于调酒师

调酒师是在酒吧或餐厅专门从事配制酒水、销售酒水，并让客人领略酒的文化各风情的人员，调酒师英语称为bartender或barman。酒吧调酒师的工作任务包括：酒吧清洁、酒吧摆设、调制酒水、酒水补充、应酬客人和日常管理等。

作为一名调酒师要掌握各种酒的产地、物理特点、口感特性、制作工艺、品名以及饮用方法，并能够鉴定出酒的质量、年份等。此外，客人吃不同的甜品，需要搭配什么样的酒，也需要调酒师给出合理的推荐。最后，因为鸡尾酒都是由一种基酒搭配不同的辅料构成，酒和不同的辅料会产生什么样的物理化学效应，从而产生什么样的味觉差异，对于调酒师而言，是创制新酒品的基础。

调酒师资格认证分为三个层次：初级调酒师（职业等级5级）、中级调酒师（职业等级4级）、高级调酒师（职业等级3级）、技师调酒师、（职业等级2级）和高级技师调酒师（职业等级1级）。

【任务概述】

酒吧服务是酒吧工作的基本内容，与餐厅服务相比，与客人是更近距离的接触。因此要求酒吧服务人员有更高的专业服务技能，更强的语言沟通能力。同时，酒吧控制是酒店整体服务和成本控制的重要组成部分，充分了解其中的内涵有助于更好地经营酒店。本任务即对酒吧服务的程序及酒吧控制做了介绍。

【任务实施】

一、酒吧服务程序

（一）酒吧营业前的准备

1. 酒吧清洁工作

（1）清洁吧台与工作台　用湿毛巾清洁吧台，用清洁剂喷在吧台表面，擦抹至污迹完全消失为止，使吧台表面干净光亮。

（2）清洁冰箱　定期定时（3天左右）对冰箱彻底清洁一次，从底部、箱壁到隔层，仔细地擦抹，先用湿布和清洁剂将污迹擦洗干净，再用清水擦干净。每天清洁冰箱表面1次。

（3）清洁地面　吧台内地面多用大理石或瓷砖铺砌，每日应经常用拖把擦洗地面以保持干净。

（4）清洁酒瓶与罐装饮料　每日开吧前用湿毛巾将瓶装酒及罐装饮品表面擦干净，确保无尘土，以符合食品卫生安全标准。

（5）清洁酒具与用具　每日清洁酒杯与用具，即使没有使用过的酒杯每天也要重新洗刷、消毒，然后用干净布巾擦亮。

（6）清洁酒吧环境　主要是窗户、镜面、桌椅、墙面、灯饰、宣传品等使酒吧有良好和舒适的环境，以吸引客人饮酒。

2. 领取酒水和用品

（1）领酒水　每天按酒吧需用的酒水标准数量，填写酒水领料单，经酒吧经理签字后方可去仓库领取酒水。注意核对酒水的数量、名称及种类，以免造成误差。领取时，领取人要在领料单上签字以便核实查对。

（2）领用具　是指领取各种表格（酒水供应单、领料单、调拨单等）、笔、记录本、棉织品、酒杯垫、餐巾纸等，可定期或根据需要领用。

（3）领取鸡尾酒的调料和水果。

3. 存放酒水

将领来的酒水分类存放，需要冷藏的酒水，如啤酒、白葡萄酒、果汁等放进冷藏箱内。存放酒水一定要遵循先进先出的原则，即先领取的酒要先使用，先存放的酒水先销售给客人，以免因酒水存放过期而造成浪费，果汁及鲜牛奶更是如此，纸包的鲜牛奶的存放期只有几天，一定要及时使用。

4. 记录酒水

为了便于成本控制、防止酒水失窃，每个酒吧需要设立酒水记录簿，记录酒吧每日的存货、领用、售出及结存的数量。值班的调酒师要准确地清点酒水数目并详细记录，以便控制好酒水的成本。

5. 酒吧摆设

酒吧摆设应美观大方有吸引力，以方便工作。酒吧的气氛和吸引力往往集中在瓶装酒和酒杯的摆设上。瓶装酒要分类摆放，如开胃酒、烈性酒和利口酒等。瓶与瓶之间要有间隙，以杯为销售单位的各种酒要放在工作台前伸手可及的位置，以方便工作。不常用的酒放在酒架的高处，以减少从高处取酒的麻烦。酒杯的摆放形式有悬挂式与摆放式两种，悬挂式的酒杯常悬挂在吧台上方的架子上，主要是用来装饰酒吧，一般不使用，因为拿取不方便，必要时，取下后洗净擦干再使用；摆放式的酒杯常摆放在展示柜中和工作台上，有些摆在冰柜内以方便使用。

海波杯、高杯、古典杯和水杯应放在靠近冰桶的地方，啤酒杯和鸡尾酒杯可放在冷柜中，以方便操作。

6. 准备调酒的原料与装饰物

（1）准备新鲜冰块　用冰桶从制冰机中取出当天制成的冰块放进工作台上的冰块池中，把冰块放满；没有冰块池时，可用冰桶装满冰块盖上盖子放在工作台上。较大型的酒吧，应设有一台制冰机。

（2）准备调味品　辣椒油、胡椒粉、盐、糖、豆蔻粉等调味品准备好后放在工作台前面，以备调制鸡尾酒时取用。准备鲜牛奶、菠萝汁、番茄汁及罐装奎宁水、汽水、苏打水等，将它们放在冷藏箱内容易拿取的地方。

（3）准备水果装饰物　准备好柠檬、橙子并根据营业情况切成角或片。将柠檬角或柠檬片与樱桃串联在一起备用，从罐头中取出红樱桃备用。装饰物都应放在工作台的冷藏箱中。

（4）准备酒杯　把酒杯洗净、消毒、擦干净后，按需要摆放在酒杯架和工作台上。调酒工具可放在盘内，然后将盘放在工作台方便操作的地方。量杯、酒吧匙和冰夹除了放在工具盘内，有时要分放在干净的水中浸泡。吸管、调酒棒和鸡尾酒签可放在工作台上的杯子中。杯垫放在工作台上易于拿取的位置。

7. 检查电器与设施

在营业前要仔细检查各类电器、灯光、空调、音响、冰箱、制冰机、咖啡机等的工作情况，检查所有家具、酒吧台、吧椅及墙纸是否完美，有无破损情况。发现任何工作不正常的设备或不符合质量标准的地方，要立即填写工程维修单交酒吧经理签字后送工程部，由工程部及时派人维修。

（二）酒吧营业中的服务程序

1. 迎宾引座服务

客人到达酒吧时，服务员应主动热情地用“您好”　“晚上好”等礼貌性问候语问候客人。引领客人到其喜爱的座位入座。单个客人喜欢到吧台前的吧椅就座，对两位以上的客人，服务员可领其到小圆桌就座，协助拉椅并遵照“女士优先”的原则。

2. 为客人点酒

（1）客人入座后服务员应马上递上酒水单，稍等片刻后，服务员或调酒师再询问客人喜欢喝什么酒水。

（2）服务员应向客人介绍酒水和鸡尾酒的品种，并耐心回答客人的有关提问。开单后，服务员要向客人重复一遍所点酒水的名称、数目，得到确认，以免出错。

（3）服务员要记住每位客人所点的酒水，以免送酒时出错。

（4）酒水单一式三联，收银台、调酒师各一联，另一联由收银员盖章后交吧台取酒水。

（5）坐在吧台前吧椅上的客人由调酒师负责按规范点酒。

3. 为客人调酒

（1）调酒师接到点酒单后要及时调酒，严格按标准配方规范调制。

（2）如客人所点的是酒水单上没有的，应征询客人的意见后按客人要求进行调制。

（3）调制好的酒应尽快倒入杯中，对吧台前的客人应倒满一杯，其他客人斟倒八成满即可。

（4）调酒师随时保持吧台及操作台的卫生，用过的酒瓶应及时放回原处，调酒工具应及时清洗。

（5）当吧台前的客人杯中的酒水不足1/3时，调酒师可建议客人再来一杯，起到推销的作用。

（6）调酒师要掌握好调制各类饮品的时间，不要让客人久等。

4. 为客人送酒服务

（1）服务员应将调制好的饮品用托盘从客人的右侧送上。

（2）送酒时应先放好杯垫和免费提供的佐酒小吃，递上餐巾后再上酒，报出饮品的名称并说："这是您（或你们）的，请慢用。"

（3）服务员要巡视自己负责的服务区域，及时撤走桌上的空杯、空瓶，并按规定要求撤换烟灰缸。

（4）适时向客人推销酒水，以提高酒吧的营业收入。

（5）在送酒服务过程中，服务员应注意轻拿轻放，手指不要触及杯口，处处显示礼貌卫生习惯。

（6）如果客人点了整瓶酒，服务员要按示酒、开酒、试酒、斟酒的服务程序为客人服务。

5. 结账、送客服务

按规范结账、送客，其方法和要求与餐厅服务相同。

（三）营业结束工作

营业结束工作俗称"收吧"，主要有以下内容。

1. 清理酒吧

要搞好吧台内外的清洁卫生，将剩余的酒水、配料等妥善存放，将脏的杯具等送至工作间清洗、消毒，打开窗户通风换气以消除酒吧内的烟味、酒味，处理垃圾。

2. 填制表单

仔细盘点酒吧所有酒水、配料等的现存量，填入酒水、物品台账，如实反映当日或当班所售酒水数量。

3. 检查

全面检查酒吧的安全状况，注意火灾隐患：查看各处有无烟头，热炉是否关掉，插座是否松动等。关闭除冷藏柜以外的所有电器开关，关好门窗。

二、酒吧控制

（一）饮料控制

酒吧饮料控制一般有三种形式，即量杯量度、酒瓶计量表量度以及电子饮料配出器量。

（1）量杯量度　用量杯量取调制饮料所需的基酒是最经济、较精确的一种控制方法。其成功的关键是每酒必量，只要服务员一经习惯使用量杯，其速度与不用量杯时相差无几。使用量杯不仅使饭店的饮料得到应有的控制，而且也使宾客得到质量相同的产品。

（2）酒瓶计量表量度　酒瓶计量表是一种固定在酒瓶上，可调节流量、锁固并能自动记录总流量的装置。每一次的倒出量可以预先调节从而使饭店的饮料得到应有的控制，并且保证了饮料质量。

（3）电子饮料配出系统　电子饮料配出系统是目前较为先进的酒吧设施，由于省时省力、量度精确、控制严密，很受欢迎。

（二）收款控制

控制收款除了必须制定完善的收款制度和手续外，还必须借助于一定的工具，酒吧一般都使用收款机和账单。酒吧中使用的收款机，一般应具有记录每一次交易及自动打印收据的功能，并有多个存款屉，以防止差错和作弊。电子收款机与电子饮料配出器连接，则能起到更完善的控制作用。

（三）管理标准

在抓好饮料控制和收款控制工作的同时，建立酒吧管理标准是酒吧管理的手段之一。设立标准的目的是在保证宾客得到最佳服务的前提下，使饭店能取得合理的盈利，酒吧管理标准包括：标准定额、标准酒单、标准酒谱、标准基酒、标准定价以及标准操作等。

（四）酒水成本控制

酒水的成本控制贯穿于酒水操作的整个流程之中，如酒水的采购、验收、储存等环节都包含控制因素，酒水成本控制的关键在酒水的销售环节。对销售服务环节的控制应做到以下几点。

（1）严格按配方操作，使用量酒器控制成本并保证酒水产品质量。

（2）应建酒水账并每日盘点。

（3）坚持点单夜审控制。

（4）做好物品使用与消耗控制。

餐厅酒吧的业务管理包括人、财、物、产、供、销等多方面内容，只有通过分析、计划、组织、协调、控制等各个环节的管理，才可以达到宾客满意、饭店获益的双赢目的。

【任务考核】

简述题

简述酒吧服务规范程序。

任务3 鸡尾酒及其调制

任务导入

鸡尾酒的起源

关于鸡尾酒的起源，历来众说纷纭，无一定论。其实鸡尾酒的起源并无实际意义，只是让饮用者在快乐轻松的鸡尾酒会上，欣赏一杯完美的鸡尾酒的同时，多一个寒暄话题而已。不过，人们也不难想象，既然鸡尾酒的起源有如此多种美丽的传说，鸡尾酒恐怕的确有其独到的魅力。以下是关于鸡尾酒起源的一则有趣传说。

话说19世纪，美国人克里福德在哈德逊河边经营一间酒店。他家有三件引以为豪的事，人称克氏三绝。一是他有一只膘肥体壮、气宇轩昂的大雄鸡，是斗鸡场上的名手；二是他的酒库据称拥有世界上最杰出的美酒；三是他夸耀自己的女儿艾恩米莉是全市第一名绝色佳人，似乎全世界也独一无二。市镇上有一个名叫阿金鲁思的年轻男子，每晚到这酒店悠闲一阵，他是哈德逊河往来货船的船员。年深月久，他和艾恩米莉坠进了爱河。这小伙子性情好，工作踏实，老克里打心眼里喜欢他，但又时常作弄他说："小伙子，你想吃天鹅肉？给你个条件吧，你赶快努力当个船长。"小伙子很有恒心，努力学习、工作，几年后终于当上了船长，艾恩米莉自然也就成了他的太太。婚礼上，老头子很高兴，他把酒窖里最好的陈年佳酿全部拿出来，调和成"绝代美酒"，并在酒杯边饰以雄鸡尾羽，美丽至极。然后为女儿和顶呱呱的女婿干杯，并且高呼"鸡尾万岁！"自此，鸡尾酒便大行其道。

【任务概述】

鸡尾酒由于其复杂的内涵吸引了众多目光。调制鸡尾酒严格来说已成为一门艺术。在本任务中，粗略地介绍几款经典鸡尾酒的调制与口味特点。

【任务实施】

鸡尾酒英语称为cocktail或 pick-me-up。是一种量少而冰镇的酒。狭义的鸡尾酒是指用60毫升容量的三角形鸡尾酒杯盛装的酒精度高的鸡尾酒，也称作短饮类鸡尾酒。广义的鸡尾酒是指酒类与饮料混合的所有饮品。一般是以朗姆酒（Rum）、琴酒（Gin）、龙舌兰（Tequila）、伏特加（Vodka）、威士忌（Whisky）等烈酒或是葡萄酒作为基酒，再配以果汁、蛋清、苦精（Bitters）、牛奶、咖啡、可可、糖等其他辅助材料，加以搅拌或摇晃而成的一种饮料，最后还可用柠檬片、水果或薄荷叶作为装饰物。

一、鸡尾酒的构成

鸡尾酒的基本结构是基酒、辅料、配料和装饰物。

1. 基酒

基酒又称"酒底"，主要以烈性酒为主，如金酒、威士忌、朗姆酒、伏特加、白兰地和特基拉等蒸馏酒，也有少量鸡尾酒是以开胃酒、葡萄酒、利口酒等为基酒的。通常中式鸡尾酒以茅台、汾酒、五粮液、竹叶青等高度酒作为基酒。基酒是鸡尾酒的主体，决定了鸡尾酒的口味和特点，其含量不应少于一杯鸡尾酒总容量的1/3。

2. 辅料

辅料又称调和料，是指用于冲淡、调和基酒的原料。辅料能缓和基酒的刺激性，还可用来衬托、引导出基酒的特色，增强鸡尾酒的层次感。常用的辅料主要是各类果汁、汽水以及开胃酒、利口酒等。

3. 配料

配料是指一些用量较少但能体现鸡尾酒特色的材料，常用的配料有盐、胡椒粉、糖粉或糖浆、淡奶、辣椒油、奶油、玉桂粉、豆蔻粉、鸡蛋、洋葱等。

4. 装饰物

装饰物主要起点缀、增色作用，常用的装饰物有红绿樱桃、橄榄、柠檬、橙角、菠萝、西芹、洋葱、薄荷叶、冰、酒签等。装饰物的颜色及口味应与鸡尾酒酒液保持和谐一致，从而使其外观色彩缤纷，给客人以赏心悦目的艺术感受。

二、鸡尾酒的特点及分类

（一）鸡尾酒的特点

1. 鸡尾酒是混合酒

鸡尾酒由两种或两种以上的非水饮料调合而成，其中至少有一种为酒精性饮料。像柠檬水、中国调香白酒等便不属于鸡尾酒。

2. 花样繁多，调法各异

用于调酒的原料有很多类型，各酒所用的配料种数也不相同，如两种、三种甚至五种以上。就算以流行的配料种类确定的鸡尾酒，各配料在分量上也会因地域不同、人的口味各异而有较大变化，从而冠用新的名称。

3. 具有刺激性口味

鸡尾酒具有明显的刺激性，能使饮用者兴奋，因此具有一定的酒精浓度。适当的酒浓度使饮用者紧张的神经和缓，肌肉放松等。

4. 能够增进食欲

鸡尾酒应是增进食欲的滋润剂。饮用后，由于酒中含有的微量调味饮料如酸味、苦味等饮料的作用，饮用者的口味应有所改善，绝不能因此而倒胃口、厌食。

5. 口味优于单体组分

鸡尾酒必须有卓越的口味，而且这种口味应该优于单体组分。品尝鸡尾酒时，舌头的味蕾应该充分扩张，才能尝到刺激的味道。如果过甜、过苦或过香，就会影响品尝风味的能力，降低酒的品质，是调酒时不能允许的。

6. 冷饮性质

鸡尾酒需足够冷冻。像朗姆类混合酒，以沸水调节器配，则不属典型的鸡尾酒。当然，也有些酒种既不用热水调配，也不强调加冰冷冻，但其某些配料是温的，或处于室温状态的，这类混合酒也应属于广义的鸡尾酒的范畴。

7. 色泽优美

鸡尾酒应具有细致、优雅、匀称、均一的色调。常规的鸡尾酒有澄清透明的或混浊的两种类型。澄清型鸡尾酒应该是色泽透明，除极少量因鲜果带入固形物外，没有其他任何沉淀物。

8. 盛载考究

鸡尾酒应由式样新颖大方、颜色协调得体、容积大小适当的载杯盛载。装饰品对于酒，犹如锦上添花，使之更有魅力。而且，某些装饰品本身也是调味料。

（二）鸡尾酒的种类

鸡尾酒的种类像菜肴一样，除了著名的品种、流行的配方以外，还经常研制出新的品种和配方。著名的饭店、餐厅和酒吧都有自己独特的产品。

1. 按含酒精多少分类

短饮鸡尾酒（Short Drink）。意即短时间喝的鸡尾酒。此种基酒所占比重高，香料味浓重，大部分酒精度数是30° 左右，采用摇动或搅拌以及冰镇的方法制成，使用鸡尾酒杯。一般认为鸡尾酒在调好后的10～20分钟内饮用为好，如Dry Martini（干马天尼）、Whisky Sour（威士忌酸）、Manhattan（曼哈顿）等。

长饮鸡尾酒（Long Drinks）。是调制成适于消磨时间悠闲饮用的鸡尾酒，通常使用兑和法、摇和法或搅和法来进行调制，兑上苏打水、果汁等，载杯为典型的平底高杯。它是加冰的冷饮，也有加开水或热奶趁热喝的热饮，大多酒精浓度低，一般认为30分钟左右饮用为好，如柯林斯（Collins）等。

2. 按饮用时间不同分类

正餐前鸡尾酒。即正餐前喝的鸡尾酒，目的是滋润喉咙，增进食欲，甜味并不强烈，口感很清爽。

正餐后鸡尾酒。正餐之后喝的鸡尾酒，目的是在进餐之后清新口气或促进消化。它是有效利用甜露酒风味的甘甜浓重的鸡尾酒。

全天可饮的鸡尾酒。任何时候喝都没关系。多数鸡尾酒属这一类。睡前鸡尾酒。睡前鸡尾酒即所谓安眠酒。一般认为睡前酒最好是以白兰地为基酒，以及味道浓重的鸡尾酒和使用鸡蛋的鸡尾酒。

香槟鸡尾酒在庆祝宴会上饮用，先将调制混合酒的各种材料放入杯中预先调好，饮用时斟入适量香槟酒即可。

3. 按所用基酒分类

威士忌类、金酒类、白兰地类、伏特加类、朗姆类、特基拉类及其他类。

三、鸡尾酒的调制

鸡尾酒的调制方法有摇和法、调和法、搅和法、兑和法四种。

1. 摇和法（Shake）

摇和法也称摇晃法或摇荡法，其制作过程是先将冰块放入调酒壶，接着加入基酒，再加入各种辅料和配料，然后盖紧调酒壶，双手（或单手）执壶用力摇晃片刻（一般为5～10秒，至调酒壶外表起霜时停止）。摇匀后，立即打开调酒壶用滤冰器滤去残冰，将饮料倒入鸡尾酒杯中，用合适的装饰物加以点缀即为成品。注意有汽酒水不宜加入调酒壶摇晃。

2. 调和法（Stir）

调和法也称搅拌法，其制作过程是先将冰块或碎冰加入酒杯（载杯）或调酒杯，再加入基酒和辅料，用调酒棒或调酒匙沿一个方向轻轻搅拌，使各种原料充分混合后再加装饰物点缀为成品。如在调酒杯中调制也需滤冰后倒入合适的载杯，然后加以装饰。

3. 搅和法（Blend）

搅和法的调制过程是将碎冰、基酒、辅料和配料放入电动搅拌机中，开动搅拌机运转10秒钟左右，使各种原料充分混合后倒入合适的载杯（无需滤冰），用装饰物加以点缀。

4. 兑和法（Build）

兑和法又称漂浮法，其调制过程是将配方中的酒水按其密度（含糖量）不同逐一慢慢地沿着调酒棒或调酒匙倒入酒杯，然后加以装饰点缀而成。兑和法主要用于调制各款彩虹鸡尾酒。调制时要求酒水之间不混合，层次分明，色彩绚丽。调制关键是要熟悉各种酒水的密度，应将密度大的酒水先倒入杯中，密度小的酒水后加入。

四、常见鸡尾酒的调制

各国调制鸡尾酒的度量单位不太一样，通常英美配方中用盎司（oz），德国用厘升（cL），其他国家用毫升（mL），其换算为：

1厘升（cL）=10 毫升（mL）；

美制1盎司（oz）=29.6 毫升（mL）；

英制1盎司（oz）=28.4 毫升（mL）；

1品脱（pt）=16 盎司（oz）；

1夸脱（qt）=32 盎司（oz）。

目前世界最流行的25款鸡尾酒如下。

1. 马天尼（Martini）

（1）干马天尼（Dry Martini）

材料：金酒1.5盎司，干味美思5滴。

制法：加冰块搅匀后滤入鸡尾酒杯，用橄榄和柠檬皮装饰。如果将装饰物改成“珍珠洋葱”，干马天尼就变成“吉普森”了。

（2）甜马天尼（Sweet Martini）

材料：金酒1盎司，甜味美思2/3盎司。

制法：加冰块搅匀后滤入鸡尾酒杯，用红樱桃1颗装饰。

（3）中性马天尼（Medium Martini）

材料：金酒1盎司，干味美思1/2盎司，甜味美思1/2盎司。

制法：加冰块搅匀后滤入鸡尾酒杯，用樱桃和柠檬皮装饰。“中性马天尼”又称为“完美型马天尼”（Perfect Martini）。

2. 曼哈顿（Manhattan）

主要的曼哈顿类鸡尾酒有：

（1）干曼哈顿（Dry Manhattan）

材料：黑麦威士忌1盎司，干味美思2/3盎司，安哥斯特拉苦精1滴。

制法：在调酒杯中加入冰块，注入上述酒料，搅匀后滤入鸡尾酒杯，用樱桃装饰。

（2）中性曼哈顿（Medium Manhattan）

材料：黑麦威士忌1盎司，干味美思1/2盎司，甜味美思1/2盎司，安哥斯特拉苦精1滴。

制法：在调酒杯中加入冰块，注入上述酒料，搅匀后滤入鸡尾酒杯，用1颗樱桃和1片柠檬片进行装饰。“中性曼哈顿”又称为“完美型曼哈顿”。

（3）甜曼哈顿（Sweet Manhattan）

材料：黑麦威士忌1 盎司，甜味美思2乃盎司，安哥斯特拉苦精1 滴。

制法：在调酒杯中加入冰块，注入上述酒料，搅匀后滤入鸡尾酒杯，用樱桃装饰。

3. 威士忌酸（Whisky Sour）

材料：威士忌1.5盎司，柠檬汁1/2盎司，砂糖1匙。

制法：将上述材料加冰搅匀后滤入高球杯中，并加满冰苏打水，将1块柠檬皮拧在酒面，再用1片柠檬片和1颗红樱桃装饰。

4. 得其利（Daiquiri）

材料：淡罗姆1.5盎司，柠檬汁1/2盎司，砂糖1/2匙。

制法：将上述材料加冰搅匀后滤入糖圈口的鸡尾酒杯，或加有冰块的老式杯内，必要时可多加点糖，用1块鲜柠檬皮装饰。这是一种带有淡蓝灰色彩的鸡尾酒，日本人习惯上称它为“百家地”。这种酒宜餐前饮用或佐餐用，可助消化，增进食欲。

5. 玛格丽特（Margarita Cocktail）

材料：特基拉酒1盎司，橙皮香甜酒1/2盎司，鲜柠檬汁1盎司。

制法：先将浅碟香槟杯用精细盐圈上杯口待用，并将上述材料加冰摇匀后滤入杯中，饰以1 片柠檬片即可。

6. 螺丝钻（Screwdriver）

材料：伏特加1.5盎司，鲜橙汁4盎司。

制法：将碎冰置于阔口矮型杯中，注入酒和橙汁，搅匀，以鲜橙点缀之。这是一款世界著名的鸡尾酒，酒性温和，气味芬芳，能提神健胃，四季均宜饮用，颇受各界人士欢迎。

7. 白兰地亚历山大（Brandy Alexander Cocktail）

材料：白兰地2/3 盎司，棕色可可甜酒2/3盎司，鲜奶油2/3盎司。

制法：将上述材料加冰块充分摇匀，滤入鸡尾酒杯后用1块柠檬皮拧在酒面，再用1颗樱桃进行装饰并在酒面撒上少许豆蔻粉。

8. 百家地（Bacardi）

材料：百家地朗姆酒1/5盎司，鲜柠檬汁1/4 盎司，石榴糖浆3/4盎司。

制法：将冰块置于调酒壶内，注入上述材料充分摇匀，滤入鸡尾酒杯，以红樱桃1颗点缀。

9. 吉普森（Gibson）

材料：金酒1盎司，干味美思2/3盎司。

制法：将上述材料加冰摇匀后滤入鸡尾酒杯，然后放入1颗小洋葱。它的别名为“无苦汁的马天尼”，饮用时可放入柠檬皮，口味更加清爽。

10. 特基拉日出（Tequila Sunrise）

材料：特基拉酒1盎司，橙汁适量，石榴糖浆1/2 盎司。

制法：在高脚杯中加适量冰块，量入特基拉酒，兑满橙汁，然后沿杯壁放入石榴糖浆，使其沉入杯底，并使其自然升起呈太阳喷薄欲出状。

11. 红粉佳人（Pink Lady）

材料：金酒1.5盎司，柠檬汁1/2盎司，石榴糖浆2茶匙，蛋白1个。

制法：将酒料加冰摇匀至起泡沫，后滤入鸡尾酒杯，以红樱桃点缀。这是颇负盛名的鸡尾酒，就如同粉红色的佳人一样，很受女士们的欢迎。这种酒颜色鲜红美艳，酒味芳香，入口润滑，适宜四季饮用。

12. 生锈钉（Rusty Nail）

材料：苏格兰威士忌1盎司，杜林标甜酒1盎司。

制法：将碎冰放入老式杯中，注入上述材料慢慢搅匀即成。这是著名的鸡尾酒之一，四季皆宜，酒味芳醇，且有活血养颜之功效。

13. 罗伯罗伊（Rob Roy）

材料：苏格兰威士忌2盎司，甜味美思1/2盎司，苦精1滴。

制法：将上述材料搅拌均匀后滤入鸡尾酒杯，放入1块柠檬皮。这是一种带辛辣味的曼哈顿式鸡尾酒。

14. 旁车（Side Car）

材料：白兰地1.5盎司，橙皮香甜酒1/4盎司，柠檬汁1/4盎司。

制法：将上述材料摇匀后注入鸡尾酒杯，饰以红樱桃。这款鸡尾酒带有酸甜味，口味非常清爽，能消除疲劳，所以适合餐后饮用。这种酒乃是“鸡尾酒十杰”之一，凡饮用过的人无不交口称赞。

15. 金菲士（Gin Fizz）

材料：金酒2盎司，君度酒2盎司，鲜柠檬汁2/3盎司，蛋白1个，糖粉2茶匙，苏打水适量。

制法：将碎冰放入调酒壶，注入酒料，摇匀至起泡沫，倒入高球杯中，并在杯中注满苏打水。这种鸡尾酒酒香味甜，入口润滑，常饮可消除疲劳，振奋精神，尤其适宜夏季饮用。

16. 血玛丽（Bloody Mary）

材料：伏特加1.5盎司，番茄汁4盎司，辣酱油1/2 茶匙，精盐1/2茶匙，黑胡椒1/2茶匙。

制法：在老式杯中放入2块冰块，按顺序在杯中加入伏特加和番茄汁，然后再撒上辣酱油、精细盐、黑胡椒等，最后放入1片柠檬片，用芹菜秆搅匀即可。这是一款世界流行的鸡尾酒，甜、酸、苦、辣四味俱全，富有刺激性，夏季饮用可增进食欲。

17. 新加坡司令（Singapore Gin Sling）

材料：金酒1.5盎司，君度酒1/4盎司，石榴糖浆1盎司，柠檬汁1盎司，苦精2滴，苏打水适量。

制法：将上述各种酒料加冰块，摇匀后滤入柯林杯内，并加满苏打水，用樱桃和柠檬片装饰。这种鸡尾酒适宜暑热季节饮用，酒味甜润可口，色泽艳丽。

18. 青草蠕（Grasshopper Cocktail）

材料：白可可甜酒2/3盎司，绿薄荷甜酒2/3盎司，鲜奶油（或炼乳）2/3盎司。

制法：将上述材料充分摇匀，使利口酒和鲜奶油充分混合，滤入鸡尾酒杯，用1颗樱桃进行装饰。

19. 古典鸡尾酒（Old Fashioned）

材料：威士忌1.5盎司，方糖1块，苦精1滴，苏打水2匙。

制法：在老式杯中放入苦精、方糖、苏打水，将糖搅拌后加入冰块、威士忌搅拌后拧入1片柠檬皮，并饰以橘皮和樱桃。这也是著名的鸡尾酒品种，酸甜适中，很受欢迎。

20. 约翰柯林（John Collins）

材料：威士忌1.5盎司，樱桃白兰地2/3盎司，砂糖3匙，苏打水适量。

制法：将上述材料充分摇匀后滤入柯林杯内，并在杯中加满冰苏打水，以柠檬片和樱桃装饰。这是一种甜中带酸的消暑饮品。

21. 自由古巴（Cuba Liberty）

材料：深色朗姆1/2盎司，可口可乐1瓶。

制法：在高球杯内加入3块冰块，并放入1片柠檬片，然后加入朗姆酒，用可乐加满酒杯。这是一种内容非常丰富的饮料，如用淡色朗姆代替深色朗姆，那么它的香气就会被可口可乐的味道盖过去，所以最好是使用香气较强的深色朗姆酒。这种酒酒味香醇甜美，宜夏天饮用，更适合酒量浅的人饮用，有去疲劳助消化、促进新陈代谢之功效。

22. 黑俄罗斯（Black Russian）

材料：伏特加1.5盎司，咖啡利口酒3/4盎司。

制法：在阔口矮型老式杯中加入冰块，注入酒，轻轻搅匀即可。这种酒味美芬芳，饮后能增加精神，宜餐后与咖啡共进。

23. 史丁格（Stinger）

材料：白兰地1.25盎司，白薄荷酒1.25盎司。

制法：在调酒杯内放入冰块，注入酒搅匀滤入鸡尾酒杯，以红樱桃装饰。这种酒适宜餐后饮用，有浓厚的薄荷味，饮后能祛风行气，健身强体，潮湿气候饮用尤佳。

24. 布朗克斯（Bronx）

材料：金酒1.5盎司，干味美思1.5盎司，甜味美思0.5盎司，橙汁2盎司。

制法：先将冰块放进摇酒壶中，用量杯将酒和饮料量入其中，用摇和法，过滤冰块，把酒水倒入鸡尾酒杯中，用小刀切樱桃挂在杯边装饰。

25. 尼克罗尼（Negroni）

材料：金酒2盎司，金巴利酒1盎司，甜味美思1盎司。

制法：用调和滤冰法，先把冰块加入调酒杯中，用量杯将三种酒按配方量入杯中，用酒吧匙搅拌5分钟，过滤冰块，把酒倒入鸡尾酒杯中，最后削1片长柠檬皮，轻轻扭90°角，垂入杯中装饰。

【任务实训】

一、实训目的

通过对鸡尾酒及其调制基础知识的讲解和操作技能的训练，使学生了解鸡尾酒的类型和特点，知晓几种经典鸡尾酒的组成和调制方式。

二、实训时间

4学时。

三、实训方法

老师先讲解、示范，然后由学生操作，老师再进行指导。

四、测试与考核

调酒测试与考核评分表

名称/项目	红粉佳人		抽签酒		自创酒	
	满分	得分	满分	得分	满分	得分
总分	20		20		20	
颜色	5		4		4	
味道	5		4		4	
姿势与技巧	5		4		4	
整体造型	5		4		4	
载杯	—	—	4		—	—
创新与命名	—	—	4		4	

模块三
餐饮服务管理篇

项目一　餐饮原料采购和库存

知识目标

餐饮订货、采购的组织表现形式及其明确采购的重要性；

掌握原料的采购数量控制、质量控制及价格控制的方法；

熟悉验收的程序，学会正确运用各种表单管理验收过程；

了解发料管理制度，意义及目的。

技能目标

能够通过科学的采购的程序、方式，采购合理数量、质量和价格的餐饮原料以及能够及时分析在采购过程中经常发生的技术问题和验收的方法；

能根据餐饮企业的具体情况制定相应的采购规章制度，并制作采购规格书和填写食品原料的采购、验收各环节的报表；

掌握食品发放制度，能够进行科学的食品原料盘存。

任务1　餐饮原料采购管理

任务导入

降低成本，从源头抓起

拥有76家大中型餐馆的北京华天饮食集团公司为使下属各企业在激烈的市场竞争中掌握市场主动权，决定从源头抓起：在保证货源质量的前提下，减少成本，把菜品价格降下来，服务大众，让利于民。基于此种想法，集团公司推出了进货招标的方案，这个方案得到了供应商的积极响应，前来报名竞标的经销商、厂家有100多家。经过筛选，有近50家供货商获准参加竞标。中标的原则是：同等质量下，选择价格最低的；同等价格下，选择质量最好的。通过质量和价格的认证，28家供货商以质优价廉取得了向华天企业供货的资格证书。

目前，这些厂商均已不同程度地和华天建立了合作关系，包括酒、饮、蛋禽、蔬菜等7大类30多种华天日常所用原料的供应商在内的多家供应商。为了与华天保持长期合作关系，都很注意自身的商誉。这次招标成功，华天不但货源质量有了保证，供货价格也降了下来。

【任务概述】

餐饮原料采购是餐饮业务经营活动的重要环节，餐饮原料采购和验收管理水平直接影响餐饮生产过程和业务经营的顺利发展。采购和库存的目标是始终保证供应足够数量的食品原料，各种食品原料应适合使用并按最有利的价格购买。通过本任务的学习，应重点掌握原料的采购数量控制、质量控制及价格控制的方法；熟悉验收的程序，学会正确运用各种表单管理验收过程；能够严格遵循发料管理制度，并能正确划分和统计餐饮用料成本。

【任务实施】

原料采购是重要的成本控制问题，它决定了所有原料成本的进货价格，也决定着原料的质量、数量等其他成本因素。食品等原料的采购，是餐厅为客人提供菜单上各种菜肴的重要保证，只有原料的质量合适，才能保证菜肴口味佳美。食品原料的采购数量、质量和价格不合理，会使餐饮成本大大提高。利润表现在销售价格上，而实际更隐藏于采购中，这就是采购的重要作用。

一、认识采购

食品原料的采购是厨房食品生产加工和销售服务的顺利进行的物质基础。组织好厨房食品原料的采购供应工作不仅能够使厨房食品生产加工和业务经营活动得以顺利进行，同时也能保证菜点质量，降低厨房生产成本，加速资金的周转，提高了经济效益。

（一）原料采购的特点

原料采购是重要的成本控制问题，随着技术的进步，原料质量和可选择性的增加，对于采购者来说，做出“到底购买何种原料”的决策是有些困难的，因为原料的市场形态多种多样，由于产地不同，原料质量也有多种标准，同一品种标准可以有多种原料质量和价格的选择。因此食品原料采购不同于其他物料采购，具有如下特点：

（1）多样性　大型餐厅每天正常的品种供应的原料，每天约要上百种以上的原料，如新鲜的蔬菜、鲜活的河鲜、新鲜的肉类禽类、各种调味品、干货、粮油米面等，原料范围非常广泛。少至几十克的香菜，大至万多元的燕窝，诸如此类，不一而足。

（2）多变性　原料来源不同，供应渠道不同，季节不同，质量自然不尽相同；品种质量要求不同，对原料质量的要求也自然不同；受到天气影响、供货渠道、销售状况的影响，每天对原料的质量和数量当然不同。

（3）时间性 大部分的鲜活原料采购回来都要进行加工预制，因此存在着原料到位、加工时间与出品要求的协调问题，所以对鲜活原料的采购有明显的时间要求。一般要求是在上午10点前要完成大部分鲜活原料的采购，如下午需要采购的话，也必须在晚餐开餐前收货，否则就会影响到餐厅正常营业。

（4）技术性 原料千差万异，质量也千变万化，要在此中做出正确客观的判断，没有对原料的相当认识是不行的，这就是原料采购的技术表现。作为一名合格的采购人员，必须对原料有足够的认识，要懂得怎样去判断原料质量的好坏，懂得怎样判断原料的产地和特征，不然的话，会制造麻烦和闹出笑话。

（5）突发性 餐饮生意有点不可控，每天来就餐的顾客，数量不定，要求不同，尽管大部分原料可以预测，但毕竟还是存在着不可控因素，还是存在着变数。例如，突然有顾客订一席高档宴会，恰好厨房没有某种原料，采购员就必须想办法应急采购。

（二）采购职能的归属

餐饮原料是餐饮生产和服务的重要物质基础，只有原料的质量好，才能保证为顾客提供优质的餐饮服务。目前在酒店业，餐饮原材料的采购，从组织形态角度而言，主要有三种形式。

1. 酒店采购部负责所有餐饮物品的采购

一些高星级、较大规模的合资、独资饭店往往采用这种模式。由于原材料的采购者与使用者归属于两个不同的部门，对采购的管理就比较规范，制度比较严密，采购资金的管理也较严实，便于总经理和财务人员对采购资金、采购成本进行直接控制。缺点是采购的周期较长，及时性较差，餐饮部不能及灵活的根据原材料价格的变化调整购买的品种和数量。因此，餐饮部管理人员必须对食品原料的质量进行规范化，对采购运作时间予以明确规定，以保证供需的协调一致。

2. 酒店餐饮部负责所有餐饮物品的采购

这种形式在我国饭店中最为常见。由于原料采购归属于餐饮部自己，所以便于专业化管理。原材料的供给和生产信息反馈迅速，具有及时、灵活、原料质量可以得到保证等优点。但采购的数量控制、资金和成本控制都难以掌握，同时往往缺乏严格的监督机制，容易造成管理上的漏洞。因此，餐饮部应订立相应的规章制度，严把质量和数量关，使采购环节的成本费用降到最低。

3. 酒店餐饮部负责鲜活物品的采购，酒店采购部负责可储存物品的采购

餐饮部和采购部对采购工作进行了分工，一般而言，采购部负责可储存原料的采购，餐饮部负责现货原材料的采购。这种采购方式比较灵活，鲜活原材料采购及时，大宗采购又受到及时的监督与控制。其弊端就是多头采购，职能划分不清，给管理、协调工作带来了许多麻烦。食品原料的采购究竟采用何种方式为好，应该根据酒店的自身情况及酒店所在地原料市场的供应情况来决定。

（三）采购原则

1. 合理的品质

原料品质的好坏直接影响到烹调的成本和出品的质量，这在行业上已达成共识。所谓合理的品质有三个含义：一是指原料品质应符合品种质量的设计要求，任何品种都有

其特定的质量设计要求，它至少规定了对原料品质的使用。有些原料品质虽好，但不一定符合；品种设计的成本标准；有些原料价格虽便宜，但也不一定能做出符合品种质量标准的成品。当然，不同档次的餐厅，对品种的质量要求也有差别。二是指原料品质应符合烹调过程的要求，相对来说，电气化程度越高，对原料品质的要求也就越高，其原料成本也会随之提高，此外，对每一种烹调工艺流程对原料加工切配的品质要求也不尽相同。最后也是最重要的是原料品质对成本的影响，其规律是：原料品质与价格成正比关系。品质越好，价格就越高，成本就越大；反之亦然。所谓"价廉物美"只能是相对某一时间的采购活动而言，实际上，在市场经济里，不存在着绝对意义上的原料品质好又是低价的便宜事。由此可见，合理的原料品质无论对品种质量还是对成本来说，是非常重要的。

2. 合理的数量

原料采购的数量是通过价格而影响成本的高低的。一般来说，进货数量不够，会造成缺货，影响烹调运作；进货数量大，会造成进货成本低，但这并不都是一件好事。因为数量大也会造成存货成本高。所以，合理的数量一方面是能够满足烹调运作对原料的需求，另一方面是符合成本控制的要求。如果提高采购数量可获得的折扣，能够抵偿存货增加的成本损耗和费用损耗，就不妨增大存货数量，以减少采购成本；如果价格波动较大，则数量的多少要取决于进价涨或降的幅度了，但不要忘记，进货数量不能超出储存的最高存货量。

3. 合理的方式

作为采购原则之一，它包括有四个方面的内容：一是要求采购方式和送货时间与烹调运作部门的原料需求要相适应，因烹调原料以鲜活为主，以当天购入，当天使用为主，所以这两种时间必须配合烹调运作对原料的需求。二是要选择理想的供应商，包括供应规模，讲究信誉，按时交货，价格合理等因素的考虑。三是合理的付款方式，如现金支付、支票支付、转账支付、定期支付等。现在，付款方式实际上已影响到原料的进货价格，因而要特别注意付款方式的选择。四是要符合企业成本控制的要求和社会有关法规，前者如采购程序的实现，成本数据的收集和记录，后者如经济合同法、交易守则等。

4. 合理的价格

进货价格的高低，实质上决定原料成本的高低，是原料成本结构中的一个重要因素。货价格是采购的所有因素中最活跃的平衡因素。它最明显的作用是起到调节采购原料的量、数量、付款、采购方式等因素之间的平衡。质价相符，数量越多，折扣越大，就是这道理。这几个因素之间的关系经常在变动，所谓合理的价格，就是指用进货价来协调原料质量、数量、付款方式、采购方式之间的关系，或者，使这四者之间达到某种平衡。

如果简单地理解采购原则，那就是：在原料品质上，要买有用的，要买好的，要买的；在原料数量和价格上，要买多少，要买多少钱，要花多少钱买；在采购方式上，在何处购买，向哪家供应商购买，怎样购买。

（四）食品原料的采购程序

采购程序是采购工作的核心之一。实施采购首先应制定一个有效的工作程序，使从事采购的有关人员和管理人员都清楚应该怎样做、怎样沟通，以形成一个正常的工作流程，也使管理者利于履行职能，知道怎样去控制和管理。各饭店可根据自己的管理模式，制定符合本饭店的采购程序，但设计的目的和原理是相同的，图3-1为通常的餐饮原料采购程序。

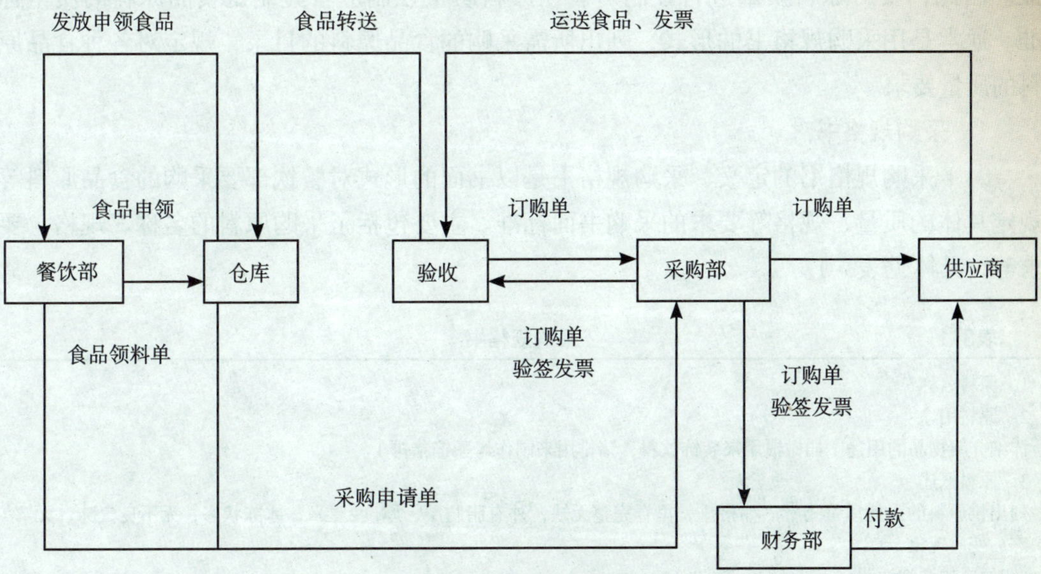

图3-1　餐饮原料采购程序

按图所示：使用部门所需要的食品应向储藏仓库申领，申领应通过正式的申请手续（食品领料单）领取，仓库根据申领手续发放。发放的食物原料既可以是仓库本身保管储藏的，也可以是当天经验收合格的新鲜食品原料。

使用部门和仓库分别通过采购申请单向采购部门提出订货要求，餐饮部的订货品种是除仓储之外的食品，通常为新鲜食品；而仓库订购的是各类需储存保管的食品。当库存量低于规定的数量时，就要提出申购，补足必要的库存量。

当采购部门接到订货申请之后，通过正式的订购单向供应单位订货，同时给验收部门一份订购单，以备收货时核对。

订货后，供应单位或个体经营者如送货上门，则由验收部门验收合格后转送入库；如供应单位不提供送货服务，则由采购部门承运回来，交验收部门验收入库。当验收部门收到厨房订购的新鲜食品时，应立即通知厨房通过申领手续及时领去。

对于单据的处理，应由验收部门将货物发票验签之后，连同订购单交采购部，采购部再交财务部门审核，然后向供应单位支付货款。

在整个运行程序中，应使各部门明了：各项工作均应以向生产部门及时提供适质、适价、适量的食品为惟一目标，各部门在提供食品时都负有各自的责任，管理者应严格按采购程序对采购过程进行督导和管理。

二、采购过程管理

正常的采购控制应该是一种制度化的管理，即各种有关采购活动都有相应的制度限定，活动的进行都会受到相应制度的约束。在采购中，原材料的质量、数量和采购方式是管理的重点内容。

（一）原料采购质量控制

食品原料的质量是指食品原料是否适用。食品原料的质量是餐饮产品的质量的保证。因此，要对原料质量进行控制。餐饮原料质量控制应首先制定食品原料的质量标准。通常是用采购规格书的形式，列出所需采购的食品原料的目录，规定对各种食品原料的质量要求。

1. 采购规格书

（1）采购规格书的定义　采购规格书是以书面的形式对餐饮部要采购的食品原料等规定具体的质量、规格等要求的采购书面标准。主要包括了采购原料的名称、规格、要求等，具体见表3–1。

表3–1　　采购规格书

1. 原料名称
2. 原料用途
详细介绍物品的用途（如橄榄用来装饰饮料，猪排用来制作烤酿馅猪排）
3. 原料概述
列出供原料的一般质量指标。如猪排，里脊完整无缺，外有脂肪层，厚度2厘米，冰冻状态，无不良气味、无解冻、变质现象
4. 原料的详细说明
列出有助于识别合格产品的因素。这些因素包括：产地、规格、比重、品种、份额大小、容器、类型、商标名称、净料率、式样、稠密度、等级、包装物等
5. 原料检验程序
收货时对应该冷藏保管的原料可用温度计测出，通过计数或称重检验数量
6. 特殊要求
明确表明质量要求所需的其他信息。如投标程序、包装要求、交货要求等

（2）采购规格书的作用

① 有助于采购人员和管理人员明确食品原料的质量标准。

② 有助于为食品生产提供合格的原料。

③ 有助于搞好食品原料的验收和发放工作。

④ 可防止采购人员与供货商之间的误解。

⑤ 将采购书发给几个供货商，便于供货商投标，也使酒店有选择最优价格的机会。

⑥ 便于采购工作的顺利进行。每次订货时，不用口头向供货商重复说明原料的质量要求。

⑦ 可以防止采购部门与原料部门之间可能产生的矛盾。

（3）编写质量标准要考虑的因素

① 企业的类型：不同类型的餐饮企业对原料的质量标准要求不一样。快餐店与普通餐馆、普通餐馆与豪华餐厅对原料的质量要求都不一样。

② 设备情况：企业的设备设施情况影响食品原料需采购的品种和数量。如果餐厅没有足够的设备设施，就需要采购较多的经过加工后的产品，故在采购书上就要详细写明要求。

③ 市场环境：从市场上可购买到哪些食品原料及企业需求与供应商之间的差距，是影响质量标准制定的重要因素。如果市场上原材料种类繁多，应有尽有、标准统一，对采购规格书的编写是有利的。此外，还要考虑交货时间和工具。

④ 菜单：企业要采购哪些食品原料是由菜单决定的。采购任何一种原料都必须是菜单中所需要的。根据菜单上菜肴的制作要求，在采购书中要写明对原料的采购要求。

（二）采购的数量控制

1. 影响采购数量的因素

（1）餐厅餐饮产品销售数量的增减影响采购数量的多与少。

（2）现有的仓储设施影响采购的数量。比如，冷冻、冷藏空间过小，则不能采购过多的易变质的鱼、肉、禽蛋类原料；除湿能力低或设备差，则不能采购过多的干货。

（3）采购点的距离远近影响采购的数量。如果采购点远，可以增加批量，减少批次，以便节约运费，防止断档；如果采购点近，可以减少批量，增加批次。

（4）企业财务状况的好坏影响采购的数量。餐饮企业经营较好时。可适当增加采购量；资金短缺时，则应精打细算，减少采购量，以利于资金周转。

（5）产品采购的内在特点决定了采购数量的大小。不宜久储的食品原料应“勤进快销”；易于保存的干货，则可适当增加采购数量。

（6）市场供应情况影响采购数量。

市场供求状况的稳定程度影响采购数量。当市场上原料供应比较稳定时，采购的数量可按照其消耗速度和供货天数来计算；当原料的市场供应不稳定时（比如忽多忽少或长期缺货），可以增加采购数量。

供货单位制定的最低订货要求（或限制）影响采购的数量。比如，供货单位可能会规定最低金额或最少重量等。

2. 采购对象的分类管理

（1）鲜活原料　指的是蔬菜、鲜鱼、鲜肉、水果和新鲜奶制品等，这些原料一般在购进后的当天或短时间内使用，用完后再购买，所以采购的频率较高，一般采用日常采购法和长期订货法。

（2）干货原料（可储存原料）　通常指的是干货或冷冻储存的不易变质的食品原料，如大米、面粉、盐、糖、罐头、调味料及冷冻类的肉类、水产品等，此类原料一般用定期订货法或永续盘存法来控制采购数量。

3. 鲜活类原料采购数量控制

鲜活原料必须遵循先消耗再进货的原则，因此，要确定某种原料的当次采购量时，必须先掌握该原料的现有库存量（通常在厨房反映出来），并根据营业预测，决定下一营业周期所需要的原料数量，然后计算出应采购的数量。实际操作中，可以选用以下方法：

（1）日常采购法　日常采购法多用于采购消耗量变化大，有效保存期较短因而必须经常采购的鲜活原料。每次采购的数量用公式表示为：

应采购数量=需使用数量−现有数量

公式中，需使用数量是指在进货间隔期内对某种原料的需要量。它要根据客情预测，由行政总厨或餐饮部经理决定。在确定该数字时，还要综合考虑特殊餐饮活动、节假日客源变化、天气情况等因素。现有数量是指某种原料的库存数量，它通过实地盘存加以确定。

应采购数量是需使用量与现存量之差。因为鲜活原料采购次数频繁，有的几乎每天进行，而且往往在当地采购，所以一般不必考虑保险储备量。

日常采购原料可以用饭店自行设计的“市场订货单”（见表3−2）来表示。表中的原料名称可以事先打印好以免每次重复填写，其余几栏则要每次订货时根据需使用数量和现有存量的实际情况填写。

表3−2 ××饭店市场订货单

___年___月___日

原料名称	需使用量	现有存量	需购量	市场参考价		
				甲	乙	丙
花菜						
芹菜						
番茄						
土豆						
…						

（2）长期订货法 某些鲜活类食品原料的日消耗量变化不大，其单位价值也不高，宜采用长期订货法。一是饭店与某一供应商签订合约，由供应商以固定的价格每天或每隔数天向饭店供应规定数量的某种或某几种原料，直到饭店或供应商感到有必要改变已有供应合约时再重新协商；二是要求供应商每天或每隔数天把饭店的某种或某几种原料补充到一定数量。饭店对有关原料逐一确定最高储备量，由饭店或供应商盘点进货日的现存量，以最高储备量减去现存量得出当日需购数量（见表3−3）。

表3−3 采购定量卡

原料名称	最高储存量	现存量	需购量
鸡蛋	5箱	2箱	3箱
鲜奶	100千克	20千克	80千克
…			

长期订货法也可用于某些消耗量较大而需要经常补充的饭店物资（如餐巾纸）。这些物品大量储存会占用很大的仓库面积，不如由供应商定期送货更经济。

4. 干货及可冷冻储存原料的数量控制

干货属于不易变质的食品原料，它包括粮食、香料、调味品和罐头食品等。可冷冻储存的原料包括各种肉类、水产品原料。许多饭店为减少采购成本，求得供应商的量大折扣优惠，往往以较大批量进货。但这样也可能造成原料积压和资金占用过多，因此，必须对这类原料的采购数量严加控制。

确定干货及可冷冻储存的原料的采购数量一般有两种方法，即定期订货法和永续盘存卡法。

（1）定期订货法　定期订货法足干活原料采购中最常用的一种方法。因为餐饮原料品种多，使用频繁，为减少进货次数，使食品管理员有更多的时间去处理鲜活类原料的采购业务，饭店通常把同类原料或向同一供应商采购的原料，定期在同一天采购。也就是说，不同类的原料和向不同供应商采购的原料的进货尽量安排在不同的日期，使验收员和仓库保管员的工作量得到平均分布。

定期订货法是一种订货周期固定不变，即进货间隔时间（一周、一旬、半月或一月，等等）不变，但每次订货数量任意的方法。每到某种原料的订货日，仓库保管员应对该原料的库存进行盘点，然后确定本次采购的订货数量，其计算方法如下：

需订货数量=下期需用量－实际库存量+期末需存量

下期需用量=日需要量×定期采购间隔天数

日需要量指该原料平均每日消耗量，一般根据以往的经验数据得出；实际库存量为订货日仓库实物盘存得到的数字。

期末需存量指每一订货期末饭店必须储存的足以维持到下一次送货日的原料储备量。用公式表示为：

期末需存量=日需要量×订购期天数+保险储量

决定期末需存量，一方面要考虑发出订货单至原料入库所需的天数（由合同或口头约定，在这里称为订购期天数）和原料的日均消耗量，另一方面还要考虑各种意外原因可能造成的送货延误，要有一个保险储存量。保险储存量的多少视原料的供应情况而定，一般饭店把保险储存量定为购期内需用量的50%。

期末需存量也称最低储量。因为当某些原因造成一定品种原料在某一阶段的实际用量大大超过以往的日均消耗量时，如不及时采购，就可能造成原料的断档。为避免这种失误，仓库保管员如在发货时发现某种原料虽然没有到订货日期，但它的现存量已非常接近于最低储量时，就要立即采购。

例：某饭店一月一次采购菠萝罐头。菠萝罐头的消耗量为平均每天15听，正常订货周期为4天。在当月的订货日，经盘点尚存100听。饭店确定菠萝罐头的保险储量为订购期内需用量的50%，则菠萝罐头的最低储量和需订货数量为：

最低储量=15听／天×4天+15听／天×4天×50%=90听

需采购量=15听／天×30天－100听+90听=440听

（2）永续盘存卡订货法　永续盘存卡订货法也称订货点采购法或定量订货法，它是通过查阅永续盘存卡上原料的结存量，对达到或接近订货点储量的原料进行采购的方法，一般为大型饭店所采用。使用永续盘存卡订货法的前提是对每种原料都建立一份永续盘存卡（见表3-4），每种原料还必须确定最高储备量和订货点量。

表3-4 永续盘存卡

食品原料永续盘存卡 编号：3112				
品名：番茄罐头 规格： 单价：		最高储存量：250听 订货点量：120听		
日期	订单号	进货量（听）	发货量（听）	结存量（听）
4–26				135（承前）
4–27	345678		15	120
4–28			17	103
4–29			16	87
4–30			17	70
5–01			15	55
5–02		210	16	249
…				

原料的最高储备量指某种原料在最近一次进货后可以达到但一般不应超过的储备量。它主要根据原料日均消耗量以及计划采购间隔天数，再考虑仓库面积、库存金额、供应商最低送货订量规定等因素来确定。

订货点量也就是该原料的最低储存量（即定期订货法中的期末需存量）。当原料从库房中陆续发出，使库存减少到订货点量时，该原料就必须采购补充。这时，订货数量为：

订货数量=最高储备量－订货点量－日均消耗量×订货期天数

例：某饭店采购番茄罐头，该罐头日均消耗量为16听，订货期为5天，最高储备量为250听，保险储存量定为订购期内需用量的50%，则：

订货点量=日均消耗量×订货期天数+保险储量=16×5＋16×5×50%=120听

订货数量=最高储备量－订货点量+日均消耗量×订货期天数=250－120+16×5=210听

永续盘存卡订货法的优点是，原料不足时能及时反映并采购。由于每项原料都规定最高储备量，所以数量上不会多购，有效地防止了原料的过量储存或储存不足；此外，永续盘存卡上登记了各种原料进货和发货的详细信息，仓库保管员不必每天库存盘点，只要翻阅永续盘存卡即可，这样能节省人力；同时，以该方法采购，可使采购数量比较稳定，不需每次决策，管理上比较方便。但是，永续盘存卡采购一般是不定期进行，采购运输的工作量较大，卡片的登记比较费时。因此，许多饭店把定期采购法和永续盘存卡采购法结合使用。

（三）采购价格控制

在原料采购中，进货的价格总是影响着原料的品质：数量和其他因素。原料品质的好坏、原料数量的多少，以及采购方式的选择，最终都要反映到原料的进货价格上。因此，采购决策实质就是价格决策，这是采购控制的重点，也是整个成本控制的重点。

1. 价格分析因素

价格分析因素是指影响价格高低的各种因素。

（1）原料品质　在一般情况下，原料品质与进货价格之间的关系是正相关，原料品质越好，价格越高；原料品质差，价格就会低。也有特殊情况，当原料供应是呈季节性时，价格波动较大，如新出的时令蔬菜，价格肯定偏高，当季节变化使这种原料供应量增大时，价格也会随之下降。

（2）原料数量　采购数量之所以能够影响进货价格的高低，是因为有市场经济规律这只“看不见的手”在左右着。同是一种原料，采购数量大时，所获得的折扣的绝对额就越大，摊到平均单位成本的进货价格就会便宜一点；相对来说，零星采购的数量小，进货价格就会贵一点。这种情况叫做数量与价格之间的弹性。

（3）原料的供求关系　一般来说，原料的供求是通过价格来调节的，供应量一定的时候，需求大，价格便上升；需求小，价格便会下降；如果供应量增大，需求量保持不变，价格就会下降；如果供应量减少，需求量保持不变，价格就会上升。现在，农贸市场价格开放，总有一只“看不见的手”在自行调节着供求关系，所以原料进货价格的起跌与原料市场的供求关系有关。

（4）采购方式　这也是影响进货价格的一个因素。如选择代货渠道的合理与否，实际上也影响着进货价格的高低，特别是从机会成本角度去分析。如零星采购的进货价格会高些，定期采购和日常采购的进货价格不稳定，合同采购的进货价格较稳定，现金结账要比支票结账的进货价格低等。

2. 市场行情的把握

原则上凡是原料采购必定要了解市场行情，把握了市场行情，就等于把握了进货价格。把握市场行情就是采购信息的收集，如对原料种类、原料品质、原料数量、进货价格、采购时间、采购对象（供应商）、采购方法等因素的调查。

把握市场行情主要有两种方法。一种是比较法，就是把本企业的进货价格与同行的进货价格进行比较，从中发现差异。一些餐饮企业在这方面做得比较好，定期向属下的酒家提供市场进价报表，列出当前主要原料在各大酒家的进货价格。有了这些价格比较，就能够基本把握到本区域的市场行情。另一种是实地观察法。由采购部定期派人员到本地区各主要农贸市场了解行情，一般每周1～2次，是作为采购部制度化的工作内容之一。实地观察法最大的好处是能够掌握市场行情的第一手资料，这对价格来说，是非常重要的。在中大型的餐饮企业中，这两种方法通常都是混合使用的。

3. 定价方法

现实工作中，餐饮原料采购所使用的定价方法主要有以下三种：

（1）议价定价法　议价定价法就是以个别邀请的方式，由少数供应商报价，并由买卖双方协商价格及其他交易条件，借此选择最合适的供应商。由于餐饮业的原料供应大都由市场调节，所以议价定价法是进货价决策中最常见和最实用的一种。实行议价定价法时，要注意了解市场行情，确定底价，慎选供应商，了解报价所附及的优惠条件。在议价过程中，供应商通常不主动降价，采购人员必须凭借“三寸不烂之舌”，晓之以理，动之以情，才会有所斩获。若议价处于僵持状态，需由采购主管或经理出面解决。凡对上门求做生意的供应商，议价时应抱着可买可不买的态度，才能收到“欲擒故纵”的效果。当供应商的需求相当急切时，应以“退一步进两步”的手法，迅速成交。

（2）比较定价法 比较定价法就是货比三家，选择价格合理者进货，这是常见的价格决策方法。要注意，货比三家的含义是多方面的，它包括原料的品质、可供数量、供货方式和供货价格等。所谓价格合理，就是指以价格平衡这些因素之间的关系。例如，某采购部要采购牛肉，主要用于制作大众化品种，那采购部门就不应只考虑价格这一因素，还要比较几家供货商的其他条件，如送货与否、牛肉质量、付款方式等等，应全面考虑各种因素，保证酒店的利益。比较定价法之所以实用和常用，主要是它具有弹性，适合零星采购和日常采购的要求。

（3）招标定价法 招标定价法就是对所要采购的原料实行价格、规格、品质、数量的公开招标，然后根据供应商的抽标及市场调查，会同有关部门负责人共同进行决策。成本总监负责从成本控制方面来考虑进货价格，采购经理从供应商本身信誉、供应渠道等方面选择，营业经理是从销售的角度及品种售价的角度来考虑问题，行政总厨是从品种结构和烹调技术角度来考虑进货原料。每个人所站位置不同，考虑的角度不同，经过综合考虑，可达到满意的效果。招标定价法、议价定价法和比较定价法一样，也要进行货比三家，但相对而言，招标定价法的操作较程序化些，对管理者和管理环境的要求高些，适合于日常采购、定期采购与合同采购等方式。

4. 进货价格的稳定

影响餐饮运作的主要是客源和货源两个市场。一方面，餐厅有赖于顾客，是通过品种价格来确立之间的供求关系，因此为了在顾客市场中树立一个稳定而良好的价格形象，品种供应的售价就不能经常变动。另一方面，原材料价格已经全部由市场调节，各类原料的供求完全是由“看不见的手”来支配的，像海鲜这一类原料，基本是每天一个价格，浮动弹性大。这意味着餐厅在顾客面前必须保持稳定持续的价格形象，同时又必须要承受农贸市场进货价格的波动。对内部成本控制来说，不稳定的进货价格，会给成本核算和控制带来许多困难，也会给价格形象造成不好的影响。所以，如何稳定进货价格，是采购价格决策中的重要问题。

稳定的价格是建立在稳定的供求关系上。在市场经济条件下，餐饮企业有赖于顾客，顾客就是“上帝”，因为餐饮必须通过满足顾客需求而获取利润，才能生存和发展；而餐饮企业与供应商之间，餐饮企业就是“上帝”，因为供应商也要通过满足餐饮企业的原料需求才能有利可图。这样，通过餐饮企业与供应商之间供求关系的稳定，就可以在一定的时间把进货价稳定在特定的范围里。

目前，大多数餐饮企业都采取以下做法：日常使用的鲜活原料的采购价格以10天（或15天）定一次价为准。也就是说，在10天内，原料采购是按照采购部与供应商确定的进货价进货，而不管这10天中市场价格如何浮动。如果市场价格上浮，供应商的成本增大；如果价格下浮，则供应商的成本减少。大量的经验表明，若进货价定得准确，大多数情况是能够反映出市场价格的，除非采购部对市场行情没有了解或了解不多。10天（或15天）含义是：以内部责任会计的核算和结算周期为限（也有些原料是20天或1个月的），10天之后，供应商凭着验收单到财务部以确定的进货价格和结算方式进行结算。然后又开始下一个10天的报价和操作，如此周而复始。

这仅是指日常使用的鲜活原料，对于那些定期采购（如一般干货、调味品和冻品）的原料，最好是按照合同价格操作，或按当时的价格进货。对于那些贵重原料（如高档干货和进口原料）可按当时进价计算。

（四）采购方式的控制

选择和使用合适的采购方式是实现采购目标的重要保证。采购方式多种多样，采用什么样的采购方式，应该根据餐饮业务经营的要求、采购任务、食品原料的种类及市场情况，选择适宜的采购方法。常用的采购方法有以下几种。

1. 竞争报价采购

竞争报价采购是采购人员将需要采购的某种食品原料通过几个供货商的报价，或提取样品，从中选取质优、价廉的货品为采购对象的一种采购方法。当餐饮企业所在地目前货源充足，供货商较多；餐饮企业有稳定的大量的采购需求；餐饮企业资金运转良好的情况下，可采用这种方法。

2. 招标采购

这是一种由使用方提出品种规格等要求，再由卖方报价，投标并择期公开开标，公开比价，以符合规定的最低价者得标的一种买卖契约行为。其优点是公平竞争，可以使买者以合理的价格购得理想的货品，并可杜绝徇私、防止弊端，但手续较繁琐费时，不适用紧急采购与特殊规格的货品。

3. 成本加价采购

当某种原料的价格涨落变化较大或很难确定其合适价格时可以使用这种方法。这里的成本指批发商、零售商等供应单位的原料成本。在某些情况下，供货单位和采购单位双方都把握不住市场价格的动向，于是便采用这种方法成交，即在供货单位购入原料时所花的成本酌情加上一定百分比，作为供货单位的盈利。对供货单位来说，这种方法减少了因价格骤然下降可能带来的亏损危险，对采购单位来说，加价的百分比一般比较小，因而也有利可图。

4. 合作采购

几个类型相似的餐饮企业为了降低进货成本，对某些共同需要的原料凑成大批数量，向供货单位进货，从而获得批发价或优惠价。

5. 无选择采购

在餐饮经营过程中，厨房有时急需某些品种的食品原料，在当地仅此一家有货供应。在这种情况下，无论供货商如何索价，只能采取无选择采购。

6. 归类采购

酒店营业所需的原料品种繁多，必须向众多的供货单位采购，这就意味着酒店每天必须花费大量的人力和时间处理票据和验收进货。为了减少采购、验收工作的成本费用，有的酒店开始尝试新的采购方法，即凡属同一类的各种原料、物资，酒店都向同一个进货单位购买。

7. 集中采购

大型酒店公司或集团往往建立地区性的采购办公室，为本公司该地区的各饭店企业采购各种食品原料。具体办法是各酒店将各自所需的原料及数量定期上报公司采购办公室，办公室汇总后便进行集中采购。订货以后，可根据具体情况由供货单位分别运送到各处酒店企业，也可由采购办公室统一验收，验收后再分送。

集中采购的优点是：一次购买量大，可以享受价格优惠；便于与更多的供应单位联系，原料质量有更多的挑选余地；有利于某些原料的大量储存，能保证各酒店企业的原料供应；能减少各酒店企业采购员徇私舞弊的机会。

集中采购也有不足，表现在以下方面：各酒店或多或少要被迫接受采购办公室采购的食品原料，不利于酒店按自己的特殊需要进行采购；酒店不得不放弃当地可能出现的廉价原料；集中采购使各酒店菜单趋向雷同，而各酒店自行修改菜单的能力也受到局限，不利于酒店标新立异，不利于创造自己的风格。

以上几种常用的食品原料采购方法，餐饮企业应根据自己的类型、规模、隶属形式、业务特点、市场条件等因素选择合适的采购方法。

【知识链接】

招标采购

所谓“招标”又称“公开竞标”，它是现行采购方法常见的一种。这是一种按规定的条件，由卖方投报价格，并择期公开当众开标，公开比价，以符合规定的最低价者得标的一种买卖契约行为。此类型的采购具有自由公平竞争的优点，可以使买者以合理的价格购得理想物料，并可杜绝徇私、防止弊端，不过手续较费时，对于紧急采购与特殊规格的货物无法适用。

1. 招标采购的程序

公开招标采购必须按照规定作业程序来进行，一般而言，招标采购的流程可分下列四大步骤，即发标、开标、决标、签订合约等四阶段。

① 发标：发标的前须对采购物品的内容，依其名称、规格、数量及条件等详加审查，若认为没有缺失或疑问，则开始制发标单、刊登公告并开始准备发售标单。

② 开标：开标的前须先作好事前准备工作，如准备开标场地、出售标单，然后再将厂商所投的标启封，审查厂商资格，若没问题再予以开标。

③ 决标：开标的后，须对报价单所列各项规格、条款详加审查是否合乎规定，再举行决标会议公布决标单并发出通知。

④ 签订合约：决标通知一经发出，此项买卖即告成立，再依招标规定办理书面合约的签订工作，合约一经签署，招标采购即告完成。

2. 招标采购的技术

① 制作理想的标单：在整个招标采购的过程中，最重要的是标单的制定，如何拟订

出一份理想标单，是标购作业中不可忽视的一项重要基础工作。一份理想的标单，至少须具备下列几项内容：a. 能够确定适当的标购方式，不要指定厂牌开标。b. 规格要明确，对于主要规格开列须明确，次要规格则可稍富弹性。c. 所列条款务必具体、明确、合理，可以公平比较。d. 投标须知及合约标准条款，能随同标单发出，内容订得合情合理。e. 标单格式合理，发标程序制度化。

② 招标采购需注意的事项：a. 品名是否明确、标购物品所列名称是否采用标准名称？品名书写是否有笔误？b. 质量、规格是否适合本身营业的需要，并了解主要规格与次要规格的作用。c. 注意数量，了解各种吨、毛重、净重的计算与换算方法，力求准确。d. 包装方法及条款是否适宜。e. 交货日期必须明白订定为宜，避免使用含糊不清的用语，以免届时发生不必要的纠纷与困扰。

三、原料验收管理

原料采购货到以后，验收是一项十分重要的工作，原料采购以后，必须要经过验收才能确认采购的原料到货，才能作为直拨原料或储存原料送到出品部门或仓库，然后填写验收单，企业开始确认成本的产生和损耗。

（一）建立合理的验收体系

建立健全的验收体系包括称职的验收人员、实用的器材、合理的验收标准和验收程序、良好的验收习惯和有效的检查监督。

1. 称职的验收员

酒店验收部门的设立以及验收部门与其他部门的关系因酒店规模大小而异，大型酒店有专门的验收部，而中型酒店只设一个验收员就可以了，小型餐厅没有专职的验收员，可由仓库保管员、成本控制员或财务人员兼任，但不能由采购员或厨师长或餐饮部经理兼职。选择称职的验收员是验收控制的首要环节，一名合格的验收员应具备以下素质：

（1）验收员要有很强的责任心，对验收工作感兴趣。

（2）验收员必须反应灵敏、虚心好学、诚实可靠。

（3）验收员应具备较丰富的食品原料知识。

企业应制订培训计划，对所有的验收人员进行培训。验收员也应经常与厨师、餐厅经理、采购员等交流，丰富自己的食品原料知识和经验。

验收员应懂得，未经上级主管同意，任何人都无权改变采购规格，遇有特殊情况应及时向上级主管汇报请示，不得擅自做主。

验收员在工作时不应受厨师长和采购人员的干扰，验收员的相对独立可以对整个采购进行有效的监督和控制。

2. 实用的验收空间和设备

食品原料验收场地一般在酒店或餐馆的后门或边门，靠近储藏室，与厨房和餐厅在同一个区域。在验收场地附近设验收办公室，这样验收员就能从办公室观察到从验收到入库的一切活动，便于验收。

验收场地的配置还要同时考虑到车辆进出是否方便，是否有利于卸车搬运、便于验收物资的堆放和使用搬运工具，是否有符合食品卫生要求的环境。验收场地的大小视验收任务量而定，以不影响验收工作为准。

为保证验收工作的效率，验收部门应有适当的验收设备和工具。重要的工具有：重量等级不同的磅秤、温度计、起钉器、纸板箱切割工具、榔头、尖刀等工具，还应有验收单、验收标签、购货发票、收货单、采购规格书等单据、材料。

3. 科学的验收程序和良好的验收习惯

验收程序规定了验收工作的工作职责和工作方法，使验收工作规范化。同时，按照程序进行验收，养成良好的习惯，是验收高效率的保证。

4. 经常的监督检查

餐饮企业管理人员应不定期检查验收工作，复查货物的重量、数量和质量，并使验收员明白，管理人员非常关心和重视他们的工作。

（二）原材料验收程序

科学合理的验收程序是保证食品质量和成本控制的关键。原材料的验收管理就是要核对采购的数量、质量和价格，检查质量标准是否与订购单一致，核实送货数量和价格是否与发货单一致。因此，验收程序主要围绕这三个方面开展，具体步骤如下。

1. 核对订购单

当供货单位送来食品原料时，验收员首先将供货单位的送货发票与事先拿到的相应的“订购单”核对。验收员首先应核对送货发票上的供货单位的名称与地址，避免错收货和接受本饭店未订购的货物。其次是核对送货发票上的价格。若发票上的价格高于“订购单”上的价格，验收员要询问送货员提价的原因，并将情况反映给采购部经理、成本控制员或厨师长，无论退货还是不予退货，都要有厨师长和成本控制员在“货物验收单”上签字，表示责任。若供货单位送货时的价格低于“订购单”上的价格，验收员应请厨师长检查食品原料的质量，质量合格，厨师长在“验收单”上签名，验收员可按此价接受这批原料。

2. 检查原料质量

食品原料检验员检验的依据是“食品原料采购规格标准”和“请购单”、“订购单”。因为在这些表中均有对所采购的食品原料质量要求的描述。一套完整的“采购规格表”应贴在墙上或特别的大块指示牌上，以便到货时核对参考。若发现质量问题，如食品原料的腐烂、变色、气味怪异、袋装食品有效期过期、水果有明显斑痕等现象，验收员有权当即退货。

3. 检查原料数量

验收员根据“订购单”对照送货单，通过点数、称量等方法，对所有到货的数量进行核对。数量检查核对应注意下列事项：

（1）若有外包装，先拆掉外包装再称量。

（2）对于密封的箱或其他容器的物品，应打开一只做抽样调查，查看里面的物品数量与重量是否与容器上标明的一致，然后再计算总箱数。但对高规格的食品原料仍需全部打开逐箱点数。

（3）对于未密封的箱装食品原料，仍应按箱仔细点数或称重。

（4）检查单位重量。除了称到货的重量之外，还应抽查单位重量，检查单位重量是否在验收规格规定的范围之内。

4. 在发票上签字

所有送货都应有送货发票。送货员呈现给验收员的送货发票有两联，送货员要求验收员在送货发票上签名，将第二联还给送货员以示购货单位收到了货物。上联交给付款人员。

发票上面应该有价格，验收员要检查发票上的价格，避免产生错误，无论是有意还是无意的。

5. 填写验收单

验收员确定他所验收的这批食品原料的价格、质量、数量全部符合“订购单”或“食品原料采购规格书”后，可填写“验收单”。验收单一式四份：第一联交验收处；第二联交储藏室；第三联交成本控制室；第四联交财会部。

6. 退货处理

若送来的食品原料不符合采购要求，应请示餐饮部经理或厨师长；若因生产需要决定不退货时，应由厨师长或有关决策人员在“验收单”上签名；若决定退货的话，应填写“退货单”。

在退货单上填写所退货物名称、退货原因及其他信息，要求送货员签名。“退货单”一式三联：一联留验收部，一联交送货员带回供货单位，一联交财会部。设法通知供货单位，本饭店已退货。如果供货单位补发或重发，新送来的货物按常规处理。

交货中如有腐烂食品原料，退货之后，应向采购部有关人员报告，以便尽快找到可替代的供应来源或可能的生产办法，以减少生产部门的不便。

7. “验收章”

验收员检查完食品原料的价格、数量、质量及办理完必要的退货之后，可在获准接受的食品原料的送货发票上盖“验收章”，并把盖了“验收章”的送货发票贴在“验收单”上，以便送往会计部。

验收章内容有：饭店名称；验收员签名；验收日期，成本入账部门。

使用验收章有以下几种意义：① 证实收到食品原料的日期；② 验收员签名可明确责任；③ 管理人员签名表明已知道收到订购的食品原料；④ 食品控制师核对发票金额的正确性。

8. 注明信息

在货物包装上注明发票上的信息。注在货物包装上的信息主要有：① 收货日期，有助于判断存货流转方法是否有效；② 购价，在存货时就不必再查寻验收日报表或发货票。

9. 存货标签

对所收到的肉类和海产品加上存货标签。所有冷藏室的肉类和海产品这些成本费很高的食品原料，都必须系上“冷藏鱼肉食品标签”。

肉类标签有正、副两联（也可上下或左右两联），正联由验收员用绳子扎在食品外包装或者直接拴在食品原料上，副联与“验收单”一起交成本控制办公室。

厨房领料时，连同标签一起发给厨房。若厨房没有整包、整箱领料，储藏室应根据领用数量重新写标签，正联写领剩下的货物数，并扎在领剩下的冷藏食品上，副联写所领数量，并连同所领货物一起到厨房。

厨房领料之后，解下标签，加锁保管。原料用完之后将标签送食品会计师。核算当天鱼肉成本。

食品成本控制师核对由其保管的正标签和厨房送来的副标签，根据未使用的标签，盘点存货。发现存货短缺，应分析是否存在偷盗，或者记错了金额。

10. 收货储存

将到货物品送到储藏室、厨房。所收到的食品原料一部分被直接送到厨房或销售地点，称作“直拨原料”；另一部分被送到储藏室，称作“入库原料”。出于质量和安全方面的原因，验收员应负责保证把货物送到储藏室。由供应单位的送货员直接把货物送入仓库置放的做法是不可取的。当送货员离去后，验收人员或本单位其他工作人员应把货物迅速搬到安全可靠的储藏室。验收员把“验收单”中规定的一联交给储藏室管理员，后者根据“验收单”再次验收，最后入库储存。

为了便于进行食品成本核算，验收员在发票上明显的地方逐项注明哪一项是直接送厨房的，哪一项是送仓库的；或者根据不同的送货地点，使用不同颜色的发票，以方便送货，并凭此编制“验收日报表”。

11. 填写“验收日报表”和其他报表

验收完毕之后，大多数大型企业要求验收员完成一张列明所有收货项目的表格，这张表格通常以供货商分类，以验收的顺序排列。表格之一是“验收日报表”。除了每种食品原料的价格栏目外，该表将成本分为三类：直拨、储藏室和杂项，杂项指不是食品原料的项目，例如纸张和清洁用品，不属于食品原料的成本。

12. 将各种验收记录呈交给有关部门，并标明过期到达的货物

验收员在所有发票上盖章签字，并把发票贴在“验收单”上，然后将贴着发票的“验收单”送至管理人员，管理员在发票上签字后送至成本控制师，由成本控制师核对发票数字的正确性。成本控制员检查完毕后，送交会计部，会计部会将有关数字填进采购日志内。

当“验收单”还在验收员手上时，应该记直拨成本，因为直拨成本是在食品原料一收到时就计入成本的。

建立验收程序的目的，是为了保证企业收到的货物是已订购的数量、已明确的质量和已报过的价格。不论是对大型企业来说还是对小企业来讲，这些步骤是最基本的，也是通用的。控制体系越是完备，越需更多的人力和设备，当然这样做也会增加成本。但是，即使是小型的个人业主制的餐饮企业也必须采用基本的步骤以防止在验收过程中由于数量、质量和价格方面的问题而引起的成本过高。

（三）原材料验收相关表格

1. 发货票

所有到货物品都应有发货票。发货票应一式两联，送货人将发货票交给验收员之后，要求验收员签名，验收员签名后将第二联交还送货人，证明企业已收到供货单位发

出的货物。第一联应交给财会部，由财会部付款。表3-5是一份发货票。

表3-5 ××公司发货票

户名： 年 月 日

项目	单位	数量	单价	小计

2. 验收单

验收员应每天详细填写验收单（见表3-6），准确记录验收部收到哪些商品，哪些商品没有发货票，供应单位因交货数量与发货票数量不符而贷记本企业哪些应收账款。有些验收员为了“节省时间”。在验收单上只记录供应单位名称和送货金额，这种做法是错误的。

验收员在验收单上填上供应单位名称、商品名称及规格、单位、数量、单价及合计金额与总计金额之后，应在验收单上签名，明确责任。在大型饭店里，验收单应一式三联。第一联送经理室，然后转总会计师；第二联留验收部；第三联送成本会计师。

表3-6 货物验收单

________饭店 编号________

供货单位________ 日期________

供货单位地址________

订购单标号________

存货编号	项目及规格	单位	数量	单价	合计
总计					

验收员________ 送货员________

储藏室管理员________

3. 冷藏鱼肉食品标签

在验收时，验收员还应给肉类和海产品加上存货标签。

（1）使用存货标签有以下优点：

① 填写标签会促使验收员称鱼、肉的重量；

② 发料时，可将标签上的数额直接填到领料单上，便于计算食品成本；

③ 标签编号有助于了解储存食品原料，防止偷盗；

④ 在标签上填明各种有关数据，可简化存货控制程序；

⑤ 便于存货流转工作。

（2）使用鱼、肉存货标签时，要遵守下列工作程序：

① 验收员应为每一块肉、每一条鱼、每一只家禽（单独作一计量单位时，上同）或每一箱鱼、肉、禽填写标签；

② 标签应分为两部分，一半系在食品原料上，另一半送食品成本会计师（详见表3-7）；

③ 厨房领用原料之后，解下标签，加锁保管。原料用完之后，将标签送交食品成本会计师，核算当天鱼、肉、禽的成本；

④ 食品成本会计师核对由其保管的另一半标签，根据未使用的标签，盘点存货。如存货短缺，应分析是否存在偷盗或是否记错金额。

需要补充的是，给冷藏鱼、肉、禽食品挂上标签的方法已被许多饭店推广到许多较贵重食品原料的保管中去。

表3-7 鱼肉类食品存货标签

标签号： 收货日期： 项目： 重量/单价/成本： 发料日期： 供货单位：	标签号： 收货日期： 项目： 重量/单价/成本： 发料日期： 供货单位：

4. 验收日报表

验收日报表有以下作用：

（1）分别计算食品成本和饮料成本，为编制有关财务报表提供资料；

（2）计算"餐饮直接采购食品"总额，以便计算每日食品成本；

（3）在大型企业里，应配有数名验收员和保管员，便于将收货控制的责任从验收员转至保管员。表3-8是一份食品原料验收日报表。

表3-8 食品原料验收日报表

原料品名	供应商	发票号	数量	单价	金额	直接采购原料		库房采购原料	
						数量	金额	数量	金额
合计									

5. 验收章

验收完毕之后，验收人员应在送货发票上签字并接受原料。有些饭店为便于控制，要求在送货发票或发货单上加盖收货章，见表3-9，使用验收章的作用如下：

（1）证实收到食品等原料保质期；

（2）由收到食品原料和发货票、检查数量、质量、价格的验收员签名，明确责任；

（3）由食品成本会计师核对发货票金额的正确性；

（4）由总经理与总经理指定的人签名，同意付款。

表3-9　××酒店收货章

日期＿＿＿＿＿＿

单价：＿＿＿＿＿＿　金额：＿＿＿＿＿＿

经手人：＿＿＿＿＿＿　验收员：＿＿＿＿＿＿

6. 退货通知单或贷方通知单

如果到货数量不足、质量不符合要求，或存在其他问题，验收员应填写“退货通知单”或“贷方通知单”。见表3-10和表3-11。

表3-10　退货通知单

（副本备存）　编号：＿＿＿＿

发自：　交至：

（供应单位）

发票号码：＿＿＿＿＿＿　开具发票日期：＿＿＿＿＿＿

货品	单位	数量	单价	总价

理由：＿＿＿＿＿＿　总计：＿＿＿＿＿＿

送货员　负责人签字

表3-11　贷方通知单

（一式两联）　编号：＿＿＿＿

发方＿＿＿＿＿＿　收方＿＿＿＿＿＿

下列项目应予贷记

发货票号码：＿＿＿＿＿＿　开具发票日期：＿＿＿＿＿＿

货品	单位	数量	单价	总价

理由：＿＿＿＿＿＿　总计：＿＿＿＿＿＿

送货员　负责人签字

开具贷方通知单的工作程序为：

（1）在发票上注明哪些商品存在问题；

（2）填写贷方通知单，要送货人签名，并把一联贷方通知单交送货人带回；

（3）将贷方通知单存根贴在发货票背面，在发货票正面注明正确的数额；

（4）打电话通知供应单位：本企业已使用贷方通知单修正发货票金额；

（5）如果供应单位补发或重发货物，新送来的发货票应按常规处理；

（6）将有差错的发货票单独存档，直至问题解决。

7. 无购货发票收货单

验收员收到无发货票的货物时，应填写无购货发票收货单（见表3-12），以防差错和争议。无购货发票收货单一般是一式两联。验收员在验收单上注明无发货票货物之后，将第一联送到财务部，第二联则作为存根留在验收部。

财务部收到发货票之后，应送验收员。验收员将无购货发票收货单第二联贴在发货票背面，在验收单上补填发货票上的数额，然后再按正常程序，由财务部付款。

表3-12　××饭店无购货发票收货单

发货单位____________________

____

NO.

日期__________

数量	项目	单位	小计

验收员_______

【任务考核】

原料的验收

完成学校教职工餐厅原料采购和验收任务，理解采购的职能，知道餐饮原料采购的程序，能控制餐饮原料采购的方式和数量，能熟练进行餐饮原料验收。

一、考核内容

从市场上购买到教职工餐厅所需要的达到质量要求的原料；

对从市场上采购到的餐饮原料进行验收。

二、考核方法

教师提前与教职工餐厅联系，由每组同学分别为其采购七八种餐饮原料；每组同学分别与学校餐饮管理人员联系，根据教职工餐厅菜单安排，列出需采购的食品原材料目录、采购规格标准并采购；采购完毕，原料回校后进行验收。

三、考核标准

考核项目	操作要求	配分	得分
确定采购目录	与学校餐饮管理人员联系，列出需采购的食品原材料目录	10	
设计采购规格标准	与学校餐饮管理人员联系，设计采购规格标准，以表格形式表现	10	
原料采购	在规定的时间完成原料采购	5	
	在规定的价格完成原料采购	10	
	有供应商的原料与供应商成功交涉、采购	5	
	对采购原料的过程及心得进行汇报和交流	10	
原料验收	设计原料验收单据	10	
	正确填写原料验收单据	10	
	完成原料验收任务，钱、物一一交接	10	
	对原料验收的过程及心得进行汇报和交流	10	
团队精神	通力合作、分工合理、团结互助	5	
	发言积极，乐于与同学分享成果	5	

任务2　原料库存管理

任务导入

桑尼的饭店

桑尼是品川饭店的新老板，她刚把这家饭店买到手时，觉得很合算。买的时候没有在意原来的设施设备。在底层，她看到了一个地下储藏室。进入储藏区域后，桑尼注意到这间屋很暖和，有几根暖气管就安装在储藏区的天花板里。

在这个区域里有许多水果和蔬菜罐头。有一些罐头的两端已经鼓胀起来了。有一个罐头还破裂了，里面的食品已经溢流在地板上和货架上。可见，食品原料如果储存不当，就会影响质量。

【任务概述】

餐饮企业原材料的流动性很大，为了及时掌握原材料发放和库存流动变化的情况，避免物品的短缺丢失和超储积压给企业带来损失，就必须对物品的流动变化的情况进行控制和检查。因此，通过库存的发放管理和库存盘点，可以使管理人员掌握原材料的使用情况，分析原料管理过程中各个环节的现状。

【任务实施】

食品原料一经验收，必须进行有效地保管，以防止腐败变质和其他可能发生的浪费现象。在小型的餐饮企业，采购、储存一般由一个部门负责，而在大、中型餐饮企业，食品原料的储存和发放由专门的仓储部来负责。

一、发货管理

一个饭店的食品和酒水等原料使用量是非常大的，而仓库原料进出的流出量又是实际用量的一倍，虽然直接进入厨房的原料不进库房，但这些原料的领用手续必须是齐全的，所以仓库管理人员不仅要负责进货发货的工作，而且要保证原料在保管和发货过程中不短缺、不变质、无差错、保证物品的准确性。

原料的发放则是原料仓库根据申请部门填写的领料单发放原料的过程。食品原料的库房管理人员不仅要做好发放的工作，而且还需要对发放的食品原料进行控制。

（一）原料发放的形式

发货工作是采购入仓后或从仓库储存中发出原料给烹调部门使用的过程。原料的发放形式有两种：直接发放和储藏室发放。

1. 直接发放的原料

主要是易腐败性原料，也就是直接采购的原料。这些原料经验收合格后无需入库保存，从验收处直接发到厨房，其价值按当日进料价格记入当天食品成本账内。食品成本控制员在计算当日食品成本时只需从验收日报表中直接进料栏中抄录数据即可。

当然，实际情况并不会这么简单。最常见的情况是当日的进料不能完全用完，剩余部分第二天、第三天才用完，但原料成本却记在第一天里，这样第一天的食品成本就不真实。要精确核算食品成本率，必须对当日直接发放、储藏室发放以及当日厨房剩余原料进行统计后才准确。

2. 仓库原料发放

仓库原料包括干藏食品、冷藏食品和冻藏食品。这些原料经验收后入库储存，当生产需要时再由储藏室发放到厨房和酒吧，在发出当日转入当日食品成本。

（二）库存原料发放的控制

每日库房发出的原料都要记在“库房食品饮料发料日报表”上（表3-13），日报表上汇总每日库房发料的品名、数量和金额，并明确原料价值分摊的部门，注明领料单号码。每月末，将“库房食品饮料发料日报表”上的发料总额汇总，便得到本月库房发料总额。

表3-13 库房食品饮料发料日报表

日期________

货号	品名	数量	单价	金额	成本分摊部门	领料单号	备注

本日发料汇总__________　　发料项目数__________　　总金额__________

制表人__________

1. 定时发料

为使仓库管理人员有充分的时间整理库房，检查各种原料的库存情况，不至于忙于发料而耽误其他工作，应规定每天的领料时间。有的酒店规定每天早上两个小时（如8：00~10：00）和下午两个小时（2：00~4：00）为仓库发料时间，其他时间除紧急情况外一般不予发料。也可规定领料部门提前一天送交领料单。提前送交领料单有以下优点：可以使仓库管理员有充分的时间提前准备，避免和减少差错；能减少领料人员的领料时间；可促使厨房管理人员对次日的顾客流量作出预测，计划好次日的生产。定时发放还有利于仓库保管，减少库存原料的丢失。

2. 凭单发料

生产部门根据自己所需要的食品原料填写领料单，仓库必须按领料单备料、发料。领料单有三大作用：

（1）控制仓库的库存　领料单是仓库发出原料的原始凭证，领料单上详细、准确地记录发放的数量和金额，可以准确地计算账面库存额，是控制库存短缺的工具。

（2）核算各厨房的餐饮成本　领料单上清楚地反映各厨房向库房领料的价值，是计算各厨房餐饮成本的工具。

（3）控制领料量　领料单是员工向仓库领料的凭证。没有领料单，任何人不得从仓库取走原料，并且员工只能领取领料单上规定的原料品种和数量。

领料单的形式如表3-14所示。

表3-14　食品原料领料单表

日期：

仓库类别：

品名	货号	请领数量	实发数量	单价（元）	食品金额	饮料金额
				合计		
领料人： 领料部门领导： 发料人：					本单领料总金额	

领料单必须由厨师长或领料部门指定的管理人员签字，仓库才能发料。仓库发料时，领料人和发料人都要签字。领料单上如有空白处，应当着收料人的面划掉以免被人私自填写。食品金额和酒水金额最好分开填写，这样有利于分类统计成本。领料单一式三份，一联交回领料部门，一联送财务部食品成本控制员，最后一联仓库留存。

3. 如实记录原料使用情况

酒店厨房经常提前为数日后所需原料做准备。如大型宴会的食品常常需要几天前就要准备。因此，如果有的原料不在领取日使用，必须在原料物资领用单上注明该原料消耗日期，以便将该原料价值如实记入当日成本。

4. 正确计价

原料从仓库发出后，仓库保管员应该在领料单上列出各项原料的单价，计算金额，并汇总领取食品饮料的总金额。有食品标签的肉类食品和价格相对稳定的干货类食品原料，可采用实际购价计算。如果库房不采用货物标牌制度，可以根据货品库存卡标明的单价，采用先进先出法或最后进价法等方法计价。

5. 原材料的内部调拨

大型酒店往往有多个厨房、餐厅和酒吧。厨房之间、厨房与酒吧之间会发生食品和饮料的相互调拨。由于酒店各部门大多是独立核算成本，以反映其真实的经营情况，所以，对这些调拨应进行正确的记录。

酒店内部的原料物品调拨应使用调拨单（如表3–15），填写后调入和调出部门各留一联，另一联交成本控制员，作为转账处理的凭据。在统计各餐厅和酒吧的成本时，要减去各部门调出的原料金额，加上调入的原料金额。

表3–15 食品饮料调拨单

调入部门： 时间：
调出部门： 编号：

品名	规格	单位	数量		金额（元）	
			请拨数	实拨数	单价	小计
合计						

调出部门经手人： 主管： 仓库保管员：
调入部门经受人： 主管：

6. 酒水的发放

发放酒水除了遵循食品原料发放的原则外，还有一些特殊的要求。

由于酒水饮料容易丢失，且一些名贵酒的价值较高，为了减少被偷盗的机会，饭店往往对每个营业点确定一个标准储量（一般是日均消耗量的2～3倍）。在一般情况下，不允许酒吧领用超过储量的酒水。因此，一些名贵酒的领用，不仅要有领料单，还要凭酒吧和餐厅退回的空瓶或整瓶销售报告单。

这种做法能使酒吧（餐厅）对名贵酒的存量保持在标准储量的水平上。每天退回的空瓶数应是昨日的消耗量，每日领取的数量实际上是补充前一日耗用的数量。假如大堂吧轩尼诗XO的标准储量是5瓶，用完2瓶的空瓶在领料时送回仓库，再领取2瓶，这样大堂吧每天营业开始时，轩尼诗XO始终保持5瓶的标准储量。

如果有的客人将酒整瓶买走，服务员不能收回空瓶，就需填写整瓶销售报告单，在领料时以它代替空瓶作为领料的凭证。

在一些特殊的销售活动（如宴会）中，无法设立标准储量，一般领取的酒水数量大于实际使用量。这些活动结束后，应将未销售完的酒水退回，退回的酒水填写在食品饮料调拨单上。

二、盘存管理

每月一次或每旬一次要对仓库进行盘点存货，这是仓库保管人员工作的一项重要内容，也是厨房食品原料管理的一项重要任务。它有利于保证账、货、卡相符，纠正入库验收和发放中发生的差错，有利于保管员熟悉库存物品，及时发现储存中原料的质量变化、短缺和丢失问题，调整库存措施，进行成本核算。因此，饭店必须重视库存盘点工作。

（一）库存盘点

餐饮企业原料的流动性大，为了及时掌握原料库存流动变化的情况，避免物品短缺丢失和超储积压给企业带来的损失，就必须对物品流动变化的情况进行控制和检查。通过库存盘点，可以使管理人员掌握原料的使用情况，分析原料管理过程中各环节的现状。

1. 盘点的时间

（1）财务核算周期末（每年、季、月末）。

（2）新开饭店营业前。

（3）关、停、并、转企业的清算时期。

（4）仓库管理人员更换交接之际。

（5）定期检查。

（6）不定期检查。

2. 盘点的内容与程序

（1）盘点的内容　盘点工作主要由仓库管理人员和财务部人员联合进行。通过实地清点库房内的物品，检查原料的实物数与账面结存数是否相符，不相符的找出原因；计算和核实每月末的库存额和餐饮成本消耗，为编制每月的资金平衡表和经营情况表提供依据。

（2）盘点的程序

① 盘点和制作清单：即按不同类别的仓库，依原料的编号大小，在清单上填好货号、品名、单位、单价等基本数据。

② 库存卡结算：在库存卡的结存栏内，根据历次进货和发货数量，计算出应有的结存量和库存金额。

③ 库存实物盘点。即实地点数，并将实物数量填入盘点清单。

④ 库存卡结算结果与库存实物盘点结果进行核对。

⑤ 计算盘点清单上的库存品价值。该价值为实际库存金额，它如与账面库存额有出入，要复查。

实际库存金额在月末作为月末库存额记入成本账，并自然结转为下月的月初库存额。

（二）库存原料计价方法

在盘点结束后，要计算出原料的价值。理论上讲，某种原料的库存总值应该等于实物数量乘以原料的单价。但是由于原料在不同时间购入的价格存在差异，所以确定原料的单价就不那么简单了。

在财务处理中，往往选择以下方法之一来确定原料的库存价值。

1. 实际进价法

大型饭店一般都在库存的原料上挂有货物标牌，标牌上写有进货价格，这样采用实际进价法来计算库存原料的价值就较为容易，也最为客观。

例：某饭店6月底库存番茄酱50听，根据货物标牌，它们的进价分别是：

6月1日进货剩余	10听×2.50元／听=25元
6月10日进货剩余	20听×2.60元／听=52元
6月20日进货剩余	20听×2.80元／听=56元
合计	133元

2. 先进先出法

如果仓库内没有用货物标牌注明原料的单价，可按照进料日期的先后，采用先进先出法计价。这种方法的思路是：原料发放是以先进先出为原则，即先购进的价格，在发料时先计价发出，而剩余的原料都是最近进货，以最近价格计算。

例：某饭店在6月份的番茄酱进货信息如下：

6月1日	月初结存	30听×2.50元/听=75元
6月10日	购　进	40听×2.60元/听=104元
6月20日	购　进	30听×2.80元/听=84元
合计	363元	

如6月底番茄酱的结存量为50听，按照先进先出法计算的库存额为：

30听×2.80元/听=84元

20听×2.60元/听=52元

合计　136元

3. 后进先出法

一般而言，市场上价格呈上升趋势，采用后进先出法可使计入成本的原料价格较高，而计入库存的价值较低，企业可以在未来的经营中减少压力。按照后进先出法，上例中50听番茄酱的月末库存额为：

30听×2.50元/听=75元

20听×2.60元/听=52元

合计　127元

需要说明的是，后进先出法只是原料价值计算的一种财务处理方案，在实际发料过程中还是应该坚持原料食物的先进先出原则，即先购进的原料先发出，以避免原料的积压。

4. 最后进价法

对进货记录不全的饭店，可采用最后进价法来估计期末原料的库存价值。当然，该方法计算的月末库存额不太精确。上例的库存额以最后进价法计算，番茄酱的库存额为：

50听×2.50元/听=125元

5. 平均价格法

平均价格法的单价是以全月可动用原料的总价值除以总数量得出的。上例用平均价格法计算如下：

单价=263元÷100听=2.63元/听

库存金额=50听×2.63元/听=131.50元

（三）厨房库存价值的计算

饭店的厨房内，仍有相当多的原料、半成品和成品的储存。如果对这些物品不加清点，会使它们处于失控状态，同时会使财务报表上的数据失真。

由于厨房一般没有建立库存记录统计制度，没有库存卡，原料的单价难以掌握，而且这些原料品种多、数量少、耗用频繁，客观上盘点计算比较困难，因此，对这些原料价值的计算方法有别于库房原料。

厨房盘点计算原料价值的原则是：对主要原料进行盘点核算；对辅料、调味品等单位价值较低的原料做出估算。

具体方法是：首先根据原料单位价值的高低把原料分为主要原料和价值较小的原料两大类，逐步积累需精确盘点的主要原料占总储存额百分比数据，再在每个月的月末盘点出主要原料的价值，最后通过主要原料的价值推算出全部原料库存的大约金额。这里的关键是找出主要原料占总储存额的百分比，这往往需要经过较长时间的观察统计。

厨房总储存金额=主要原料价值÷主要原料占总储存额百分比

三、库存量管理

原料在仓库储存过程中并无直接收益，但原料的库存量大小直接影响企业的经营利润。合理的库存量既保证了食品的质量又使得企业的资金不积压，是成本控制的主要手段之一。

（一）存量不合理的影响

当储存量过大时，便会有以下不利的影响。首先是大量资金积压，资金占用过多，会造成利息损失或资金周转不灵。其次是增加储存成本，每一个酒店的储藏空间都是有限度的，并且对于某些产品而言，仓储会产生一定的费用，如果肉类需要保鲜就必须要用到设备制冷，这就会产生相应的电费。再次，储存量过大很容易使原料质量下降、腐烂或变质。最后，储存量过大有时会导致丢失。仓库的物品众多，如某些单品储存量过大时，看管不到位就会引起丢失。当然储存量过小会导致供应不足，直接影响到厨房的正常运作。当储存量不足，就要实行应急采购，这种“临时抱佛脚”的采购方法不仅浪费时间，而且难以有效控制进货价，会失去大量采购时的折扣优惠。

（二）库存管理效率指标控制

1. 库存短缺率的控制

按照原料实际盘点数量和一定计价方法得出库房月末实际库存额后，为控制实际库存额有无短缺及短缺的程度，需将实际库存额与账面库存额作一比较，分析短缺额和短缺率。

其中：库存短缺额＝账面库存额－实际库存额

账面库存额=月初库房库存额＋本月库房采购额－本月库房发料额

上述公式中各项目的数据来源是：

月初库房库存额：来自于上月末的实际库存额结转；

本月库房采购额：来自于本月验收日报表中库房采购原料金额的汇总；

本月库房发料总额：来自于本月领料单上的领料金额的汇总。

例：某餐厅8月底经月末库存实物盘点，实际库存额为15700元，该月库存相关数据如下：月初库房库存额为15000元，本月库房采购额为46000元，本月库房发料额为45000元。

则：月末账面库存额＝15000元+46000元－45000元=16000元

库房库存短缺额＝16000元－15700元=300元

库房库存短缺率＝300元÷45000元×100%=0.67%

根据国际惯例，库存短缺率不应超过1%，否则为不正常短缺，应查明原因。

2. 库存周转率

库存周转率反映原料在库存中的周转情况，即消耗量与平均库存量的比例。用公式表示为：

库存周转率＝月原料消耗额÷平均库存额

月原料消耗额＝月初库存额＋本月采购额－月末库存额

平均库存额＝（月初库存额+月末库存额）÷2

上例中，该餐厅8月份库存周转率为45300÷[（15000+15700）÷2]=2.95

库存周转率大，说明每月库存周转次数多，相对库存的消耗量来说库存量较少。库存周转率应为多大，取决于多种因素，如饭店所处的地理位置，采购的方便程度，企业需储备的原料量等等。对管理者来说，重要的是库存周转率的变化。如果饭店正常周转率为每月2次，单月周转率增加或降低很多，就要查明原因。库存周转率太快，有时储备的原料就会供不应求；周转率太低，又会积压过多资金，因此，管理人员应经常分析周转率的变化，保证适度的库存规模。

【任务考核】

一、参观餐饮企业库房和各类发料单据，写出心得体会

1. 考核内容

（1）根据餐饮原料的不同特点，说出不同的储存原料方法。

（2）认识各种发料单据，能够结合餐饮企业各部门的需要和库存进行发料。

2. 考核方法

由老师带领全班同学参观本地知名餐饮企业或酒店的库房。针对不同的原料不同的储存方法，学生分组进行汇报；熟悉使用发料单据，能够设计各种发料单据。

3. 考核标准

考核项目	操作要求	配分	得分
库房调查	参观餐饮企业库房，形成调查材料	20	
汇报	小组派代表汇报，说出不同的储存原料方法	20	
发料单据	认识各种发料单据，说出用途	15	
	设计各种发料单据，说明理由	15	
	说出各种发料单据的内部流转情况	10	
团队精神	通力合作、分工合理、团结互助	10	
	发言积极，乐于与同学分享成果	10	

二、某饭店4月份牛排的进货日期和价格如下表

至4月30日库房牛排结存量为130千克，根据货品标牌，其余30千克的单价为20.20元，40千克的单价为20.40元，60千克的单价为20.60元。请分别计算：

进货日期		数量（千克）	单价（元）
4月1日	月初结存	30	20.00
4月8日	购进	80	20.20
4月18日	购进	90	20.40
4月28日	购进	100	20.60

（1）按实际进价法计算的月末库存额；
（2）按先进先出法计算的月末库存额；
（3）按最后进价法计算的月末库存额；
（4）按后进先出法计算的月末库存额；
（5）按平均进价法计算的月末库存额。

项目二 菜单的设计与策划

知识目标

了解菜单的作用、种类、基本内容及影响菜单设计的因素；

明确菜单设计的原则与要求；

掌握常见菜单的结构体制。

技能目标

掌握菜单设计、制作的方法和程序；

能够设计零点、套餐、宴会等不同形式的餐单。

任务1 认识菜单

任务导入

点菜难，难点菜

常有朋友抱怨：兴冲冲去了饭馆，一到点菜就犯了难。一本菜谱翻过来掉过去看好几遍，也没找出几个合适的菜来，结果还是常吃的那几个，一顿美食就此变成了"工作餐"。

如果是请客更难免尴尬，最后只好让服务员推荐。好，正等着您哪！专挑价儿高的！嘴里还头头是道：这个是我们特色，那个是今天新到的，然后再推荐一瓶五粮液。您碍于面子不好拒绝，不由得暗中盘算钱够不够。服务员也在心中窃喜：这回"提成"又好几十！

大多数人认为到饭馆就是吃一顿饭，吃得不顺心顶多下次不来了，这其实是一种误解。

雅一点说，您用餐的过程可以说是一个审美的过程、艺术创造的过程。从想象、期待，到品尝、回味，整个儿就是一"行为艺术"，您就是"艺术家"。用这种心态去品尝、去欣赏，您就可以得到菜品味道之外的享受。

俗一点说，您到餐厅是吃饭来的。您花了时间、花了钱，得值得。

好，点对了菜，您的美食之旅就有了一半保证。那一半就看厨师的手艺了。

【任务概述】

对餐厅来说，菜单的制定是非常重要的。菜单决定了餐厅服务设施和食品原料品种、数量的采购、菜肴烹制技艺和餐厅服务的特色。它是餐饮经营活动的重要依据和环节。

【任务实施】

"菜单"一词来自拉丁语，原意为"指示的备忘录"，是厨师用于备忘而记录的餐肴清单。现代餐厅的餐单，不仅要给厨师看，还要给用餐客人看。可以用一句话概括：菜单是餐厅作为经营者向用餐者展示其各类餐饮产品的书面形式的总称。因此，菜单是餐饮场所的商品目录和介绍书，是餐饮场所的消费指南，也是餐饮场所最重要的"名片"。

一、菜单的概念

菜单是餐厅向用餐者提供商品的目录。餐厅将其提供的所有食品、饮料按一定的程式组合排列于专门的纸上，供就餐者从中进行选择。其内容主要包括食品、饮料的品种和价格。菜单是餐饮企业日常经营活动的起点，也是餐饮经营管理工作的基础。

菜单有两种含义，第一种含义是指餐厅中使用的可供顾客选择的所有菜目的一览表。也就是讲，菜单是餐厅提供商品的目录。餐厅将自己提供的具有各种不同口味的食品、饮料按一定的程式组合排列于特定的载体（如纸张），供顾客从中进行选择。其内容还包括饮料的品种和价格。

菜单的第二种含义就是指某次餐饮活动中菜肴的组合。例如，婚宴菜单的设计，其重点并不是如何设计印刷精美的菜品一览表，而是设计该宴会应为顾客准备哪些菜品或饮料。因此，在不同的情况下应正确理解菜单的不同含义。

很多餐厅都把菜单和菜谱混为一谈，其实两者之间有明显的差别。菜谱是指描述某一菜品制作方法及过程的集合。很明显，当您走进餐厅，服务员所递给您的是菜单，而不是菜谱。

二、菜单的内容

一份成功的菜单，内容应体现餐饮产品的特色、成本、品质、服务等优势和特点。

（一）菜点的名称、规格和价格

（1）菜名　菜名是餐饮产品的品牌标记；对于客人来说，菜名会形成对餐饮产品的总体认识，并引发对餐饮产品色、香、味、形等特质的联想，进而产生购买欲望。

菜名的命名必须以真实反映菜点主要原料、特点和服务方式为基本原则，形象生动，通俗易懂，真实而不夸张，充满个性联想，但不深奥离奇。

（2）规格和价格　菜单上常见的菜式单位和菜点规格有：例盘、中盘、大盘、打、盅、位、碟、碗、份、斤、两、只、克等。餐饮产品的价位水平反映了餐饮经营的市场定位，并直接决定菜点的定价。菜点的价格必须与规格相对应，必须体现饭店餐饮的毛利水平，符合国家和地区的物价政策，并主动适应市场的变化。

（二）菜点的描述介绍

菜点描述介绍常见的方式有文字表述和图片展示。作用在于发挥菜单的推销功能，提高点菜效率。菜点介绍主要包括：

（1）主料、辅料、配料。

（2）味型及主要作料、配料。

（3）营养功效（滋补药膳、健康素食、绿色无公害食品等）。

（4）烹调方法及服务方法。

（5）实物图片。

（6）与菜点有关的饮食文化。

椰皇炖燕窝

小盅：￥128元/盅

大盅：￥168元/盅

配　　料：官燕、椰皇、冰糖

炖制方法：先将燕窝浸泡3~4小时，然后将燕窝、冰糖放入已开顶之椰皇内，文火炖30~45分钟。即可。

功　　效：养颜、清热、解渴。

（三）餐厅识别系统（CIS）信息

随着形象设计在餐饮业中的导入，越来越多的餐厅意识到了形象设计的重要性，将这种意识体现在菜单设计过程中，并转化为识别容易、协调一致的信息传递给客人。它是树立餐饮企业形象的重要标志。

（1）餐厅名称与标识　菜单封面上餐厅的名称是对餐厅经营风格和主题气氛的总体反映，其标识是餐厅饮食文化及其人文背景的结晶。

（2）餐饮产品的主体风格　一般来说，餐厅的名称暗示了其菜系的主流、服务方式、经营模式等风格特征，其命名或侧重于饮食文化的时尚性，或侧重于兼收并蓄的经营模式。

（3）菜单封底　主要包括以下信息：

① 餐厅的店徽、标识、中英文名称。

② 餐厅的地址、邮政编码或在简易地图中标明餐厅的位置。

③ 营业时间、订餐电话。

④ 网址和电子信箱。

（四）饭店、餐厅所属集团、公司等机构性信息介绍

这种介绍旨在宣传餐厅产品的优良品质和至善至美的服务传统，确立品牌形象，包括：

（1）餐厅的发展历程及文化背景资料。

（2）经营理念、宣传口号等。

（3）餐厅经理、厨师长的致辞及签名。

（4）主打餐饮产品的特色。

（5）具有纪念意义、代表性强的图片和文字。

（五）特色菜系统介绍和推荐

特色菜系统介绍和推荐信息通常印在菜单的扉页，或者采用单独的活页菜单形式。主要包括以下基本内容：

（1）具有优良传统，广受社会好评的本店名菜。

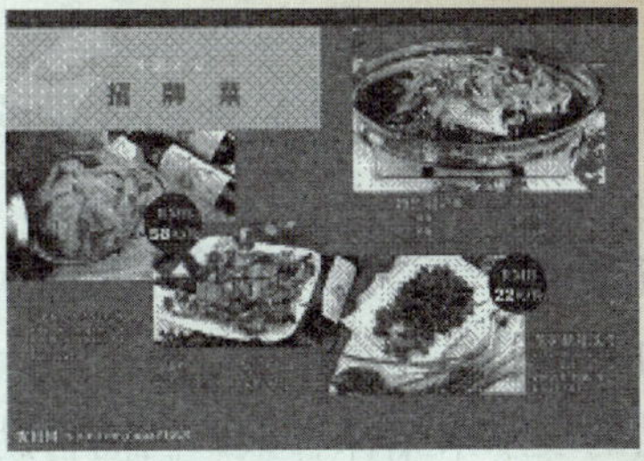

（2）菜点开发和创新信息。

（3）时令季节菜，每日特价菜。

（4）时尚流行菜式。

（5）美食节菜点荟萃集锦。

（6）套餐系列。

（7）名厨推荐等。

三、菜单的类型

（一）根据餐饮形式和服务项目分类

（1）中餐菜单　包括早餐菜单、广式早茶、午茶菜单（卡式）、午餐菜单、晚餐菜单、消夜菜单等。中餐菜单极具中国传统饮食文化的本土气息，是菜单的主要种类。

（2）西餐菜单　包括西式早餐菜单、正餐菜单、下午茶点菜单等。

西餐菜单围绕法、意、美、俄、德等欧美餐饮风格，以法式餐厅的菜单为代表，咖啡厅菜单以欧美简单、快捷的西餐为主要内容，注重餐饮风味的多元化和流行性。

（3）宴会菜单　是指导宴会策划设计和组织实施的纲领，反映了中餐宴会和西餐宴会规格标准、菜式编排组合的规律、菜点设计的艺术、台面餐具的布置装饰，以及与上述相配套的服务方式、服务礼仪和服务标准等。

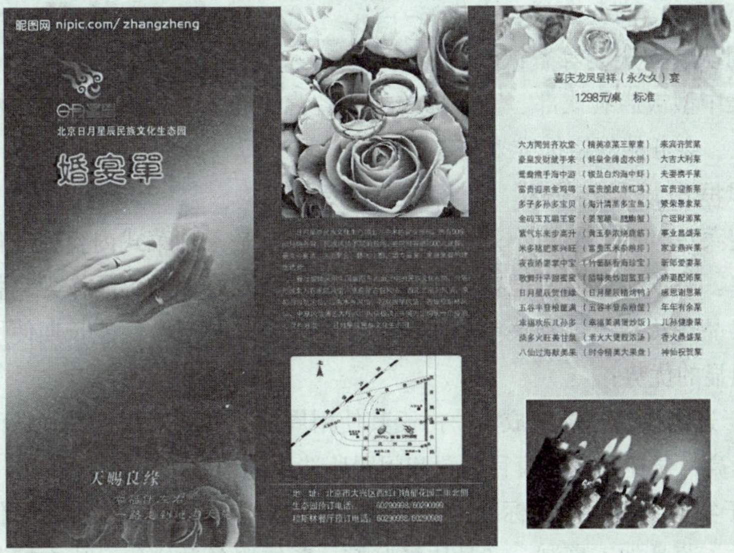

（4）促销菜单　广泛应用于饭店所举办的各类美食节、节假日餐饮推广活动的广告宣传和餐饮服务。除具有一般菜单的共性外，还有自己独特的个性特色，即使用时间的短暂性、主题内容的独特性、装帧设计的精美性、餐饮产品的促销性、菜单收集的纪念性和菜单功能的展示性等。例如，冬季推出砂锅菜、火锅、辛辣菜等热菜，夏天推出清凉菜。节日推出的圣诞大餐菜单、春节菜单、复活节推销菜单等。餐厅还可根据菜系推出系列菜品推销菜单，如烧烤菜品系列推销菜单。

（5）自助餐形式菜单　自助餐形式的菜单多种多样，有以美食广告的形式宣传促销，更多是与自助餐台的布置装饰结合，餐台以同样的规格和巧妙的布局展示菜点及饮品。

自助餐菜单不管客人选用的品种和数量的多少，都按规定的价格向每位客人收取费用。

在设计自助餐菜单时，要预计目标客人喜欢的菜品类别，预计客人的数量，提供相当数量的多种类的菜品，供客人自由选择。

自助餐靠食品的展示来招徕客人，因而自助餐的菜品要巧妙而美观地陈列出来。要注意选用颜色搭配漂亮和形状吸引人的菜品。往往要配用食雕装饰品和鲜花以及餐桌的装饰、环境的布置来烘托。如，某酒店的自助午餐提供法国、俄罗斯、斯堪的纳维亚、意大利等8套菜单，每月轮换一次。每周随菜单的变换，根据不同国家的特征装饰餐厅，陈列食品，播放不同国家的音乐，产生具有不同国家特征的就餐气氛，效果很好。

（6）客房送餐菜单　客房送餐菜单常见的形式有门把手早餐菜单、客房送餐菜单、客房送餐饮料单。后两种是饭店服务指南中的重要组成部分，一般通过电话预订。

（7）团体菜单　商务会议、文化交流、旅行团队、喜庆宴等餐饮和会务活动，是大中型饭店餐饮部、宴会部的主要经营活动之一。团体菜单根据主办人或单位拟订的餐饮、会务的规格标准来制定。

（二）根据市场特点分类

（1）固定菜单　固定菜单不是一成不变的菜单，是一种菜式内容标准化、不做经常性调整的菜单。餐饮企业通常把在长期经营实践中受到好评的菜品作为品牌保留下来，把不合适的菜品淘汰掉，这种菜单相对稳定，一经合理制定，便能长期使用，与其他菜单比，具有明显的优势：

① 有利于选购设备，降低成本。由于其使用周期具有相对稳定性，从而设备的有效利用率大大提高，避免了设备盲目购置和闲置所造成的浪费。

② 有利于实现菜品生产的标准化。因为菜品的稳定性，重复操作，可促使餐饮企业的原材料采供、菜品加工烹制、产品质量监控、餐饮服务及销售、成本控制等各个环节的操作形成标准，极大地提高了生产技术水平和生产效率，同时也为企业规模扩张和连锁发展打下坚实的基础。

③ 有利于提高产品质量，创造名牌菜品。菜品生产的稳定化、标准化的好处是能更容易地生产出高质量且有特色的、受市场欢迎的好菜品，进而创造出名牌菜。

固定菜单特别适合于拥有稳定客源市场的餐饮企业，其优点是明显的，但任何事情都有其两面性，固定菜单也同样有其不足之处：一是因其过于强调菜品的传统、正宗，缺乏变化和新鲜感，久而久之难免会使客人对其产生厌倦情绪；二是其菜式品种不能随季节的交替、原材料价格的波动、市场需求的变化等因素而调整，常常处于被动，难以适应餐饮市场的变化，更因为对原材料价格的上涨缺乏变更的弹性而容易造成亏损；三是长期重复性的机械操作，容易使员工产生厌倦感，直接影响员工的工作热情和创新能力。

（2）循环菜单　循环菜单是按固定周期循环使用的菜单，适用于团体包餐、长住型商务客人及企事业单位员工的工作餐。

循环菜单必须按预订的周期天数制作一系列的菜单，每天使用一份。通常一种是季节性菜单，即以四季的交替为循环周期，以时令菜为主，每一个季节周期会以典型的时令、节日为重点，并能借此减少不同季节原料短缺及成本过高的现象。另一种是针对团体和长期客户的循环菜单，其周期长短根据市场特点而定，一般使用周期较短，企事业单位工作餐周期可长一些（三至四星期一个周期即可），对于长住的商务客人的餐饮，则应注意提高菜单的循环频率，以增加对客人的吸引力。

与固定菜单相比，循环菜单有其较为明显的优点。其设计丰富多彩，变化多端，与市场结合紧密，顾客也不容易对菜单厌烦，厨房工作人员也不会因工作单调而产生厌倦感，但循环菜单的使用也增加了餐饮生产及管理的难度，劳动力、设备及管理等方面的成本也大大增加。

（3）即时性菜单　即时性菜单是根据一定时期内原料的供应情况制定的临时性菜单，它既不固定也不循环，仅供限定的天数内或某一餐饮活动使用。编制这种菜单的依据是菜品原料的可得性、原料的质量、价格及厨师的烹调水平。美食节餐饮促销活动菜单、宴会菜单、每日精选菜单、自助餐形式菜单等多采用即时性菜单形式。这种菜单因其灵活性，有利于采购、使用新鲜廉价的原料，还可大大提高餐饮管理和营销人员的积极性。

（4）限定菜单　限定菜单指菜式品种相当有限的菜单。限定菜单一般只有8~10道主菜，不像其他几种菜单那么丰富甚至包罗万象。因此，餐馆的职工种类和人数、设备种类和数量、仓库面积、食品成本等方面都较容易管理和控制。这种类型的菜单一般多为特种餐馆、快餐馆或点心小吃店等所采用，因此这些餐馆往往只经营几种有特色的餐饮产品。

（三）按照菜单价格结构分类

（1）零点菜单　是国内外餐厅使用最为广泛的菜单形式。在餐桌服务型的餐厅中，零点菜单是最主要的菜单形式。零点菜单上分门别类标明菜式品种的名称、规格及其相对应的价格，客人可以根据自己的消费能力和喜好，自由点菜，其价格层次满足了不同消费者的需求。

（2）套餐菜单　以一个固定的价格标出，并不标明每一道菜点的价格。通常由一系列不同规格和标准的菜点组成。菜点道数和分量适中，价格合理，注重营养供给，用餐时间紧凑，服务快捷，以适应客人工作和休闲的节奏。一方面满足了客人旅游、商务、会议、工作、聚会等需求，另一方面也增加了餐厅收入。

（3）宴会菜单　是由一定规格质量的一整套菜点饮品，按照约定俗成的进餐顺序和礼仪组合而形成的菜单。其规格标准明显区别于普通的零点菜单和套餐菜单。宴会菜单又是技术性的菜单，其设计体现了饭店烹饪技术的实力和服务水准，是餐饮文化的提炼和结晶。

（四）按菜单装帧制作的方式分类

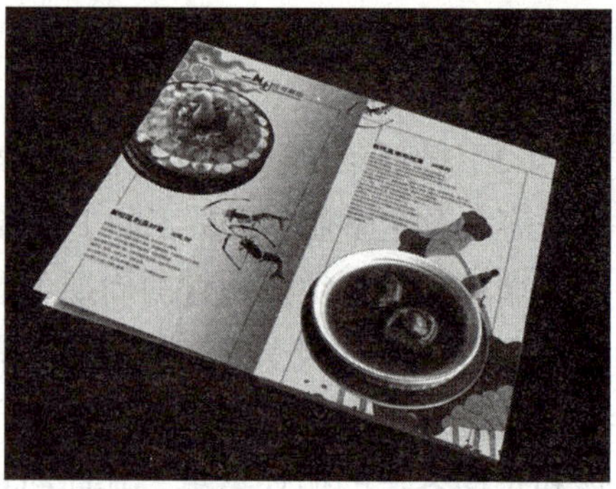

（1）合卡式菜单　由菜单封面、正页和封底组成，是最常见的菜单装帧制作方式。特点是菜单容量大、具体，客人有充分选择的余地。缺点是制作成本较高。

（2）招贴式菜单　招贴式菜单发挥了菜单的广告宣传功能，张贴悬挂于餐饮经营场所或公共区域，形式多样。西餐厅可以将菜单刻写在精致的木板上悬挂起来或由服务员手持，以供客人在轻松惬意的氛围中点菜。中餐厅和日式餐厅，可在餐厅四周牵拉众多排列有序的小彩旗，每个小彩旗上书写一道菜点名称，颇有市井情趣。

（3）纸垫式菜单　用于服务快捷的快餐厅、速食店和咖啡厅。客人入座后即可迅速点菜，经济实惠，轻松自由，提高了服务效率。

（4）立牌式菜单　立牌式菜单立体新奇，多姿多彩。可将菜单折叠、切割或冲压成不同的形状，其形状一般与餐厅的主题特色、菜点的成形和餐具器皿的形状相联系，对特色菜、特色饮品的推销起到暗示作用，引起客人的注意，促进餐饮推销。

（5）活页式菜单　活页式菜单的封面、封底及其框架固定不变，类似相册或相框的格式，菜单正页由活页的形式定期更换。优点是便于菜单的更换，制作成本较低，但必须注意保持封面、封底及其框架的清洁美观。

【知识链接】

菜单的历史

菜单原指餐馆提供的列有各种菜肴的单子。现指电子计算机程序进行中出现在显示屏上的选项列表，也指各种服务项目的清单。

最初菜单并不是为了向客人说明菜肴内容和价格而制作的，而是厨师为了备忘而写的单子，英文为menu。

据说在16世纪初期，法国宫廷菜肴是很一般的。1533年法国国王昂里二世的王妃卡得里努从佛罗伦萨带来了厨师作为陪嫁，从此法国宫廷菜肴才逐步得到改善。法国的厨师为了记住这些意大利菜肴的烹制方法及原材料，将它们记录下来，这就是菜单的雏形。

而这些记录真正成为向客人提供的菜单，已是16世纪中叶的事情了。

1954年布伦斯维克侯爵在自己的宅第举行晚宴，每送一道菜，侯爵都要看看桌上的单子，当客人们知道他看的是今天的菜单时，十分欣赏这种方法。大家争相仿效，在举行宴会时，都预先制作了菜单，菜单便真正出现了。

发展到现在的社会，基本上每一家大小餐厅都会有自己的一份菜单。

【任务考核】

1. 什么是菜单？简述菜单的作用。
2. 一份完整的菜单应包括哪些方面的内容？
3. 固定菜单与循环菜单各有哪些优点？

任务2 菜单的设计

任务导入

上海APEC会议工作午餐菜单

在上海APEC会议中，独具匠心的会议午餐菜单以中国画轴为主题。摆在一个红木架子上的画轴展开是一幅中国书法菜单，由张大千弟子——锦江集团高级顾问、80岁老人钟国梁先生亲自书写而成，竖读是反映每款菜名和寓意的一句诗，如头道菜“冷龙虾”配诗句为：“相辅天地蟠龙腾”，语出《易·泰》“相辅大地之宜”，喻指相互辅佐以办天下大事，“蟠龙腾”象征中华龙腾飞跃，气势磅礴。横读八句诗第一字依次连接为“相互依存，共同繁荣”的2001年APEC会议主题，令在场贵宾叹为观止。江泽民同志两次向服务员询问菜单，并当场提议作为纪念品赠送给每位贵宾。蕴涵中国文化的果蔬雕刻艺术——龙盖，20个形态各异的南瓜雕刻龙盖也是这次会议的一大亮点，20位领导人一入席，就被凝聚着中国文化的雕刻艺术所深深吸引。南瓜雕刻盖底层以中国古钱币造型为主，寓意财富和经济共同繁荣；中层为双龙拱寿，象征好事成双，祝福APEC会议成功；最高层是飞龙，象征中华民族的腾飞。

尽显锦江风采的厨艺——三菜一汤

菜名：依山傍水蟹匡盈炒河蟹

主要原料：河虾仁、河蟹肉。比喻亚太地区大好河山，地利人和，物产充盈。其中，匡为蟹斗别称，盈为丰盈肥满之意。

菜名：存抚伙伴年丰余煎鳕鱼

主要原料：银鳕鱼、松茸、橄榄菜梗、柠檬、沙司。菜名出自《汉书》语“厚抚其孤弱”，“存抚”指关心、爱抚，引申为关心、爱抚参与世界经济发展的良好的贸易伙伴关系。

菜名：共寰盛举春江暖片皮鸭

主要原料：填鸭、黄瓜条、京葱丝、鸭饼。引自苏轼《惠崇春江晚景》之句：“竹外桃花三两枝，春江水暖鸭先知”。

汤名： 互助互惠相得欢翡翠羹

主要原料： 荠菜汁、草鸡蓉、高汤。汤名出自《史记》语“相得甚欢、无厌”，指共事相处极为相投。

【任务概述】

菜单设计是饭店管理人员根据市场需求集思广益，开发和设计最受顾客欢迎的餐饮产品的过程。因此，菜单的筹划工作应该将饭店所有的菜肴信息、包括菜肴原料、制作、方法、风味特点、数量和营养成分等相关信息设计在菜单上，并根据顾客的心理需求和视觉需求设计菜单的封面等，以增加菜单的吸引力和顾客的购买力。

【任务实施】

菜单设计是餐饮管理人员在市场调查的基础上，综合客人需求、市场环境和餐饮企业自身情况等因素，提出可供收录到菜单的菜肴品种，再根据一定的原则选择，经过版面设计和美化，最终形成成品菜单。

一、菜单设计者

菜单设计在很大程度上受到设计者态度和能力的限制。设计者要富有创造力和想象力并对菜肴本身和饮食烹饪有特殊的兴趣，不应把设计菜单看做是一项日常杂务性工作，而应充分认识到菜单对内部成本控制、招徕宾客等方面的重要作用。

（一）菜单设计者的素质

菜单设计一般由餐饮部门的经理和厨师长承担，也可以设置一名专职菜单设计者。总之，菜单设计者应具有权威性和责任感，并具有如下职业素质：

（1）具有广泛的食品原料知识。了解各种食品原料的性能、营养价值和制作方法等。

（2）有一定的艺术修养。对于食物色彩的调配以及外观、质地、温度等的调配，有感性和理性知识。

（3）善于捕捉信息，并善于了解宾客需要、了解厨房状态。

（4）有创新意识和构思技巧，勇于尝试，有所创新。

（5）有立足为宾客服务的思想意识。

（二）菜单设计者的主要职责

（1）与相关人员（主厨、采购人员）研究并制定菜单，按季节新编时令菜单，并进行试菜。

（2）根据管理部门对毛利成本等要求结合市场行情制定菜品的标准分量、价格。

（3）审核每天进货价格，提出在不影响食物质量的情况下降低食物成本的意见。

（4）检查为宴席预订客户所设计的宴席菜单。了解宾客的需求，提出改进和创新菜点的意见。

（5）通过各种方法，向客人介绍本餐厅的时令、特色菜点，做好新产品的促销工作。

二、菜品选择的依据

（一）菜系的风味和独特性

（1）保持风味餐厅的新颖性　在菜系选择上，餐厅可采取两种策略：一是单纯经营某一种风味的菜品。如，菜单所有菜品都是地道的川菜，这样，只要客人想吃川菜，马上会想起这家餐厅；二是以某一种菜系风味为主，兼营其他菜系的菜品。这样，餐厅既可保持其特色，又可为客人提供较大的选择余地。菜单设计者可以根据本地区的具体情况和经营者的理念决定。

（2）突出地方名菜特点　如果餐厅选定某一地方菜系，就必须突出这一菜系的名菜。此外，还应考虑本地的特色菜品。例如，北京全聚德的烤鸭、杭州楼外楼的西湖醋鱼、天津狗不理的包子等都是这些店的招牌菜。

（3）继承、发扬与创新　创新是历史发展的必然，没有菜品的创新，就没有饮食文化的发展。餐厅在设计菜单时除了保持其风味特色和传统特色外，还要不断开发新品种，创名菜，树立企业形象。例如：北京便宜坊烤鸭集团在传统的北京烤鸭基础上，推出了“花香酥”、“蔬香酥”等专利焖炉烤鸭和文化主题宴会“三国宴”，并且重新挖掘整理了11道经久不衰的招牌菜，深受广大顾客欢迎。

（4）融合中西　中西餐菜品的融合也是设计菜单时要考虑的因素。过分强调正宗菜品和正宗风味不一定收到理想效果。菜肴制作中西合璧，相得益彰，是当今菜肴创新的一个流行思路。餐厅可以西菜中做，也可以中菜西吃，以满足客人的多品位需求，为餐厅创造更多的利润。如“翡翠鸡腿”，用西菜中惯用的沙司、土豆泥、黄油、牛奶、菠菜泥，加上中菜中的鲜汤，制成沙司，浇在蒸烂的鸡腿上，既有中菜“五味鸡腿”的特色，又具浓郁的“西菜”风味，为中外宾客所喜爱。

（二）食品原料的供应情况

（1）凡是列入菜单的菜品，厨房必须无条件保证供应　在设计菜单时必须考虑食品原料的供应情况，如果某些原料因市场供求关系、采购和运输条件、季节、餐厅的地理位置等客观条件而不能保证供应，餐厅最好不要把用这些原料制作的菜品放到固定的印刷菜单上。可以考虑以当日特选菜或季节菜单的形式呈现给客人。

（2）根据时令节气及时调整菜单，增加时令菜品　餐厅的菜单并不是固定不变的，应根据季节变化，及时调整菜单，增加时令菜品，这出自对食品原料供应情况的考虑。这是从餐厅角度看，由于餐饮原料大都是农畜产品，有较强的季节性，旺季来临时，进货价格较低；淡季，许多食品原料进价上涨，进货成本增加，如果不对菜单进行调整，肯定会造成利润减少；从客人的角度看，及时提供时令菜品，可以满足客人需要。

（三）食品原料品种的平衡和多样化

（1）不应重复味道相同或相近的菜品　在设计菜单时，尤其是在设计宴会菜单时，一定要注意不要重复味道相同或相近的菜品。一般情况下，客人的口味需求呈多样化发展趋势，即使客人喜欢吃酸辣的菜品，如果菜单上都是这样的菜品，客人也会感到不适应。

（2）原料品种多样化　有些风味餐厅为体现其经营特色，只经营某一大类的菜品，如海鲜餐厅，通常经营各种不同的海鲜产品。对于一般的餐厅来说，菜单项目应尽量满足客人对各种原料菜品的需求。

（3）形状、色彩、质地多样化

① 形状多样化：食物的形状与外观对吸引就餐者有很大作用。形状包括两个方面：一是菜品的形状，即装盘后成品菜肴的形状；二是菜品主要原料的形状。中餐菜品比较讲究造型，但从近年人们的消费观念看，造型在总体评价中的权重已有所下降。造型的原则体现在简单、快捷。菜品的功能是供人食用，过分讲究造型不仅会造成污染，也会增加人工成本。

② 色彩多样化：色彩与食物的造型一样，可以给人以视觉上的美感。菜单设计者的任务是要使客人读到菜单，脑海里就浮现出色泽娇艳、外形美观、香味四溢的各种菜式，使其食欲大振。如果菜单上只是些清炒、清蒸、清炖、白灼、白切的素色菜，而食物的本色也都十分素淡，那么客人只能得到一个“白”的印象。同样，如果菜单上列有过多的红烧、红焖、糖醋、炸熘的菜品，客人只能得到一个“红”的印象。菜品的色彩除了食品原料本身及调料的颜色以外，还必须通过装饰点缀来完成。不过，同造型一样，菜品不宜过分强调五彩缤纷，只要起到色彩对比和衬托的作用。

③ 质地多样化：质地是指菜品的软、硬、韧、脆等。宴会菜品组合和个人套餐组合应充分考虑菜品的质地。以西餐为例，如果开胃品是果酱，汤是菜泥汤，沙拉是土豆沙拉，主菜为烤肉配土豆泥，甜食是冰淇淋，这样，就犯了重复质地相同菜品的错误。

（四）考虑餐厅设备条件和烹饪技术水平

（1）根据厨房内设备制定相应菜单　菜单制约着餐厅设备的选择和购置，这与根据厨房设备设计菜单并不矛盾。前者考虑的是在餐厅开业准备期间菜单对于设备选择购置有指导意义；后者考虑的是在餐厅营业期间所进行的菜单设计。餐厅不可能为了某一个宴会而购置大型设备，因此，设计菜单只能根据现有的生产设备和条件来进行。如果厨房中仅有中餐炉灶，就不可能将烤酿馅猪排写入菜单。

（2）厨师技术水平　中餐不同于西餐，它对厨师的技术水平要求非常高。此外，消费者对菜系与厨师籍贯的一致性看得很重。如果在北京开设一家经营粤菜的高级餐厅，那么其厨师也应从广东或香港聘请。这并不是说只有广东人或香港人才会做粤菜，北方厨师也完全可以学会制作地道的粤菜，但消费者对本地的厨师不认可。这样，厨师的技术水平就成为设计菜单时不得不考虑的问题。如果现有的厨师只能制作川菜，那么菜单上就不宜增设其他菜系的菜品。

（3）操作速度　操作速度是指厨房的生产能力，不是指厨师技术的熟练程度。一个大型宴会要求众多菜品同时上齐，或者在最短的时间内上齐，这对于厨房的生产能力和操作速度是一个考验。

（4）菜单上各类菜式之间的比例要合理　菜单上各类菜式之间的比例合理，可避免造成厨房中某些设备使用过度，而某些设备得不到充分利用。这种情况在西餐中较易出现。西餐设备功能相对单一，烤箱只能用于烤制食品，而不像中餐的炒勺那样功能多，无论是煎、炒、烹、炸，还是煮、煨、焖、炖，都可以用炒勺完成。除了考虑设备的利用情况外，合理的菜式比例能避免造成某些厨师负担过重，而另一些厨师闲着无事。

（五）食品原料成本及菜式的盈利能力

菜单设计是饭店餐饮部门为获取利润所必须进行的第一步计划工作，菜单计划人员必须自始至终明确饭店餐饮部的成本对象，即目标成本或目标成本率，这在食品原料进货价格经常上涨的情况下尤为重要。如果选择的菜品中高成本菜式较多，该饭店即使有完善的食品控制措施，也难以获得预期的利润。

根据菜品的畅销程度和毛利额高低，餐厅的所有菜品可分为四类。

（1）畅销且利润高。

（2）虽畅销但利润低。

（3）不畅销但利润高。

（4）不畅销且利润低。

即销售额低于同类菜的平均销售额且毛利额低于同类菜的毛利额。

一般来说，没有盈利能力或盈利能力较小的菜品，如第二类和第四类菜品，不应选入菜单或应及时更换。而对于第一类菜品应予以保留和发扬。

总之，菜单设计者在决定某一菜品是否应列入菜单时，应综合考虑以下三点因素：

（1）菜品的原料成本、售价和毛利。

（2）菜品的畅销程度。

（3）菜品销售对其他菜品销售所产生的影响。

（六）食物的营养成分

随着生活水平的提高，人们对食物营养也有了不同的看法。过去，人们关心的是能否得到足够的营养。而现在，人们考虑更多的是如何防止摄取过多的营养，以保持合适的体重、健美的身材和良好的健康状况。餐厅在设计菜单时应适应这一新的要求，考虑人体营养需求这一因素。

使用零点菜单的商业型餐厅，客人可以任意选择菜单上的菜品，因而餐厅没有必要考虑每一道菜的合理营养搭配。相比之下，厂矿、医院、学校、幼儿园、监狱、军营等单位餐厅，以及使用套餐菜单的商业型餐厅，则必须考虑菜品的营养价值与搭配组合。营养不足、营养过剩、营养搭配不合理都属于营养不良。

（七）符合国家的环保要求和有关动植物保护法规

环境保护与可持续发展是当今社会的重要议题。菜品的制作应符合国家有关环境保护的制度和规定。值得说明的是，为迎合客人求新、求异的消费需求，餐厅也极力推出一些奇特菜品。如一些餐厅为获取暴利，迎合某些客人的病态饮食需求，将受国家保护的一、二类野生动物也搬上了餐桌，这就违反了国家野生动物保护法规。这些饮食需求都不应提倡。饮食不仅体现了民族文化，也体现了一个民族的素质。

三、菜单设计

（一）菜单程式的设计

菜单程式是指菜单上各类菜式的排列次序。进餐次序是菜单编排必须遵循的原则。中餐进餐通常按照冷菜→热炒→大菜→汤→点心的次序依次进行，设计中餐菜单的程式必须遵循这一次序，然后将各类菜式按原料分类进行排列，比如冷菜类，鸡鸭类，猪、牛肉类，海鲜类，鱼虾类，蔬菜类，汤类，面饭类，点心类等。西餐进餐次序稍有不同，一般按照开胃菜→汤→主菜→甜点的次序先后进行，因此，西餐午餐菜单通常是按开胃菜类、汤类、主菜类（海鲜、鱼虾、牛猪羊肉、禽类）、蔬菜类、甜点、餐后饮料等次序排列。

菜单的编排还应考虑到客人的阅读习惯，菜单一般是按照先外页后内页、先上端后下端、先左侧后右侧的顺序读的。另外，应尽可能使菜单上的价格参差不齐。若依照菜价高低的顺序排列，会使客人的注意力倾向于低价格。一般菜单的程式如下：

（1）西餐早餐菜单程式　①果汁；②水果；③谷麦食类；④蛋类；⑤煎饼、华夫饼；⑥肉类；⑦蔬菜类；⑧面包类；⑨饮料类。

（2）西餐午餐菜单程式　①开胃菜；②汤类；③主菜色拉；④面点；⑤主菜；⑥蔬菜；⑦面包；⑧甜点；⑨饮料。

（3）西餐晚餐菜单程式　①鸡尾酒；②开胃酒；③汤类；④主菜色拉；⑤主菜类；⑥烤肉类；⑦餐间冷饮类；⑧蔬菜类；⑨甜点；⑩餐后酒类。

（4）中餐厅菜单程式　①厨师特选；②冷盘；③猪肉；④牛、羊肉；⑤家禽；⑥野味；⑦海鲜、鱼类；⑧时蔬；⑨汤；⑩点心、甜品。

（二）重点促销菜肴的位置安排

重点促销菜肴可以是时令菜、特色菜、厨师拿手绝活菜，也可以是由滞销、积压原料经过精心加工包装之后制成的特别推荐菜，总之是饭店希望尽快介绍、推销给就餐者的菜。

既然是重点促销菜，就应该将这些菜肴安排在醒目之处。菜肴在菜单上的位置对于此类菜肴的推销有很大影响。要使推销效果明显，必须遵循两大原则：即将重点促销菜放在菜单的开始处和结尾处，因为这两个位置最能吸引人们的注意力，并在人们头脑中留下深刻的印象。有些饭店将盈利最大的菜肴放在第一眼和最后一眼注意的地方。经统计，客人几乎总是能注意到同类产品的第一个和最后一个菜肴。菜单上有些重点推销的菜、名牌菜、高价菜和特色菜或套菜可以采用插页、夹页、台卡的形式单独进行推销。

另外，不同表现形式的菜单，其重点推销区域不同。单页菜单的上半部就是重点推销区；双页菜单的右上角为重点推销区；三页菜单对菜肴推销很有利，中间部分是人们打开菜单首先注意的地方，然后移至右上角，接着移至左上角，再到左下角，最后又回到正中（见图3-2）。对人们注意力研究的结果表明，人们对正中部分的注视程度是对全部菜单注视程度的七倍。因而中页的中部是最显眼之处，应放上餐厅最需要推销的菜肴。

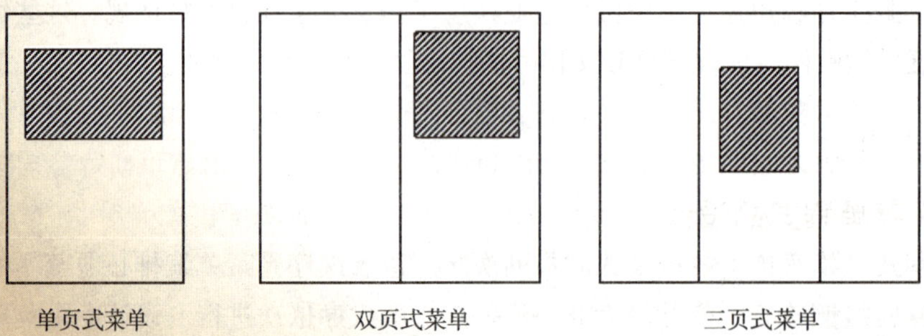

图3-2 重点菜品的位置

（三）菜单设计的步骤

1. 准备所需的参考资料

（1）各种旧菜单，包括企业正在使用的菜单。

（2）标准菜谱档案。

（3）库存信息和时令菜、畅销菜菜单等。

（4）每份菜成本或类似信息。

（5）各种烹饪技术书籍、普通词典、菜单词典。

（6）菜单食品饮料一览表。

（7）过去的销售资料。

2. 运用标准菜谱

只有运用标准菜谱，才可确定菜肴原料的各种成分及数量，计划菜肴成本，计算价格，从而保证经营效益。一份质量较好的标准菜谱有助于发挥菜单的设计成效，同时有利于员工了解食品生产的基本要求与服务要求，也可提高他们的业务素质。

3. 初步构思、设计

刚开始构思时，要设计一种空白表格，把可能提供给客人的食品先填入表格，在考虑了各项影响因素后，再决定取舍并作适量补充，最后确定各菜式内容。

4. 菜单的装潢设计

已设计好的菜肴、饮料按获利大小顺序及畅销程度高低依次排列，综合考虑目标利润，然后再予以补充修改。召集有关人员如广告宣传员、美工、营养学家和有关管理人员进行菜单的程式和装帧设计。

四、菜单制作

（一）纸张选择

一份精美菜单的说明、印刷效果等都要通过纸张来体现。由于纸张成本占印刷菜单成本的1/3，餐饮经营管理人员和菜单设计人员应重视纸张的选择。

选择纸张时主要需考虑菜单的使用期限，是最大限度地长期使用，还是一次性使用。一次就报废的菜单可印在轻型、无涂层的纸上；较长使用的菜单须印在重磅的涂膜纸上，这种纸经久耐用；长期使用的菜单可印在防水纸上，脏了可用湿布擦净。

实际上，菜单封面一般用重磅涂膜纸，内页用价格较低的轻磅纸。在同一份菜单上使用不同类的纸张可起到强化其功能的作用，纸张厚薄和颜色的不同可以突出显示菜单的某一部分是餐厅推销的重点。

（二）菜单的尺寸

菜单的式样和尺寸有一定的规律可循：一般单页菜单以30厘米×40厘米大小为宜；对折式的双页菜单，菜单合上时，其尺寸以25厘米×35厘米为最佳；三折式的菜单，合上时，以20厘米×35厘米为宜。当然，其他规格和式样的菜单也非罕见，重要的是菜单的式样与餐厅风格相协调，菜单的大小与餐厅的面积、餐桌的大小和座位空间相协调。

菜单上应有一定的空白，这样会使字体突出、易读。如果菜单文字所占篇幅多于

50%，会使菜单看上去又挤又乱，影响客人阅读和挑选菜肴。菜单四边的空白应宽度相等，给人以均匀感。左边字首应排齐。

（三）字体与字型

菜单的字体要为餐厅营造气氛，反映餐厅的环境。它与餐厅的标记一样，是餐厅形象的重要组成部分。菜单的字体同餐厅所用的标记、颜色一样，是鉴别餐厅的重要特征。菜单上的字体一经确定，就和餐厅标记、颜色一起用在菜单上，同时还用在火柴盒上、餐巾纸上、餐垫上、餐桌广告牌上及其他推销品上。使用令人容易辨认的字体，能使顾客感到餐厅的餐饮产品和服务质量具有一定的标准而留下深刻的印象。仿宋体、黑体较多地被用于菜单的正文，隶书常被用于菜肴类别的题头说明。在引用外文时，应尽量避免使用圆体字母，宜用一般常见的印刷体。

菜单的字型，即印刷菜单时所使用的字体型号的大小。根据调查情况统计，最易于就餐者阅读的字型是二号字和三号字，其中以三号字最为理想。字体以宋体、仿宋体、楷体效果为好。当然，中餐宴会菜单也可手写，手写往往更能创造宴会气氛，但字迹必须娟秀、清楚，龙飞凤舞的书法必须以宾客认得清楚为准。

另外，菜单的文字不能将整个菜单占满。菜单在篇幅上应保持一定的空白，这样可使菜单内字体突出、易读。如果菜单的文字所占的篇幅超过50%，会使菜单看上去杂乱，妨碍顾客阅读和挑选菜肴。菜单四边的空白应宽度相等，给人以均匀之感。左边字首应排齐。

（四）菜单封面

封面是菜单的门面，一份设计精良、色彩丰富的封面是经营有方的餐厅的醒目标志。

菜单封面要恰如其分地列出餐厅名称、营业时间、电话号码，使用信用卡支付的信息可列在封底，有的菜单封面上还传递外卖服务信息。

菜单封面应使用塑料薄膜压膜厚纸，可防水（或油腻），也不易留下痕迹，四周不易卷曲。

（五）菜单的颜色与图片

菜单的颜色能起到推销菜肴的作用。菜单颜色的作用是：具有装饰作用，使菜单更具吸引力，令人产生兴趣；通过色彩的安排、组合，能更好地介绍重点菜肴。颜色能显示餐厅的风格和气氛，因此菜单的颜色要与餐厅的环境、餐桌、口布和餐具的颜色相协调。快餐餐馆较适合使用色彩鲜艳的菜单，有一定档次的餐厅则较适合采用淡雅优美的色彩为基调设计的菜单。

菜单中的插图也能起到推销菜肴的作用。彩色照片能直接展示餐厅所提供的食品饮料。一张令人垂涎三尺的菜肴彩照胜于大段文字说明，它是真实菜肴的缩影。许多菜肴、点心、饮品惟有用颜色和照片才能显示其质量，如描绘新鲜牛排、对虾的质量只有使用彩色照片。彩色照片能使顾客加快点菜速度，它是菜肴有效的推销工具，还能加快餐厅座位周转率。

并不是菜单上所有的菜肴都要配以彩色照片，印上彩色照片的菜肴应该是餐厅欲销售的、并希望顾客最能注意并决定购买的菜肴，餐厅常将高价菜、名牌菜和顾客最欢迎的菜做成彩照印在菜单上。另一类常有彩照的菜是形状美观、色彩丰富的菜。

彩色照片的印刷要注意质量。如果印刷质量差，反使顾客倒胃口。彩色照片边上要印上菜名，注明配料和价格，以便于顾客点菜。

五、设计制作的常见问题

（一）制作材料选择不当

许多菜单采用各色簿册制品，其中有文件夹、讲义夹，也有集邮册和影集本，而非专门设计的菜单，不但不能起到点缀餐厅环境、烘托气氛的效果，反而与餐厅的风格格格不入，显得不伦不类。

（二）菜单尺寸过小，装帧过于简陋

许多菜单内芯以16开普通纸张制作，这个尺寸无疑过小，造成菜单上菜肴名称等内容排列过于紧密、主次难分，有的菜单只有练习本大小，但页数竟有十多张，无异于一本杂志。大部分菜单纸张单薄，印刷质量差，无插图，无色彩，加上保管使用不善，显得极其简陋，满面油渍，毫无吸引人之处。

（三）字型太小，字体单调

字型小，使顾客在餐厅不太明亮的灯光下阅读颇感吃力。大多数菜单字体单一，忽视使用不同大小、不同字体等变化的手法来突出、宣传重要菜肴。

（四）涂改菜单价格

随意涂改菜单是国内餐饮企业的通病，上至五星级的豪华饭店，下到大众化的普通饮食店，比比皆是，使菜单显得极不严肃，很不雅观，引起就餐客人的极大反感。

（五）缺乏描述性说明

每一位厨师长或餐厅经理都能将菜单菜肴的配料、烹调方法、风味特色、有关的典故和传说讲得头头是道，然而一旦用菜单形式介绍时就大为逊色。尤其是中餐中的那些传统经典菜和创新菜，不少菜名虽然雅致形象，引人入胜，但绝大多数就餐者少有能解其意的，更不用说来自异国他乡的国际旅游者，即使许多菜单附有英译菜名，但由于缺乏描述性说明，外国客人在点菜时仍觉不便。

（六）单上有名，厨房无菜

凡列入菜单上的菜品，厨房必须无条件地保证提供，这是一条相当重要但易被忽视的餐饮管理规则。不少菜单表面看起来可谓名菜荟萃，应有尽有，但实际上往往缺少很多。

（七）不标出价格

有的菜单居然不标出菜肴价格，而是用“时价”代替，让顾客在选择菜肴时犯难。

（八）遗漏

菜单上应注明餐厅地址、电话、营业时间和经营特色等信息，但有些菜单经常遗漏这些信息。这就不便于更好地发挥菜单的广告宣传和媒介作用。

【知识链接】

餐饮菜单中的“时价”

由于大量鲜活物品的采购价格不够稳定，酒店往往喜欢用“时价”来标示菜单中一些菜肴的价格。目的是希望根据市场原料进价的变化来制订菜肴的价格，以获得稳定的利润。但有些餐馆几乎是一年四季天天都有“时价”菜肴推出，“时价”的标示方法带来很多弊端、存在很多不规范之处。具体来说，用时价标示菜肴价格的方法存在以下问题：

第一，从客人的角度来看，有侵犯消费者知情权的嫌疑；

第二，时价的标示方式往往使客人在结账时有被欺骗的感觉；

第三，当客人对价格有异议时，饭店很难做出让客人满意的解释；

第四，时价的标示方法给点菜服务员带来很大不便；

第五，明确标明菜肴的价格是餐饮企业的法定义务；

基于以上的分析，为了既维护消费者的权益，又方便服务员服务，同时也使饭店获得相应的利润。饭店对成本变动大的菜肴使用时价的同时，用变动菜单的形式（例如为时价菜肴单独印制一页，以标明时价菜肴的当前价格）使时价菜肴也变为明码标价。

【任务考核】

（1）某餐厅经理和厨师长经过对市场需求趋势的研究，决定增加菜单菜品的花色品种，以满足客人不断变化的需求，方便客人选点和理顺菜单。下列菜品是拟订列入菜单经营的菜品，请你为其编排菜单版式。

奶油花菜汤	熏大马哈鱼	清炖肉汤	榛子焦糖色蛋糕
小虾炒蛋	香菇菜饭	意式细面条	辣味烤银鱼
诺曼底猪排	蔬菜色拉	猎人式炒鸡肉	煎鲽鱼

（2）案例分析

案例：北京一家酒楼，位于一条不很繁华的地段，面积约1500平方米，有近400个餐位，装修也算得上是一个中等档次的餐厅。经营者赚钱心切，听人家说开粤菜馆收入高，在没有对经营环境和周围消费群体做详细调查的情况下，盲目决定以经营粤菜为主作为自己的经营定位。幻想在少投入的情况下，得到丰厚的回报，他没有从广州聘请专业厨师，而是从当地聘请厨师，并让厨师承包厨房，服务人员也从当地招聘；服务员和厨师的工资定在粤菜馆的水平，菜品的价位也基本上与一些高档粤菜餐厅持平。开业之后，酒楼的生意与经营者的愿望相去甚远，餐厅内形不成粤菜企业的经营氛围，吸引不了广东客人和喜欢粤菜的食客就餐，当地食客以工薪阶层为主，顾客面对该餐厅豪华的门面都认为：这家酒店太贵，不是我们消费的地方，于是敬而远之。由于不能形成消费群体，经营每况愈下，每月要亏损十几万元。

分析：请分析这家餐厅经营失败的原因？你有好的建议吗？

任务3 菜单的定价

任务导入

四川一家饭店老板为了使自己的餐饮火爆起来，精心策划了一届“海外新派美食节”，重金从香港、澳门、台湾三地请来6名大厨前来主理厨房工作，从餐厅的布置到菜单的设计都显得富丽堂皇，宣传促销也非常到位，美食节开节剪彩的那天，邀请了市、厅局级领导几十名，大小报刊记者八九名，有关的老板、老顾客、老朋友、协助单位近200多人参加，这个饭店到处张灯结彩、贺词高挂，全城上下成了一大新闻。头两天各界有关部门及朋友来餐厅的人不少，但因为成本较高，其菜品的售价相当贵，一些工薪阶层、厂矿企业、一般事业单位不敢去餐厅消费，尽管服务态度很好，菜品很有新意，原料以海鲜为主，口味以清淡为主，但当地人并不感到稀奇，不喜欢这些菜品，原定两周的美食节由于食客太少，不到一周草草收场。尽管这位饭店老板费尽心机，但由于定价太高，没有市场调查，脱离餐饮市场的消费规律，盲目追求“奇”和经济效益，其结果反而得不偿失。所以本任务强调菜单设计菜品定价的要求和原则应该掌握哪些？如何才能设计符合市场需求的菜单？

【任务概述】

了解餐饮产品的价格构成是制定产品售价的基础，了解餐饮产品的定价原理和掌握定价原则有助于对餐饮品种价格的把握。掌握菜单的定价方法，对驾驭餐饮企业经营管理工作有极其重要的意义。

【任务实施】

顾客对菜单的价格水平非常敏感，并且直接影响餐饮消费心理和消费行为。菜品的价格是否适当合理，影响着目标客源市场的需求变化，影响着顾客对餐厅及菜式品种的选择。

一、餐饮产品价格的构成

任何餐饮产品，其销售价格的制定都应以盈利为目标，首先要抵消其原材料的成本、费用和税金，在此基础上获取不同程度的利润。随着劳动力成本、营销费用等开支所占的比例不断增加，餐饮业已进入“微利”阶段，10%的纯利润率被认为是较好的利润率目标。餐饮企业要想获得更多的利润，最直接有效的办法是加强管理，对采购、验收、储存、领发、加工、烹制等环节进行严格控制，减少浪费变质和人为损失，开源节流，降低菜品成本率。菜品的成本率降低1%，就意味着纯利润增加1%。在菜品销售价格构成中，占较大比例的是原材料成本，在高级餐厅中，这部分变动成本约占销售价格的35%，在普通餐厅中这部分变动成本所占的比例更大，因此，餐饮产品的定价必须以这部分变动成本为基础。餐饮原来价格构成如下式：

餐饮产品价格构成=原材料成本+相关费用+税金+利润

餐饮产品销售价格减去原材料成本就是毛利，如下式：

餐饮产品销售价格−原材料成本=毛利

由于餐饮的生产、服务和销售具有同步性的特点，酒店的餐厅劳动力成本开支在餐饮销售价格中占很大的比例，某些特色菜品其加工费用远高于原材料成本，三星级以上的酒店普遍实行向顾客收取10%~15%的服务附加费，所以，在进行菜单定价时，必须考虑劳动力成本开支。顾客在餐饮消费过程中对菜单的价格体系较为敏感，会将菜品品质和菜品价格的合理程度进行比较，从而产生“物有所值”“物所不值”和“物超所值”等心理感受，其结果直接决定了顾客对餐厅及菜品的再次选择。另一方面，竞争对手的菜单价格体系和同类菜品的价格也会使顾客做出理性的判断，因此，餐饮业可利用价格直接影响餐饮需求，并且使价格具有竞争力。

二、菜单定价

（一）菜单的定价原则

菜品的价格尺度和体系，以及每道菜肴、饮品的销售价格是菜单设计的重要环节之一。人们对菜单价格水平非常敏感，它能直接影响餐饮消费心理和消费行为。菜单上菜肴、饮品等的价格是否适当合理，影响着目标客源市场的需求变化，影响着顾客对餐厅及菜式品种的选择，进而影响整个餐厅的整体竞争能力和在业内的地位，对餐厅经营效益的影响也是非常巨大的。在对餐饮产品价格成分和结构进行细分的基础上，给菜单定价必须遵循以下基本原则。

1. 菜单的价格制定必须符合市场定位，适应市场需求

在制定价格时必须综合考虑酒店的地理位置、星级标准、餐厅档次、品牌效应、淡季旺季、客源市场的消费能力、经济发展状况、物价水平等因素。酒店受其餐厅的类型、功能设施和服务项目的差异性与专门化特点的影响，能够充分地结合自身的优势，准确地选择目标客源市场，为菜单的价格定位打下基础，其餐饮消费呈现高、中、低档并存的局面，综合经济效益也随之全面发展。一份优秀的菜单也应兼收并蓄，不仅体现在菜式品种的个性上，更重要的是在价格体系上有较大的选择范围。餐饮企业在获得最大经济效益的同时，也扮演着向大众传播饮食文化的角色。大众化消费永远是餐饮消费市场的主旋律，这就是餐饮企业“让每位顾客都能找到属于自己的菜单”的含义。

2. 价格必须反映产品的价值

菜单上食品、饮料的价格是以其价值为主要依据制定的。其价值包括三个部分：一是饮料、食品原材料消耗的价值及生产设备、服务设施和家具用品等耗费的价值；二是以工资、奖金等形式支付给劳动者的报酬；三是以税金和利润的形式向国家上缴的部分。

3. 价格制定要符合国家政策，接受物价部门的指导和监督

要根据国家的物价政策制定菜单价格，在规定的范围内确定本餐厅的毛利率。定价人员要贯彻按质论价、分等论价、时菜时价的原则，定价应建立在合理的成本、费用、

税金，再加上合理利润的基础上。在制定菜单价格时，定价人员还要接受当地有关部门的定价指导。此外，关于价格与政策之间的关系、价格与广告推销策略之间的关系、价格与销售策略之间的关系，也都要认真考虑。

4. 菜单价格体系在一定时期内相对稳定，且具有灵活性

菜单定价应该根据市场供求关系的变化而加以调整，对价格做出适当调整，可以更好地适应市场需求，增加销售力度，提高经济效益，如优惠价、季节价、浮动价和酬宾价等。不过菜单的价格也不可以过于频繁地变动，若菜单的价格过于频繁变动，尤其是价格经常大幅上涨，会逐渐使菜单失去稳定性，损伤顾客餐饮消费的积极性，甚至会失去客源。因此，在制定菜单价格时，其稳定性是最为重要的。这里说的稳定性并不是说好几年不变，在稳定中谋求发展，在稳定中灵活应变，主动适应市场价格变动的指数，根据市场需求的变化，使价格有规律地上升和下调。在菜单定价时要注意以下五个方面。

（1）调整菜单价格，必须事先进行市场论证，不得随意上涨或下浮。

（2）每次价格调整的幅度最好不要超过10%。

（3）菜单价格的调整可以与餐饮促销活动同时开展。

（4）为了提高餐饮整体效益，菜单的价格调整可以用其他促销方式替代，如VIP卡、折扣率、赠送优惠券等手段。这样的优点是可以避免价格调整对顾客消费心理的直接作用。

（5）反对低层次的价格战和低价倾销，反对低质低价出售以维持菜品销量的举措。

（二）菜单定价的步骤和方法

1. 调查市场需求

通过市场调查，确定自己企业餐厅的类型、餐饮特色及其经营方向。在确定一个合理的市场份额的前提下，尝试摸清顾客对产品价格的态度。星级酒店等高级餐厅的目标是，发展和开拓消费水平与支付能力较强的顾客团体，这部分市场对餐饮产品的特色、品质、需求量和价格的需求较高。中低档餐厅面向大众，其餐饮产品和价格取向应注重薄利多销，让利于消费者。

2. 确定定价目标

定价目标必须与酒店、餐厅经营的宗旨相协调。一方面，制定的菜单价格易于执行，其市场渗透性要强，菜品的价格和市场需求处于最佳的适应状态。另一方面，定价目标的选择和确定必须能保证餐厅获得必要的利润。餐厅在定价目标上存在着差异，就是同一酒店或餐厅在不同的时期，其营销策略组合或调整、定价目标也不尽相同，酒店或餐厅应权衡利弊后加以选择确定。概括地分析，定价目标主要有以下六种类型。

（1）市场份额导向目标（市场渗透定价策略） 以进入和占领市场，增加市场份额为中心，高质量、低价格，迅速进入并占领市场，树立品牌效应，造成餐饮热点和轰动效应，但成本利润低，宜规模化经营。

（2）成本导向目标（薄利多销定价策略） 菜单以家常普通的菜品和低价供应为中心，低成本，薄利多销。

（3）利润导向目标（品牌效应定价策略） 借助品牌效应和顾客的从众消费心理，以高质量的菜品和服务，用高价供应，以追求利润为中心。

（4）垄断导向目标　采取一般质量的菜点、高价出售的定价策略。有长远发展目标的餐饮企业很少采用这种定价目标，但一些市场垄断性强、优势明显、不注重回头率的餐厅，如地理位置优越的酒店、餐厅等常采用这种定价目标，且成本低，利润高。

（5）竞争导向目标（随行就市定价策略）　以积极参加餐饮市场竞争、增强企业竞争实力为中心，定价灵活，对消费者很具有吸引力，其优惠和折扣促销方式更具竞争力。

（6）文化导向目标　注重餐饮活动的文化气息，满足高层次顾客的物质需求和精神需求，采取高价促销定价策略，其目标的确立必须有个性化的消费群体和相对稳定的客源支持。

3. 预测菜单成本和利润

菜单的价格是以单位产品的成本为基础的，获取利润是菜单价格实施的目标，因此，价格受到毛利率的影响。菜单的销售业绩取决于菜单的市场需求，而市场需求又受菜单价格的制约，因此，在制定菜单价格时，一定要分析和预测成本、费用、利润、价格和需求之间的关系。

4. 调查分析竞争对手的价格

价格战是开展市场竞争的重要手段。由于菜点的可替代性和仿效性较强，价格高低往往会成为顾客选择就餐的首要标准。因此，绝不能忽略竞争对手的菜单价格水平的调查，特别要对同一档次、同种规格菜点的价格进行分析研究，知己知彼，既不盲从，也不能固守。

定价策略有三种：一是保持价格的稳定性，既不上涨，也不下降，规范竞争，既要满足顾客的愿望，又不牺牲自己的利益；二是高于竞争对手的价格，以高质量的菜品高水准的服务、一流的就餐环境，以及餐厅在餐饮市场的地位和形象，决定价格之间的差距；三是低于竞争对手的价格，以价廉物美的热情高效的服务与对手竞争，这样做有助于扬长避短，取得良好的经济效益。

在菜单的价格竞争中，要提倡规范竞争，反对乱降价、低价倾销和高价宰客，只有依靠酒店餐厅的良好的声誉、优良的品质、高效的管理、合情合理的价格，才能在竞争中不断发展。

5. 遵循毛利率标准

菜单的价格是根据菜点的成本和毛利率来制定的，毛利率的高低直接决定其价格水平。因此，菜单定价必须遵循餐饮系统的毛利率标准。毛利率一般分为销售毛利率和成本毛利率，具体指某类菜品的毛利额占该类产品销售额或原材料成本的比率。

销售毛利率（内扣毛利率）=（销售价格－原材料成本）÷销售价格×100%

成本毛利率（外扣毛利率）=（销售价格－原材料成本）÷原材料成本×100%

毛利率的确定和执行，必须符合国家工商、税务、物价等有关部门的规定，任何牟取暴利的行为都是违法的。

6. 选择定价的方法

酒店和餐厅必须根据定价目标和毛利率指标，以及各种市场调节因素选择切实可行的定价方法。菜单定价的方式主要有两种：一是以成本为基础的定价；二是以需求为基础的定价。在这两种方式的指导下，又可细分为多种定价法。其定价要求的侧重点各不相同。

（1）原料成本系数定价法　是以成本为中心的定价方法，系数定价法简便易行。

菜品销售价格=原材料成本×定价系数

定价系数= 100%／菜品成本率

菜品销售价格=原材料成本÷菜品成本率

原材料的成本额数据来源于菜品实际烹调过程，经过反复实践后汇总得出。在标准菜谱上以每份菜的标准成本列出（主料成本+辅料成本+调料成本+损耗）。

计算菜品的成本率首先要算出餐厅经营的综合成本率，然后根据不同的餐饮类型和菜品种类确定具体的菜品成本率。

一般菜品在定价时会执行不同的成本率，原材料成本高的菜品及做工简单的菜品，成本率可高些；原材料成本低的菜及做工精细的菜品，成本率可低些。以中餐零点菜单为例，制定不同种类菜品的成本率大致如下：冷盆50%、鱼类海鲜70%、肉类60%、家禽60%、素菜30%、汤类25%、主食类25%。

一份白灼基围虾，其原材料成本为98元，售价为98÷0.7 =140元。

系数定价法是以成本为出发点的经济定价法，其成本率的确定带有较大的经验性。所以在制定菜品价格时必须考虑全面，留有余地。

（2）依照毛利率定价法

菜品销售价格=菜品成本÷（1—内扣毛利率）

菜品销售价格=菜品成本×（1+外扣毛利率）

毛利率通常由物价部门和酒店规定其水平，定价时需要参照毛利率来计算菜品的销售价格。

（3）主要成本定价法　把菜品原材料成本和直接人工成本作为定价的依据，从财务“损益表”中查出其他成本费用率和利用率，即可计算出菜品的价格。

菜品销售价格=（菜品原材料成本+直接人工成本）÷主要成本率

主要成本率=1—（利润率+非原材料和直接成本率）

主要成本定价法要考虑到较高的人工成本率，如能适当地降低人工成本，则定价可趋于合理。

（4）系列产品定价法　系列产品有两类：一类是向同类目标市场销售的系列产品，如同一餐厅零点菜单上的系列产品面向同类消费层次的顾客。这类系列菜点不能孤立定价，而要符合总体的价格水平，视其是否可被目标客源市场接受而定。各个菜品的定价既要以成本为基础，又要考虑在顾客群体愿意支付的价格范围内，按成本分出几个价格档次。这样便于营业收入的统计，给顾客消费和餐厅管理都带来很大的方便。另一类系列产品是针对不同规格和消费层次的目标市场确定菜品的价格，根据目标对象能接受的价格标准的高低来组合菜点，制定菜单和提供服务项目。它们之间的价格不一定互相关联或处于同一范围内。

（5）参照定价法　这是一种较方便、简单的定价方法，即按照本餐厅原有菜品的定价标准，或规模、档次比较相似的酒店、餐厅菜单的价格，来制定本餐厅菜单的价格。使用这种定价法必须以成功的菜系为依据，因势利导，综合分析，知己知彼地确定具体菜式品种的价格和套餐、宴会的标准。

【任务考核】

一、选定某种餐饮产品，为其制定一个合理的价格便于销售

1. 考核内容

（1）选定某种餐饮产品，如：炒青菜、糖醋排骨、老鸭煲等。

（2）确定这种菜肴的原材料、辅料、调料构成及各种材料分量、价格。

（3）用毛利率定价法给菜肴定价。

2. 考核方法

（1）选择一家成功经营的餐厅开展产品定价调查，分析其成功的原因，积累经验。

（2）学生个人独立完成某种餐饮产品价格制定工作。

3. 考核标准

考核项目	操作要求	配分	得分
资料收集	形成菜肴价格制作资料调查材料	10	
菜肴定价	确定这种菜肴的原材料、辅料、调料构成及各种材料分量、价格	30	
	用毛利率定价法给菜肴定价	30	
方案汇报	书面说明菜肴价格确定理由	15	
	配以文字、图片说明	15	

二、计算题

（1）荔蓉鲜带子用荔蓉馅150克，鲜带子6只，菜心100克，其中荔蓉馅每500克8元，鲜带子每只2元，菜心每500克0.6元，起货率30%，无副料值，调料成本1元，成本毛利率41.3%，这个品种的理论销售价是多少？

（2）鲜百合炒肾球用鲜百合100克，肾球100克，配料50克，其中鲜百合进价是500克6元，起货率是95%，无副料值，鸭肾每500克进价13元，起货率85%，无副料值，配料成本和调料成本2元，销售毛利率是53.3%，这个品种的理论售价是多少？

任务4 宴会菜单的制作

任务导入

主题宴会的菜单设计

现代人们生活水平的提高，消费者到餐厅消费除了讲究美味可口之外，还对菜品的营养保健功能提出了要求。上海虹桥宾馆餐饮部顺应这一新的美食消费潮流，适

时推出了“黑色宴”。所谓黑色宴就是由以黑色天然食物为主要原料烹制的菜肴组成的宴席。在虹桥宾馆餐饮总监的支持下，胡丽妹厨师长带领一群年轻厨师研制了黑色宴。首先选取了市场上能买到的所有黑色食品原料，如黑米、黑木耳、黑芝麻、黑蚂蚁、黑鱼、乌鸡、乌参、蝎子、花菇、发菜等，然后反复斟酌，精心调配，列出了一系列黑色宴会菜单。

据食品专家研究表明，黑色食品营养丰富，经常食用有益健康。如黑米中含有人体所需的18种氨基酸，还含有高量的铁、钙、锰、锌等微量元素；又因其含有天然色素，所以经常食用可显著提高人体血色素和血红蛋白的含量，能对心血管系统起到保健作用，有利于儿童骨骼的生长发育。

“黑色宴”菜品精选：

蚂蚁拌芦笋 椒盐泥鳅 芝麻虾 全蝎凤尾虾 葱烤海参 虾子大乌参

蟹粉黑豆腐 灵芝炖甲鱼 黑枣扒猪手 黑豆凤爪汤 黑米蛋炒饭

虹桥宾馆的黑色宴一经推出，便轰动了上海餐饮界，同时也给虹桥宾馆带来了可观的经济效益，餐厅的营业收入上升20%左右。

【点 评】

菜单的设计应顺应饮食消费潮流，满足消费者不断变化的需求。

【任务概述】

宴会菜单设计是一个非常有创造性的工作。宴会菜单要求设计者在原料选用、烹饪方法、饮食形式及宴会组织等方面均有特别的要求，所以宴会设计者不仅要掌握这些特殊宴会的特点和设计规律，还要根据不同对象的客人、饮食习惯及餐饮市场的变化情况，及时调整设计内容和方法，使宴会菜单成为客人消费和增加企业经济效益的主要举措之一。

【任务实施】

宴会菜单是为了某种社交目的而聚食、具有一定规格质量、由一整套菜品组成的菜单。由于宴会要体现情、礼、仪、乐的传统，所以宴会菜单在其规格、要求等方面均高于其他套菜菜单。一般常见的宴会有：公务宴请、商务宴会、招待宴请、便宴、家宴、婚宴、寿宴等。宴会形式不局限于桌筵就餐，也可以是鸡尾酒会、冷餐会、自助餐等。

一、宴会菜单设计的依据

1. 时间

时间包括举办宴会的具体时间、接到举办宴会的信息到宴会正式开始的间距时间、宴会举办时间的长短等都是要考虑的时间因素。接到宴会信息到宴会正式举办的时间长短，直接影响菜单的拟订和编排。如果时间长，可以充分准备，安排一些工艺复杂、耗费时间的工艺菜、功夫菜；如临时预订，要在确保及时开餐的前提下设计整个菜肴。午餐与晚餐不同，菜肴也有所区别。要考虑午餐宴会举办时间要比晚宴时间短，合理选编菜谱。充分利用不同季节的时令特色原料，可增强筵席的风味特色，起到应时效果。

2. 价格

宴会价格是首先要考虑的因素，没有价格标准的宴会就无从进行菜单拟订和设计。宴会售价是宴会设计的基础，它决定了筵席菜肴的选料，影响菜肴的档次和规格。菜单成本核算也必须是在确定了售价，规定了毛利率的前提下进行。宴会售价的确定方法有三种：一种是每席售价，一种是人均消费价，一种是若干桌宴会包售价。不管客户采用什么方式报价，宴会设计师都要以人均消费标准为基础进行菜单成本核算。

3. 对象

对象为所有参加宴会的人。设计菜点一定要满足顾客的爱好和需要。然而，宴请对象十分复杂，有主客之分，还有职业、性别、身份、地位、民族、年龄等之别。拟订菜单时，既要照顾大多数人的爱好和要求；还要侧重迎合主人或主宾的饮食需求，因为主人或主宾对筵席菜点的评价影响很大，他们或褒或贬，直接影响宴会的成败。尤其重视不同地域、不同民族、不同国家的人在饮食爱好和禁忌方面的特点，投其所好，避其所忌。

4. 事由

了解主办单位举办宴会的意图。只有知道了宴会举办的事由，才能根据宴会主题，设计和选编宴会菜点。如寿宴要烘托气氛，安排“寿桃武昌鱼”“松鹤延年汤”“长寿伊府面”等菜点；如婚宴，通过“鸳鸯鳜鱼”“早生贵子”“知音丝萝”等菜来突出主题；如公司开张宴，设计“吉利鱼排”“黄金大饼”“财源滚滚”之类的菜，来迎合办宴者的心理。

5. 条件

条件包括宴会承办单位的硬件条件：炊具情况、餐具情况、场地情况；软件条件：厨师的技术水平、服务员的服务水平，以及市场上的货源情况等。设计菜单的人，不一定是制作菜点的人，因此，设计菜单，不能随心所欲盲目设计，必须充分了解硬件条件，具体操作厨师的技术状况和特长。市场的货源情况，也是重要前提条件，如果设计珍稀奇特的原料而市场上又很难购买到，就会影响宴会的正常进行。

6. 规模

宴会桌数的多少，也影响宴会菜单的设计。有些特殊的菜肴，单桌单份烹调还可以，但如十几桌或几十桌烹调起来就十分困难了。如拔丝菜，烹调一两份，尚能保证质量，而一锅烹调二十几份就困难了；有些菜工艺十分复杂，多了就无法满足要求。

二、宴会菜单设计的要求

1. 确定筵席风格

宴会菜单必须突出风格，可以是一个民族、一个地区、一个酒店或是某一个厨师的风格。我国的饮食风味流派是以“菜系”来划分的，有八大菜系，即川、鲁、苏、粤、湘、徽、闽、浙；后来又有十大菜系之说，再加上鄂、京两大菜系。每一个菜系又有若干个地方风味流派。不同的菜系，不同的地方，风味流派在选料、调味、烹调等诸多方面，都表现出各自的特征。具体实施时，通过选用地方特色菜点、采用地方特色烹调方法和调味手段、配用地方特色餐具、选用地方独特烹饪原料等方法来实现。

2. 选择主题菜点

任何宴会都应该有一道主菜，主菜出场整个宴会进入高潮。主菜就是“大菜”或“头菜”，是整个宴席菜点中原料最名贵、工艺最讲究，起担纲和压轴作用的菜肴。主菜在装盘、造型、上菜方式上一般有别于其他的菜。如1986年10月18日，广东省政府在白天鹅宾馆举办欢迎英国女王伊丽莎白二世的大型宴会，菜肴只有6道，主菜是“金红化皮乳猪”。为了突出该菜的特色和重要，宴会设计师有意制造一种气氛：当该菜上席时，由两个“侍女”分别提着宫灯作前导，穿着“唐朝”服装的轿夫，一前一后抬着古香古色的轿子，内摆着两只金红色的化皮乳猪，矫健地步入席间；跟在轿子后面的两排各6名服务员，用手托着乳猪，像舞台上跑龙套似的鱼贯而上。轿子绕着主宾席一圈，乐队奏起了欢快高亢的广东音乐《得胜令》，显得气派非凡，场上跟着爆响了一阵阵掌声，顿时整个宴会进入高潮。

3. 科学选用原料

宴会选料十分讲究。首先，要注意季节性时令原料的选用。大多数食物原料都有特定的生长周期，或是最佳食用期，如桃花季节食鳜鱼、端午前后食鳝鱼、立冬以后吃狗肉等，都有特定的规律。其次，要注意选用当地的名特原料，对远道而来的客人具有诱惑力。再次，要做到高档原料与低档原料的合理搭配，品种多样，除了特殊的“全料席”外，选料时要动植物、飞禽走兽、山珍海味搭配合理，尽量避免重复。最后，选料还要注意营养的合理搭配，防止营养成分单一或偏重的现象。

4. 合理调配色、味、形、质

（1）菜肴成品颜色　有白色（如白汁鱼片、清炒鸡丝、滑炒藕片、水晶鱼肚等）、红色（如茄汁鱼球、松鼠鳜鱼、樱桃丸子等）、绿色（如菠菜、白菜、竹叶菜等绿叶蔬菜）、黄色（如双黄鱼片、香酥鸡翅、黄焖鱼翅等）以及复合色（如酱红、橙黄、深褐等）。同一组菜肴的色泽尽量做到各不相同，丰富多彩。

（2）菜肴的味道（味型）是菜肴的核心内容，要求“咸淡适中、口味纯正”，还希望“一菜一格，百菜百味”。我国菜肴常见味型有三十多种，如果一套宴席菜肴有十几种不同的味型，口味也就不会显得单调了。

（3）菜形分“本形”（即原料的自然形状，如全鱼、全鸡、虾子、螃蟹等）、“改形”（即原料经加工处理后的形状，如片、丁、丝、条、块、段、蓉、末、粒、花等）、“造型”（将原料本形改变成另外一种图型，如松鼠鳜鱼、琵琶大虾、扇面冬瓜等）。在宴会菜单设计过程中，要充分利用原料形状的这种变化规律，努力使整桌菜点形姿百态、生动活泼。

（4）原料的结构和不同的烹调方法形成了菜肴的不同质地。质地的表现形式为：泡、酥、脆、嫩、爽、硬、软等。为使整套宴席菜点的质地丰富，在进行菜谱组编时，要仔细分析每一道菜肴的质地特征，将不同质地的菜肴合理组合，体现筵席菜肴质地的丰富多彩。

5. 巧妙运用不同烹调方法

中餐烹调方法变化多样，约有50多种（也有说180多种，烹饪界有争论）。烹调方法是菜肴风味形成的基础，菜肴的颜色、味道、质地乃至形状、营养等都受烹调方法的影响。如“红烧”这一烹调方法，适宜于烹制一些块状或整形的动植物原料，红烧菜肴的特点是味咸鲜微甜，色泽酱红、质地软嫩。正因为烹调方法的这种特殊作用，设计菜单时要注意掌握每道菜肴烹调方法的特点及其对菜肴风味的影响，力争做到一菜一种烹调方法，菜菜不同样。如四大热炒菜，可以滑炒菜、抓炒菜、爆炒菜、煸炒菜，四种不同烹调方法带来四个风味不同的菜肴。点心也如此，有了一道“蒸”制点心，最好安排另一道“炸”或“烤”制点心。

6. 灵活掌握菜点数量

一是“数”，即整套宴席的菜点道数；二是“量”，即整套宴席的菜点分量和总量。菜点道数既要符合宴会主题，也要照顾赴宴者的民俗心理。宴席菜点的总量宜控制在每人能吃到净料500克为佳，当然要因人而异，如是体育运动员，人均食量会加大，而退休老知识分子，人均食量应该相应减少。宴席菜点总量的控制有三个途径：一是菜点道数的控制，这是最常用的一种方法。菜点道数越多，菜点总量越大。二是单份菜肴量的控制，如热炒菜单份一般为300～500克。三是菜肴净料的控制，如一盘300克的“清炒虾仁”与一盘300克的“游水基围虾”相比，后者可食用部分只有前者的1/3。力争做到因人定量，总量平衡。

7. 综合控制成本

宴席售价和毛利率是宴会菜单设计和成本控制的基本前提。为了确保宴会的正常盈利，设计菜单时，要对每一道菜点进行成本核算，然后对整套宴席菜品进行综合考察和核算，将成本控制在规定的毛利范围之内。酒店对本店宴席的毛利率都有明确的规定。但是，不同类型的宴席，毛利率也有差异。特色宴席比普通宴席、高档宴席比低档宴席、工艺复杂、技术性较强的宴席比工艺相对简单的宴席毛利率高。有的甚至规定，名师主理的宴席比普通师傅主理的宴席毛利率要高。

8. 充分利用专长

就酒店来讲，专长表现为酒店的经营特色和风格，有别于其他酒店风格的烹调新工艺或菜式。就厨师个人而言，每个厨师有其独到的技术或擅长制作的菜品。设计宴席菜单时，要充分考虑这种因素，适当安排一些本酒店师傅的拿手菜，发挥各自的专长，丰富宴席菜点的内容，提高宴席菜点质量。

三、宴会菜名设计

1. 命名要求

（1）内容要求　宴会菜肴命名既要让客人一眼就能看清楚内涵，又要使客人产生食欲和联想，回味无穷。菜肴命名有写实性和寓意性两种方法，用于厨师生产、员工服务的菜单，菜肴命名要尽量通俗易懂，简单明了，多采用写实性命名方法。而用于宣传广告、顾客纪念的菜单，菜肴命名要讲究文采和字数整齐一致，多采用寓意性命名方法。特殊主题的菜单，如婚宴、开业宴、敬师宴等，菜肴命名要紧扣主题，烘托宴会气氛。

（2）文字要求　文字优美，简明易懂。菜名字数四字、五字为宜，最多不要超过七个字。一份菜单中每道菜的名字字数最好相等。如中英文对照，无翻译错误或拼写错误，文字清楚简练。

（3）艺术要求　菜肴命名要富有情趣和文化性，应结合宴会特点给菜肴巧妙命名。如将菜点的特征以富有文化性、艺术性的词语表现出来，既不落俗套，又能突出宴会主题，增加气氛。

2. 命名方法

（1）在主料前加调味品名的命名方法。例如黑椒牛排、茄汁虾仁。

（2）在主料前加烹调方法的命名方法。例如小煎鸡米、大烤明虾。

（3）以主辅料配合命名的命名方法。例如松仁鳕鱼、西芹鱿鱼。

（4）在主料和主要调味品之间，标出烹调方法的命名方法。例如豉汁蒸排骨、芥末拌鸭掌。

（5）在主料前加人名、地名的命名方法。例如宫保鸡丁、东坡肉、湖北大鱼头。

（6）在主料前加色、香、味、形、质地等特色的命名方法。例如碧绿牛柳丁、酸辣乌鱼蛋羹、扇形豆腐、香酥脆皮鸡。

（7）主辅料之间标出烹调方法的命名方法。例如鲜茄烙鳜鱼、鲜菇烩豆腐。

（8）在主料前加上烹制器皿或盛装器皿的命名方法。例如铁板牛柳、小笼粉蒸肉。

（9）以形象寓意的命名方法。例如乌龙吐珠、巴蜀飘香。

（10）以数字形容的命名方法。例如一品豆腐、八珍鱼翅。

3. 命名实例

宴会菜单的命名还要满足宴会的性质、举办者的身份要求，恰如其分的命名不仅可以使宴会档次提高，更可以衬托出宴会氛围，达到宾主尽欢的目的。下面给出一些具体实例：

（1）祝贺高寿宴　松鹤延年、八仙过海、鸿运高照、福如东海、年年有余、齐眉祝寿、子孙满堂、生日吉祥，万寿无疆等。

（2）婚庆宴　吉祥如意、百年好合、鸳鸯戏水、双喜临门等。

（3）庆祝高升和升学宴　鲤鱼跃龙门、连升三级、大展宏图等。

（4）庆祝开业大吉宴　紫气东来、恭喜发财、财源滚滚等。

（5）全家团聚宴会　全家福、子孙满堂、合家团圆等。

四、宴会菜单装帧设计

1. 书写格式

（1）提纲式　最常用书写格式，根据宴会的规格和顾客的要求，按照上菜程序，分门别类写上菜名。此类菜单主要作生产、服务之用。菜肴命名通俗易懂，文字书写简便明了。提纲式有横排（按类目编排）和竖排（按每一菜肴编排）两种。

（2）排列式　这种书写格式广泛应用于广告宣传、纪念菜单。特点是不分类、不提示，所有菜名字数相等，少则四五字，多则十余字，顺次排列下来。菜肴命名讲究文采，好似排比句。这种方法能突出大菜，略去冷碟（或围碟）、面点或水果。由于菜名寓意含蓄，有时也在菜名旁边注上写实性菜名，以便熟悉和了解。

（3）表格式　以表格的形式，将菜肴的名称、用料、味型、色泽、上菜顺序、刀工成型、烹调方法等内容都清清楚楚列出来，更有详细者还列明所用餐具规格、各菜成本及售价等。表格式宴会菜单应用于教学宴会菜单和酒店标准化菜单的书写。厨师一看菜单，知道如何选料、加工、切配、烹调，减少盲目性、随意性和不规范性，确保菜品质量；员工拿到菜单，知道菜肴的上菜程序，明白菜肴的烹调方法和风味特点，便于向客人介绍；向预订宴会的客户推荐和展示这种菜单，客户对菜点的品种、数量、质量要求、价格标准一目了然，便于选定。

2. 书写字体

隶书、草书以艺术性见长，实用价值不大，菜单书写应慎用；楷书工整端庄，行书如行云流水，均可做菜单书写字体。同一张宴会菜单可用两种或三种不同的字体，分别用于标题、分类提示、正文菜单。字有大小之分，以示强调和区别。如是涉外饭店针对顾客的菜单，要同时书写（或印刷）中英文两种文字，注意两种字体的协调合拍。

菜单书写有手写和打印两种方式，手写有钢笔书写和毛笔书写两种。供内部使用的菜单，应抄写工整清楚；而供顾客使用或广告宣传的菜单，请功底深厚的书法爱好者书写。打印菜单要选择字体，处理好字的行距，间隙要适中。字周围要留下足够的白色间隙，让人看起来舒服。

3. 菜单装帧

菜单的形式、色彩、字体、版面安排都要讲究艺术美。对客人有较强的吸引力，使菜单成为宴会厅美化的一部分。菜单外观与餐厅装饰主题风格一致，文字清晰，容易辨认。宴会菜单封面要有醒目的标志，菜单背页可印有餐厅名称和标志。首页印上欢迎之类的话，让客人感受到宴会厅的亲切友好。菜单要方便客人翻阅。

4. 菜单用纸

（1）普通宴会菜单　由于菜肴因季节不同而经常变换，酒店应特制一批宴会菜单卡，在与顾客洽谈时，立时在菜单卡上现编现抄菜谱，送给顾客。这种菜单卡用质量较好的轻薄型胶版纸或铜版纸，底色为粉红色或深棕色。纸张选择、菜单封面、印刷质量等应特别讲究。酒店也可专门制作一批折叠型菜单卡，即菜单封皮。菜单卡封皮正面印有店名、店徽或酒店建筑外貌，内为空白，遇有重大宴会或应顾客需要，将菜谱书写或印刷在上面；也可另用纸张印刷，然后粘贴在菜单卡内面。

（2）特色宴会菜单　由于菜单内容已经定型，不会因季节和进餐对象的变化而发生变化，可请设计人员设计专题菜单，图案、装帧、设色等根据宴会内容而定。使用时间长、用途广（宣传、营销、工作、纪念），质量和档次应该高一些。有些特色宴或VIP宴席，除纸质外还可以选用其他物品载体当菜单，在选择时应从礼品的角度去考虑，但是要与整个宴会台面布置相吻合。如满汉全席可用仿清式的红木架嵌大理石菜单、西北风情宴可用仿古诏书式菜单、竹园春色宴可用竹简式菜单、药膳宴可用竹匾式菜单、红楼宴可用线装古书式菜单、商务宴可用印章式菜单、满月宴可用玩具形菜单、豪华商务宴可用中式扇面菜单、中餐西吃可用油画架式菜单、小挂件菜单等。在选用时还应注意物品与客人身份的吻合，菜名、字体要与菜单载体相吻合。

5. 菜单陈列

（1）书本式　传统的菜单陈列方式。不论单页或多页，都平放于餐台之上，在正、副主人前各放一份。

（2）竖立式　将菜单的折页打开，立放于餐台之上。这类菜单大多为装帧精美的折叠式，由于它在餐台造型中富于立体感，因而被广泛应用。

（3）卷筒式　菜单适合于人手一份，卷成筒状，用缎带捆扎，或放或立于每个餐位正前方，顾客可将其携带，以作留念。

【任务考核】

一、选定某个主题餐厅（或某项主题活动），制作一份菜单

1. 考核内容

（1）确定菜单主题　如中式菜单（川菜、粤菜等）、西式菜单、婚宴菜单、情人节菜单、圣诞节菜单、除夕菜单、商务菜单等。

（2）列出菜肴清单　围绕上述主题，例如婚宴、寿宴或者庆功宴等，将拟提供的菜品列出一份清单，分类列出每一份菜品所选原料、烹调方法、价格、盛器以及营养等方面的基本情况并分析是否搭配得当。菜单上菜品的命名要力求名副其实，反映菜肴的全貌和特色，以便于顾客选用；菜名的音韵要和谐，文字要简练，以便于记忆和传诵；菜名既要朴实明朗，又要工巧含蓄。

（3）选择制作菜单的纸张　选择菜单纸张主要需考虑菜单的使用期限，可以选取较厚的纸张。通常封面采用重磅涂膜纸，内页采用价格较低廉的轻磅纸。另外，采用色纸能增加菜单的色彩，点缀和美化菜单而不增加印刷成本。

（4）确定菜单的尺寸大小　一般单页菜单以30厘米×40厘米大小为宜；对折式的双页菜单，菜单合上时，其尺寸以25厘米×35厘米为最佳；三折式的菜单，菜单合上时，以20厘米×35厘米为宜。同时要注意菜单的式样与餐厅风格相协调，菜单的大小要与餐厅的面积、餐桌的大小和座位空间相协调、对应。

（5）通过电脑设计菜单文字　菜单的文字部分主要可以分三类：① 食品名称；② 描述性介绍；③ 餐厅声誉宣传，包括优质服务和烹调技术。菜单上的菜名一般采用中英文对照的形式。多数食品饮料采用小写体，以增加可读性；分类标题和小标题，可用大写字体；慎用古怪字体和“翻白”（即黑底白字）印刷。一份推销效果好的菜单，在字体选择方面应遵循下列规则：① 不要用小于12点的英文体或小于四号的中文字体；② 用较大号字体书写大标题和小标题；③ 选择的字体应与餐厅的特点相协调；④ 尽量少使用陌生的、奇异的字体；⑤ 用较小号字体来书写菜肴项目便于阅读；⑥ 另起一行时，英文应空出五个字符、中文应空出两个汉字的位置；⑦ 若用带色字体，字体的颜色宜用深色。

（6）配上菜肴彩色照片　将有特色的菜肴或者品牌菜肴的彩色照片通过电脑添加到菜单上，但是要注意菜肴图片同菜肴文字、菜肴色彩以及整个菜单空幅的大小是否协调、逼真和美观。

（7）设计菜单封面　封面的图案要体现餐厅经营的特色和特点，并且菜单封面的色彩要与餐厅环境色调相匹配和协调，要视其为餐厅室内的点缀之一。菜单放在桌上或分散在顾客的手中，其颜色要么跟餐厅色彩相近，形成一个体系，要么互成反差，相映成趣，犹如万绿丛中的花朵，增加色彩。菜单封面要恰如其分地列出餐厅名称、营业时间、电话号码。

（8）打印菜单　将设计好的菜单通过彩色打印机打印出来。

2. 考核方法

（1）以学习小组为单位，分别到餐饮企业进行调查，收集有关菜单制作的参考资料。这些资料包括：各种旧菜单，包括企业正在使用的菜单；标准菜谱档案；库存信息和时令菜、畅销菜单等；每份菜的成本或类似信息；各种烹饪技术书籍、菜单词典；菜单食品饮料一览表；过去的销售资料等。

（2）对收集到的菜单信息进行分析，整理出本次主题菜单的备选菜肴。

（3）运用标准菜谱，确定备选菜肴原料的各种成分及数量、计划菜肴成本、计算价格，从而保证经济效益。

（4）初步构思　刚开始构思时，要设计一份空白表格，把可能提供给顾客的食品先填入表格，然后依次填入其他菜肴。

（5）确定特色菜式内容　在考虑了餐厅情况、主题、原料供应情况、季节、价格等各项影响因素后，再决定取舍并作适量补充，最后确定菜单内容。

3. 考核标准

考核项目	操作要求	配分	得 分
资料收集	形成菜单制作资料调查材料	10	
菜单制作	确定菜单主题	10	
	列出菜肴清单	10	
	确定特色菜式	5	
	确定菜肴价格	10	
	菜单文字、图片等设计精美	10	
方案汇报	表达清晰流畅	5	
	主题鲜明、观点正确	5	
	内容全面、思维缜密	10	
	有自己的创新和特色	10	
团队精神	通力合作、分工合理、团结互助	10	
	发言积极，乐于与同学分享成果	5	

二、实训题

根据你所学的宴会菜单设计的要求和原则，试设计一份宴会菜单，具体要求如下：

（1）参加宴会对象　四川省政府代表团来你省考察。

（2）参加宴会人数　20人。

（3）宴会举办地点　你所在的城市。

（4）宴会的时间　秋季。

（5）宴会的价格标准　每人100人民币，不包酒水，销售毛利率50%，调料成本占宴会总成本的8%。

（6）菜肴规格要求

冷菜：1个主盘，8个围碟；

热菜：6菜1汤（含甜菜一道）；

点心：2道；

水果：1盘。

（7）宴会菜单的要求要写明每个菜肴的名菜、烹调方法、主配料的数量、口味、色彩、成本价。

项目三 餐饮销售管理

知识目标

了解影响餐饮销售额收入高低的指标；
能对餐饮销售流程进行控制；
了解影响餐饮促销的因素；
掌握不同的餐饮促销方法。

技能目标

能够发现和分析餐饮销售过程中存在的问题，并可以根据餐饮销售控制方法对餐饮销售流程进行控制；

能够根据主题，为餐饮企业制定餐饮促销的方案。

任务1 餐饮销售控制

任务导入

红包障眼法

一天酒店餐厅来了一名客人，自称姓王，在用餐结束后，来到收银员前，要求给他10个红包袋，说是年底分红用，同时他拿出8000元，要求全部换成100元面值的，换好后将8000元全部装入红包袋，过一会又将钱全部从红包袋取出要换成50元面值的，这样反复几次，收银员没有发现王偷偷地将钱藏了一部分（1300元），还以为8000元数额没有变，在最后一次兑换还给了8000元。

【问 题】

餐厅销售管理控制对象有哪些？可以用哪些方法进行控制？

【任务概述】

在餐饮经营中，餐饮的销售管理直接关系到餐饮的收入和成本，因此要求我们餐厅管理人员对销售流程和销售控制方法比较熟悉，能够通过对点菜单、销售人员、销售现金收入等方面的控制达到对销售流程的控制。

【任务实施】

在学生已具备一定餐饮服务和管理知识的基础上，从餐饮销售的角度培养学生餐饮管理的意识和能力，使其掌握一定的销售技巧和方法，并具备现代餐饮经营创新理念。

一、餐饮销售控制方法

（一）点菜单控制

点菜单也成“出品单”，是餐厅根据顾客点菜的内容和要求开出的用于出品部门的烹调和出品的凭证，也是餐厅收款结账的依据，是餐饮营业部门收入的依据。

1. 点菜单的基本内容

点菜单应包括以下内容：

（1）基本信息　在客人点菜单上要有日期、桌号、服务员姓名（或工号）、客人数。

（2）订菜信息　客人点菜单要包括客人订的菜品和价值。

（3）存根　存根上有客人点菜单的编号、日期、服务员姓名（或工号）、点菜单总金额、收银员签字。

2. 点菜单的作用

（1）顾客的点菜记录　搞好餐厅服务和出品质量的一个重要环节就是要求将顾客需求的品种准确地传送到出品部门，因此点菜单就是顾客对品种需求的原始记录。

（2）烹调依据　烹调部门的出品依据就是点菜单上的信息，烹调部门烹调什么品种和不烹调什么品种，唯一的依据就是点菜单上的记录。

（3）上菜依据　备餐间根据点菜单上的信息进行划单上菜，因此点菜单是出品部门的上菜依据。

（4）收款依据　收款处在为客人进行结账操作时，统计该单的款项依据就是点菜单记录的品种名称、销售数量和销售价格。

（5）稽查依据　对烹调部门进行收入核算的依据就是点菜单上的出品记录。根据点菜单上的信息，可以把收入分为厨房、点心、烧卤等部门，以便进行相应的稽查控制。

3. 点菜单控制

点菜单一般是一式三联或者一式四联，第一联交给收银处，用于开立或打印账单，并附在账单后，作为账单的依据或原始凭据；第二联厨房留用，作为厨房发菜的依据；第三联留给开单人上菜、划菜用。

对点菜单最严格、最有效的控制方法就是将厨房留存的一联与收银账单逐项核对检查，这是堵塞餐饮收入漏洞、防止舞弊行为的关键环节。但在现实工作中，实施这种控制难度很大，这是因为一方面点菜单数量大，核对起来工作量很大；另一方面点菜单分散，一个餐厅的点菜单往往分散到几个厨房或酒吧。因此在现实工作中通常采用一些比较简单的方法。

（1）印章审核法　即只审核厨房交来的点菜单上有无收银员印章的方法。其程序是：

① 点菜单在送厨房之前，先交收银员，由收银员检查点菜单内容后盖章或签字。收银员留一联，其余的点菜单交与服务员送厨房。

② 各个厨房根据收银员盖章或签字的点菜单发菜。

③ 营业结束之后，各个厨房把点菜单整理好送交稽核部，由收入稽核员审核。审核时，逐张检查点菜单上有无收银员的印章。

（2）页数审核法　即只核对点菜单的页数，不核对每页内容的方法。其程序是：

① 每班结束后，厨房主管把当班的点菜单收集起来，按所属餐厅分类整理，送交主管全部厨房事务的行政总厨。行政总厨指定专人对各个厨房交来的点菜单作进一步整理，编制“点菜单收交表”（表3-16）。

表3-16　点菜单收交表

厨房 餐厅	中厨	西厨	酒吧	其他	合计
中餐厅					
早餐					
中餐					
晚餐					
西餐厅					
早餐					
中餐					
晚餐					
客房用餐部					
宴会部					
酒吧					
合计					

制表人：　　　　　　　　接收人：

此表中，所有餐厅点菜单的张数合计数必须与全部厨房、酒吧点菜单的张数合计数相等。“点菜单收交表”编好后，与点菜单捆扎在一起，送交日间稽核人员。

② 日间稽核人员将厨房交来的点菜单的数目进行复核后，填在“点菜单核对表”（见表3-17）的厨房交来张数栏里，并把从账单后面拆下的点菜单数目填在“收银员交

来张数”栏里。然后两栏进行比较，如果张数相等，则不必再作详细检查，如果张数不等，则要将不相等的餐厅、班次收银员交来的点菜单和厨房交来的点菜单找出来，逐张进行核对，检查不符的原因。

表3–17　点菜单核对表　日期：

餐厅	收银员交来数	厨房交来数	差异数	备注
中餐厅				
早餐				
中餐				
晚餐				
西餐厅				
合计				

制表人：

对于出现厨房点菜单多于收银员交来的菜单的问题，一定要根据点菜单的编号和台号把多余的菜单找出来，查明：有无计入收银账单？如果有计入收银账单，则要追究责任者；有无收银员的印章？如果厨房那联有收银员的印章，则说明收银员把点菜单丢失了；如果没有收银员的印章，追究开单服务员及厨房发菜人的责任。

（二）餐厅人员控制

1. 出菜检查员控制

具有一定规模的餐厅，一般需要设置一名出菜检查员。出菜检查员不但要熟悉餐厅品种和价格，还要了解各种菜的质量标准，他是食品生产和餐厅服务员之间的协调员，是厨房生产的控制员。出菜检查员的责任是：

（1）保证每章点菜单的菜都得到及时的生产，并保证传菜员取菜正确和送菜到合适的餐桌。

（2）保证厨房只根据点菜单所列出菜名生产菜品，每份送出厨房的菜都应在点菜单的副联上有记载。这样可以防止服务员或厨师无订单私自生产并擅自免费把食品送给客人。

（3）出菜检查员同时还要对点菜单填上的价格进行核查，防止服务员为了某种私利或粗心大意而将价格写错。

（4）出菜检查员还要负责对菜品的大致份额和质量是否符合标准进行检查。

（5）注意防止点菜单副联丢失。

2. 收银员的控制——收款机的控制

收银员的职责是记录现金收入和记账收入，向客人结账收款。收银处一般设在进出口处。如果有收款机，不管是现金销售还是记账销售，每一笔收入都要输入收款机。因此我们要对收银员进行控制，首先要控制的就是收款机。采用收款机的优点是：一旦账款、品种等资料输入资料收款机，有关人员不得轻易改动。一旦改动，会有相关的记录。

收款机控制要点如下，锁匙控制，收款机一般有两条钥匙，一是开机钥匙，二是清机钥匙（或改错钥匙）。开机钥匙是由收款员保管，作打开收款机用，清机钥匙是由餐厅经理掌握，如果收款机要收市清机或在操作上改错、取消操作，就必须用清机钥匙。

顾客要更改或取消某项出品，这时由餐厅经理在菜单上将要更改或取消的项目圈起签字，然后用清机钥匙把收款机打开，收银员方可以在收款机上做改动，未经餐厅经理批准，收款人员无权私自在账单上更改或取消任何项目。

收款主管和稽查人员应把监督收款机的操作作为日常控制工作的主要部分，经常查收款机，核对收款机的金额读数和实际盘点货币金额，核对时应注意影响读数的有关因素，如果经常出现现金多余的情况，应查明是否存在收款人员在收款机上少输入或未输入款项，企图谋私利的问题。

（三）餐饮现金收入控制

1. 餐饮现金收入外流的常见形式

在餐饮经营中，主要的收入外流是营业收入外流，常见收入外流的错误和舞弊一般有以下几种。

（1）走单　走单指故意走失整张账单，以达到私吞餐饮收入的目的。常用的作弊方法有以下几种：

① 故意丢弃或毁掉账单，私吞相应的收入。

② 一单重复收账。通常一张餐单只能用于一个对象，收一次钱；但若收银员或其他员工取出已收过钱的餐单向另一个客人收款，就出现了同一张餐单收两次款，其中一份钱款被他们私吞。

③ 不开账单私吞货款。向客人直接收款而不开账单，私吞这笔款项。

（2）走数　走数是指账单上的某一项目的数额或者此数额中的一部分走失。其作弊的手法亦是多种多样。主要有以下两种：

① 菜单金额：如在结算时，把价格高的项目擅自改小；或者在开账单时，就把消费价高的项目改成消费价低的项目，这样，实际收取的餐费就小于应收取的费用。

② 漏记收入：在结算时故意漏记几个项目，以减少餐单上的餐饮费用总额。

（3）走餐　走餐是指不开账单，也不收钱，白白走失餐饮收入。这种现象常发生在餐饮服务人员遇到自己的亲朋好友，或主动要求其亲朋好友来此用餐。走餐的手段也有很多，餐厅服务人员与客人串通一气，客人用餐后，让其从容离去，而不向其结算餐费；或者客人实际消费的菜品品种多，而收银台实际收到的结账菜品品种少，使客人少付款造成收入外流。

（4）易发生的错误　由于餐饮的收入工作繁杂，涉及的人员也较多，计算汇总等环节也很多，实际操作比理论上要复杂得多，因此，工作中出现错误是难免的。餐饮常常发生的错误有以下几种：

① 餐单漏记或计算错误；

② 记错客人的优惠折扣；

③ 餐单汇总发生计算错误。

总之，餐饮加强现金收入外流的管理与控制是避免错误与舞弊的有效途径。

2. 餐饮现金收入外流的控制

（1）单据控制　餐饮在进行现金收入外流控制时，不仅要盯住现金的流入、流出，而且还要盯住收入的整个流程。在这一流程中，单据管理和控制是首要的，不容忽视的。为此应采取以下策略：

① 合理设计单据，达到信息记录清楚、工作高效的目的。为达到这一点，单据设计应力求简洁、明了，字体不可过小，便于出纳人员核算，也便于厨师认单。

② 在单据管理控制中，对发生的问题及时处理。这样，可以及时纠正错误，减少不必要的误会。很多餐饮经常发生单据记录错误，以致菜上错，而引起误会。

③ 餐单编号与控制为了有效地进行餐单控制，除了设计好合理的单据外，还应对此编号。有能力的餐厅可用收银机对餐单进行编号控制。

对餐单进行编号控制应坚持以下原则：

• 按序事先编号。所有的餐单都应顺序编号，且在印刷餐单时就应事先印好号码，以便使用和控制。

• 专人保管。未发放的餐单应由专人保管；发放时，应将领入、领出的张数、领出号码逐一登记，防止冒领。

• 顺序使用。即今天使用的第一张餐单的号码必须与昨天使用餐单的号码相连，不得跳页；但若操作失误而跳过某一号码时，应由总服务台加盖“作废”印章，并由前台经理审核签名。

• 号码表控制。所谓“号码表”是指“账单号码的控制表”。财务部门可利用号码表对餐单填制及领用进行控制。

在填制时，收银员按餐单编号逐张填写“账单号码控制表”。取消或作废的餐单，在相应的备注栏内注明“作废”。下班时，收银员应根据账单号码控制表清点餐单实际使用张数，填入收银员报告下方“账单使用情况”一栏，然后将账单号码控制表、餐单、收银员报告一起交到指定地方。

单据控制在一些在岗人员少、接待人员直接负责出品的营业点（如大堂吧、行政酒廊、西餐厅等）尤其显得重要，运用表单控制可以很好地杜绝现金外流，以大堂吧为例表单控制要点如下：

• 表单实行编号控制。

• 客人点饮料、茶水、茶点后，先开单（一联交收银），再制作。

• 客人未结账前，表单（服务员一联）按台号顺序在指定位置存放，便于管理人员随机抽查。

• 管理人员加强巡视和抽查，核对现场客人消费情况与开单情况是否相符，如有遗漏则按舞弊嫌疑处理。

（2）三条控制路线与两个关键控制点　餐饮现金收入日常控制的主要手段是单据控制。因此要特别强调“单单相扣，环环相连”。

由于餐饮的收入活动涉及币、单、物三个方面。这三者的关系为：物品消费掉，账单开出去，货币收进来。其中，物品是前提，货币是核心，而单据是关键，它连接物品与货币。否则，管理和控制也就失去了依据。因此，要想管理和控制餐饮收入外流就需将物品传递线、餐单传递线、货币传递线协调统一起来。

下面详细介绍这三条传递路线及相互协调关系。

① 物品传递线：餐饮物品的传递也就是指菜品从厨房取出到送至客人餐桌为止。但从管理控制的角度上看，应将这部分物品传到财会部算出成本为止。在这一过程中，主要单据为"取菜单"。

餐饮的物品传递线一般如下：

•餐厅服务员首先根据客人的要求，开出一式四联的取菜单。

•餐厅服务员把一式四联的取菜单交给收银员盖章，收银员留下一联收银联，用于开立或打印账单，其他三联退还给服务员。

•服务员给自己留下一联留存联，把取菜联和传菜联送到厨房。

•厨房根据取菜联制作菜品。

•传菜员核对传菜联后将菜品送到餐厅。

•下班后，厨师把取菜联或传菜联整理好交其主管。

•厨房主管将交来的取菜联或传菜联汇总、整理，交予内部稽核人员（日审）。

② 餐单传递线：餐单在传递时也有一定的路线，以保证每一环节都服从管理和检查核对的需要。

一般的餐饮的餐单传递线可以照以下步骤设计：

•收银员将取菜单收银联的内容键入收银机（如果没有收银机，则开立账单），打印出餐单，并把收银联附在其后，按餐台号码的顺序排放好，等待客人结账。如果客人又添菜或酒水，收银员取服务员送来的加菜单的收银联，再键入收银机，打印上面的内容。

•客人结账时，收银员根据餐单的最后总金额向客人收款，并把结完账的餐单按编号放好。

•每班或每天结束时，收银员根据餐单编制本班或本天收银员报告，并打印出本班或当日的收入情况记录纸带，并将此纸带与收银员报告核对后，连同餐单一起交到稽核处。

•稽核人员仔细审核送来的这些单据，再做出当日"餐饮收入日报表"。为了节省人员也可由物品线和餐单线的负责人相互稽核对方的报告内容。

③ 货币传递线：下面介绍一下货币传递线应如何设计。

•收银员首先根据餐单向客人结账收款。其结账方式一般有两种：一种柜台形式，即让客人自己到收银台付款；另一种方式是"餐台付款"，即由服务员从收银台取来账单，把账单放在托盘上，送到餐台递给客人。客人检查核对餐单上的明细科目后，把钱放在托盘上，由服务员交到收银台并负责找零。

•"餐台付款"结算方式，现在已被普遍采用。其优点为：这样一方面可以避免收银员直接与客人接触，减少错弊发生的机会；另一方面，也为客人提供了全方位的服务，方便了客人。

•收银员下班时，需填写交款信封，将现金装进去封存，放入指定的保险箱。

• 出纳人员和检点人员一起打开保险箱，点收当日由收银员交来的现金，并将其送存银行。

• 最后，根据银行的回单，编制“总出纳员报告”，并将银行回单附在此报告上，交由稽核员审核。

④ 三条线的结合：从上述三线可以看出，物品线、餐单线、货币线既相互独立，又相互影响。餐饮要做好现金收入管理就要将三条线有机地结合在一起。虽然，物品线与后两条线似乎是独立的，因为负责人都是另设的。然而，仔细观察，就会发现物品线和取菜单线之间其实是一条连线，厨师依靠取菜单上菜，而取菜单又是餐单计算的基础。因此，问题的焦点就集中在取菜单与其他单据的统一问题。

例如，走餐问题，就是由于取菜单和餐单不同，取菜单项目多于餐单项目造成的。而走单则是取菜单整体丢失，无法和餐单一一对应，使得他人可以有机可乘，贪掉餐单上的款项。

因此，要做到三条线完美结合，还需更细致地掌握和控制两个点：取菜单与餐单核对点，餐单与货币核对点。

① 取菜单与餐单核对点：餐饮的收入稽核人员应将交来的取菜单与餐单进行核对，检查或测试餐单上的项目是否与取菜单上的项目相符，有无遗漏。

在实际操作中，餐饮企业会经常遇见餐单与取菜单不相符的情况，具体情况和原因如下：

• 因为客人在点完菜后加菜，使厨房取菜单上的项目多于餐单上的项目。客人所加的菜做好后，应及时通知客人；如果客人已经离去，就会造成少收收入现象，损害酒店利益。

• 如果在客人加完餐后，餐单上的项目多于取菜单，即后加的取菜单发生丢失，由于货币与餐单核对上了，没有造成损失，但应及时补全丢失的取菜单，并由有关负责人签字，以防有人从中做手脚谋利。

• 如果客人没有加餐，而取菜单项目多于餐单项目，需对其高度重视。进一步检查是否是员工故意隐瞒或与客人串通，还是属于核算的问题。

• 如果客人没有加餐，而取菜单项目少于餐单项目，如果货币与餐单可以对上，则对餐饮企业没有实质影响，但如果属于客人多付餐费的情况，应及时通知客人，把多付款项退还给客人；但如果货币与餐单无法对上，则有可能一部分货币被员工利用工作之便贪掉了。

② 餐单与货币核对点：餐饮的收入核对，不仅要进行取菜单和餐单的核对，还应与餐饮收入日报表中的现金结算数（其中包括银行支票与出纳员报告及银行存款回单等有关单据的数额）进行核对，从而，编制现金收入控制表，并对现金溢缺写出追查结果报告。

在核对时，一般会出现以下几种情况：

• 餐单金额多于货币金额，此时，应查明是客人采用赊账、信用卡等其他方法，还是少收客人钱或结算错误等具体原因。

如果属于前一种情况，只要总数对上了，可不必细查；如果属于后一种情况，则应查清是故意还是结算失误。

•如果餐单与货币金额核对相符，不应认为万事大吉，还需查看餐单和取菜单是否对得上，这一点前面已经介绍过，这里不再重复。

上述两个核对点是整个收入的关键控制点，是保证单单相符、揭露现金收入短缺的重要环节，两者缺一不可。如果缺少取菜单与餐单核对点就难以弄清楚应记入餐单的账目是否都已记入，而且也难以发现跑漏账款现象，而一些诸如一单重复收款、私自让客人用餐等舞弊行为更难以及时揭露；如果缺少餐单与货币核对点，就难以发现和控制应收账款是否全部收入以及现款短缺等现象。

二、销售指标控制

所谓餐饮销售额是指餐饮产品和服务销售的总价值。餐饮销售额一般分为现金收入、信用卡收入、支票收入、签单收入等项目。销售指标就是衡量一个餐厅经营状况的基本指标，销售指标决定了销售额的高低，因此通过对销售指标的有效控制能提高餐厅的有效销售额。

（一）餐饮销售指标分析

1. 平均消费额

这个数据能反映菜单的销售效果，反映餐饮销售工作的成绩，能帮助管理人员了解菜单的定价是否过高或过低，了解服务人员是否努力推销高价菜和饮料。通常餐厅要求每天都分别计算食物和饮料的平均消费额，其计算方法是：

平均消费额 = 总销售额 ÷ 就餐客人数

管理人员要经常注意平均消费额的高低，如果连续一段时间平均消费额都过低，就必须检查食品饮料的生产、服务、销售或是定价有无问题。

2. 每座位销售量

每座位销售额=总销售额 ÷ 座位数

每座位销售额这个数据可以用于比较档次相同、不同饭店的经营好坏程度。比如甲餐厅年销售额为458万，餐位为200个，而乙餐厅的年销售额为250万，餐位数为100个。则甲餐厅每座位销售额为22900元，而乙餐厅的年销售额为25000元。可见乙餐厅的经营效益好一些。

每座位销售额也常用于估计和预测酒吧的销售情况。在酒吧中一位客人也许喝一杯饮料酒离去，而另一位客人可能整个下午坐在那里商谈公务，而订了十几次饮料。这样就难于比较座位的周转率和人均的消费额，所以往往以每座位销售额来统计一段时间的销售状况。

3. 平均每座位服务的客人数

平均每座位服务的客人数常常又被称为座位周转率，其计算公式如下：

座位周转率=某段时间的就餐人数 ÷（座位数 × 餐数 ÷ 天数）

座位周转率反映餐厅的吸引客人的能力，由于餐厅早、中、晚客源和就餐特点不同，座位周转率往往分别统计。比如前例中，甲餐厅年就餐人数24万人，乙餐厅年就餐人数11万人，则他们的座位周转率分别为1.64和1.5，甲餐厅吸引客人的能力高于乙餐厅，但每位产生的效益却低于乙餐厅，说明甲餐厅的菜单价格较低或销售低价菜的比例比较高。

4. 每位服务员销售量

① 每位服务员服务的顾客人数；

② 每位服务员的顾客平均消费额。

从这两个数据可以分析服务人员的推销能力、推销重点和服务效率。

5. 时段销售量

某时段的销售量对于计划人员的配备和餐饮推销、计划餐厅最佳的营业时间特别有意义。

时段销售量有两种表示形式：一段时间内所服务的客人数和一段时间内生产的销售额。例如某咖啡厅下午3：00～6：00所服务的客人数为40位，产生的消费额为900元，而6：00~9：00所服务的客人为250位，产生的消费额为7000元，那么在这两个时间段应配备不同的职工人数。

（二）餐饮销售日常分析

日常销售分析就是对餐饮运营的经常性分析，它主要表现为对日报表的分析。一般的营业日报表如表3-18所示。营业日报表的分析可以分为三大类：营业构成、分类构成和收入构成。营业构成就是整个餐厅的营业构成状况，包括餐厅的营业收入，就餐人数等，分析这些数据可以得出平均消费额、平均每座位服务的客人数、座位周转率、时段销售量及其各个餐厅每天的销售动态。

表3-18　餐厅日报表

日期　　　　日总人数　　　　人均消费

营业时段分析	早餐	人数	午餐	人数	下午茶	人数	晚餐	人数	消夜	人数
酒水单编号	本日营收									
	餐品	饮品	收入1	收入2	收入3	收入4	收入5	其他	营业额	营业额累计

现金赠送礼券元		银行刷卡		贵宾卡	营业净额	营业净额累计	营业税		税后净额	税后净额累计
礼券张数	加总金额	刷卡金额	加总金额	折扣金额			发票金额	加总金额		

【任务考核】

通过对营业收入，成本分析，判断自己是否成功地获得了较多的营业收入，而把费用降低到最低。

1. 任务分析方法

通过经营数据和历史会计年度的数据进行比较。

2. 任务分析要点

（1）总营业收入＝各餐厅食品收入＋酒水商品收入＋服务费

（2）各餐厅收入＝食品酒水总收入÷餐厅个数

（3）餐饮部使用率＝客数÷座位数

（4）每个座位销售额＝食品酒水销售额÷座位数

（5）每客消费额＝食品酒水销售额÷客数

（6）酒水销售额与食品销售额的比例＝酒水销售额÷食品销售额

（7）食品成本率＝食品成本÷食品销售额×100%

（8）劳动成本＝餐饮部劳动成本÷食品酒水销售额×100%

3. 分析步骤

（1）通过财务报表得到当月收入成本、成本额及其他经营数据

	2002.6	2002.5	2001.6	2000.6	1999.6
营业收入	89.5万元	78.6万元	63.2万元	74.3万元	80.1万元
营业成本	38.4万元	31.4万元	26.5万元	30.4万元	32.8万元
食品成本率	43%	40%	42%	42%	41%

（2）见上表，如果食品成本率计划为45%，则可以看到当月食品成本率正常。且由于上期（即 5月份）餐厅经营业绩不佳，饭店采取了一系列措施，如加强促销、推出美食节活动力图改进，那么要检查这些活动是否奏效，则从分析收入情况可以了解到。

（3）例如财务报表显示餐饮成本超标，那么餐饮可从如下几个方面找到成本超标的原因：

① 菜单计划问题

• 菜单菜品是否过多，过于单调；

• 菜单中高成本与低成本是否均衡；

• 低成本菜肴推销是否有力；

• 成本增加时，菜价是否需要调整。

② 采购问题

• 容易变质的餐料是否采购过多；

• 是否存在无竞争性采购；

• 采购监控系统是否失灵；

• 采购过程是否存在舞弊漏洞。

③ 验收问题

• 如是否存在收货私存，验收是否设有检查发票、价格、数量的准确性；

• 接受质量不好或重量不足的货品等。

④ 储存问题：如是否因储存不当导致香料腐败，储藏室管理是否有问题等。

⑤ 票据控制问题：各种票据控制是否到位。

⑥ 准备与加工问题：是否粗加工浪费，是否存在没有按标准化烹调制作；客人订餐不准确造成提前加工的浪费等。

⑦ 服务问题：上菜时是否使用标准器皿等。

⑧ 销售问题：如服务员偷吃，客人记账，因服务投诉打折，内部宴请和折扣规定不严格等。

4. 分析评价及对策

通过分析，主要评价当期餐饮营业额及成本控制是否处于最佳状态，往期的经营和新的销售手段是否奏效，并针对于当期问题提出有关对策。

（1）增加收入额的对策；

（2）降低成本的对策；

（3）增加座位使用率的对策。

任务2 餐饮促销

任务导入

大清花：饺子便宜菜品贵

同很多打着某个特色招牌菜的餐馆一样，大清花饺子是一个以东北大馅饺子为主营业务的特色餐馆。如果你是第一次光顾这家餐馆，你很容易从店面装修的外观来直观感受他们的特色——纯木质清漆的门头、几个仿清朝的大炮和酒坛、店内大堂陈列的是清朝十三帝的大幅画像、还有很多胸前挂着星级的具有清朝特色的服务员，等等。但如果你马上被这些特色所吸引而沉醉，则很难看懂他们的深层营销手段。大清花最高明的促销秘笈就藏在他们的菜单上。如果你只点了饺子，则正常的肉馅饺子无论是蒸饺还是水饺一律6元一份（12个）。客观上说，这个价格对应他们的产品，其实是不贵的，并且可以向您保证绝对新鲜好吃。但你可千万不要涉及菜品，因为随意一道菜品的价格动辄数十元。但是，又有谁光吃饺子而不点菜呢？所以你一旦点了菜品，甚至哪怕是简单的凉菜，价格都是不菲的。值得一提的是：由于他们饺子的价格非常好吃实惠，所以他们就将饺子的价格表压到了每张餐桌、每个台位的玻璃下面。而菜品的价格却没有提供。凉菜和炖菜都需到橱窗现场选购，而其他菜品则可以直接通过服务员来点。这时候，你便会不自觉地丧失了对菜品价格的直观敏感性，而满脑子都是“饺子好吃又很实惠”的美好印象。于是你便开始了麻木的狂点……如果你今天带的是贵客，则马上会有“眼尖”的服务员殷勤地给您推荐60元一份的“鲍鱼蒸饺”等其他高档菜品。并且不由分说积极给您推荐到手。有意思的是，如果你直接点饺子而没有点其他菜品，则马上会有服务员非常“善意”地提醒你说：“您可以先点菜，饺子上得快，不着急。”

【任务概述】

餐厅管理人员应该熟悉餐厅促销的基本方法，通过餐厅的内部促销、外部促销、价格促销和品种促销等方法达到餐厅的销售目标，完成餐厅的销售各项指标。通过任务的学习，餐饮管理人员能够发现和分析餐饮销售过程中存在的问题，并可以根据餐饮销售控制方法对餐饮销售流程进行控制。

【任务实施】

餐饮促销是指餐饮经营者为了使宾客满意或招徕更多的宾客，并实现餐饮经营目标而展开的一系列有计划、有组织的活动。

一、餐厅外部促销

现在是一个讲究推销的时代，餐厅经营也是需要向顾客推销自己的，这样，顾客才能临门，生意才能发展。餐厅的推销工作也是分内外的，餐饮的外部推销主要有以下几点。

（一）门店推销

顾客来餐饮店消费绝对不会仅仅是消费食物，也包括情调、文化等。门店是一个餐饮企业的窗口，一个好的门店能展示出企业的市场定位，企业的风格，企业的文化和企业的档次。餐饮企业的门店是消费者做出消费决定之前首先接触到的企业的因素。餐饮企业能否吸引住消费者，门店是否有足够吸引力非常关键。打造门店的吸引力应该围绕着品牌定位来进行，门店的设计要和品牌的定位一致，如果定位为儿童消费者，则门店的设计不妨显得可爱点。如果定位为青年人群，不妨设计得清新明快点。如果定位为中年人群，则可以用富贵、稳重的设计来吸引消费人群。而如何打造门店的吸引力，一般可以从以下几个方面着手。

1. 门店的色彩

餐饮企业的门店的色彩在吸引人方面具有最直接的作用，当顾客在远处时，最先进入眼球的是门店的色彩。看到麦当劳的黄色，小孩子远远地就能知道是麦当劳。小肥羊门店的绿色也能传递出草原的气息来吸引人。并不一定都要颜色鲜艳，现在在深圳很多以古色古香吸引顾客的餐饮企业，如老院子的门店颜色以暗为主，在一片光亮中突然出现一片暗的颜色，同样能给顾客一种吸引力。色彩关键是要有特色，要与自己的战略定位、人群定位、文化定位进行有机的结合。

2. 店外的广告

一方面，由于餐饮行业消费的一个特点是，消费者在消费之前没法看到产品的，消费者通常会感到不大放心，此时店外的菜样广告图能够让顾客大概知道该店提供的菜的样式与特色、档次等信息。实际上是传递本餐饮企业品牌信息和餐饮文化特色，让消费者更加信任。另一方面，有这种情况，消费者担心店里菜太贵，很多情况是请客消费，如果进去问了再出来很没有面子。此时如果有菜样广告图，上面标了价格，顾客能够提前了解价格，这样等于是餐饮店帮顾客解决了难题，这部分顾客自然会受到吸引。据调查，超过10%的顾客会被门店展示出来的菜样图示吸引住。

3. 特色的物料

可以用一些特殊的物料来展示餐饮企业的特色。比如在深圳一些以江西民间瓦罐汤餐饮企业在门口陈列一个大的汤瓦罐，汤瓦罐有一古代的文字与图案，以此来表明该店做的汤是真正的民间流传的正宗瓦罐汤，以此来吸引顾客。一家老掌柜餐饮企业做市场开发咨询的时候，考虑到该企业品牌形象定位为一名老掌柜，于是让该餐饮店在门店设计了一个站着的和蔼可亲的老掌柜铜像。顾客远远地就能看到这一雕像，很容易就被吸引住，并且这一铜像能够加深顾客对该餐饮店品牌的印象。麦当劳店打造的关心小孩子的叔叔品牌形象，顾客通过麦当劳大叔雕像很容易就能记住。

最重要的一点，上述门店的设计、物料设计的风格必须统一，进行反复强化记忆，才能达到有效传播的目的，才能让在深圳的常客到北京后，能够很快通过门店的外部具有个性的风格找到此餐馆。

（二）餐饮广告促销

餐饮广告是通过设置广告物以及通过相关媒体把有关餐饮产品和服务的知识、信息有计划地传递给顾客，在生产者、经营者和消费者之间起沟通作用。餐饮广告促销方法主要如下。

1. 电视广告

其特点是传播速度快，覆盖面广，表现手段丰富多彩，可声像、文字、色彩、动感并用，可谓是感染力很强的一种广告形式。

2. 报纸、杂志刊物广告

这类广告适于做节日、团体等餐饮广告，也可以登载一些优惠券，让读者剪下来凭券享受餐饮优惠服务。此种方法具有资料性的优点，成本也较低，但是形象性差、传播速度慢、广告范围也较小。

3. 餐厅内部宣传品

可以印制一些精美的定期餐饮活动目录单，介绍本周或本月的各种餐饮娱乐活动；上有餐厅的种类、级别、位置、电话号码、餐厅餐位数、餐厅服务方式、开餐时间、各式特色菜点的介绍等内容的精美宣传册；特制一些可让宾客带走以作留念的“迷你菜单”；各种图文并茂、小巧玲珑的“周末香槟午餐”、“儿童套餐”等介绍，将它们放置于餐厅的电梯旁、门口，或者前厅服务台等处，以供宾客取阅。

二、餐厅内部促销

外部促销是吸引顾客进门的手段，而内部促销则是能够留下顾客的关键，餐厅有吸引人的外部，同时，也必须具备能留下顾客的内部，否则，失望的顾客下次就很难再光临了。餐厅的内部推销主要是餐厅的环境、餐厅气氛和情调、服务员的服务水平和技巧、卫生清洁。

（一）环境气氛促销

服务的一大特性是无形性。餐厅给顾客提供的全部消费利益中有很大一部分是无形的服务，顾客无法直接看到，只有通过对餐厅环境气氛的观察、体会，才能形成对餐厅服务的初步了解。因此，环境气氛成了餐厅里无声的销售员。那么，该如何发挥它的作用呢？

心理学的原理告诉我们，人对外界事物的认识最初是以感觉开始的，它是其他一切心理活动的基础。餐饮消费者走进餐厅，首先会用各种感觉器官去感知周围的一切，用眼去审视，用耳去倾听、用鼻子去嗅，在获得诸多感性认识后，上升为理性认识，通过思维对所感知的事物作出评价、体验，能否获得好感只是瞬间的事。因此，餐饮企业应努力为餐饮消费者创造一个优美舒适的消费环境。

1. 餐台

在餐桌上摆一瓶色泽鲜艳的插花或盆花，如月季、杜鹃、米兰等。其艳丽的色彩，清馥的香味，可使人的大脑处于悠然之境，并能增加消费者的食欲。

2. 音响

餐厅中特定的音响效果能够产生独特的气氛，在餐厅中布置山水小景，山石滴泉叮咚声响使人如同漫步泉边溪畔。餐厅播放一些行云流水的背景音乐，如克莱德曼的钢琴曲等，都能使餐饮消费者的就餐心情变得格外舒畅。

3. 灯光

餐厅灯光的强弱与光色的照射，对餐饮消费者的就餐情绪有着重要的影响。合理的餐厅光色，既可以激发消费欲望，又可以使消费者乐于在视觉舒适的餐厅环境中就餐。

4. 色调

不同的色彩能引起餐饮消费者的不同联想意境，产生不同的心理感受。餐厅的色彩如果调配得当，醒目宜人，对餐饮消费者和餐厅服务员的情绪调节、预防冲突都将具有重要意义。

5. 布局

餐厅的整体氛围是消费者产生愉悦的就餐心理的又一重要因素。如果其布局能根据餐厅主题和餐饮市场定位的消费者心理进行设计，必将受到顾客的青睐。

（二）员工促销

这里所讲的餐饮企业的推销力不是指一次能推销多少销售额，这是目光短浅的表现，如果从这方面着力，虽然一时能让顾客消费更多，但最终会损害企业利益。从打造餐饮企业长期的核心竞争力来讲，打造服务员的推销力是指打造服务员最大程度满足顾客需求的能力。服务员是顾客进店后接触最多的对象，是打造餐饮企业核心竞争力中的一个很重要的个人的要素，服务员是否具有满足顾客需求的能力直接决定了顾客的满意度。只有打造好了这种能力，才能打造餐饮企业的核心竞争力。餐饮企业可以从以下几个方面来打造服务员的推销力。

1. 服务员的个人形象

形象设计需要和品牌定位一致，日本的味千拉面餐饮店的消费者定位为白领的快餐厅，服务员的形象是青春靓丽。而在一些定位为高档消费者的餐饮店中，服务员的形象高贵典雅，形象是让顾客接受服务员的第一步。

2. 服务员的服装

服装是一种功能性很强的语言，它能反映出着装者的风格和对事务的态度。餐饮企业服务员着装最重要的一点是融洽：与环境的融洽，与档次的融洽，与文化定位的融洽，与品牌定位的融洽。

3. 服务员的素质

通过培训，形成服务员基本的行为规范，包括仪容仪表、仪态、举止、表情、言谈、对客服务要求等，不断提高服务员的基本职业素质，这些规范是满足顾客需求最基本的要求。

首先是要解决服务的态度问题，对消费者要热情，要给消费者宾至如归的家的感觉，服务还包括如何满足顾客各种需求。服务的水平是可以通过培训，设计好针对不同类型顾客不同的推销手法，打造推销能力。比如针对老年人，我们可以向他推荐些易咬动的食品，充分考虑到他们的要求。针对办寿宴的来宾，必须用心把寿的气氛做出来，可以在上菜之前一起向老人家祝寿。当顾客是来自沿海的时候，我们可以向其推荐内地特色菜，而不是可能利润更高的海产品。

其次是服务技能，服务人员应对餐厅所经营的菜点和服务内容了如指掌，如食物用料、烹饪方法、口味特点、营养成分、菜肴历史典故、餐厅所能提供的服务项目等，以便向客人作及时介绍，或当客人询问时能够作出满意的答复。如果能事先了解市场和顾客的心理需求以及风俗习惯、生活忌讳、口味喜好等，便可有针对性地推荐一些适合他们心理需求的产品和服务。

（三）服务技巧促销

当顾客进店后，首先要马上对用餐者的身份和用餐性质有个判断，家庭消费偏好实惠，商务消费的客人偏重排场；然后选择好推销目标，老人一般不作为推销目标，外向的人适合作为目标；最后运用语言技巧在接受客人点菜时应主动向客人提供多种建议，促使客人消费数量增多或消费价值更高的菜点、饮料。服务推销一般可采用以下办法：

（1）形象解剖法　服务员在客人点菜时，把优质菜肴的形象、特点，用描述性的语言加以具体化，使客人产生好感。从而引起食欲，达到促销的目的。

（2）解释技术法　即通过与消费者的友好辩论、解释，消除其对菜肴的疑义。

（3）加码技术法　对一些价格上有争议的菜点，服务员在介绍时可逐步提出这道菜肴的特点，给客人以适当的优惠。

（4）加法技术法　把菜肴的特色和优点不断地加深和强调，让消费者形成深刻的印象，从而产生购买的欲望。

（5）除法技术法　对于一些价格较高的菜点。有些客人会产生疑虑，服务员应耐心解释，这样会使客人觉得不贵，从而产生购买欲望。

（6）提供两种可能法　针对有些客人求名贵或价廉的心理，为他们提供两种不同价格的菜点，供客人挑选，由此满足不同的需求。

（7）利用第三者意见法　即借助社会上有地位的知名人士对某菜点的评价，来证明其高质量、价格合理，值得购买。

（8）代客下决心法　当客人想点菜，但或多或少还有点犹豫，下不了决心，服务员可以说：先生，这道菜我会关照师傅做得更好一点，保您满意，等等。

（9）利用客人之间矛盾法　如果来就餐的二位客人，其中一位想点这道菜，另一位却不想点，服务员就应利用想点的那位客人的意见，赞同他的观点，使另一位客人改变观点，达到使客人购买的目的。

（四）实物陈列促销

实物促销法是借助餐厅产品实物或图片、模型来刺激客人购买的一种推销方法。餐厅经营者通过有意识地设计各种刺激物或刺激方法来影响人的情绪，激起客人的购买欲望，吸引并留住客人就餐，并且刺激客人追加点菜，酒水等消费。实物模型宣传是实物促销的主要方法之一，即是在餐厅门口或客人经过的地方，陈列餐厅经营产品和服务实物模型，张贴产品和服务的图片、招贴画、布告牌等，从视觉、听觉、嗅觉等方面对客人进行感官刺激，以激发消费者的消费欲望。主要有以下几种表现形式。

1. 原材料陈列

比如在餐厅进门处设置海鲜池，既具有很强的观赏性，又可使客人相信本餐厅所使用的原材料都是新鲜、卫生、安全的，容易对菜肴质量产生满意感，还因为当着客人的面称取海鲜，使客人对分量放心。

2. 半成品展示

餐厅可以将一些菜肴原料切配好，经初加工装盘陈列。自助餐厅就是运用成品陈列促销的典型代表、客人往往在看过烹调好的、陈列有序的菜点后才作出是否在餐厅用餐的决定。

推车陈列促销。推车上的菜不一定是客人非买不可的。但当客人看见这些菜品，便有可能冲动性地产生购买动机和行为。如某餐厅使用推车，陈列一些高档酒水，推到客人面前按杯零售。从实施效果来看，销售情况良好，以前少有问津的酒水现在也销出去了。

3. 现场烹调制作

可将菜肴的烹制过程放在餐厅进行，或将菜肴的最后一个烹制环节放在餐厅进行，如厨师现场操作煎蛋、铁板烧、锅巴虾仁等，由此让客人看到形、观到色、闻到香，从而使他们因消费冲动引发消费决策，使餐厅获得更多的销售机会。

4. 试吃实物

对于一些需特别促销的菜肴如各种名点、名菜，可以采用客人试吃的方法促销。服务员用餐车将菜点推到客人的桌边，让客人先品尝，如喜欢就现买，不合口味的再请点其他菜点，这既是一种良好的服务，又是一种很好的促销手段。

（五）菜单促销

当顾客被店外的广告吸引进门之后，还有可能出现顾客一看菜牌，感觉不满意，于是决定中止消费的情况。餐饮企业可以通过打造菜牌的静销力，来减少这种情况的发生。餐饮店在外派送简单菜单的时候，菜单也是顾客接触餐饮店最初的因素，此时菜单的静销力也很重要。我们一般说的“菜牌静销力”，是指：不借助任何广告、促销等手段，并剥离出公司品牌的拉动力，单靠菜牌自身，就能产生的销售力量。菜牌的静销力的打造要围绕品牌形象，不能为了一时吸引顾客而破坏品牌形象。怎么打造菜牌的静销力呢？

1. 适宜的菜牌纸张

菜牌纸张是顾客直接的感觉，在高档酒店，顾客坐下后，拿起菜牌如果是很差的纸张，心里很容易就会感到不满意，与高档的品牌形象严重不相符，让人产生对本店的饭菜质量与口味究竟如何的怀疑？

2. 诱人的菜牌照片

有特色的菜的名称，配上一张漂亮的诱人的菜样图片在旁边，让消费者消费之前就产生消费欲望。

3. 合理的菜类设计

各种菜分类，比如蔬菜、荤菜、汤类、凉菜等，将菜分类能够让顾客迅速找到自己想要消费的产品，其实是餐饮企业提供的一种便利。另外，餐饮企业可以另列一类特色菜、推荐菜、特价菜，放在显眼位置，或者单独印刷一张特别推荐菜牌，以此来吸引顾客。

4. 有特色的菜名

菜名要和品牌紧密联系起来，可以设计的有特色一点，顾客消费除了消费的是食物，更多的是消费一种品牌文化，菜名起的有特色能够很快捉住消费者眼球。在深圳，有家叫三国志的餐饮企业的菜名全是用三国的典故做菜名，并在包厢的名和包厢里的画全是以三国典故为题材，很受三国爱好者的好评。

三、餐厅价格促销

价格促销是餐饮经营常用的方法，了解价格促销方法是非常必要的。通常所用的方法有以下几种。

（一）尾数定价策略

尾数定价策略，是指餐饮店在制定菜品价格时以特定的数字结尾，来进行餐饮促销的手法，也是每个餐饮管理者必须要解决和必须学会运用的问题。

1. 尾数："心理价格"

所谓尾数方法，多指以元或10元为单位的尾数，有时为了增加顾客心理感受，也会使用以角或以分为尾数定价方法。

在人们的饮食消费中，普遍存在着这样一种心理效应：对价格尾数的反应特别敏感，容易产生"错觉"作用。比如，对18元的酱爆鸭舌头，顾客会感到价格是10多元，而对21元的椒盐鸡腰子感到是20多元。这两种价格给顾客一种差别很大的感觉，似乎是大于实际21元和18元之间的差别。这实际上是一种价格的错觉作用，由这种错觉作用而产生的价格感觉，可借用经济学上的一个名词来描述，叫做心理价格。前面所说到的实际售价可以是心理价格，但两者并不完全相等。如实际售价是21元，把它调整到23元，这23元就是21元的心理价格。

心理价格最奇妙的作用是使品种价格的尾数能产生错觉，如何创造和利用这种价格错觉，便是尾数促销策略的主要内容。

2. 价格的认同和似同

从顾客对品种价格的判断角度来看，对价格第一位数字的反应是最重要的，因为第一位数字往往代表着品种的等级和档次，在同一个档次的价格范围，就容易产生价格认同效应。例如，21元或29元是同一个价格范围，顾客对这两种价格就会产生心理上的认同感，而对于40多元的品种，就不会产生这种认同感，因为这显然是属于另外一种档次的价格范围。顾客对价格第二位数字的反应就会产生似同效应。例如，13元与18元，在顾客的心目中，就是同一个价格范围，或是同一个档次的价格。这样，假定用计价公式计算出来的理论售价是25.78元，那么，写在菜单上的售价可以是26元、28元或29元，即是利用尾数来使售价产生认同和似同效应。同样，在确定实际售价时，根据似同效应，使数目尽量不要达到整数，如50元、70元或100元等，45元、65元或95元虽然分别只相差5元，但顾客对此感觉相差很大，没有达到大整数，即产生了似同感。

3. 习俗的心理效应

顾客对心理价格的认同和似同还十分显著地表现在一些习俗的心理效应上。例如，对2、3、8、9等数字的谐音，寓意吉祥幸福，象征发财幸运。由这些数字组成的影子价格，更容易引起价格认同和似同的心理效应，如18元寓意“肯定发财”，23元寓意“容易做生意”，168元谐音“一路发”等。这并不是迷信这些数字肯定能带来幸运，而是顺应某些顾客对价格反应的心理需求。换句话说，利用习俗上对心理价格的认同和似同效应来满足顾客的心理需求。所以，如果品种售价是14元，可以把它调整到18元；如果品种售价是26元，也可以把它调整到28元，以此类推。诚然，如果把所有品种售价都调整成这样的数字，就会显得太俗气。实际上，并不是所有顾客对这些数字的反应都能产生习俗上的心理效应。因此，只能是部分菜品进行这样的处理。

4. 等级定价策略

利用价格的认同和似同效应，可对品种进行分等级定价。因为顾客不大会感觉到价格的细微差别，他们对各个品种的价格反应总是具有一定的档次感觉和范围感觉，在同一个价格档次和范围中，品种之间的价格差异就会产生认同或似同效应。比如，10元至30元之间是一个价格范围，属于一般品种，占品种结构的比重较多；40元至90元之间是一个价格范围，属于中档品种；100元以上是一个价格范围，属于高档品种，占品种结构的比重较少。顾客在选择品种时，自然就会根据这样的价格档次和范围去确定自己的消费水平，并简化了他们的选购过程。当然，每个餐饮企业的实际情况不同，因而对品种档次和范围的划分也是不一样的。

（二）特价策略

所谓特价菜，就是在所有品种中选择某些品种以特别优惠的价格出售，以达到招徕顾客的目的。这里所说的特别价格，是指以原料成本总额作售价的价格，当销售特价菜时，企业不计入任何毛利，所以也叫保本菜。现时有些特价菜不是按成本价计算的，是出奇的“特”，如烧鹅1元一只等。

1. 物美价廉和以点带面

显然，特价菜的促销作用之一是满足了顾客贪图物美价廉的消费心理。假定某品种的正常售价是33元，特价是18元，那么对顾客来说，这15元差价的诱惑力是，只要付出18元的价格，就可以吃到33元的品种，何乐而不为呢？这就是特价菜能够招徕顾客的主要原因，实际上是需求规律支配的结果。

特价菜还有一个很重要的促销作用就“以点带面”。在所有品种中，特价菜就是一个点，在特价菜的号召下，顾客来到餐厅进餐，不太可能只吃一个特价菜。因此，通过特价菜促销，还可带动其他品种的销售。这两个作用合起来就叫做特价效应。

2. 特价菜策略

要产生特价效应，就要注意几个策略性问题。

① 在品种上要有诱惑力：如果品种对顾客没有很大的诱惑力，那么就算作为特价销

售也产生不了明显的特价效应。因此，选择品种作为特价销售的一般原则是，本餐厅的招牌菜或流行的品种，中高档以上的品种或海鲜。比如，应选择蚝皇乳鸽而不应选择炒油菜，应选择石斑鱼而不应选择草鱼等，只有这样才能使品种具有诱惑力。

② 在价格上要有吸引力：既然是特价菜，就要在价格上真实让利，体现出“特别价格”的味道。一般的经验是，特价要比正常价格下降30%～50%的幅度，才能产生特价效应。如红烧乳猪的正常价格是70元，特价是40元；蚝皇乳鸽的正常价格是28元，特价是16元。

③ 以每天一个特价菜进行促销：每天只有一个特价菜，才能产生“以点带面”的特价效应；相反，如果一天里有多个特价菜，就会顾此失彼，反而忽略了其他品种的销售。另外，特价菜促销应有连贯性，最佳效果是把每天的特价菜编成一个“星期特价”菜谱，使顾客能根据自己的喜爱去选择消费。

④ 应保证特价菜的供应：进行特价菜促销，一定要保证供应，否则就会失信于顾客，有损企业形象。千万不要像个别餐厅那样，顾客兴冲冲地指名要吃今天的特价菜，但是，“今天的特价菜已经卖完了”，或者，“今天特价的虾已经没有了，不是特价的虾还有”，这样做除了会抵消了特价菜的促销作用外，还会产生不可估计的负面影响。

⑤ 不大力宣传特价菜，就等于没有特价菜：进行特价菜促销，必须要花大力气进行宣传，如果顾客不知道有特价菜，就难以产生特价效应。特价菜的宣传，可采用POP广告形式，在餐厅门口，在过渡空间，在餐厅里，制作适当的POP，使顾客从踏入餐厅开始，便受到这种气氛的影响。

（三）折扣策略

在餐饮经营中，折扣促销是常见的手法，它几乎成了每个餐饮企业进行价格促销的“例牌菜”。

1. 折扣的促销作用和方式

折扣是指对顾客消费额实行降低、减少部分价格或收款，或加赠品种的价格促销手段，它的促销作用表现在争取和鼓励顾客多购买本企业的餐饮产品、稳定既有客源市场、提高市场占有率。大多数的餐饮经营都采用折扣促销策略，如开业折扣，淡季折扣和周年折扣等。实际上，折扣促销策略也是为了迎合顾客喜欢廉价的心理，但现在有些折扣手法，在很大程度上是为了体面问题。

餐饮经营的折扣方式，大致有几种：消费总额折扣、菜金折扣、茶价折扣、服务费折扣、赠送饮品或水果等。

消费总额折扣是指顾客（包括团体消费）购买餐饮产品时的消费总额，大多数的折扣方式是采取总额折扣，这种折扣容易计算，顾客也感到实惠。菜金折扣就是在消费总额中，将菜金部分实行折扣，其余部分不计折扣，这种折扣多数是掌握在营业员手中，而且采用“暗盘”方式。茶价折扣如免茶水费，有时也包括小菜部分，在早茶市的经营中，这是经常采用的招徕术之一。服务费折扣就是免收服务费，在不同的营业时间，这是一种有效的促销手法。赠送饮品或水果也是一种折扣，当顾客消费额达到某种程度，便可获赠饮品或水果，这也是搞好顾客关系非常有效的一招。

餐饮经营的折扣幅度，一般控制在九折、八折或七折左右，即10%、20%，30%。

如果折扣太多，会使顾客怀疑折扣的真实性，其折扣促销也难以有吸引力。对经营者来说如果折扣价格等于品种原料成本，倒不如采用特价菜策略。因此，要控制折扣的幅度，不然的话，就会产生不必要的负面作用。

谁有权实行折扣优惠，这需要有明确的规定，即解决在什么时间、什么人有权给予多少折扣问题。在一些餐厅的早茶市里，领班有权免茶水费以便让领班与顾客搞好关系，但在正餐里，只有主管才有权免茶或免服务费。至于总额或菜金的折扣，一般掌握在经理的手上，除非是整个餐厅经营实行折扣促销。在另外一些餐厅里，只有经理才有权给予折扣，而且折扣的幅度不是很大。

2. 折扣促销策略

应根据企业的实际经营情况而采取不同的折扣促销策略。大凡开业，多实行折扣优惠，以便在短时间内能起到招徕顾客的作用，这已成为餐厅开业的“例牌菜”。开业的折扣幅度一般是消费总额的八折到九折，也有的是菜金的八折或九折，折扣的时间一般是半个月或一个月，有些餐厅则是两个月。值得注意的是，开业折扣不宜太多，如果开业折扣太多，一旦回复正常经营时，恐怕会失去许多客源。此外，折扣时间也不应太长，时间太长的话，会使折扣促销本身失去吸引力。折扣促销的另一种策略就是优惠卡。优惠卡也叫VIP卡，如可以分为八折卡（金卡）、九折卡（银卡），持卡者到餐厅用餐，可凭卡获得相应的折扣优惠。实行优惠卡策略，其宗旨是通过优惠卡来稳定既有的客源市场，以及拓展更多的客源市场。因此，实行优惠卡促销，就要注意优惠卡的发放对象，特别要注意团体消费层次的客源和极有可能成为新目标市场的客源。诚然，在高档次的餐饮经营中，优惠卡已发展成为一种身份和地位的象征，许多人以拥有一张某高档的、有口碑、形象好的餐厅优惠卡而自豪。

赠送饮品或水果，也是有效的折扣促销策略之一：凡消费额达到一定程度，就赠送一杯饮品、一扎啤酒或一个水果盘；赠送饮品多是指品种和总消费额而言。赠饮会给顾客造成价格上优惠的感觉，但经营者又不能视毛利率或利润率降低不顾，所以选择饮品、扎啤和水果这样一些低成本却能产生高附加值的品种实行随品种消费附带赠送，不仅给顾客造成价格上的折扣优惠感觉，而且对利润目标影响不大，还能产生良好的促销作用。如果有厂商赞助饮品或水果，效果更好。

在折扣促销方面，还有淡季折扣、周年折扣、现金折扣等策略，管理者应根据实际情况运用不同的折扣策略，以取得最佳的促销效果。

（四）调价策略

促使餐饮业调价的基本原因不外乎是原料涨价，通货膨胀率或物价指数提高，需求旺盛。如果这三个因素发生变动，那么几乎所有餐饮管理者都会面对这样一个问题：需要调价才能确保利润目标的实现，但问题的另一面是，水能载舟，亦能覆舟，价格对于顾客是个敏感的消费因素。因此，问题就变成这样：怎样调价才是合理的？

1. 关于调价

调价不同于定价。调价是在品种价格基础上，来提高或降低的价格。

2. 何时可以调价

要做到合理调价，首要问题是要解决“何时可以调价”？从经验角度说，在下列情况下可以实行调价：餐厅装修之后，原料价格持续上涨、通胀率或物价指数有了既成事实的上升、节日期间、饮食需求持续旺盛、推出新品种的时候。聪明的管理者都会利用这些时候来调整价格，从而达到调整企业的市场结构。

餐厅装修是进行价格调整的好机会，就如开业要实行折扣一样，装修之后的调价是顺理成章的。原料成本上涨，只要不超过定价的保险系数，就不应调价，如超过保险系数，就要作适当的调整。通胀率或物价指数上升，价格也随着上涨是必然的事实，但两者绝不是同的，价格上升幅度肯定要低于物价上升幅度。节日期间（如各种节假日里的“假日经济”消费现象），饮食消费需求的结构有较大的变动，需求强劲，也是调价的好机会。需求持续旺盛，价格的大变化只对需求产生较小的影响，是调整价格的时机。另外，当决策者想提高经营档次时，也可利用调价策略来调整目标市场结构。这只是就经验而言，如果想更科学地把握调价的机会，就要运用到弹性原理和方法去测定。

3. 调价策略

解决了调价时机，接着就要解决“怎样调价”的问题，也即是调价策略。大凡调价，应以微调为主，循序渐进地进行调价。任何餐饮企业的价格形象应该是稳定的，而顾客对价格变动的反应是特别灵敏的，在这种条件下，价格的调整，就应采用微调为主，“轻轻地调一调”或是在不知不觉中循序渐进地调价。微调就是说调价的幅度不应太大，一般不超过30%，即在原价的基础上最好控制在平均30%的升幅之内，如果提价幅度过大容易引起顾客的逆反心理。循序渐进就是说调价应分开步骤来进行，不要一下子全部都作调价处理，这样也是难以让顾客接受，容易超过顾客心理承受的极限。

不同档次中顾客对价格反应的灵敏程度也不同，因此要采取不同的调价手法来以变应变。在中低档次的餐饮经营中，消费观念以薄利多销和价廉物美为主，顾客对价格的反应特别灵敏，调价时，就要特别谨慎。在中高档次的餐饮经营中，消费观念以物有所值为主，虽然价格的影响作用不是那么明显，但也要谨慎地处理调价问题。

餐厅装修后的提价以10%～30%为幅度，最好是推出一些新品种，减少顾客把以前的价格与现在的价格作比较的机会，以抵消调价的影响。节日期间因饮食消费需求结构有所改变，提价幅度可大些，如广州出口商品交易会期间，有些宾馆餐厅的升幅高达40%甚至更高。一般地说，价格调低，顾客容易接受，但太低也会产生某种副作用，即这个品种的受欢迎程度便随着降低。

行业上常用到一种提价手法就是降低原料成本，但售价保持不变，这实际上是变相提价。降低原料成本的手法有很多，如改变原料构成，原来用100克主料的，改用80克；在同原料中，改用价值较低的原料来代替；改变配料构成，使其成本比原来要低，等等。在这种情况下，售价保持不变，毛利率就提高了，实际上是价格提高了。从某种意义上说，降低原料成本是好的，但有一点千万不要忘记，顾客的眼睛是雪亮的，当顾客感到大量品种“缩水”而产生负面效应时，所产生的负面作用是不可估量的。因此，使用这种方法调价要适可而止。

四、品种促销

菜单的促销主体是品种，品种有如商品一样，存在着一个生命周期，即是品种的市场寿命。如同人经过出生、生长、成熟与衰老一样，品种在市场竞争中也有一个成长曲线。

(一) 品种的生命周期

1. 餐饮生命周期概念

品种的生命周期是指它从投入市场到被市场淘汰的全过程。以市场经济规律的支配下，品种的生命周期一般表现为4个阶段：推出期、成长期、成熟期和衰退期。推出期就是指新品种投入市场的开始阶段，顾客开始认识新品种；成长期是指新品种迅速被顾客所接受，并成为一种饮食潮流的时期，企业盈利增长；成熟期是指品种已经占领市场，销售增长速度减慢，盈利保持相对稳定，或开始下降的时期；衰退期是指品种的销售量下降，顾客对该品种的兴趣已失，企业无法继续盈利。

2. 品种生命周期的特点

这里所给出的是品种生命周期的典型形式。实际上，人们对品种的需求和品尝究竟不同于其他商品，它既是生理上的需求，更重要的是心理上的美食需求，对品种的品尝不是单独进行的，而必须配以相应的服务和环境。因此，品种的生命周期具有自己的特点，表现在如下三个方面。

（1）周而复始　有些品种的兴衰是周而复始的，随着季节的推移和气候的变更在市场中完成其生命周期的过程。这种周而复始的现象可称之为多周期型，即在一定的时期内，受到季节气候等原因的影响而周期性出现由兴到衰的过程。

时令菜便是这种类型的典型。因为时令菜的原料必然受到季节气候的影响，古人训：“时不正不吃”就是这个意思。如在粤菜里，对一年四季吃什么蔬菜就有明显的季节性，春季吃通菜，夏季吃芥菜，秋季吃菜心，冬季吃生菜，围绕着这些原料而衍生的品种群，便随着季节变化而形成多周期性的循环。

（2）时间不定性　有些品种在某一段时间内，会成为饮食潮流的宠儿，迅速完成其推出、成长和成熟的过程，接着便走向衰退，过了一段时间（几年或更长）它又成为一种新的饮食潮流并完成一个生命周期过程。这可称之为非连续循环型，即在时间上没有必然的连续关系，而是根据市场需求去产生和完成其生命周期的过程。俗语云“古老当时兴”就是这个意思。

一些历史上知名度很高的、或生命力特强的品种就是属于这种类型。其中满汉全席最具代表性。满汉全席是清朝极负盛名的宴会，1983年，广州市举行改革开放后的第一次美食展览，它以108款菜式轰动广州同行人士，成为当时烹调水平的最高象征。过了几年之后，满汉全席又被演绎为满汉精选，再度得宠于20世纪90年代初的广州餐饮业，成为餐饮经营水平的标志之一。

（3）长久性　对某些品种来说，它在几十年或更长的时间内都是历久不衰的，它是沉淀在地方饮食习惯和饮食嗜好的一种特点，或者是一种饮食文化的象征，因而它不受季节气候和饮食潮流的左右。其生命周期的过程表现为循环一再循环，即在一个相当长的时间内，它才能完成一个生命周期过程，而且紧接着便是另一个生命周期的开始。

粤菜里的白切鸡和炒油菜就是属于这一类型的品种。粤人对白切鸡情有独钟，不仅一年四季吃，是每个餐厅必备的经营品种，而且吃了几十年还觉得津津有味，成为宴会中的“当家花旦”。这些年，白切鸡的地位虽然受到乳鸽的挑战，但其地位始终是屹立不动。每个地方都有几个这样的品种，如山东的德州扒鸡、四川的麻婆豆腐等。

品种生命周期的特点说明，除了少数永久不灭型的品种之外，其他大多数品种的生命周期不可能是固定不变的，这种变化是不以管理者的意志为转移的，是一种正常的市场发展过程。因此，要适应这种变化，管理者就必须根据品种生命周期的特点，不断变换和推出新品种，以创造良好的促销效果。

（二）效用递减规律分析

效用递减是经济学上一个著名的规律。这里所说的效用是指人的欲望的满足程度，人的一种心理感受，而不是指商品本身存在的使用价值。19世纪德国经济学家戈森提出了两条关于欲望的规律：第一，欲望强度递减规律，即在一定时期内，一个人对某物品的欲望度随物品的增加而减少；第二，享受递减规律，即随着欲望的满足，人所得到的享受是递减的。这就是著名的戈森定律。从顾客（某一个或某一群体）对品种的满足程度去看，在饮食消费中，同样也受到效用递减规律的影响。

比如，一个人在饥饿的时候，他有3碗饭吃。当他吃第一碗饭时，他的欲望强度是最大的，这第一碗饭给他的满足程度也是最大，即效用最大；当他吃第二碗饭时，由于有了第一碗饭的满足，他的欲望强度就减小，所以第二碗饭对他来说，其效用便开始减小，即是第二碗饭的效用对他来说比第一碗饭的效用要小了；有了前面两碗饭的满足，他可能已经吃饱了，当他要吃第三碗饭时，他处在可吃可不吃的状态中，其欲望强度降到最低程度甚至为零，因此这第三碗饭对他的效用是最小的，可能还是负效用。虽然很难去具体测定人对品种的满足达到什么程度就会开始产生递减效应（因为人对品种的满足程度会因人、因时、因地而异），但是，可以肯定地说，人对品种的满足程度是受到效用递减规律的影响。

（三）品种促销的核心在于变化

综合上述，可得如下启示。品种在市场的生命周期受到效用递减规律的影响。餐饮经营的大量事实已经雄辩地证明了这个道理，品种在市场中的生命过程，也正是受到效用递减规律影响的结果。当品种推向市场时，开始产生效用；当品种走向成熟期时，其效用最大，顾客对品种的满足程度也最大；然后品种的效用便开始递减，直到品种的衰退期为止，效用为零，假定在这个时候还推出该品种的话，其效用就呈负增长。

因此，品种促销的核心在于品种的变化。除了少部分属于长久性的品种之外，大部分品种在市场竞争中的生命周期是相当明显的，也就是说，效用递减规律的影响作用是决定性。如果要保持“常吃常新”的形象，要稳定既有的客源和市场占有率，那么明智的选择就是：使品种结构和每个品种能随着市场需求而保持适度的变化，尽量缩短品种的生命周期，以减少效用递减规律的影响，这就是进行菜单品种促销的基本问题。现在，行业推崇的菜单要“三月一小变，一年一大变”就是一个例证。

（1）原料之变　原料是烹调的对象，是烹调中的四个因素之一。以原料而变化品种，实际上已成为一条众所周知的道理。

（2）调味之变　味道是品种的灵魂，正因为如此，调味在品种变化中所充当的角度就显得更为重要。通过调味而变，也可演绎出无穷无尽的味道。

（3）烹法之变　烹调方法的变化在近年的品种创新中起到了主导的作用。同一种原料可用不同的烹调法处理，或同一种烹调法可处理不同的原料，可演绎出不同的品种群。

（4）季节之变　人的饮食口味会随着季节气候而变化，原料的生长也会随着季节气候而变化，因此根据季节变化而演绎不同的品种，也是品种变化的基本途径。这一点，无论传统或现代，都已有大量成功的事实证明。

（5）节日之变　餐饮经营的实践表明，凡是节日，饮食需求都会大幅度地增长，并且，在不同的节日里会表现出不同的需求特点。因此，根据各种节日来演绎品种，也是一个很实用的促销手段。节日可分四类。一类是法定的节日，如元旦、国庆节、五一节、青年节、儿童节、建军节、教师节等；一类是传统节日，如春节、端午节、中秋节、冬至等；一类是地方性节日，如荔枝节、风筝节、广州出口商品交易会、深圳高科技交易会等；一类是西方节日，如圣诞节、情人节、父亲节、母亲节、复活节等。在所有节日中，以传统节日和地方节日最为隆重。可以这样说，一年12个月，基本每个月都有节日，这就给品种变化提供了非常广阔的范围。

（6）主题之变　前面说到的原料、调味、烹法、季节、节日的变化之道，是就具体的手法而言的。所谓以主题而变，即以上述变化之道为基础，依照某一促销主题变化而成的品种群，即综合演绎品种变化之道。

在餐饮经营中，这实际上已成为品种变化的常用手法。现时粤菜流行的“老火靓汤”，就是利用同一种方法去演绎不同的原料组合，类似的还有煲仔系列、椒盐系列等。在星级酒店里，常常以某个美食主题来进行促销，如串烧大汇、淮扬美食周、东南亚美食周等。主题美食现在已经成为各大酒店进行餐饮促销的主要手段之一。

【任务考核】

掌握餐饮企业进行促销的方法，选择一个节日制定一个餐饮促销方案。

一、考核内容

1. 选定一个节日

如春节、中秋节、国庆节、圣诞节、情人节、儿童节等，明确餐饮促销方案主题。

2. 设计促销方案

方案内容包括：

（1）有明确的促销活动目的　例如，通过儿童节促销活动的开展，提高餐饮企业的知名度，吸引更多的家庭来本餐饮企业消费，让家长和小朋友来本餐饮企业分享美食，体验快乐。

（2）确定促销活动的主题内容　结合促销对象（消费者）的兴趣特点以及本餐饮企业的实际情况，确定促销活动的主题内容。

（3）设计外场布置方案和内场布置方案　餐厅的环境和气氛，要适合消费者心理。可以用符合主题氛围的背景音乐、建筑小品等来装饰餐厅，并在餐厅中放一些消费者喜爱的器械、餐厅标志性物品等吸引顾客关注。

（4）制定系列活动方案　每一个活动方案必须围绕活动主题将活动时间、活动方式、操作要点等具体内容制定清楚，必须具备极强的操作性。

（5）经费预算　详细列出每一项活动的具体价目表，然后确定整个促销活动所需经费。

（6）行动控制　明确此次促销活动负责组织实施的机构及人员，并写清楚对方案的实施过程及保证有效实施的措施。

二、考核方法

1. 选择一家成功经营的餐厅开展促销策略调查，分析其成功的原因，积累经验。
2. 以学习小组为单位，分工合作，完成本组餐饮促销方案的拟订工作。
3. 每组代表向其他同学汇报方案，回答其他同学提问，分享成果。

三、考核标准

考核项目	操作要求	配分	得 分
资料收集	形成餐饮促销资料调查材料	10	
促销方案制作	有明确的餐饮促销方案主题	5	
	形成外场布置方案	5	
	形成内场布置方案	5	
	制定系列活动方案	10	
	有经费预算	10	
	有行动控制方案	10	
方案汇报	表达清晰流畅	5	
	主题鲜明、观点正确	5	
	内容全面、思维缜密	10	
	有自己的创新和特色	10	
团队精神	通力合作、分工合理、团结互助	10	
	发言积极，乐于与同学分享成果	5	

项目四 餐厅管理

知识目标

了解餐饮服务质量的构成、影响因素和餐饮服务过程的控制要点；
掌握餐饮服务质量管理方法；
了解餐厅人员配置需要考虑的因素和餐厅人员配置的技巧。

技能目标

评价餐饮产品质量的高低，能对餐饮服务质量进行分析；
能够处理一些较为常见的投诉；
根据餐厅的人流量和员工的素质合理排班。

任务1 餐饮服务质量管理

任务导入

来自非吸烟区的投诉

发生过程：晚餐时分，常客王先生夫妇偕同朋友一起来酒店中餐厅用餐。他们径直穿过餐厅过道，来到非吸烟区坐下。服务员马上过来服务，一切按照正常的程序有条不紊的进行。点菜完毕，服务员转身准备下单，突然王先生愤怒地对服务员说："这里是非吸烟区，为什么有客人吸烟？你们连这点小事都管不好，还算什么五星级酒店？去，把你们的经理叫来！"这突如其来的责备使服务员大吃一惊。服务员记得王先生是吸烟的，前几天还和朋友在这里吞云吐雾的……服务员一时不知如何应付？

【问 题】

（1）从客人的角度

问题1：作为老客人的王先生进入酒店，老客人的心理是什么？

问题2：老客人他们的真正需求？

（2）服务员的角度

问题1：你会怎么处理这个问题？你觉得客人是在找茬吗？

问题2：酒店对待新客人有什么举动？——重视和尊重，努力使他变成老顾客。

（3）案例给予我们的启示？

【任务概述】

餐饮管理质量的高低直接影响餐饮企业的经营效果，为了向宾客提供更好的优质服务，餐厅管理的重点之一是餐饮服务质量的好坏，餐饮服务人员应该不断地在服务技能、服务意识、和服务态度等方面不断地充实自己，同时餐饮企业也应该注意对基层服务人员处理突发事件能力的培训，通过不断的分析、锻炼、培训使员工的综合服务素质不断提高。

【任务实施】

假日酒店公司创始人凯蒙斯·威尔逊的名言是：优质服务是构成最终胜利的因素。国际酒店业巨子拉马达公司总裁杰里·马尼昂曾说："向客人提供卓越的服务是拉马达公司未来成功的关键所在。"客人入住酒店，购买的不仅是设施，客人来酒店就餐，购买的也不仅是饭菜，更重要的是购买优质周到的服务。因此，酒店的使命就是为客人提供优质服务，满足客人的需求。如何提高酒店服务质量，使酒店在激烈的市场竞争中处于优势，是酒店管理者的共同目标和基本追求。

一、餐饮服务质量内涵

（一）餐饮服务质量的内容

餐饮服务是有形产品和无形劳务的有机结合，餐饮服务质量则是有形产品质量和无形劳务质量的完美统一，有形产品质量是无形产品质量的凭借和依托，无形产品质量是有形产品质量的完善和体现，两者相辅相成，即构成完整的餐饮服务质量的内容。

1. 有形产品质量

有形产品质量是指餐饮部提供的设施设备、实物产品和服务环境的质量，主要是满足客人在生理上、物质上的需求。

（1）餐饮设施设备的质量　餐饮设施设备齐全、先进、方便、舒适，能够满足客人物质享受和精神享受需要。这是提高餐饮服务质量的基础条件，即物质基础和硬件要求。

① 餐厅容量：饭店有各种类型餐厅，提供各种风味服务等，能够满足客人多类型、多方面、多层次的消费需求。为满足宾客的消费需求，餐厅总座位数最低不少于客房数×2×80%，若餐饮经营状况好，流动客多，则可增加一定的餐位数。同时要求餐厅空间宽敞，色调柔和，家具舒适，功能齐全。餐厅温度分布要均匀，空气要清新。

② 餐饮环境布局：设备配置要齐全舒适、安全方便，各种设备的摆放地点和通道尺度要适当，运用对称和自由、分散和集中、高低错落对比和映衬，以及借景、延伸、渗透等装饰布置手法，形成美好的空间构图形象。同时，要做好环境美化，主要包括装饰

布局的色彩选择运用，窗帘、天花、墙壁的装饰，盆栽、盆景的选择和运用。

③ 音响：音量要适中，曲目要合适。餐厅内噪声不超过50分贝，最好控制在45分贝。

④ 家具：家具的选用应考虑客人舒适、服务方便、空间合理。各类餐厅家具摆放要合理，便于客人进餐行走和服务员操作服务。家具选择和室内装饰要协调，桌椅必须牢固、光滑，式样、高度和色彩、质地必须协调一致。桌椅配套，同时备有儿童座椅。

⑤ 餐具、用品：各种餐具要配套齐全，种类、规格、型号统一；质地优良，与餐厅营业性质、等级规格和接待对象相适应；新配餐具和原配餐具规格、型号一致，无拼凑现象。餐巾、台布、香巾、口纸、牙签、开瓶器、打火机、火柴等各种服务用品配备齐全，酒精、固体燃料、鲜花、调味用品要适应营业需要。筷子要清洁卫生，不能掉漆、变形，没有明显磨损的痕迹。

（2）菜点花色品种　通常情况下，零点餐厅花色品种不少于50种，自助餐厅不少于30种，宴会不少于35种，套餐服务不少于5～10种。

产品类型多样，冷菜、热菜、面点、汤类、甜食齐全，各产品结构高中低档合理。各餐厅产品数量能适应多方面的消费需求。

① 合理安排菜点品种，能适合客人多类型、多层次的消费需求。

② 根据餐厅的营业性质、档次高低、接待对象的消费需求，选择产品风味和花色品种。

③ 花色品种和厨房烹调技术、原料供应、生产能力相适应。

（3）餐饮价格　价格合理包括两方面含义：一定的产品和服务，按市场价值规律制定相应的价格；客人有一定数量的花费，就应该享受与其相称的一定数量和质量的产品或服务。如果使客人感到“物有所值”，经营的经济效益和社会效益都能实现。

制定合理价格考虑的因素：① 餐厅各种类型的产品毛利有明显的区别，充分体现质价相符的原则，能够调节市场供求关系。② 产品定价以毛利为基础。③ 中西餐、食品、饮料等分类测算毛利率。④ 服务等级与服务价格相吻合。⑤ 顾客的接受和反应程度。

2. 无形服务产品质量

无形服务产品质量是指餐饮部所提供的劳务服务的质量，主要是其适合和满足客人在心理上、精神上的需求程度。它具体体现在服务人员的仪容仪表、礼节礼貌、服务态度、服务技能、服务效率和清洁卫生等方面。

（1）仪容仪表　餐厅服务员必须着装整洁规范、举止优雅大方、面带笑容。餐饮服务的全体从业人员要注重仪容仪表，讲究体态语言，举止合乎规范。要时时、事事、处处表现出彬彬有礼、和蔼可亲、友善好客的态度，为宾客创造一种入店如归的亲切之感。

（2）礼节礼貌　餐饮服务中的礼节礼貌通过服务人员的语言、行动或仪表来表示。同时，礼节礼貌还表达谦逊、和气、崇敬的态度和意愿。餐厅所有人员要将礼貌服务贯穿于服务过程的始终。

（3）服务态度　从迎宾、就餐到送走宾客，整个餐饮的销售过程自始至终伴随着服务员的服务性劳动。因此，服务人员要用良好的服务态度去取得顾客的信任与好感，从双方一开始接触就建立起友善的关系。良好的服务态度是进一步做好服务工作的基础，是贯彻“宾客第一”和员工有无“服务意识”的具体表现。

在餐饮服务中，良好的服务态度主要表现在以下几点：

① 面带微笑，向客人问好，最好能称呼顾客的姓氏。

② 主动接近顾客，但要保持适当距离。

③ 含蓄、冷静，在任何情况下都不急躁。

④ 遇到顾客投诉时，按处理程序进行，注意态度和蔼，并以理解和谅解的心理接受和处理各类投诉。

⑤ 在服务时间、服务方式上，处处方便顾客，并在细节上下工夫，让顾客体会到服务的周到和效率。

（4）服务技能　服务员的服务技能和技巧是服务水平的基本保证和重要标志。服务员没有过硬的基本功，服务技能水平不高，即使态度再好、微笑得再甜美，顾客也会礼貌地拒绝。服务技能的掌握，是一个由简单到复杂，经过长期磨炼、逐步完善的过程。

（5）服务效率　服务效率是服务工作的时间概念，是服务员为顾客提供某种服务的时限。它不但反映了服务水平，而且反映了管理水平和服务员的素质。为保证服务效率，必须对菜肴烹制时间、规程，翻台作业时间，顾客候餐时间等作出明确的规定并将其纳入服务规程之中，作为员工培训的指南和操作的标准。餐厅应该尽量消除就餐宾客等候服务的现象。有了量化的标准，就有了评估考核的依据，这对提高餐饮服务质量和管理水平，提高餐饮服务人员的素质等提供了较好的培训考评的依据。因此，要不断进行市场调研，了解宾客需求，完善和健全餐饮服务的各项量化标准，使餐饮服务质量真正做到标准化、制度化。

（二）服务质量的特征

1. 餐饮服务质量构成的综合性

它的实现有赖于餐饮的计划，业务控制、设备、物资、劳动组合、服务人员的综合素质，财务控制与其他部门的协同配合。以及餐，环境，餐饮营销策略，餐饮价格策略等多方面的保证与顺利运转。

2. 餐饮服务质量显现的短暂性

餐饮产品现生产，现销售，生产与消费几乎同步进行。

3. 餐饮服务质量内容的关联性

从饮食产品生产的后台服务到为宾客提供餐饮产品的前台服务有众多环节，而每个环节的好坏都关系到服务质量的优劣。

4. 餐饮服务质量考评的一致性

这里说的一致性是指餐饮服务与餐饮产品的一致性。质量标准是通过制定服务规程这个形式来表现的，因此服务标准和服务质量是一致的，即产品质量，规格标准，产品价格与服务态度均保持一致。

5. 餐饮服务质量评价的主观性

由于餐饮服务质量的评价是由顾客享受了服务后，根据其物质和心理满足程度做出的，因而带有很强的个人主观性。这就要求餐饮管理者在服务过程中通过细心观察，了解并掌握顾客的物质和心理需要，不断改善对客服务，为顾客提供在针对性的个性化服务，用符合顾客需要的服务来提高顾客的满意程度，从而提高并保持良好的餐饮服务质量。

6. 服务质量具有体验特性

Nelson（尼尔逊）认为一般商品与服务的主要区分为：前者体现为搜寻特性（search properties）即可能通过比较获得产品的特性，而后者则体现为体验特性（experience properties）。例如，接受医疗服务，只有消费者亲自经历之后才能形成自己对服务质量的看法。

7. 餐饮服务质量是一种顾客感知

质量的好坏取决于顾客对服务产出和服务交互过程的评价。顾客参与服务生产过程，服务质量评价往往带有很大的主观性，增加了服务质量的变异性和不稳定性。服务质量管理面临着与实体产品质量管理不同的目标和手段。

【任务考核】

（1）根据餐饮服务质量内容中的礼节礼貌、仪表仪容、服务态度、清洁卫生、服务技能和服务效率等方面的要求，将其归纳为服务规程、就餐环境、仪容仪表和工作纪律四项检查内容。

（2）列出“服务规格”“就餐环境”“仪表仪容”“工作纪律”每个项目的检查细节及其评价标准（表3-19～表3-22）。

（3）将每个检查细则分为“优、良、中、差”四个评价等级，也可将“优、良、中、差”分别改为得分标准，如“优”为4分，“良”为3分，“中”为2分，“差”为1分。

表3-19 餐厅服务规格检查表

	检查内容	服务质量等级			
		优	良	中	差
服务语言	谈话有没有用“请”、“谢”等敬语?				
	要注意称呼客人姓氏，未知姓氏之前，要称呼“先生”或“女士”。				
	对第三者宾客称谓不能称“他”，应称“那位先生”或“那位女士”。				
	客人讲“谢谢”时，要答“不用谢”，不得毫无反应。				
	客人抵店时要问好，客人离店时，要欢送。				
	离开面对的客人时，一律讲“请稍候”，如离开时间较长，回来后要讲“对不起，让您久等了”，不可一言不发就开始服务。				
	任何时候不准讲“喂”或“不知道”。				
服务规范	是否协助客人入座?				
	对入席的客人有没有及时端茶送巾?				
	接受点菜时，有没有介绍菜肴?能否正确的解析菜品内容?				

续表

	检查内容	服务质量等级			
		优	良	中	差
服务规范	接受点菜时，是否仔细聆听并重复菜肴？				
	能否按照菜单准备相应的餐具等用品？				
	斟酒是否按照规范来操作？				
	宾客招呼能否迅速反应？				
	换餐具时声音是否过大？				
	是否及时的换骨碟和烟灰缸？				
	结账是否迅速无误？				
	客人离开时有无检查客人是否有遗留物品？				
	送客以后是否尽快翻台？				
	翻台时有没有影响其他宾客？				
	翻台时有没有按照操作规范作业？				

表3-20 员工仪容仪表

序号	检查内容	质量等级			
		优	良	中	差
1	服务员是否按照规定穿戴整齐？				
2	制服是否干净、整洁？				
3	名牌号是否端正地挂在左胸前？				
4	服务员的打扮是否过分？（不浓妆艳抹，不带首饰和多余的饰品）				
5	服务员的发型是否怪异？（前发不过耳，后发不过领）				
6	男性员工不得留长发，不留小胡子、大鬓角。				
7	女性员工不留怪发型，一般发不过耳，如是长发，上岗必须盘起。				
8	前台员工服装必须平整、挺括、无皱褶，线条轮廓清楚。				
9	员工需常修指甲，指甲不可过长，保持指甲清洁。女性员工不可涂用深色指甲油。				
10	员工上岗前不饮酒，不吃异味较大的食品，保持牙齿清洁，口腔清新。用餐后要刷牙或漱口。				
11	勤洗澡，勤理发，勤换工作服，保持头发梳洗整齐，没有头皮屑。				
12	男服务员是否穿深色的鞋袜？				
13	女服务员着裙时是否穿肉色长袜？				

表3-21 服务纪律

序号	检查内容	质量等级			
		优	良	中	差
1	按规定的上班时间提前10分钟上班，换好工作服，整理好仪表仪容，准时上岗。				
2	准备好上班所需的工具、用品、物品和表格等，无任何疏漏。				
3	准时参加班前会，明确当日工作内容、要求和注意事项。				
4	准时交接班，对交班事项、工作内容、票据、现金、表格和账目要交接清楚、准确，履行交接手续。				
5	工作时间是否大声喧哗？				
6	工作时间是否聚集闲聊或窃窃私语？				
7	有无上班时打电话？				
8	有无在前台区域吸烟、喝水或吃东西等现象？				
9	上班时有无看书等干私事的行为？				
10	有无在宾客面前打哈欠、伸懒腰的行为？				
11	值班时有无倚、靠、趴在柜台等现象？				
12	有无随背景音乐哼唱的现象？				
13	有无对宾客指指点点的现象？				
14	有无嘲笑宾客？				
15	有无在宾客投诉的时候辩解的行为？				
16	有无不理会宾客的现象？				
17	有无在态度上、动作上向宾客撒娇的现象？				
18	有无对宾客过分亲热的现象？				
19	有无对宾客过分随便的现象？				
20	有无对宾客一视同仁的行为？				
21	有无爱护宾馆设施设备和一切工具物品？				
22	有无乱拿乱丢、随意损坏的现象？				

表3-22 就餐环境检查表

序号	检查内容	质量等级			
		优	良	中	差
1	玻璃门窗、工作台、桌椅及其镜面是否清洁没有污迹和裂痕？				
2	地板是否干净？				
3	盆花是否枯萎或者是带灰尘？				
4	灯泡、灯饰等是否有脱落、破损、污迹？				

续表

序号	检查内容	质量等级			
		优	良	中	差
5	灯光的照明情况是否正常？				
6	餐厅的室内温度、湿度是否正常？				
7	菜单是否清洁、是否有缺页、破叶？				
8	台面摆放是否按照餐厅要求？餐具是否齐全、无破损？				
9	背景音乐是否合适就餐环境？				
10	总环境是否能吸引宾客？				

考核标准

考核项目	操作要求	配分	得分
餐饮服务质量内容确定	拟定餐饮服务质量内容草稿	10	
服务质量指标体系设计	将餐饮服务质量内容归纳整理为几个大项	10	
	列出每个项目的检查细则，以表格表现	10	
	列出检查细则的评价标准	5	
	撰写方案说明	5	
方案汇报	表达清晰流畅	10	
	主题鲜明、观点正确	10	
	内容全面、思维缜密	10	
	有自己的创新和特色	10	
团队精神	通力合作、分工合理、团结互助	10	
	发言积极，乐于与同学分享成果	10	

二、餐饮服务质量控制

让人透不过气的周到服务

一天晚上，王先生陪着一位美国外宾来到上海某高级饭店的粤菜餐厅用晚餐。点菜后，一位服务小姐热情地为两位客人服务起来。她先为两位铺好餐巾，摆上碗碟、酒杯、餐具和餐前小菜，为外宾摆上刀叉，为两位客人斟满茶水、递上热毛巾，又为他们倒上啤酒、上汤、上饭。当一大盆“粟米羹”端上来以后，她先为客人报了汤名，接着便为他们盛汤，盛了一碗又一碗。一开始，外宾以为这是吃中餐的规矩，听王先生告诉他可以凭客自愿后，才在小姐要为他盛第3碗汤时谢绝了。小姐在服务期间满脸微笑，眼疾手快，一刻也不闲着；上菜后立即报菜名，见客人杯子空了马上添茶、斟酒，见菜碟里菜没有了立刻布菜，见骨刺皮壳多了随即更换骨碟……她站在两位旁边忙上忙下，并不时用英语礼貌地询问客人还有何需要，反倒搞得两位客人拘谨狼狈起来……

【问 题】

如何把握"热情服务"与"无干扰服务"的尺度？如何评价服务人员的服务态度与服务质量？在一般情况下，如何为客人提供优质服务？

通常意义上的餐饮质量包括有形产品质量和无形产品质量两个部分。其中，餐饮服务是客人能够直接感知的无形产品，因此，做好餐饮服务质量的控制和管理是提高餐饮质量的重要一环，也是在餐饮有形产品高度同质化的今天赢得顾客、提高顾客满意度的重要手段。目前，饭店餐饮服务工作在追求标准化和个性化两大目标的同时，仍旧存在一些有待解决的问题。但只要确定了餐饮部所要达到的质量水平，并制定出相应的控制方法，就能达到最终的管理目的。

（一）餐饮服务质量控制基础

餐饮服务是餐饮部工作人员为就餐客人提供餐饮产品的一系列行为的总和。优质的餐饮服务是以一流的餐饮管理为基础的，而餐饮服务质量管理是餐饮管理体系的重要组成部分，它是搞好酒店餐饮管理的重要内容，对其控制和监督的目的是为宾客提供优质满意的服务，创造酒店良好的社会效益和经济效益。

餐饮服务质量控制和监督的基础，必须具备以下三个基本条件，这样才能进行有效的餐饮管理。

1. 建立餐饮服务的标准规程

制定服务规程时，首先确定服务的环节程序，再确定每个环节统一的动作、语言、时间、用具，包括对意外事件、临时要求的化解方式、方法等。管理人员的任务是执行和控制规程，特别要抓好各套规程之间的薄弱环节，用服务规程来统一各项服务工作，从而使之达到服务质量标准化、服务岗位规范化和服务工作程序化、系列化。

2. 应抓好员工的培训工作

企业之间服务质量的竞争主要是员工素质的竞争，很难想象，没有经过良好训练的员工能有高质量的服务。

3. 必须收集质量信息

餐厅管理人员应该知道服务的效果如何，即宾客是否满意，从而采取改进服务、提高质量的措施。

（二）餐饮服务质量控制的方法

根据餐饮服务的三个阶段——准备阶段、执行阶段和结束阶段，餐饮服务质量的控制可以按照时间顺序相应地分为预先控制、现场控制和反馈控制。

1. 事前服务质量控制

（1）人力资源的预先控制　餐厅应根据自身的特点灵活安排人员班次，保证开餐时有足够的人力资源。那种"闲时无事干，忙时疲劳战"、开餐中顾客与服务员在人数比例上失调等都是人力资源使用不当的不正常现象。

（2）物质资源的预先控制　开餐前，必须按规格摆好餐台、准备好餐车、托盘、菜单、点菜单、预定单、开瓶工具及工作车小物件等。另外，还必须备足相当数量的翻台用品，如桌布、餐巾、餐纸、刀叉、调料、火柴、牙签、烟灰缸等物品。

（3）卫生质量的预先控制　开餐前半小时，对餐厅的环境卫生从地面、墙面、柱面、天花板、灯具、通风口到餐具、餐台、台布、台料、餐椅、餐台摆设等都要做一遍仔细检查。发现不符合要求的地方，要安排迅速返工。

（4）事故的预先控制　开餐前，餐厅主管必须与厨师长联系，核对前后台所接到的客情预报或宴会通知单是否一致，以免因信息的传递失误而引起事故。另外，还要了解当日的菜肴供应情况，如个别菜肴缺货，应让全体服务员知道。这样，一旦宾客点到该菜，服务员就可及时地向宾客道歉，避免事后引起宾客不满和投诉。

2. 服务过程中的服务质量控制

（1）层级控制　即通过各级管理人员一层管一层地进行，主要控制重点程序中的重点环节。

（2）现场控制　餐厅服务质量的偏差往往是一瞬间的发生的，有些偏差需要立即纠正，因此要加强现场管理。所谓现场控制，是指监督现场正在进行的餐饮服务，使其规范化、程序化，并迅速妥善地处理意外事件。这是前厅经理和主管的主要职责之一，餐厅经理也应将现场控制作为管理工作的重要内容。现场控制的主要内容如下。

① 服务程序的控制：开餐期间，前厅经理和主管应始终站在第一线，通过亲自观察、判断、监督，指挥服务员按标准服务程序服务，发现偏差，及时纠正。

② 上菜时机的控制：掌握首次斟酒、上菜，要请示客人，尊重客人的意见；在开餐过程中，要把握宾客用餐的时间速度，菜肴的烹制时间等，做到恰到好处，既不要让宾客等待太久，也不应将所有菜肴一下子全上去，餐厅主管应时常注意并提醒掌握好上菜时间，尤其是大型宴会，上菜的时机应由餐厅主管掌握。

③ 意外事件的控制：餐饮服务是面对面的直接服务，容易引起宾客的投诉。一旦引起投诉，主管一定要迅速采取弥补措施，以防止事态扩大，影响其他宾客的用餐情绪。如果是由服务态度引起的投诉，主管除向宾客道歉外，还应替客宾换一道菜。发现有喝醉酒的宾客，应告诫服务员停止添加酒精性饮料。对已经醉酒的宾客，要设法帮助其早点离开，以保护餐厅的气氛。

④ 人力控制：开餐期间，服务员虽然实行分区看台负责制，在固定区域服务。服务员人数的安排要根据餐厅的性质、档次来确定（一般中等服务标准的餐厅或者餐桌，可按照每个服务员每小时能接待20名散客的工作量来安排服务区域）。一般来说档次越高的餐厅，服务水准要求越高，因此服务力量的配备就会越强。一些豪华包间，甚至需要两三个服务员执台，顶级的餐厅服务，还可能是一个服务人员服务一个客人。

总之，这得根据餐厅的具体情况，来配备服务人员，进行人力控制。在经营过程中，主管还应根据客情变化，进行再分工。例如，某一个区域的宾客突然来得太多，就应从另外区域抽调员工支援，等情况正常后再调回原服务区域。

当用餐高潮已经过去，则应让一部分员工走班休息，留下一部分人工作，到了一定的时间再交换，以提高工作效率。这种方法对于营业时间长的火锅厅、茶厅和咖啡厅等特别必要。

3. 事后服务质量控制

事后服务质量控制是指及时收集各种信息，并对各种信息进行分析，及时发现问题，找出原因，从而有针对性地采取措施，保证餐厅服务质量目标的实现。

（三）餐饮服务质量的分析方法

近年来，几乎所有的餐厅都把加强服务质量管理，创一流服务作为餐厅管理的主要议题，将“宾客至上，服务第一”作为餐厅的经营宗旨。但是面对着每天、每个岗位频繁出现的各种服务质量问题和客人的批评投诉，一些餐厅控制服务质量的机制和措施却常常是低效而乏力的。许多餐厅管理者习惯于采用头痛医头、脚痛医脚、临时突击、事后检查的办法，这将难于从根本上长期保证餐厅服务质量的高标准和稳定性，这也是目前我国餐饮业的服务质量不能适应国际餐饮发展需求的重要原因。

1. 服务质量管理的差距分析模型

随着世界经济中服务因素的急剧增加，服务行业的迅速扩大，人类正在进入一个服务的社会，各路学者和服务行业的经营管理者们越来越重视对服务这门科学的研究和探讨，提出了一些新的服务理论和服务质量管理模式，“服务质量管理的差距分析模型”就是其中之一。将其运用到餐厅的服务质量管理实践中来，一是帮助餐厅管理者理智地找出餐厅服务质量问题产生的根源；二是在此基础上帮助餐厅管理者有针对性地改进和提高餐厅服务质量。服务质量管理的差距存在五种主要形式。这些差距的缩小就能提高服务的质量。

（1）第一种差距是客人对餐厅服务的需求和期望，与餐厅管理人员对客人需求和期望感知判断之间的差距。

即餐厅管理者不了解客人需要什么、期望什么或对客人的需求和期望错误地理解、缺乏理解。

产生这种差距的主要原因：

① 设计餐厅的服务产品时，没有进行市场调研和需求分析。

② 一线员工直接了解的客人需求和期望，由于管理系统的障碍，没有及时、完整地传达到管理层。

③ 管理者凭老经验、老观念办事，没有抓住不断变化的客人需求的新特点和新趋势。

纠正这种差距的办法：

① 改变管理者传统的经营观念，树立以满足客人需求为企业第一经营目标的现代市场营销的新观念。

② 加强市场调研，认真准确地了解分析客人对餐厅服务的需求和期望。

③ 不断改革餐厅内部管理机制，保证客人、员工、管理者之间信息传递畅通。

（2）第二种差距是制定的餐厅服务质量管理规格标准，与餐厅管理者所判定的客人需求、期望之间的差距。

这种差距有两种情况：一是对客人需求期望判断有误，制定的服务质量规格标准必然不能适合客人的要求和口味。二是判定是正确的，但制定规格标准时出现了错误。

产生这种差距的原因：

① 餐厅的管理者没有树立明确的服务质量目标。

② 服务质量管理中的计划性差。

③ 计划制定后的实施与管理不利，使计划流于形式。

纠正这种差距的方法：

① 首先准确判定客人的要求和期望。

② 餐厅的管理者应牢固地树立服务质量第一的观念。

③ 餐厅要有明确的质量目标，才会有准确的质量规格和标准。

强化质量管理的计划职能，上下配合，管理者与服务人员共同制定服务质量规格和标准以及落实的措施。

（3）第三种差距是餐厅制定的服务质量规格标准，与实际提供给客人的服务之间的差距。

餐厅的员工提供服务时没有按照餐厅所制定的服务质量规格标准去做，使各项服务规格标准成为一纸空文，这是目前餐厅经营管理中最常见、最严重的问题。

产生这种差距的原因：

① 制定的服务质量规格标准不切合实际，可操作性差，员工在实际岗位上难以执行、实施。

② 餐厅的设备、设施、技术支持系统不能达到服务质量规格的要求。

③ 餐厅的管理、监督、激励系统不利。

解决问题的方法：

① 根据客人的要求和餐厅硬件、软件的实际情况制定和修正服务质量规格。

② 加强员工的培训，使他们在技术上、观念上、行为上都能够了解和适应服务质量规格的要求。

③ 树立新的管理观念，改善餐厅的管理、监督、激励机制。餐厅每日大量发生的是人对人的服务、人对人的管理，只有管理者关心体贴自己的员工，员工才会关心体贴餐厅的客人。因此，在餐厅中实行感情治店、感情管理是餐厅管理者应具备的领导艺术和领导方法，也是餐厅提供优质服务的秘诀。它作为服务行业一种有效的管理模式，包含了下述管理哲学：

• 餐厅不仅是“顾客之家”，也是“员工之家”，而且必须首先成为员工之家，才能成为顾客之家。

• 餐厅的优质服务不仅要体现“顾客至上”，而且要体现“员工第一”，只有员工第一，顾客才能至上。

• 餐厅的优质服务需要两个微笑，即有了管理者对员工亲切、关心的微笑，才能转化为员工对客人真诚、发自内心的微笑。

• 餐厅的优质服务需要两个理解，即只有管理者理解员工，员工才能理解客人。

• 餐厅需要两种付出，即餐厅对员工付出的越多，员工才会对餐厅付出的越多，最终餐厅收获的也就越多。

• 餐厅优质服务需要“两气”，即有了人气，才会迎来财气。

•餐厅的优质服务需要有两种幸福愉快，即有了幸福愉快的员工，才会有幸福愉快的客人。

简言之，感情治店、感情管理就是要以员工为核心，以餐厅的凝聚力、向心力为基础，寻求员工对企业的忠实，最大限度地发挥员工的工作积极性、主动性和创造性，从而创出一流的服务。

（4）第四种差距是餐厅的市场宣传促销活动，与实际提供给客人的服务之间的差距，也称为许诺与承诺之间的差距。

当客人从餐厅做的广告和其他营销活动中获得了良好的外部信息，同时也就形成了对餐厅服务质量很高的期望值。如果慕名而来亲身经历的服务却并非如此，使客人产生上当受骗或希望越大、失望越大的感觉，这便严重地损坏了餐厅的声誉和形象。

产生这种差距的原因：

① 餐厅的宣传促销活动与内部经营管理、服务质量控制脱节。

② 对外宣传促销不实事求是、吹牛或过分许诺。

③ 餐厅的高层管理者对市场营销活动没有进行严密的管理和控制。

解决问题的办法：

① 将市场营销活动作为餐厅管理的全过程和整体经营活动，进行严密的计划和监督控制。

② 从市场调研、需求分析、制订服务计划、对外宣传促销到提供服务、提供服务后的信息反馈等一系列活动，必须由餐厅中每个部门、全体员工共同参与、合作完成，而不仅仅是市场营销人员的工作。

为此，餐厅要抓好外部营销和内部营销两种营销活动，建立内外运转协调统一的机制。力争做到对外宣传和许诺的服务是客人最需要的、而又能够完全地、如实地在餐厅得到落实的服务。

（5）第五种差距是客人期望的服务与经验服务之间的差距，即客人的期望值与实际感受的服务不相等。

如果期望值过多地高于实际感受，将会造成客人强烈不满和严重的不良口头宣传；如果期望值过多地低于实际感受，将会使餐厅付出不必要的高成本，有时成本、利益指数会出现负值。

产生这种差距的原因与前四种差距密切相关，如果餐厅的管理者能够正确判断客人的期望、需求，制定合理的服务规格和标准，按照规格标准提供给客人适当、满意的服务，并实事求是地做好市场宣传促销，即使存在着一定的客人主观因素，这种差距也能大大地缩小。

服务质量管理差距分析模型为餐厅的管理者提供了科学的、有逻辑性的思考问题、解决问题的方法，它将服务质量的管理和控制作为一种战略，向餐厅管理者表明：当一个餐厅出现了服务质量问题时，应该从哪些方面去寻找原因，应该采取何种方式来缩小各种差距，从而从根本上解决问题。这个模型可供不同等级、类型、规模的餐厅管理者参考、借鉴。

2. ABC分析法

ABC分析法是意大利经济学家巴雷特分析社会人口和社会财富的占有关系时采用的方法。美国质量管理学家朱兰把这一方法运用于质量管理。运用ABC分析法，可以找出饭店存在的主要质量问题。

（1）ABC分析法的概念　ABC分析法以"关键的是少数，次要的是多数"这一原理为基本思想，通过对影响饭店质量诸方面因素的分析，以质量问题的个数和质量问题发生的频率为两个相关的标志，进行定量分析。先计算出每个质量问题在质量问题总体中所占的比重，然后按照一定的标准把质量问题分成A、B、C三类，以便找出对饭店质量影响较大的一至两个关键性的质量问题，并把它纳入饭店当前的全面质量PDCA工作循环[即计划（plan）、实施（do）、检查（check）、处理（action）]中去，从而实现有效的质量管理，既保证解决重点质量问题，又顾到一般质量问题。

（2）ABC分析法的程序　用ABC分析法分析饭店质量问题的程序共分三个步骤：

① 确定关于饭店质量问题信息的收集方式。如原始记录中的服务工作记录、顾客意见记录、质量检查记录、顾客投诉记录等如实反映质量问题的数据；

② 对收集到的有关质量问题的信息进行分类并画出排列图；

③ 通过各类问题所占比例找出主要问题。

三、餐厅投诉处理

不与客人争辩

酒店的西餐厅安静典雅，别具一格，常常吸引很多外国人来就餐。有一位从丹麦来的客人选择靠窗的桌子，点了一份田园沙拉和T骨牛扒，经服务员小林推荐，要了一份酒店新推出的西式浓汤，吃完沙拉和牛扒，客人示意上汤，不一会儿小林端上来一碗汤。客人看了一看鲜红色，脸上露出不悦的神色，要求退掉这个汤，小林解析这个汤味道鲜美，请客人尝完后再定夺，客人依然要求退汤。

客人说"这汤一点热气也没有，我也不喜欢不冷不热的汤。"

小林忙回答"汤是热的，你尝尝看。"客人还是摇头，遇到这种情况，应该怎么处理？

【点 评】

错误1：员工对产品知识不熟悉，小林虽然成功的推销了酒店的新式菜肴，却没有掌握这类菜肴的食用方法。

错误2：小林不应该不停地解析，不听客人的意见，不接纳客人的意见，小林的做法更像是在对客人进行说理而不是让客人进行享受。

错误3：小林在给客人示范操作方法的时候直接用客人的汤匙不停地在搅拌，这样的举动对客人特别是外国客人非常不礼貌。

错误4：你觉得小林有没有客人服务意识？——对于不冷不热的汤，你会怎么喝？客人一般会大口大口喝，这样会烫伤客人的嘴巴。为避免意外的发生，小林应该怎么做?

案例启示：

（1）冰山原理：人们平常见到的冰山只是冰山整体上露出海面的很小的一部分，更大的部分都隐藏在水下，人们是看不到的。其引申意义是背后实际隐藏的东西往往远大于显示在外面的部分。在酒店服务与管理中可引申为是服务人员在客人面前的表现是冰山露出水面的那一部分，要想表现出色必须依赖于服务人员平时在背后的不断努力。

（2）酒店服务中的ASK模式，即是态度（attitude）+技能（skill）+知识（knowledge）。ASK模式要求我们在对客服务中，把态度、技能和知识综合考虑应用，才能有让客人满意的优质服务。

（一）正确处理宾客投诉

“智者千虑，必有一失”，无论酒店在对服务上花费了多少心力，也难免出现一些问题。于是客人投诉也难以避免。

1. 投诉的类型

（1）典型投诉 一位正在结账的客人为等了20分钟仍不见账单而大发雷霆，前台经理出面反复道歉，仍然无效。客人坚持要见总经理，否则，将状告到政府有关部门。5分钟后，总经理亲自接待了客人，向客人表示歉意并答应了客人的一些要求，事态得以平息。人们一般将投诉说成是告状。其实在饭店业的具体实践中，投诉的含义更为广泛。

（2）非典型投诉 1237房间的客人在咖啡厅用餐后对服务员讲：“小姐，今天的菜挺好，就是餐厅温度高了些。”

这位客人的上述讲话不大像是告状，但我们仍然应该把它视为投诉。因为客人毕竟向我们传达了一种批评的信息。尽管他可能是随口而说，且并无怒气。次日，当他又一次来到餐厅时，经理走上前来对他说：“先生，我们已把您对温度的意见转达给了工程部，他们及时处理过了，您觉得今天的温度怎么样？”尽管客人只是说了声：“谢谢，很好”，但他对这家饭店的信心已大为提高。如果饭店在其他方面没有大的失误的话，这位客人算是留住了。

然而，在当今饭店业，更大的一种可能性是：客人又一次来到餐厅，包括温度在内的一切都是老样子，也没人向他解释什么。餐厅的员工们不记得他昨天说了什么，即使记得也不会认为那是在投诉，因为他没有发脾气，也没要找经理，只不过随口说说，况且他还夸过餐厅的菜不错呢。

一般情况下，无论对哪种结果，客人都不会做出强烈的反应，但这些所闻所见却会形成一种积累，最终促使他们是否仍选择这家饭店。他还可能把这愉快的感觉或愉快的经历告诉他的朋友、亲属和同事。

（3）控告性投诉 控告性投诉的特点是：投诉人已被激怒，情绪激动，要求投诉对象做出某种承诺。

任何饭店都拥有一批老客户，他们都十分偏爱自己常住的饭店，并且客人与饭店上上下下的工作人员都很亲热友好。C先生就是这样一位老客户。一天，他和往常一样，因商务出差，来到了X饭店。如果是平时，C先生很快就能住进客房。但是，正在饭店召开的一天大型会议使得C先生不能马上进房，服务员告诉他，到晚9点可将房间安排好。C先生只好到店外的一家餐厅去用餐。由于携带手提包不方便，他顺便来到前台，没有指定哪一位服务员，和往常一样，随随便便地说，他把手提包寄存在他们那里，10点以前来取，请他们予以关照。当然，没有拿收条或牌号之类的凭证。当C先生在10点前回到饭店吩咐服务员到大堂帮他取回手提包时，大堂经理却说，找不到，并问C先生的存牌号是多少？C先生讲，同平时一样，他没拿什么存牌。第二天，尽管饭店竭尽全力，却仍未找到。于是，C先生突然翻脸，声称包内有重要文件和很多现金，他要求饭店处理有关人员，并赔偿他的损失。

（4）批评性投诉　批评性投诉的特点是：投诉人心怀不满，但情绪相对平静，只是把这种不满告诉对象，不一定要对方做出什么承诺。

案例：Z先生也是饭店的熟客，他每次入住后，饭店的公共关系部经理都要前去问候，大家知道，Z先生极好面子，总爱当着他朋友的面来批评饭店，以自显尊贵。果然，这次当公关经理登门拜访时，发现Z先生与他的几位朋友在一起，Z先生的话匣子也就打开了："我早就说过，我不喜欢房间里放什么水果之类的东西，可这次又放上了。还有，我已经是第12次住你们饭店了，前台居然不让我在房间办理入住手续，我知道，你们现在生意好了，有没有我这个穷客人都无所谓了。"

（5）建设性投诉　建设性投诉的特点是：投诉人一般不是在心情不佳的情况下投诉的，恰恰相反，这种投诉很可能是随着对饭店的赞誉而发生的。

案例：X先生是这家饭店的长住客人，这天早上他离开房间时，同往常一样，还是习惯要和清扫房间的服务员聊上几句。他说他夫人和孩子今天就要从国外来看他了。他夫人以前曾住过这家饭店，印象非常好，而且凡是她有朋友到此地，大多都被推荐到这里来，X先生说，他夫人觉得唯一希望的是，饭店的员工能叫出她的名字，而不仅仅是夫人或太太，因为她的先生是饭店的长住客人。这样她会觉得更有面子。

当然，投诉的性质不是一成不变的，不被理睬的建设性投诉会进一步变成批评性投诉，进而发展成为控告性投诉，或是客人愤然离店，并至少在短期内不再回来。无论哪一种局面出现，对饭店来说，都是一种损失。

如果我们对某些饭店所接到的投诉进行统计分析，就会发现一条规律，凡控告性投诉所占比重较大的饭店，肯定从服务质量到内部管理都存在着很多问题，过多的控告性投诉，会使饭店疲于奔命，仿佛像一部消防车，四处救火，始终处于被动状态。其员工队伍也必定是缺乏凝聚力和集体荣誉感。而建设性投诉所占比重大的饭店，则应该是管理正规、秩序井然。饭店不断从客人的建设性意见中汲取养分，以改善自己的工作，员工的士气也势必高涨，从而形成企业内部的良性循环。

2. 客人投诉的四种需求

（1）被关心　客户需要你对他表现出关心与关切，而不是感觉不理不睬或应付。客户希望自己受到重视和善待。他们希望与他们接触的人是真正关心他们的要求或能替他们解决问题的人，他们需要理解的表达和设身处地的关心。

（2）被倾听　客户需要公平的待遇，而不是埋怨、否认或找借口。倾听可以针对问题找出解决之道，并可以训练我们远离埋怨、否认、借口。

（3）服务人员专业化　客户需要明白与负责的反应，客户需要一个能用脑而且真正肯为其用脑解决问题的人，一个不仅知道怎样解决，而且负责解决的人。

（4）迅速反应　客户需要迅速与彻底的反应，而不是拖延或沉默。客户希望听到“我会优先考虑处理你的问题”或“如果我无法立刻解决你的问题，我会告诉你我处理的步骤和时间”。

（二）对客人投诉的认识与处理的原则

酒店员工应充分认识到，客人对酒店投诉是正常现象。从某种意义上讲，投诉也是沟通酒店管理者与客人的桥梁，是好事，也是坏事。它能使被投诉的部门或员工受到相应的惩罚；但同时投诉又是一个信号，它告诉酒店其服务和管理中存在着问题。如果酒店接受，就能使酒店的服务和设施得到提高和改进，从而吸引更多的顾客光临。

1. 客人对酒店投诉的意义

（1）可以使酒店认识到服务与管理中的不足　有些问题虽然存在，但并不是酒店自己能发现得了的。问题一方面是潜在的，另一方面是自身存在问题，而不能发现。而客人则不同，他们支付了一定的金钱，就希望物有所值，能得到相应的服务。因此，他们对酒店的服务及设施所存在的问题是非常敏感的。酒店虽然对员工进行了严格的训练，提出相应的要求，但并非所有员工能做到，他们可能是领导在时约束自己，一旦离开，他们就会放松自己，而这些是管理者所发现不了的。只有客人作为酒店服务的直接消费者才能及时发现并提出。

（2）有利于酒店服务的改进，提高服务水平　通过客人的投诉，酒店发现自身所存在的问题，如果能对这些问题及时认真的整改，必然使酒店服务不断的提高。

（3）酒店提供了与客人修补关系、缓和矛盾的佳机，从而有利于酒店开拓市场、获得客人投诉，表示酒店存在着服务的漏洞使客人不满。如果客人不投诉，下次有可能不来光顾。正因为投诉能起作用，客人通过这一过程发泄自己的愤怒与不满。酒店了解到客人的不满后对自己的过失加以弥补，于是酒店赢得了客人，赢得了市场。所以，员工应以平和的态度来对待。

2. 处理客人投诉原则

（1）态度友好，本着为客人服务的原则，真诚的为客人解决问题　客人对酒店投诉，应认识到自己的工作和服务中存在着一定的问题，因此，员工应理解客人的反映，尽心尽力的帮助客人。只有这样，才能赢得客人，为酒店树立形象。

（2）克制、有耐心，不与客人争辩　客人一般遇到了麻烦、不顺之后才来投诉的，难免会表现在言语之中。如果客人情绪很激动，员工一定要努力克制自己，设法平息客人的怒气，必要时将管理人员请出来接待客人，解决问题。

（3）维护酒店利益　前厅员工在处理客人投诉时，一方面要注意客人的情绪，帮助客人解决问题；另一方面也要注意维护酒店利益，要懂得解决问题的技巧。比如，在解决客人投诉时不要随意贬低其他部门，这种做法虽然解决客人投诉，但却损害了酒店的利益，是不可取的。此外简单的退款、减少收费也不是有效办法。酒店可以通过面对面的额外服务，以及对客人的关心、照顾来解决。

（三）处理投诉的基本方法

1. 用心聆听

聆听是一门艺术，从中你可以发现客户的真正需求，从而获得处理投诉的重要信息。

2. 表示道歉

如果你没有出错，就没有理由惊慌，如你真的出错，就得勇于面对。请记住客户之所以动气是因遇上问题，你漠不关心或据理力争。找借口或拒绝，只会使对方火上加油，适时地表示歉意会起到意想不到的效果。

3. 仔细询问

引导用户说出问题重点，有的放矢。表示同情如果对方知道你的确关心他的问题，也了解他的心情，怒气便会消减一半。找出双方一起同意的观点，表明你是理解他的。

4. 记录问题

好记性不如烂笔头，把客户反映的重要问题记录下来，不会耽误多少时间。

5. 解决问题

探询客户希望解决的办法，一旦你找出方法，征求客户的同意。如果客户不接受你的办法，请问他有什么提议或希望解决的方法，不论你是否有权决定，让客户随时清楚地了解你的进程。如果你无法解决，可推荐其他合适的人，但要主动地代为联络。

6. 礼貌地结束

当你将这件不愉快的事情解决了之后，必须问：请问您觉得这样处理可以了吗？您还有别的问题吗？如果没有，就多谢对方提出的问题。

【任务考核】

通过对餐厅投诉事故的讲解和操作技能的训练，使学生了解宾客撤诉的原因和种类，掌握处理的原则、程序及技巧，达到能够处理简单投诉问题的训练能力。

一、考核内容

（1）调动学生的积极性，利用课余时间到图书馆查阅有关餐饮产品质量指标，并到市卫生局、工商局等单位了解哪些方面出问题较多。

（2）在酒店附近进行问卷调查，了解消费者最关注的餐饮环节。

（3）参观酒店餐饮服务部，对酒店的服务质量管理进行考察，比较不同酒店服务质量及厨房管理的差异，并进行分析。

（4）选择一家经营不太景气的饭店进行分组考察，找出其在质量管理方面存在的问题，并设计出解决办法。

（5）为特殊客人提供服务是餐饮服务个性化的一个重要表现，也是提升服务质量的重要途径，针对特殊客人的不同需求，开展有针对性的服务也是对餐饮服务员的一项新的挑战。

二、考核方法

老师先讲解、示范，学生分组设计投诉事故，分角色扮演服务员和客人，进行餐厅投诉处理模拟训练。

三、考核程序

开始实训→对挑剔客人的服务→对老年人和残疾人的服务→对儿童的服务→对有急事的客人的服务→对独自就餐的客人的服务。

实训项目	特殊客人的服务
实训时间	实训授课1学时，总计45分钟，其中讲授示范10分钟，学员操作30分钟，考核测试5分钟
实训要求	（1）为特殊客人提供服务时注重礼仪礼貌 （2）机智灵活，对不同情境下的问题能够做出迅速的反应 （3）熟练掌握对特殊客人的服务技巧
实训器具	餐桌、座椅、儿童椅、餐具、酒具、菜单、口布、账单等

四、考核标准

考核项目	操作要求	配分	得分
餐厅投诉事故处理	拟定餐厅投诉事故处理程序	30	
情景模拟	分工，分别扮演顾客和服务员	10	
	设计餐厅投诉事故场景	15	
	表演投诉事故处理过程	15	
	总结说明	10	
团队精神	通力合作、分工合理、团结互助	10	
	发言积极，乐于与同学分享成果	10	

任务2 餐厅人员配置

任务导入

怎样让员工快乐地工作

餐饮业日常的工作环境造就了员工的“机械”性，每天重复无数的同样工作，显得疲乏，身体累，心更累。因此，提高工作效率，是首要关键，显然，各店各有法宝，为提高绩效而努力。

最佳的工作效率来自于高涨的工作热情。我们很难想象，一个对工作兴趣淡薄的人会全心地投入工作，取得很好的工作效果。兴致勃勃会让人更好地发挥想象力和创造力，在短时间内取得惊人的成绩。相反，如果没有突破就会功败垂成。员工在长期平淡无奇的工作中如果产生厌职情绪，根源可能就在于我们的管理机制与管理方法出了问题。

1. 变领导为引导

不可否认："撞钟和尚"是由于强迫员工干他不愿干的事造成的。长期以来，有不少管理者都是以命令的方式来强迫员工做这做那，结果并不理想，这也极大地妨碍了员工发挥自己的特长。因此管理者应该放下领导的架子，用诚恳的语气与和善的态度去与员工沟通，引导他们把事情做得更完美。现在在餐馆日常工作中需要的管理方式远比过去的要"灵活"得多。当然，管理者是帮助他人完成他能力所及的事，描绘出未来的远景，鼓励教导他人，并能建立与维持成功的人际关系。良好的人际关系和沟通的能力、现场指导、身体力行，组成团队——这样会给员工带来榜样的身影。

2. 将工作变得有趣

俗语有话："办法总比困难多。"同样的道理，变化繁多的游戏总是比单一游戏来得有趣，倘若某一位员工对工作有兴趣，再加上工作本身富于变化，那做起事来便会着迷，更愿意处理人事复杂、困难的事，同时使人充分发挥自己的能力。一个员工不可能光是从事同一岗位的工作，管理者应指导员工如何改变环境使工作变得更有兴趣，不管管理者使用何种方法，要使单纯的工作有所变化并非易事，应尽量让员工加以思考，或给他们创造出一个竞争对手，这样才能更好地激励起员工的干劲。所以管理者可以在日常工作安排中设置一些类似于竞赛的内容，或者增加评比环节，以激发员工的工作热情。

3. 消除不安因素

工作中时常会出现一些不良因素，使你的下属员工感到无法安宁。如果这些情况是由于身为管理者的你造成的，你一定要设法消除他们的不安。消除工作环境方面的不安，可以按这样的顺序："马上能做的，立刻解决；过一段时间就能改善的，宣布解决问题的时间表；暂时不可能解决的，诚恳说明困难的所在"的原则，逐一加以改善或说明，只要员工觉得合理，自然会消除不安的感觉，使自己改变心态，从矛盾型转为稳定型，从而安心工作了。

【点 评】

以人为本的管理文化正在成为许多餐馆塑造他们餐馆文化的目标，让每个员工都感到命运掌握在自己的手中，能充分发挥自己的能力并实现自己的价值，而由此激发的劳动热情是无穷无尽的。

【任务概述】

人员配置的合理与否关系到员工的工作效率和产品的质量，同时也影响企业的成本控制。但餐饮企业的环境不同、设备不同、经营情况不同、工种分工大同小异、人员素质互有不同导致餐饮部门的人员被指难以有个普遍的准则。究竟需要多少人员才合理呢？本任务从餐饮经营方向、规模、档次、组织结构等影响人员配置的因素出发，分析餐厅人员控制的方法。在建立岗位责任制的基础上，确定必须配置的各类人员的数量。

【任务实施】

一、影响合理定员因素

（一）经营方式

餐厅经营是以零点为主，还是以宴会为主；是以菜肴经营为主，还是以面点经营为主；是以便餐为主，还是以快餐为主，抑或两种兼而有之。在同样的餐位数下，零点餐厅的周转率相对比宴会餐厅的周转率要高；快餐厅的周转率相对比其他餐厅的周转率要高。因此人员配置的侧重点就有所不同。

（二）经营规模和档次

经营规模即指餐饮企业具有的经营面积、经营的餐位的总和。餐饮企业经营的规模越大，意味着餐饮企业可接待的顾客就越多，经营的品种也就越多。为了能保证菜品的质量、服务的质量，缩短上菜的时间，增加厨房人手是显而易见的事。当然，同样规模的社会餐饮企业和星级酒店在人员的安排上会有所不同，从经营成本的角度考虑，通常多数社会餐饮企业会将厨房员工的人数控制在最底线。他们所采用的方法不外乎实行弹性工作制，厨房生产忙时，安排人数多；生产闲时，安排人数少。或者采用雇佣钟点工的方法，既可保证生产，又可以少花固定人员的费用。也有实行两班或多班制的，这样在每班的人数不变的情况下。增加总人数，一旦经营忙时，可以随意调配。

经营档次指餐饮企业面向顾客提供不同餐食价位的取向。对低档位的餐饮顾客要求低，附加值的含量小；而高档位的餐饮顾客要求高，附加值含量高，厨房人员需要花费更多的人力、物力去创造这种附加值，所以档次较高的餐饮企业需要较多厨房人员。另外，消费水平高的顾客，其对菜肴质量和生产质量要求也高，这必然迫使厨房进行更细的岗位分工，否则难以达到顾客的要求。更细的分工也就意味着需要更多的高质量的专业人才。

（三）菜单和品种构成

菜单品种少的餐饮店，只需要较少的烹调和服务人员。随着菜肴品种的增加，人手会相应地增加。当然，这是有一定限度的，刚开始磨合的厨房人员与磨合很久的厨房人员在对新品菜肴的理解和制作能力上是有不同的，长期合作的员工有着较强的协同性，工作效率高，所以在一定的时间内，要注意保持相对稳定的厨房人员结构。在中餐经营中，顾客的要求比较高，菜品的翻新较快；而西餐经营中，菜单的内容一旦确定下来，菜品在相当长的时期内是不更换的，所以在规模一定的前提下，西餐厨房人数要少于中餐人数。

有时可以把制作菜肴品种的复杂程度分为0～100的范围。复杂程度为0的品种制作是现成的熟食品，只需销售前进行加热或切割处理，在这种条件下，烹调人员的配置数量最低。相反，复杂程度为100的品种制作，从宰杀、起肉、刀工处理、上浆，再到烹炒装盘等，在这种条件下，烹调人员的配置数量不仅相应地增多，而且对技术的要求也随之提高。随着社会的发展，劳动力成本的提高，半成品原料将会成为未来中餐厨房原料取向的主流。

（四）生产设备和厨房布局

厨房布局合理程度有时也会成为厨房人员配置的因素之一。假设厨房的点心间与热菜间不在一个加工的区域或楼层，在生产加工过程中将不得不增加传递菜肴或联络信息的人手。可以看出，影响厨房人员配置的因素很多，在配置时一定要充分地考虑到。不过，需要特别注意的是：有时餐饮企业尽管可以使用先进的设备，使用半成品及成品来减少人员配置，但同时设备的成本、原材料的成本都会加大，相互抵消后的成本不一定会低。所以人员配置需要根据各自餐饮企业的资金实力灵活处理，切忌机械和教条。随着社会的发展，科技产品运用到厨房的可能性越来越大，厨师更多地使用机械化、自动化的烹调设备，大大降低了劳动的强度，提高了劳动效率。可以说机械化程度越高，需要的厨房人员会相对地减少。比如西式快餐较之中式快餐厨房用人就少。反之，纯手工操作会增加厨房人员的使用。

二、餐厅人员控制管理

人员控制管理包括人员预算、人员调整和人员调配三个部分。人员预算是实现营运目标的人力保障；人员调整是通过合理排班实现合理用工制度；人员调配是通过功能团队实现具体营运绩效目标。人手控制管理的终极目的是在实现营运目标的同时实现对人力成本的有效控制。

（一）人员预算运用

现代餐饮企业应根据营运走势预估来配置人手，这是理性的人手预算运用。人手预算可以保证饭市营业水平与人员配置平衡，通过员工的排班设计工作来实现。例如：人员太少会造成员工过度疲惫，人员太多则会增加营运成本，这是一个两难的问题。麦当劳和肯德基运用了两种方法来解决这个难题。一是通过排班技巧，让员工轮班，来解决工作延长的问题。二是部分岗位运用小时工作合同制，在麦当劳、肯德基的一百个员工中，小时工占90%左右。

（二）人员调整运用

餐饮业往往需要长时间工作，但按劳动法的规定，员工每天在企业的实际时间最多为九小时。即使以加班费或奖金的形式激励员工，一味延长工作时间也容易引起员工的不满，这时就需要运用人手调整的方法。人手调整主要是人手的班次安排。餐饮企业的营运负责人要懂得，在营运高峰期要保证工作团队和管理团队人手最多，这也是人手调整的目的。因此，应根据饭市营运走势做人手班次安排，保证营运高峰期有最充足的人手，并保证饭市开市前、饭市收市后有适当的人员按要求完成工作。例如：某餐厅的员工应该九点半下班，但这时餐厅里经常还有客人，仍然需要服务。解决这个问题的方法之一是，把员工分成A班和B班，A班先工作，B班比A班晚一个小时工作，这样，营运高峰期两个班重叠，人手充足。九点半时，A班下班，B班再执行一小时的作业任务。如此一来，在没有增加人手的情况下，既保证了营运高峰期的人手最充分，又保证了九点半到十点半之间餐厅继续保持营业状态。

（三）人员调配运用

根据不同的情况组建不同的功能团队是管理人常用的手段，这就是人手调配，即根据现场营运走势做的临时人手安排。人手调配的目的是要保证临时营运目标的实现，人手调配要遵从精减、统一、高效的组织设计原则。例如：某个只做零点和包房生意的餐厅突然接到一单宴会业务，这就需要组建一个团队为宴会服务。这时可以抽调工作人员组成一个临时宴会团队，完成任务后自行解散，抽调人员回位。这样既不增加人手，又完成了工作任务。

三、餐厅合理定员的方法

定员定额是餐饮管理的基础工作，对餐饮部编制各类计划，实行岗位责任制和经济核算制，提供科学依据，能预防人浮于事，劳役不均等弊端，有利于提高厨房、餐厅员工的积极性和劳动效率。要遵守的一个原则就是：突出一个“精”字，机构要精，人员要精，保证满负荷运作，做到事事有人管，人人都管事。

（一）按比例定员

按比例定员即按餐厅等级、规模定员，按餐厅实际情况核定工种、岗位的人员数量（表3-23）。如某餐厅经营面积2000平方米，有就餐席位近500个。按每个席位配备 0.3个人计算，餐厅全员定额140人左右。然后按140人确定服务人员与行政人员的比例为10：1，餐厅人员与厨房人员的比例是2：1，炉灶与切配人员的比例是4：1。以后，餐厅可根据具体营业情况再做相应调整。

（1）大厅散客五张方桌20人就餐，配备1名服务员；两张圆桌20人就餐，也配备1名服务员。

（2）宴会与包间高级宴会一张圆桌10位顾客，可配备1~3名服务员；一般的包间，一张桌子10位顾客，配备1名服务员。按岗位定员餐厅内部的非生产服务部门，如总经理办公室、营销部等，可以根据岗位需要定员。管理岗位定员时最好一岗一职，避免责任推诿。

表3-23　某餐厅餐位数与服务员之间的比例参数

餐桌	配置基数	周转率
方台（4~6人）	1：（4~6）张	200%
大台（8~10人）	1：2张	88%
厅房	2：3张	80%

（二）按同行参数定员

据调查，国内旅游饭店一般是15个餐位配置一名餐饮生产人员；规模小或规格高的特色餐饮部门，甚至是每7~8个餐位配置一名生产人员。据北京和香港几家高星级饭店的调查分析，其餐位与生产员工之间的比例均在范围之内。中西方厨房员工配比有较大的悬殊，其原因是由于产品结构、品种、生产制作程序及其原料的加工和设备、设备的配套使用等情况的不同导致而成的。按同行参数定员可参考表3-24。

表3-24 按同行参数定员

数据来源		正常餐位数	餐饮部总人数	餐厅人员	厨房人员
李勇平《现代饭店餐饮管理》	传统资料统计	18	1		
	现代资料统计	23~25	10		
赵建民《中餐行政总厨管理实务》	大规模，高规格	15			1
	小规模，低档次	7~8			1
虞迅《现代餐饮管理技术》	饭店（早中晚三市）	100	35		
	社会餐饮			60	40
戴桂宝《现代餐饮管理》	星级酒店	500	120	55	45
	社会餐饮	500	120	50	40

四、餐厅服务人员的配置技巧

（一）餐厅人员预测——餐位数与服务员的比例

餐厅服务人员的配置主要是测定餐位数与服务员之间的比例基数。这个基数按台型种类的不同比例也不同，大厅圆台20：1，大厅方桌15：1，包厢15：1，如780餐位的餐厅正餐人员的配置如表3-25。

表3-25 某780餐位的餐厅正餐人员的配置

种类	桌数	人均负责	服务员	迎宾	其他	合计
大厅方桌	10	4桌／人	3	6人	5人	
大厅圆桌	24	2桌／人	12			
普通包间	30	1.5桌／人	20		8人	
豪华包间	20	1桌／人	20			
合计			55	6	13	74人

（二）餐厅营业量的分析

餐饮品种的销售在同一星期中的不同日子中需求量往往不同。这个需求量的变化大体会有一个模式，所以必须对每天的营业量做具体的分析，其分析内容是计算出各个市别的营业收入和座位周转率，确定该餐厅的营业高峰期。实例分析如表3-26。

表3-26 某餐厅的座位周转率分析表 （单位：%）

	市别	周一	周二	周三	周四	周五	周六	周日	中数
1楼大厅330位	早	150	160	140	170	150	180	200	170
	中	80	60	65	70	75	100	90	80
	晚	70	75	80	85	90	100	100	80
2楼厅房18个	早						100	100	
	中	60	65	70	75	75	80	85	70
	晚	90	95	98	100	90	80	70	90

在分析中取中数的原因是中位数最能反映餐位周转率的趋势，而不受最低和最高极端的影响。

（三）分班编人

在服务过程中，通常至少有两个领班负责一个班次的服务活动，以每个服务柜台为中心，将整个餐厅又分为几个服务区域，每个服务区域由值台服务员、走菜服务员和初级服务员组成。在这个组织结构中，餐厅经理负有全部责任和权利，对上向餐饮部门经理汇报，对下向全体服务人员负责。助理经理是他 /她的助手，负责协助餐厅经理的工作，授权指挥和指导领班及服务员的工作。

合理的班次安排，对于有效地组织餐厅服务活动、提高工作效率。取得最佳经济效益都有十分重要的意义。班次的安排要根据各餐别服务活动的特点、营业时间、服务人数和工作任务等因素综合考虑，做到安排合理，能够充分发挥每个服务人员的作用，服务时间和班次安排，要以方便客人、满足顾客需求为出发点。餐厅班次安排方法常见有两种：一是“两班制”，二是“插班制”。

（1）两班制　即将所有餐厅服务人员对半分，一部分上早班，开早餐和午餐，另一部分上晚班，开晚餐和消夜，隔周转换，这种方法简便、好记，但在非营业时间会出现人浮于事的现象，而在就餐的高峰时，人手又显得不足，故对人手较少、接待任务重的餐厅不太适宜。

（2）插班制　是根据一天三餐中的高峰时间为依据，将餐厅服务人员分成人数不同的多个小组，高峰时人员比较集中，非营业时间里，只留少量几个服务员做准备和收尾工作，而让大部分服务员得到休息。这种排班的方法能够适应大多数餐厅服务活动的需求，充分利用现有的服务人员，保证经营活动的顺利进行（如表3–27）。

表3–27　　某餐厅班次安排简表

	早茶		午饭		晚饭
时间	6：00~9：00	9：00~12：00	12：00~15：00	15：00~17：00	17：00~22：00
A班（6人）	→	→			
B班（6人）				→	→
C班（6人）	→				→
D班（6人）			→	→	
	12人	6人	12人	12人	18人

餐厅的经营时间比较特殊，工作强度比较大。为了员工能够更好地休息，在上班时段还要考虑人员的轮休。按每天工作8小时，每周工作40小时计算，每周工作5天，休闲2天。可以制定A 班人员的轮休表，考虑到周六、周日生意比较好，只安排一个人休息。具体安排如表3–28所示。

表3-28　某餐厅A班人员轮休表

		周一	周二	周三	周四	周五	周六	周日
A组6人	1	—	—					
	2		—	—				
	3			—	—			
	4				—	—		
	5					—	—	
	6	—						—

（四）雇佣临时工

餐饮业在各日及各时间段对服务的需求量变化很大，如果全部使用正式工，生意清淡时也要付工资等待遇，为节约开支，便于管理，餐厅需要有一支兼职人员队伍。事实证明，只要有一些固定工起核心作用，并对兼职人员稍加训练，餐厅经营活动就能正常运行，并不会影响服务质量。雇用临时工应尽量定时，在保证人力需要的同时，应注意进行技术培训，以保证服务质量。

五、厨房人员配置

厨房人员的配置向来都不是固定的，每家新开张的饭店都有自己的人员配备模式，有时甚至是同一家开张的连锁饭店人员配置也不尽相同。所以一定要找到一个准确的人员配置数据相对较难。为了能够保证菜肴生产的顺利进行，同时不加大劳动力成本，通常可以采用如下的方法来大致配置。

（一）按岗位比例确定

为了使厨房人数的配置相对准确，这种确定法一般要核定两个比例数，一是通过确定餐厅的餐位数来确定厨房后锅（炉灶）岗位生产人员的人数。二是通过确定后锅人员数来确定其他岗位人数。

众所周知，餐饮运作是烹调、销售、服务三位一体的，厨房后锅的多少表明了厨房生产能力的大小，而餐厅餐位数量的多少表明了餐厅接待能力的大小，只有将厨房后锅生产能力和餐厅服务的接待能力相协调，才能保证正常的生产运作。由于任何新开张的饭店无法预测未来餐厅餐位的翻台率，所以每一个后锅（一个后锅一个烹调师）可以对应一次生产任务所能承担的餐位数。

以珠江三角洲餐饮业资料测算，一般一个后锅出品负责60～100个餐位的供应，即6～10桌。其中1：（60～80）被认为是零点餐厅的最佳选择。因为零点餐厅面对突发性的、具有弹性的需求较多，顾客就餐的随意性较大，把后锅的比例确定在1：（60～80）是一种明智的选择。而把1：100的比例认为是宴会厨房的最佳选择，由于宴会的预定较多，餐桌的周转率相对较低，厨房人员生产的准备期较充分，比现来的、突发而至的零点顾客容易应付，可以加大后锅的承受力。当然，如果设备、布局、人员素质都占优势的话，这种比例关系还可以调整，因此，人员配备的比例只是一个相对的数字，一定要灵活掌握。

确定了后锅与餐位的关系后，就可以确定后锅与其他岗位的关系。传统的厨房人员配置比例：后锅1、打荷1、砧板1、上什（负责蒸笼或煲灶的人员）0.5、水台0.5、冷菜0.5、面点1、杂工0.5。可以看出一个后锅，要配置5个相关人员。按这个比例，在经营淡季，会显得人工成本过高。现在，一些餐饮管理者认为，1个后锅配置4个相关生产人员比较合适，即后锅与其他岗位人员（含加工、切配、打荷等）的比例是1：4。这种比例配置也是在现有的包厨制经营中，常使用的方法。因为这种比例是最小人员的配置方案。人员中的杂工可以让水台的厨师客串；上什人员可以让打荷厨师客串。也就是说可以缩减同一类工种的人数。流行的厨房人员配置比例：后锅1、打荷1、砧板0.7、上什0.5、水台杂工0.7、冷菜0.7、面点0.5。当然，由于厨房的种类不同，在人员配置时可采用的形式很多。有时尽管人手比较紧，但合理的排班，可以解决一定的问题。比如将员工上班的时间交错，既可以延长工作时间，又可以充分利用每个员工。

（二）按餐位比例确定

按餐位比例就是按供餐者人数的多少来确定厨房生产人员的多少。这种计算法一般适用于宴会、团队厨房及一些招待所厨房。按比例测算厨房人数比较简单，但需要有一定的经验。

不同餐位数厨房人员的配置比例，即厨房供餐人数与厨房所需厨师人数之比，大致为：（100：9）~11；200：（12~18）；300：（15~20）；400：（20~26）。有时候，用餐位数也可以用如下方式直接确定，即一般以13~15个餐位配1名生产人员。不过，使用按比例方式进行测算时需要注意，所有计算的人数只是生产人员，比例中的人员都应该为技术较熟练的人员，是厨房的骨干，一般的帮工或学徒不包含在其中。同时，也不包括实习工、勤杂工、清洁工，不包括脱产的厨师长等挂职人员；由于该比例是按实际生产量所需的厨师人数而定的，其人员当然就不包括两班制或多班制人员，因此实际测算时要略放宽或增加人数。

以某饭店厨房员工配备表为例：进餐人数共计348人，其中餐厅包间10个计100人、餐厅大厅10人大圆桌18张计180人、4人方桌1张计68人；餐厅经营类型：主营川菜，兼营粤菜；厨房人员配备共计27人：厨师长1人、炉灶厨师4人、砧板厨师4人、打荷厨师4人、厨房厨工4人、冷菜厨师2人、冷菜厨工2人、面点厨师2人、面点厨工2人、杂工2人。

【任务考核】

以某饭店餐厅员工配备表为例：进餐人数共计348人，其中餐厅包间10个计100人、餐厅大厅10人大圆桌18张计180人、4人方桌17张计68人；请计算餐厅服务人员的用人数量及其排班安排（要求4班次）。

一、考核内容

掌握按照餐位数比例来定员的方法，同时能够根据所学的内容进行简单的排班。

二、考核方法

按照餐位数比例计算这间餐厅需要的服务人员数量。

根据餐厅的类型和营业时间进行分班编人。

根据劳动合同法按每天工作8小时，每周工作40小时计算，每周工作5天，休闲2天。

给每班的人员排轮休表。

三、考核标准

考核项目	操作要求	配分	得分
餐厅排班方法	拟定餐厅排班的不同方法及其优缺点	30	
方案策划	餐厅排班方法的确定	10	
	餐厅排班表的制定	15	
	餐厅人员轮休表的制度	15	
	总结说明	10	
团队精神	通力合作、分工合理、团结互助	10	
	发言积极，乐于与同学分享成果	10	

参考书目

1. 姜红．餐饮服务与管理．大连：大连理工大学出版社，2006

2. 虞迅，严金明．现代餐饮管理技术．北京：清华大学出版社、北方交通大学出版社，2003

3. 饶雪梅．酒店餐饮管理实务．广州：广东经济出版社，2007

4. 邓敏．餐饮服务与管理．广州：广东旅游出版社，2009

5. 汪焰，董鸿安．餐饮服务与管理．上海：华东师范大学出版社，2008

6. 于英丽，李丽．餐厅服务技能实训教程．大连：东北财经大学出版社，2006

7. 谷惠敏．饭店集团案例库．北京：旅游教育出版社，2009

8. 魏星．饭店文化建设案例解析．北京：旅游教育出版社，2007

9. 苏北春．餐饮服务与管理．北京：人民邮电出版社，2010

10. 宋伟雄．笑看风云酒店人．广州：羊城晚报出版社，2008

11. 胡爱娟．餐饮技能实训．北京：北京大学出版社，2007

12. 李丽，严金明．西餐与调酒操作实务．北京：清华大学出版社，2006